HEYNE
BÜCHER

DAS FRÜHLINGSLESEBUCH

Geschichten
für laue Frühlingsabende

Herausgegeben von
Patrick Niemeyer

WILHELM HEYNE VERLAG
MÜNCHEN

HEYNE ALLGEMEINE REIHE
Nr. 01/13190

Umwelthinweis:
Dieses Buch wurde auf
chlor- und säurefreiem Papier gedruckt.

Printed in Germany 2001
Umschlaggestaltung: Nele Schütz Design, München,
unter Verwendung des Gemäldes »Roses«
von Peter Severin Kroyer, 1893
Satz: Buch-Werkstatt GmbH, Bad Aibling
Druck und Bindung: Pressedruck, Augsburg

ISBN: 3-453-17799-1

http://www.heyne.de

Inhalt

O. Henry

Der Vorbote

Lange bevor die Springflut des Frühlings gegen die träge Brust der Bauerntölpels schlägt, weiß der Mensch in der Großstadt, daß die grasgrüne Göttin ihren Thron bestiegen hat. Er sitzt über seinen Frühstückseiern mit Toast, schlägt, umgürtet von steinernen Mauern, seine Morgenzeitung auf und entdeckt, daß die Zeitungsboten den Boten der Zeit das Nachsehen gegeben haben.

Denn während einst die Kuriere des Frühlings unserem Feinsinn das Beweismaterial lieferten, sticht sie jetzt die Associated Press aus.

Das Zwitschern der ersten Wanderdrossel in Hackensack, das Steigen des Ahornsafts in Bennington, das Knospen der Weidenkätzchen an der Main Street in Syracuse, das erste Zirpen des Blaukehlchens, der Schwanengesang von Blue Point, der alljährliche Wirbelsturm in St. Louis, die Klage des Pfirsichpessimisten aus Prompton, N. J., der regelmäßige Besuch der zahmen Wildgans mit dem gebrochenen Bein am Teich bei Bilgewater Junction, der unrühmliche Versuch des Drug Trust, den Chininpreis in die Höhe zu treiben, was im Parlament der Kongreßabgeordnete Junks verhindert, die erste große, vom Blitz getroffene Pappel und die wie üblich verdutzten Ausflügler, die dort Zuflucht gesucht hatten, der erste Riß im Eisgeschiebe auf dem Allegheny River, die Entdeckung eines Veilchens in seinem moosigen Bett durch den Korrespondenten in Round Corners: dies sind die Fortschrittsmerkmale der knospenden Jahreszeit, wie sie die unterrichtete Stadt gekabelt bekommt, während der Bauer nichts als den Winter auf seinen öden Feldern wahrnimmt.

Doch das sind bloße Äußerlichkeiten. Der wahre Vorbote ist das Herz. Wenn Strephon zu seiner Chloe strebt und Mike zu seiner Maggie, dann erst ist der Frühling eingezogen und der Zeitungsbericht über die auf dem Weideland von Friedensrichter Pettigrew erlegte Anderthalbmeter-Klapperschlange bestätigt.

Ehe das erste Veilchen blühte, saßen Mr. Peters, Mr. Ragsdale und Mr. Kidd zusammen auf einer Bank am Union Square und hielten Verschwörung. Mr. Peters war der D'Artagnan der dortigen Gammelbrüder. Er bildete das schmutzigste, trägste, erbärmlichste braune Schandmal vor dem grünen Hintergrund jeglicher Anlagenbank. Doch gerade dadurch war er der Tonangebende des Trios.

Mr. Peters hatte eine Frau. Das hatte bislang seine Position bei Ragsy und Kidd nicht beeinflußt. Heute allerdings trug es ihm besonderes Interesse ein. Seine Freunde, dem Ehestand entronnen, hatten eine gewisse Neigung gezeigt, Mr. Peters ob seines Abstechers auf jenes unruhige Meer zu verspotten. Doch zu guter Letzt waren sie zu der Erkenntnis gezwungen, er sei entweder mit großem Weitblick begabt oder eines von Fortunas Glückskindern.

Denn Mrs. Peters hatte einen Dollar. Eine ganze Dollarnote, zahlungskräftig und von der Regierung für Zölle, Steuern und alle öffentlichen Abgaben akzeptiert. Wie man in den Besitz jenes Dollars gelangen könne, war die zwischen den drei müßigen Musketieren zur Diskussion stehende Frage.

»Woher weit du, daß es ein Dollar ist?« fragte Ragsy, bei der Unermeßlichkeit des Betrags zur Skepsis neigend.

»Der Kohlenmann hat ihn bei ihr gesehen«, sagte Mr. Peters. »Sie ging gestern weg und wusch. Und hört, was sie mir zum Frühstück gab: einen Brotranken und eine Tasse Kaffee – dabei sie mit ihrem Dollar!«

»Ein starkes Stück!« sagte Ragsy.

»Ich sage, wir gehen hin, geben ihr eins auf den Schädel, schieben ihr ein Handtuch in den Mund und angeln uns das Moos«, schlug Kidd niederträchtig vor. »Ich fürchte mich vor keiner Frau, ihr etwa?«

»Sie könnte plärren und uns die Polypen auf den Hals hetzen«, wandte Ragsy ein. »Ich halte nichts davon, eine Frau in einem Haus voller Leute zu vermöbeln.«

»Meine Herren«, sagte Mr. Peters streng zwischen rotbraunen Stoppeln, »denkt daran, daß ihr von meiner Frau sprecht. Ein Mann, der die Hand gegen eine Dame erhebt, es sei denn im Fall von …«

»Maguire«, sagte Ragsy spitz, »hat sein Bockbierschild ausgehängt. Hätten wir einen Dollar, könnten wir –«

»Ich hab' erlebt, daß sie schnell klein beigeben und dir verraten, wo sie's haben, wenn du sie ins Kreuz trittst«, sagte Kidd.

»Kein Mann tritt eine Frau«, sagte Peters tugendsam. »Etwas würgen – nur gerade ein Griff an die Luftröhre – das macht sie fertig – und es bleiben keine Spuren. Wartet auf mich. Ich werde den Dollar beischaffen, Jungens.«

Hoch droben in einer Mietskaserne zwischen der Second Avenue und dem Fluß, wohnten die Peters in einer Hinterstube, die so düster war, daß sich der Hausherr schämte, Miete dafür zu kassieren. Mrs. Peters arbeitete dies und das, verrichtete die knechtischen Arbeiten des Putzens und Waschens. Mr. Peter verfügte über eine ungebrochen reine fünfjährige Vergangenheit, in der er nicht einen Pfennig verdient hatte. Und doch klammerten sie sich aneinander, teilten sich, als Gewohnheitstiere, in ihren Haß und ihr Elend. Gewohnheit ist schließlich die Kraft, die die Erde daran hindert, in die Brüche zu gehen – freilich gibt es auch die alberne Gravitationstheorie.

Mrs. Peters ruhte ihre hundertachtzig Pfund auf dem stabileren der beiden Stühle aus und blickte stumpf durchs Fenster auf die Ziegelmauer gegenüber. Sie hatte rote und feuchte Augen. Die Einrichtung hätte man auf einem Schubkarren wegschaffen können, doch kein Karrenschieber hätte sie geschenkt mitgenommen.

Die Tür ging auf und ließ Mr. Peters ein. Seine Foxterrier-Augen drückten Begierde aus. Die Diagnose seiner Frau lokalisierte zutreffend ihren Sitz, mißverstand sie aber als Hunger statt als Durst.

»Du kriegst bis zum Abend nichts mehr zu essen«, sagte sie und sah wieder zum Fenster hinaus. »Heb dein Jagdhundgesicht aus dem Zimmer.«

Mr. Peters' Blick schätzte den Abstand zwischen ihnen beiden ab. Falls man sie überrumpelte, konnte es möglich sein, sie anzuspringen, sie zu überwältigen und die Luftröhrentaktik einzusetzen, deren er sich vor seinen wartenden Genossen gerühmt hatte. Gewiß, es war nur Prahlerei gewesen; noch nie hatte er gewagt, eine gewaltsame Hand an sie zu legen; als ihm freilich jetzt die Gedanken an das köstliche kühle Bock oder das Kulmbacher die Nerven strafften, war er nahe daran, seine eigenen Theorien über die Behandlung einer Dame durch einen Herrn Lügen zu strafen. Aber bei seiner Gammlervorliebe für die kunstvollere und weniger gewaltsame Methode griff er zuerst zur Diplomatie, dem höchsten Trumpf im Blatt: zur anmaßlichen Haltung dessen, der seinen Erfolg bereits errungen hat.

»Du hast einen Dollar«, sagte er von oben herab, doch vernehmlich in einem Ton, der zum Zigarettenanzünden paßt – falls die Requisiten dafür vorhanden sind.

»Ja«, sagte Mrs. Peters, zog den Schein aus dem Busen und ließ ihn verlockend knistern.

»Man hat mir eine Stellung in einem – einem Teeladen angeboten«, sagte Mr. Peters. »Ich soll morgen mit der Arbeit anfangen. Aber ich muß ein Paar –«

»Du lügst«, sagte Mrs. Peters, während sie den Schein wieder vergrub. »Kein Teeladen und kein ABC-Laden und kein Trödlerladen will dich haben. Ich habe mir die Haut von den Händen gewaschen und dafür den Dollar bekommen. Meinst du, er ist auf der Lauge dahergeschwommen, damit du dir kaufst, was du in dich hineinstopfen kannst? Raus mit dir! Schlag dir das Geld aus dem Kopf.«

Offensichtlich war die Pose Talleyrands im Fall dieses Dollars keine hundert Cent wert. Doch Diplomatie ist beweglich. Mr. Peters' künstlerisches Temperament hob ihn an den Riemen seiner Sockenhalter in die Höhe und setzte ihn auf einem neuen Feld ab. Er ließ sich einen Blick verzweifelter Melancholie in die Augen treten.

»Clara«, sagte er mit hohler Stimme, »weiter zu streiten, ist nutzlos. Du hast mich schon immer mißverstanden. Der Himmel weiß, daß ich stets mit allen Kräften bestrebt war, den Kopf über die Wogen des Unglücks zu halten, doch –«

»Laß den Regenbogen und dieses Zeug vom langen

Marsch in spanischen Stiefeln«, sagte Mrs. Peters mit einem Seufzer. »Ich hab's schon so oft gehört. Auf dem Regal steht hinter der leeren Kaffeekanne eine Unzenflasche Karbolsäure. Nimm einen kräftigen Schluck!«

Mr. Peters überlegte. Was jetzt? Die alten Hilfsmittel hatten versagt. Die beiden müßigen Musketiere erwarteten ihn dringend vor der zerstörten Burg – das heißt, auf einer Anlagenbank mit wackligen Gußeisenbeinen. Seine Ehre stand auf dem Spiel. Er hatte sich darauf eingelassen, die Festung im Alleingang zu stürmen und den Schatz mitzubringen, der ihnen ein Trink- und Trostgelage verschaffen sollte. Und zwischen ihm und dem begehrten Dollar stand nichts als seine Frau, einstmals ein kleines Mädchen, das er – ah! – warum nicht wieder? Ehedem konnte er sie mit sanften Worten, wie man so sagt, um den kleinen Finger wickeln. Warum nicht wieder? Seit Jahren hatte er es nicht mehr versucht. Bittere Armut und gegenseitiger Haß hatten all das getötet. Doch Ragsy und Kidd warteten darauf, daß er den Dollar brächte! Mr. Peters warf einen heimlichen scharfen Blick auf seine Frau. Ihre formlose Masse trat über die Ufer des Stuhls. Den Blick hielt sie in einer seltsamen Art von Trance starr durchs Fenster gerichtet. Ihre Augen zeigten, daß sie vor kurzem geweint hatte.

Ich möchte wissen, sagte sich Mr. Peters, ob noch etwas drin ist.

Durch das Fenster sah man auf Ziegelmauern und öde, kahle Hinterhöfe. Wäre die Luft nicht so mild von draußen gekommen, hätte es in der Stadt, die dem belagernden Frühling eine so finstere Stirn zeigte, noch tiefer Winter sein können. Doch der Frühling tritt nicht mit Geschützdonner auf. Er ist ein Pionier und Unterminierer, und dann haben Sie zu kapitulieren.

Ich versuch's, sagte sich Mr. Peters und zog ein schiefes Gesicht.

Er trat zu seiner Frau und legte ihr den Arm um die Schultern.

»Clare, Schatz«, sagte er in einem Ton, der kein Seehundjunges hätte täuschen können, »warum müssen wir uns beschimpfen? Bist du denn nicht mehr mein Muggerlwuggerl?«

Ein Minuspunkt für Sie, Mr. Peters, im heiligen Hauptbuch Cupidos. Aktenkundig geworden ist die Anklage gegen Sie wegen versuchter Bestechung in Tateinheit mit Urkundenfälschung und Mißbrauch einer der heiligsten Liebesbeteuerungen.

Doch das Wunder des Frühlings war gewirkt. Der Bote hatte sich in die Hinterstube über der schwarzen Straße zwischen den schwarzen Mauern geschlichen. Es war lachhaft, und doch … Nun, es ist eine Mausefalle, und Sie, meine Dame, und Sie, mein Herr, und wir alle sitzen drin.

Rot und dick und lauthals wie Niobe oder Niagara umschlang Mrs. Peters ihren Gebieter und schmolz über ihm dahin. Mr. Peters hätte sich gern bemüht, die Dollarnote aus ihrem Depositengewölbe zu befreien, doch die Arme waren ihm an die Seite gefesselt.

»Liebst du mich, James?« fragte Mrs. Peters.

»Wahnsinnig«, sagte James, »aber –«

»Du bist krank«, rief Mrs. Peters. »Warum siehst du so bleich und erschöpft aus?«

»Ich fühle mich schwach«, sagte Mr. Peters. »Ich –«

»Wart, ich weiß, was es ist. Wart, James. In einer Minute bin ich wieder da.«

Nach einer Abschiedsumarmung, die in Mr. Peters die Erinnerungen an die Hunnenflut wieder aufleben ließ, rannte seine Frau aus dem Zimmer und die Treppe hinab.

Mr. Peters hakte die Daumen unter die Hosenträger.

»In Ordnung«, vertraute er der Decke an. »Ich habe sie soweit. Ich hatte keine Ahnung, daß das alte Mädchen noch immer weich unter der lächerlichen Rippe ist. Nun, mein Herr; bin ich nicht der Claude Melnotte des unteren Ostens? Wie? Es ist ein Ding hundert zu eins, daß ich den Dollar kriege. Ich möchte nur wissen, wozu sie fort ist. Vermutlich ist sie zu Mrs. Muldoon im zweiten Stock gerannt, um ihr zu sagen, daß wir uns versöhnt haben. Das werde ich mir merken. Die weiche Tour! Und Ragsy hat davon geredet, ihr eins über den Schädel zu geben!«

Mrs. Peters kam mit einer Flasche Heilwurzsaft zurück.

»Ich bin so froh, daß ich zufällig den Dollar hatte«, sagte sie. »Du bist ganz herunter mit den Kräften, Liebster.«

Mr. Peters hatte sich einen Teelöffel voll von dem Zeug einverleibt. Dann setzte sich ihm Mrs. Peters auf den Schoß und flüsterte:

»Sag noch mal Muggerlwuggerl zu mir, James.«

Er saß still, festgehalten von seiner materialisierten Frühlingsgöttin.

Auf der Bank am Union Square krümmten sich Mr. Ragsdale und Mr. Kidd mit lechzender Zunge vor Verlangen nach D'Artagnan und seinem Dollar.

Hätte ich sie nur gleich gewürgt, sagte sich Mr. Peters.

Harold Brodkey

Ein glücklicher Tag

Sie hatte gar nichts weiter gesagt, als daß die kleine Delfter Schale, die sie als Aschenbecher gekauft hatte, spottbillig gewesen sei, und sofort wurde Martin wütend. Er war gerade aus der Praxis nach Hause gekommen, hatte die halbe Meile vom Bahnhof zu Fuß gehen müssen und sah erhitzt und niedergeschlagen aus. »Spottbillig!« sagte er laut. »Wie kann ein Aschenbecher ein Gelegenheitskauf sein? Wir brauchen keine Aschenbecher. Geldsparen ist ein gutes Geschäft. Und dann ausgerechnet noch einen neuen Aschenbecher!«

Laura zog die Brauen zusammen und warf den Kopf zurück – aber was dabei herauskam, war ein halbersticktes Lachen. »O Martin, sag bloß nichts mehr über den Aschenbecher. Du öffnest nur einen entsetzlichen Abgrund zwischen uns«, sagte sie und kam sich ungeheuer gescheit vor. »Einen entsetzlichen Abgrund«, wiederholte sie lächelnd.

Ohne ein weiteres Wort rannte Martin zur zweiten Etage ihres zweistöckigen Garten-Apartments in Pelham hinauf. Auf halbem Wege zog er sein Jackett aus, und Laura sah, daß sein Hemd an verschiedenen Stellen durchgeschwitzt war. Und dabei war es doch erst Mai. Aber Martin behauptete, es gehöre sich nicht, vor Juni einen Sommeranzug anzuziehen. »Du hast keine Zeit mehr, zu duschen!« rief Laura ihm nach. »Stu kommt in fünfzehn Minuten.«

Martin stöhnte und lief weiter, nach oben. Wenige Sekunden später hörte Laura, wie eine Schublade herausgerissen und wieder zugeknallt wurde. Sie biß sich auf die Lippen. Sie war eine große blonde junge Frau von siebenundzwanzig, mit einem schönen rosigen Gesicht, so gesund und frisch, daß die Menschen – Fremde auf der Straße, Verkäuferinnen, Lehrer – dazu neigten, sie voll Vergnügen anzulächeln. Schon vor langer Zeit hatte sie sich in den Kopf gesetzt, daß sie irgendwie unfreiwillig komisch wirke. Alles, was sie sagte, wurde durch dieses Gefühl belebt. »Ich glaube kaum, daß du aus Geld gemacht bist!« rief sie die Treppe hinauf und grinste. Eine andere Schublade wurde herausgerissen. »O Gott«, murmelte sie. Sie lief auf die Treppe zu, blieb dann aber stehen, drehte sich um und lief nach hinten zur Küche. Hier steckte sie den Kopf zum Fenster hinaus. »Faith!« rief sie ihrer dreijährigen Tochter zu, die ganz in ihr Spiel vertieft, im Sandkasten saß. »Faith, daß du mir ja im Sandkasten bleibst!« Dann lief sie zur Treppe zurück, und auf halber Höhe verlangsamte sie ihren Schritt zu einer normalen Gangart. Martin stand mit nacktem Oberkörper im Schlafzimmer und wühlte in einer Schublade. »Jetzt hab' ich die Lade gerade aufgeräumt«, sagte sie nörgelnd – dabei war das vor vierzehn Tagen gewesen. »Mach bitte keine Unordnung.« Mit zusammengepreßten Lippen wühlte er weiter. »Ich kann doch nichts dafür, wenn dir dein Anzug zu warm ist«, sagte Laura. »Eines Tages wirst du noch froh sein, daß wir einen Delfter Aschenbecher haben.«

Immer noch wütend sah Martin sie an.

»Du solltest nicht so oft mit mir böse sein«, klagte Laura, und ihre Augen füllten sich mit Tränen.

»Weinst du tatsächlich?« fragte er mißtrauisch.

»Also das ist doch die Höhe!« schluchzte Laura. »Ach du bist wirklich unmöglich!« Sie warf sich aufs Bett.

Martin kam langsam näher. »Laura?« sagte er ganz sanft. Laura schniffelte. »Laura, wenn du im Frühling ein zweites Kind haben willst, müssen wir sparsam mit unserm Geld umgehen.«

»Ich habe ihn doch von meinem Wirtschaftsgeld bezahlt.«

»Ganz egal – auch das Wirtschaftsgeld ist Geld. Du hättest den Betrag ja auf das Sparkonto einzahlen können.«

»Er hat ja nur zwei Dollar gekostet«, sagte Laura und setzte sich auf. »Zwei schäbige, lächerliche Dollar. Und er ist doch echt Delft. Soll ich dir mal was sagen?« fuhr sie fort und mußte unwillkürlich lächeln: »Du machst dich nämlich gar nicht für mich kaputt – *ich* mache mich für *dich* kaputt.« Sie fand das ungeheuer komisch und brüllte vor Lachen.

Martin starrte auf sie hinunter. »Ach nee!« sagte er. »Frauen leben bekanntlich länger als ihre Männer.« Er stakste ins Badezimmer und machte beide Hähne im Waschbecken auf.

Laura stand auf. Sie ging ihm zögernd nach und lehnte sich gegen die Türfüllung. »Wenn du willst, könnten wir ja Sati praktizieren – ich laß mich mit dir verbrennen ...« Dann fügte sie schalkhaft hinzu: »Dein Leben kann gar nicht so schwer sein. Wie ich sehe, hast du zugenommen.«

»Verdammt noch mal!« brüllte Martin und beugte sich über das Waschbecken. »Mußt du mich auch noch beleidigen?« Aber sein Rücken bebte. Laura sah, daß er drauf und dran war, zu lachen.

Unten am Fuß der Treppe stand Faith und rief hinauf: »Warum soll ich denn in meinem Sandkasten bleiben, Mammi?«

Laura dachte einen Augenblick nach; dann sagte sie: »Ich komme schon« und trat in den Korridor. Martin schnippte seinen Waschlappen nach ihr. Laura stieß einen quietschenden Schrei aus und rannte die Treppe hinunter. Ihr Mann verfolgte sie bis zum Treppenabsatz. Dort blieb er stehen und drückte die restlichen Tropfen aus dem Waschlappen über ihrem Kopf aus.

»Doch nicht vor dem Kind!« rief Laura hinauf.

»Ich bin selber kindisch«, antwortete Martin und sah sie ganz seltsam an – unsicher und zärtlich zugleich. »Ich bin noch zu jung für einen Ehemann.« Er drehte sich um und ging die Treppe wieder hinauf.

Laura hatte ihre Tochter mit schwungvoller Geste auf den Arm genommen und war im Begriff, in die Küche zu gehen, als es draußen hupte. Eine dünne, klägliche, ausländische Hupe. »Stu ist da!« rief sie zu ihrem Mann hinauf und rannte in die Küche, um nach dem Essen zu sehen.

Martin rannte ins Schlafzimmer zur Kommode und nahm seine Suche nach einem bequemen Hemd wieder auf. »Endlich!« sagte er und riß ein altes rotweiß gestreiftes Baumwollhemd mit leicht ausgefransten Ärmeln aus der unteren Schublade. Das hatte er in seinem zweiten Collegejahr gekauft, das Jahr, in dem er und Stu Stubenkameraden geworden waren. Stu war groß und mager und damals immer hoffnungslos mißgestimmt, während Martin immer fröhlich und kraftvoll und, wenn er es damals auch nicht ahnte, beinahe irrsinnig glücklich gewesen war. Martin spielte Baseball für sein College und Korbball für die Verbindung. Er trank etwas zuviel, weil es alle taten. Jeden Frühling verliebte er sich – irgendwie –, und wenn diese Verliebtheit nicht bis zum Sommer vorhielt, verliebte er sich im nächsten Frühling wieder. Stu hatte ihn bewundert. Stu hatte die fixe Idee gehabt, daß er Martin vor dem Ertrinken retten müsse. Und er hatte andere Vorstellungen, in denen Martin ertrank und er Martins Eltern ein Telegramm schickte. Jetzt stand Martin vor dem Spiegel und hatte ein Sporthemd an, das ihm unter den Armen etwas zu eng war.

Wie er sich da sah, war er ein Meter achtzig groß, achtundzwanzig Jahre alt, hatte breite Schultern und ein quadratisches, liebenswürdiges Gesicht.

Er riß sich vom Spiegel los, während er noch sein Hemd zuknöpfte. Zwei Knöpfe hatte er noch zuzumachen, als er aus dem Hause zur Vorhalle stürzte. Stu war um das Verkehrsrondell am Ende der Sackgasse gefahren und versuchte sich in einen Parkplatz zwischen zwei Autos zu zwängen – und das, obwohl es rings um die Kurve genügend freie Plätze hatte, die groß genug gewesen wären, um Lastwagen hinzustellen.

Durch das geöffnete Schiebedach des kleinen ausländischen Wagens erschien Stus Hand, die mit Daumen und Zeigefinger einen Kreis beschrieb. Dazu ertönte herausfordernd der Pfiff. Martin beobachtete Stu, wie er sein Auto zurückriß, nach vorn preschte, das Steuer hin und her wirbelte und es beim drittenmal schaffte. »Keine amerikanischen Riesenwannen könnte das«, rief Stu heraus, während er das Schiebedach schloß.

Martin knöpfte sein Hemd fertig zu und stand, die Hände in den Hosentaschen, unsicher zur Straße hinüber lächelnd und sich ans College erinnernd da, ohne sich dessen bewußt zu sein.

Zwei kleine, ungefähr siebenjährige Buben näherten sich langsam dem Wagen und begannen mit Stu zu sprechen. Stu, der versuchte, beim Aussteigen keine Notiz von ihnen zu nehmen, brachte es fertig, sich zwischen Sitz und Steuer einzuklemmen. Das Blut stieg ihm zu Kopf. »Warum müssen Sie auch so einen kleinen Wagen fahren, Mister?« sagte einer der beiden. Martin machte kehrt und ging ins Haus. Stu sollte nicht wissen, daß er den Vorfall beobachtet hatte.

Eine Minute später erschien Stu an der Haustür, noch immer rot von der Blamage. »Skrofulöse Bankerte«, murmelte er und stampfte mit wagnerianischem Zorn die Treppe zum Badezimmer hinauf.

Martin verdrückte sich in die Küche. Laura hatte zwei Büchsen Bier oben auf dem Eisschrank bereitgestellt. »Haben wir keinen Whisky, den wir unseren Gästen anbieten können?« fragte er vorwurfsvoll.

»Wir müssen sparen.«

Faith saß in einem Stuhl am Tisch und aß Spaghetti und Gurken, ihr Lieblingsessen. »Tony hat mir Sand in die Augen geschmissen«, erzählte sie ihrem Vater.

»Schon wieder!« rief Martin aus. Er sah so groß und besorgt aus, so unsicher und hilflos vor dem Mysterium, eine Tochter aufzuziehen, daß Laura sich plötzlich in einem Gefühl inniger Liebe zurückbeugte. Martin neigte sich über sie und küßte sie.

»Vielleicht versuchst du mal zur Abwechslung, mich richtig zu küssen!« sagte Laura wütend. »Peck, peck, peck, immer nur diese flüchtigen Küsse. Es ist überhaupt ein Wunder, daß ich dir treu bleibe.«

»Hör, verdammt noch mal auf, so zu reden!« fuhr Martin sie mit dunkelrotem Gesicht an.

Laura kuschelte sich an seine Brust. »Du bist ja eifersüchtig«, sagte sie. Besänftigend fügte sie hinzu: »Ich bin froh, daß du eifersüchtig bist.« Martins Herz schlug ruhiger; Laura hörte es durch das alte verblichene Sporthemd.

»Ich bin nicht eifersüchtig«, antwortete er. »Sind das Lammkoteletts, die ich da rieche? Wunderbar.«

»Sie waren billig«, sagte Laura zu ihm. »Wahrscheinlich sind sie zäh.«

Martin nahm die Büchsen mit Bier und stellte sie auf ein Tablett mit Gläsern und einem Büchsenöffner. Dann nahm er das Tablett, trug es ins Wohnzimmer und sang dabei: »Armut, Armut, Armut.«

Stu war auf halber Treppe. Er hatte sein Jackett über dem Arm und war dabei, seine Krawatte zu lockern. Erbittert sah er Martin an. »Wenn du dich wegen meines Autos über mich lustig machst, bring ich dich um.«

»Mein Gott, was ist denn los?« rief Martin aus. »Alle Welt ist so böse. Was hast du denn bloß?«

»Ich weiß es nicht«, sagte Stu. »Ich nehme an, es ist das verletzte Ego.«

Es klang fast, als schäme er sich ein wenig. Er warf sein Jackett und seine Krawatte auf einen Stuhl und sah dann Martin fragend an. Das hieß, er wollte wissen, ob Laura wohl etwas gegen das Jackett auf dem Stuhl einzuwenden habe. Martin zuckte die Achseln. Stu tat das gleiche und beide setzten sich. Stu wählte einen niedrigen, modernen Sessel mit Holzlehnen. Er stöhnte. »Also das hier unter mir ist wohl im Augenblick der unbequemste Stuhl der Welt.«

»Er war auch billig«, belehrte ihn Martin. »Was macht die Arbeit?«

»Heute war es die Hölle«, erklärte Stu. »Die Sekretärin meines Chefs ist eine Blutsaugerin. Sie haßt mich.«

»Ich weiß, ich weiß«, beruhigte Martin ihn mit fast väterlichen Gefühlen. »Sekretärinnen sind eine wahre Hölle. Die von meinem Chef leistet stets enorme Arbeit – mit den Augen, verstehst du. Und sie hat diesen falschen fremdländischen Tonfall, als wäre sie gerade dem Gänseblümchenbund entschlüpft.«

»Welchem Gänseblümchenbund?« fragte Stu.

»Dem in Vassar, glaube ich«, antwortete Martin. »Du, Laura!« rief er zur Küche hin. »Wo haben sie eigentlich diesen Gänseblümchenbund?«

»Gänseblümchenbund?« fragte eine völlig entgeisterte Stimme. »Ach so, ja, der Gänseblümchenbund, die Snobs. Ich glaube in Bryn Mawr.«

Stu senkte die Stimme. »Meine Sekretärin ist gar kein schlechtes Geschöpf«, sagte er wohlwollend. »Sie ist halt jung. Und sie ist nett.«

»Hübsch?« fragte Martin und senkte unwillkürlich gleichfalls seine Stimme.

»Soso lala«, meinte Stu. »Dafür ist sie aber gebaut, sag' ich dir. Wirklich toll!«

Laura erschien in der Tür. »Ich kann nicht hören, was ihr sagt. Sprecht doch bitte ein bißchen lauter.«

Stu wurde rot und murmelte etwas von der Wasserstoffbombe.

»Weiß Gott«, sagte Martin, *»das* war 'ne Explosion. Hast du die Aufnahmen in den Zeitungen gesehen?« Laura verschwand wieder in die Küche.

»Na klar«, bestätigte Stu. »Dieser Riesenpilz.«

Martin saß so lässig da, daß er fast lag. Er stützte sein Glas Bier gegen seinen Gürtel. »Ich habe das Gefühl, wir sind so gut wie erledigt«, meinte er pessimistisch. »Alle diese verrückten Idioten im Pentagon.«

»Ich weiß, ich weiß«, entgegnete Stu. »Aber unsere nationale Ehre steht auf dem Spiel. In ein paar Monaten werden wir durch Radioaktivität halb verfault sein. Kinder mit zwei Köpfen –«

»He!« rief Laura, »entweder sprecht ihr beide lauter oder ich komme rein und lasse die Lammkoteletts verkohlen.«

»Sprich lauter, Papi«, echote Faith.

»Wechseln wir das Thema«, flüsterte Martin.

Stu nickte. »Klar.«

»Sag mal, warum verkaufst du den Wagen eigentlich nicht, wenn er dich so wütend macht?« fragte Martin.

»Ich kann ihn nicht verkaufen«, widersprach Stu, »er war ein zu großer Gelegenheitskauf.«

Plötzlich hörte man aus der Küche helles Gelächter. Martin fing auch an zu lachen.

»Was ist denn so komisch daran?« fragte Stu verständnislos.

»Laß nur«, sagte Martin. »Wenn wir dir's erklärten, würdest du's gar nicht so komisch finden.«

»Weißt du, wen ich neulich im Warenhaus getroffen habe?« fragte Laura aus der Küche. »Mary Lou Glover. Vom Smith-College. Du erinnerst dich doch noch an Mary Lou, nicht wahr?«

»Weißt du, was mich wundert?« sagte Stu. »Mich wundert, wo die vielen Nichtstuer herkommen. Du hast wenigstens eine Familie zu Hause. Ich schlage vor«, sagte er, plötzlich besserer Laune, »wir unterhalten uns jetzt mal ein bißchen mit deiner Tochter ...«

Faith löffelte gerade eifrig ein Schüsselchen Pudding aus. Sie sah melancholisch zu Stu auf.

»Hello, Stu«, sagte sie.

»Onkel Stu«, korrigierte ihre Mutter.

Stu legte eine Hand gewölbt an den Mund und die andere an sein Ohr. »Kling-ling-ling-ling-ling«, sagte er. »Kling-ling! Faith, dein Telephon läutet.«

»Mammi, Onkel Stu ist am Telephon. Er will mich sprechen«, rief Faith begeistert.

»Hello, Faith?« sagte Stu. »Bist du da?«

»*Hello*«, antwortete Faith hingerissen, »ich bin hier.«

Sie saßen um den Eßzimmertisch. Es war acht Uhr, und Faith wurde langsam schläfrig. Zwei brennende Kerzen standen auf dem Tisch, und ihre Flammen flackerten in dem Luftzug, der durch die offenen Fenster hereinkam. Im Kerzenlicht glichen Faith und Laura sich aufs Haar.

»Donnerwetter, war *das* ein gutes Essen«, lobte Stu. »Ich kann euch gar nicht sagen, wie ich es genieße, hier zu sein. Die ganze Woche war ich so schrecklich nervös.«

»Die Koteletts waren zwar ein wenig zäh«, bemerkte Laura, »aber sie hatten einen wunderbaren Geschmack, fand ich.« Sie hielt sich den Mund zu. »Das hätte ich eigentlich nicht sagen dürfen, nicht wahr?«

»Natürlich darfst du«, versicherte Stu eilig. Er glaubte, sie schäme sich wirklich, und sein Gesicht sah besorgt aus. »Du bist nämlich eine verdammt gute Köchin.«

Laura lächelte und seufzte. »Faith, du hast ja schon Ringe unter den Augen«, sagte sie zu ihrer Tochter. »Ich glaube, wir sollten jetzt langsam zu Bett gehn.«

Faith schmollte. »Ich will aber nicht.« Sie hatte schon ganz glasige Augen von den ausgedehnten Vergnügungen des Abends. Sie lehnte sich vor und schlang die Arme um den Hals ihrer Mutter. »Ich möchte noch nicht, Mammi.«

»Es ist aber höchste Zeit«, sagte Laura.

»Also gut«, meinte Martin. »Laß sie noch ein paar Minuten da. Ich könnte es nicht ertragen, wenn sie jetzt anfinge zu weinen.«

Plötzlich trat tiefe Stille ein. Die Kerzen flackerten. Stu seufzte.

»Bald werden die Glühwürmchen herauskommen«, sagte Laura. »Erst dann kommt es mir richtig wie Sommer vor.«

»Du mußt sie in einen Topf stecken«, murmelte Stu. »Faith kann sie jagen und fangen.«

»Was in einen Topf tun?« fragte Faith. Eine kleine Hand rieb sich das Auge.

»Ich habe als Bub Käfer gesammelt«, erzählte Martin. »Es nimmt mich wunder, ob der Rosenstrauch, den wir eingesetzt haben, blühen wird.«

Faith gähnte. Dieser Augenblick schien sich über alle vier Menschen auszubreiten und sie festzuhalten.

Laura richtete sich in ihrem Stuhl auf, legte sie Hände auf die Tischkante und klapperte mit den Augen. »Ich muß mehr mütterliche Autorität entwickeln«, sagte sie. »Komm, Schnuckelputz. Schlafenszeit. *Allez-hop.*« Sie stand auf und nahm gleichzeitig ihre Tochter auf. Faith versuchte einen Schrei auszustoßen, war aber so müde, daß nur ein knarriger kleiner Laut herauskam. Ihr Kopf fiel auf die Schulter der Mutter, und Laura trug sie die Treppe hinauf.

Die beiden Männer sahen sich fast scheu an. »Weißt du was«, sagte Martin, »ich habe etwas Scotch. Den habe ich noch gerettet.«

Er ging in die Küche und kam mit zwei Gläsern, einer Schüssel mit Eisstücken und dem Scotch zurück. Er und Stu zogen zur Couch hinüber und ließen sich zum Trinken nieder. Nach einer Weile kam Laura auf Zehenspitzen die Treppe herunter. Ohne sich um die Männer zu kümmern, deckte sie den Tisch ab, trug das Geschirr in die Küche und stapelte es im Abwaschbecken. Sie hatte sich erst gar nicht die Mühe genommen, Licht zu machen, sondern stand am Küchenfenster und schaute hinten in den dunklen Garten hinaus. Fast konnte sie die Glühwürmchen in den belaubten Zweigen sehen. Faith würde sie bestimmt jagen und schreien: »Schau,

Mammi, schau!« Stus Stimme redete eintönig weiter. Noch ein Weilchen, dann würde er aufstehen und gehen, weil er in die Stadt zurückfahren mußte. Laura beschloß, Stu zum Abschied einen Kuß zu geben. Sie war zutiefst bewegt. Diese Stimmung hatte sie schon den ganzen Tag verfolgt. Sie starrte ins Dunkel, um sich abzulenken. Dann hatte sie vor, zu Martin hinzugehen und zu ihm zu sagen …

Aber während sie noch dastand, wurde ihr plötzlich bewußt, daß sie im Grunde gar nicht den Wunsch hatte, auch nur irgend etwas zu ihm zu sagen. Sie hätte nur gewünscht, daß dieser Tag ewig so weiterginge und nie ein Ende nähme, daß alle seine Freuden ungetrübt blieben und sich nicht änderten, ohne neue Ereignisse, nur immer wieder und wieder dieselben. Denn woher sollte man wissen, ob dieses Glücksgefühl je wiederkäme? Oder wenn es wiederkehrte, ob es dann auch so schön wäre wie das heutige? Laura seufzte und wischte sich verstohlen die Augen. Das Leidige war, daß das Glücklichsein gleichzeitig etwas Beängstigendes hatte.

THOMAS WOLFE

Im Park

In jenem Jahr wohnten wir, glaub ich, bei Bella; nein, nicht bei Bella, wir wohnten wohl schon bei Tantchen Katie; nun, es kann doch bei Bella gewesen sein; ich weiß es nicht mehr; wir sind oft umgezogen, und es ist so lange her; die Dinge geraten durcheinander, wenn ich mich genau zu erinnern versuche. Wenn mein Daddy auftrat, war er stets auf dem Sprung und konnte keine Minute stillhalten; manchmal spielte er in New York, dann wieder ging er mit Mrs. Mansfields Theatertruppe auf Tournee und blieb monatelang fort.

Jedenfalls, an jenem Abend traten wir nach der Vorstellung hinaus auf die Straße und bogen dann gleich in den Broadway ein. Wir waren beide so glückselig erregt, daß wir geradezu sprangen und tanzten, denn es war eine ganz herrliche Nacht. Es war eine von den ersten, schönen Frühlingsnächten, die Luft war kühl, zart und weich, der Himmel war wie fliederfarbner Samt und glitzerte von großen Sternen. Die Straße vorm Theater war voll von Hansomcabs und Droschken, von Privatchaisen und Viktoriakutschen; unausgesetzt fuhren die Wagen vor und Leute stiegen ein.

Lauter gutaussehende Männer, lauter schöne Frauen, und jedermann schien so glücklich vergnügt wie wir, und es war, als wäre mit dem Frühling auf Erden eine neue Welt mit neuen Menschen erstanden. Alles Häßliche und Dumpfe, alles Saure und Rauhe war weg; die Straßen blitzten und funkelten von Leben. Ich sah das alles, ich spürte, daß ich ein Teil dieses Lebens sei, ich wollte das alles besitzen, und da war etwas, das ich so sehr auszusagen begehrte, daß mir die Kehle davon schmerzte, und doch vermochte ich's nicht, weil mir die Worte dazu fehlten. Und weil mir sonst nichts zu sagen einfiel, packte ich plötzlich meinen Vater am Arm, und, so närrisch es klang, ich rief aus: »Oh, im April sein, nun da England drin in ist!«

»Ja!« rief er. »Und Paris und Neapel und Dresden und

Rom! Oh, in Budapest sein«, rief Daddy. »Nun, da dort April ist und Reif auf dem Kürbis liegt und wie Donner der Tag hereinrollt in die Nacht, die mich bedecket!«

Er schien wieder jung geworden zu sein, ganz wie damals, als ich ein kleines Mädchen war und an die Tür seines Studierzimmers zu pochen pflegte, worauf er mit seiner wundervollen Schauspielerstimme rief: »Tritt ein, Tochter der Einsamkeit, in diese Hausung des Unheils!« Seine Augen funkelten, er warf den Kopf zurück und lachte sein wildes, glückliches Lachen.

Ich glaub, es war im Jahr vor seinem Tode, ich war damals achtzehn, ich war eine Schönheit, ich war wie Pfirsiche und Rahm.

Ich pflegte ihn, wenn er auftrat, im Theater abzuholen; wir gingen dann essen. Ei, das war ein Mann nach deinem Herzen! Das Allerbeste war grade gut genug für ihn. In New York war's damals sehr nett; es gab so angenehme Lokale. Ich weiß nicht, woher es kommt, aber damals war noch nicht alles so voller Radau und Verwirrung, und manchmal kommt's mir wie eine andre Welt vor. Also, man konnte zu White, zu Martin oder ins Delmonico gehn, es gab dutzendweis gute Lokale. Eines hieß Mock; ich bin nie dort gewesen, aber es gehört zu den ersten Dingen, deren ich mich aus meiner Kindheit erinnerte. Ich hörte, wie Daddy nachts heimkam und sagte, er wäre bei Mock gewesen. Ich horchte nämlich am Gitter der Heißluftröhre in meinem Zimmer, und da konnte ich hören, wie er und die andern Schauspieler sich mit meiner Mutter unterhielten. Das war ungeheuer aufregend. Manchmal sprachen sie nur von Mock. »So, ihr seid zu Mock gegangen?« pflegte Mama etwa zu sagen. »O ja«, sagte Daddy dann, »ich bin zu Mock gegangen.« – »Und was hast du gegessen und getrunken?« fragte meine Mutter. »Oh, ein paar Austern, ein Glas Bier und einen Teller Mockturtelsuppe«, sagte mein Vater.

Wir gingen beinah jede Nacht nach der Vorstellung zu White, wo wir mit zwei Priestern zusammensaßen, die mit Daddy befreundet waren, Father Dolan und Father Christopher O'Rourke. Father Dolan war ein Hüne von einem

Mann, er hatte die blauesten Augen, die mir je vorgekommen sind, und Father Christopher O'Rourke war ein kleines Männchen mit einem schwärzlichen, fettigen Gesicht. Das ganze Gesicht war voll schwarzer Hautflecken, es war eins von den sonderbarsten Gesichtern, die mir je vorgekommen sind, aber es war auch etwas Starkes und Süßes in diesem Gesicht. Father Dolan hatte ein feines, hochgemutes Wesen, er war sehr gütig und sehr munter, hatte einen glänzenden Verstand und sagte seine Meinung frei und offen heraus. Er liebte das Theater, kannte viele Schauspieler, und viele von den Schauspielern gingen zu ihm in die Kirche. Meinen Vater liebte er. Er war ein großer Gelehrter. Seinen Shakespeare konnte er beinah auswendig. Er und Daddy pflegten einander im Scherz zu prüfen, um zu sehn, wer die meisten Verse kenne. Soviel ich weiß, hat ihn Daddy nur einmal reinlegen können, und zwar mit dieser Zeile aus dem *Lear:* »Der Fürst der Hölle ist ein Ehrenmann«. Father Dolan hatte behauptet, der Vers stünde in *Wie es Euch gefällt.*

Wie gern diese Priester aßen und tranken! Hatte aber einer von den beiden am nächsten Morgen Messe zu lesen, dann mußten wir uns beeilen, weil man nach Mitternacht nicht essen und trinken kann, wenn man am nächsten Morgen Messe liest. Deswegen nahmen diese beiden beim Hinsetzen sofort ihre Taschenuhren heraus und legten sie vor sich hin auf den Tisch. Father Christopher O'Rourke trank nur Bier. Sobald er Platz genommen hatte, kam auch schon der Kellner und brachte sechs Glas Bier, die der Father gleich austrank. Hatte aber, wenn es Mitternacht geworden war, einer von den Priestern ein Bier vor sich auf dem Tisch, dann blieb das Bier stehen; ganz gleich, was es war, Punkt zwölf Uhr nachts hörten sie zu essen und zu trinken auf, wenn sie am nächsten Morgen Messe zu lesen hatten.

Father Christopher O'Rourke aß und trank eine Stunde lang, als gälte es sein Leben. Er war sehr kurzsichtig, seine Brillengläser waren sehr dick, und von Zeit zu Zeit nahm er die Taschenuhr vom Tisch, hielt sie sich unter die Nase und lugte und linste das Zifferblatt an. Weil er es so eilig hatte, um vor Mitternacht fertig zu werden, dachte er, den andern am Tisch ginge es genauso; er hatte Angst, jemand von uns könne nicht satt werden, und so redete er einem ständig zu, man solle sich mit dem Essen beeilen. Father Dolan aß ebenfalls sehr gern, aber er redete auch sehr gern, und manchmal kam er in ein Gespräch mit Daddy und vergaß zu essen. Father Christopher O'Rourke geriet dann beinah außer sich, er stieß den Father Dolan an, deutete auf seine Uhr, machte ein verzweifeltes Gesicht und murmelte mit unheilverkündender Stimme: »Es wird zu spät! Zu spät! Es ist schon gleich zwölf!«

»Je nun!« sagte Father Dolan. »Dann werd ich eben zu spät sein.« Er war ein Hüne von einem Mann, hatte aber so ein komisches, kleines Stimmchen; er sprach mit einem leisen Gluckern, und die Worte klangen wie von sehr weit her; er sprach ein bißchen im Singsang, so wie die Iren sprechen, so als würden die Worte klingend auf und ab geschaukelt. »Deinesgleichen, Christoph«, sagte Father Dolan, »ist mir noch nie begegnet. Ein Mann, der immer an seinen Bauch denkt! Haben die großen Heiligen der Kirche ihre Zeit damit verbracht, sich mit Speis und Trank vollzustopfen und vollzuschlürfen, oder mit Meditation, Gebet und in der Abtötung des Fleisches? Hast du nie von der Sünde der Gefräßigkeit gehört?«

»Freilich«, sagte Father Christopher O'Rourke, »das schon. Aber ich hab auch von der argen Sünde mutwilliger Vergeudung gehört. Schäm dich, Dan Dolan, deines Geredes von den großen Heiligen der Kirche! Es gibt keinen einzigen Heiligen, der einen Mann deshalb gepriesen hätte, weil er zukommen ließ, was der Herr vor ihn gesetzt hatte. Meinst du vielleicht, ich könnte hier sitzen und mitansehen, wie gute Speise zukommt, solang's allenthalben auf Erden Leute gibt, die heut abend nichts zu essen hatten?«

»Nun«, sagte Father Dolan, »ich hab mich durchgelesen durch die meisten Schriften der Kirchengelehrten und auch durch ein gut Teil der verdammniswürdigen Irrlehren der Ungläubigen, ich hab die Argumente durchgeackert von Thomas von Aquin bis zu Spinoza, und in meinen jungen Jahren war ich selber imstand, ein Haar zu spalten und es einem rüstigen Gegner vor Augen zu halten, aber mein Lebtag ist mir kein Einwand begegnet, der deinen überträfe. Vor ihm sähe Aristoteles aus wie der Dorfblödel des Wordsworth. Wenn du beweisen kannst, daß du mit deiner Schlemmerei die Armen allenthalben auf Erden fütterst, dann, Christopher, gibt's für mich nichts, was über deine Verstandeskräfte geht. Dann könntest du dem Papst beweisen, daß Darwin ein Jesuit war, und es würde dir geglaubt werden.«

Also, wie gesagt, wenn er ins Restaurant kam, zog Father Christopher O'Rourke die Uhr heraus und legte sie auf den Tisch – aber das erste, was Daddy dann tat, war, daß er zwei oder drei Flaschen Champagner bestellte. Im Restaurant wußten sie schon, daß wir kämen, und die Flaschen standen in einem großen, silbernen Kübel bereit. Dann nahm Daddy das Menü in die Hand, eine große, breite Karte, auf der von oben bis unten alle die köstlichen Sachen verzeichnet standen, die es zu essen gab. Daddy runzelte die Stirn herunter, blickte ernst drein, räusperte sich und sprach zu Father Dolan: »Wohlan, Dan, wonach gelüstet's den kirchenfürstlichen Gaumen?«

An jenem Abend gingen wir nach der Vorstellung zu White, wo uns die beiden Priester bereits erwarteten. Und ein paar Minuten später kam Mr. Gates herein. Mr. Gates ist noch am Leben. Erst vor ein paar Tagen sah ich ihn auf der Straße; er ist nun ein sehr alter Mann. Er war mit einer der schönsten Frauen der Welt verheiratet, sie ist bei einem Automobilunfall verbrannt, und der arme Mann mußte es mit ansehn. Ist das nicht gräßlich? Also, schon bei seinem Eintreten konnte man merken, daß Mr. Gates an diesem Abend furchtbar aufgeregt war. Auch er war so ein großer, starker, schwerer Mann, und seine alten Pausbacken bebten, als er auf den Tisch zukam.

»Guter Gott!« sagte Daddy. »Da kommt der Bunny und hat den ganzen Kopf voll Dampf.«

Übers halbe Lokal hinweg fing Mr. Gates an, mit Daddy zu reden, und die Leute unterbrachen ihre Gespräche und ihr Essen und starrten Mr. Gates an.

»Joe! Joe!« rief er. Er hatte so eine komische Stimme, sie klang heiser, es war so eine neblige Whiskystimme, ich glaub, Mr. Gates trank ziemlich viel. »Weißt du, was ich getan hab, Joe? Ich hab mir so ein mechanisches Fuhrwerk gekauft. Komm! Du mußt gleich mit mir spazierenfahren!«

»Nein, warte! Warte! Warte!« sagte Daddy und hielt abwehrend die Hand hoch, ganz wie ein Schauspieler. »Nicht so schnell, Bunny! Setz dich erst her zu uns, und iß was, und erzähl uns von dem neuen Fuhrwerk? Wann hast du denn die Verzweiflungstat getan?«

»Ei heute«, wisperte Mr. Gates heiser. »Glaubst du, daß es richtig war, Joe?«

Er sah uns reihum an, er machte ein erschrockenes Gesicht, die alten Augen quollen ihm schier aus dem Kopf. Wir mußten über ihn lachen. Father Dolan lachte so sehr, daß er sich verschluckte und hustete, und Daddy mußte ihm auf den Rücken klopfen.

Mr. Gates war furchtbar nett: groß und dick, dabei aber ein schöner Mensch; es war so etwas Zartes an ihm; wenn er etwas sagen wollte, ging immer ein Zucken um seinen Mund. Ganz wie bei einem Hasen. Daher wohl sein Spitzname »Bunny«; alle seine Freunde nannten ihn so.

Also, Daddy sagte: »Setz dich, und iß was, und dann wollen wir weiter sehen.«

Mr. Gates sagte: »Hör mal, Joe, ich hab den Mechaniker draußen im Wagen, und ich weiß nicht, was ich mit ihm anfangen soll.«

»Willst du damit sagen, daß du ihn für ständig in Dienst genommen hast?« fragte Daddy.

»Ja«, sagte Mr. Gates, »und verdammt will ich sein, wenn mich das verlegen macht. Ich weiß nicht, wie ich mich da verhalten soll. Welche gesellschaftliche Stellung hat er denn?«

»Pflegt er sich zu waschen?« fragte Daddy.

»Nein«, sagte Mr. Gates und sah den Father Dolan an, »ich glaub, er benutzt Weihwasser.«

»Oh, Mr. Gates!« sagte ich. »Wie schrecklich, so etwas zu sagen! Dazu zu Father Dolan!«

Aber Father Dolan, ganz wie ich's von ihm erwartet hatte, lachte einfach. Er war ja ebenfalls so ein großer, fetter Kerl und furchtbar nett. Auch Father Christopher O'Rourke lachte, ich glaub aber nicht, daß ihm die Bemerkung wirklich gefiel.

»Ich will somit gesagt haben«, erklärte Mr. Gates, »daß ich einfach nicht weiß, wie man so einen Mann behandelt. Steht er über mir? Unter mir? Oder was –?«

»Mir kommt's vor«, sagte Daddy, »als hättest du ihn dir auferlegt. Ich glaub, Bunny, da hast du dir einen schwarzen Elefanten aufgebürdet.«

Daddy war wundervoll, jeder Mensch hatte ihn gern. Da machte sich Mr. Gates diese Gedanken über seinen Chauffeur; nun, heutzutag freilich kommt einem das sehr komisch vor, daß er nicht wußte, ob er den Chauffeur mit der Familie am Tisch essen lassen und ihn als seinesgleichen behandeln sollte. Mr. Gates war feinfühlig; er war zwar groß und fett, aber ein sehr empfindsamer und vornehmer Mann.

»Bunny«, sagte Daddy, »mir scheint, da hast du ein sauberes Problem auf dem Gebiet der Gesellschaftsetikette vor dir. Lad den Mann doch ein, hereinzukommen. Dann wissen wir wenigstens, wie er aussieht.«

Mr. Gates ging also hinaus, um den Chauffeur hereinzuholen, und kam gleich darauf mit ihm zurück. Der Chauffeur war ein furchtbar netter, junger Kerl mit einem Schnurrbärtchen. Er trug ein Sportjackett und eine flache Schirmmütze, und alle Welt starrte ihn an, denn einer machte den andern auf ihn aufmerksam, und das machte den Chauffeur sehr verlegen. Daddy verstand wundervoll, mit Leuten umzugehen. Er sagte: »Nehmen Sie Platz, junger Mann, wenn wir in einer Maschine herumfahren, gehört sich's, daß wir erst mal dem Fahrer zu futtern geben.«

Der junge Mann setzte sich zu uns, und wir aßen eine herrliche Mahlzeit. Bei White gab es große, saftige Schnitzel, in Butter zubereitet, Beefsteaks, drei Zentimeter dick, die wunderbarsten Austern und überhaupt alles Eßbare, wie es das Meer bietet.

Ich erinnere mich noch, daß wir, obschon es ziemlich spät

in der Saison war, mit Austern anfingen und Champagner dazu tranken. Ich glaub nicht, daß der junge Mann das Trinken gewohnt war, Daddy schenkte ihm ständig ein, und da hatte er schnell einen Schwips weg. Er war schrecklich komisch, denn er redete unausgesetzt von seiner Verantwortung.

»Eine furchtbare Verantwortung, wenn einem Menschenleben anvertraut sind«, erklärte er, und Daddy schenkte ihm nochmals das Glas voll.

»Alles verloren, wenn man im kritischen Augenblick zaudert«, fuhr der junge Mann fort.

»Ein wahreres Wort ward nie gesagt«, meinte Daddy und schenkte ihm wieder das Glas voll.

»Klaren Kopf und stete Hand muß der Mann haben«, behauptete der junge Mensch.

»Da haben Sie recht«, sagte Daddy. »Und das da wird Sie so stet machen, daß Sie sich am Ende wie gelähmt vorkommen werden.«

Mr. Gates und Father Dolan lachten, daß ihnen die Tränen über die Wangen rollten. Ach, damals waren wir immer so lustig, und damals war auch an allem etwas so Unschuldiges!

Als wir dann aufbrachen, war ich wirklich ziemlich nervös, weil der arme Junge kaum noch grad auf den Beinen stehn konnte, und ich nicht wußte, was nun weiter werden sollte. Daddy war in einer tollglücklichen Laune und gebärdete sich wild, die Lichter in seinen Augen tanzten wie Teufel, und er warf den Kopf zurück und lachte, daß es durchs ganze Lokal schallte.

Father Christopher O'Rourke hatte am nächsten Morgen Messe zu lesen, und so verabschiedete er sich. Father Dolan aber kam mit. Wir gingen hinaus auf die Straße, Daddy und Mr. Gates nahmen den jungen Mann in die Mitte, und draußen wies mir Mr. Gates den Platz vorn neben dem Fahrer an. Mein Gott! War ich stolz! Und Daddy, Mr. Gates und Father Dolan setzten sich hinten rein. Wie sie das fertigbrachten, weiß ich nicht, ich denk mir, Daddy hat sich auf Father Dolans Schoß gesetzt – o ja, ich weiß es, genau das tat er.

Viele Leute aus dem Lokal, meistens Schauspieler, waren uns auf die Straße hinaus gefolgt, und unter lauten Begeisterungsrufen fuhren wir ab. Die Schauspieler sahen uns nach, als wir in die fliederfarbne Dunkelheit hineinfuhren, und ich entsinne mich genau daran, daß ich zurückblickte und ihre lächelnden und unnatürlichen Gesichter sah, helle Masken mit einsamen, geisterhaften Augen. Sie riefen dem Daddy komische Sachen nach, einer fragte ihn, ob er ihm eine letzte Botschaft anzuvertrauen hätte, und De Wolfe Hopper war dabei, und er tat so, als wäre er ein Pferd, und er wieherte und versuchte, einen Laternenpfahl hinaufzuklettern. Oh, es war aufregend!

Mr. Gates fragte: »Wohin die Fahrt, Joe?«

Und Daddy sagte: »Nach San Francisco und zum Goldnen Horn! Und zwar ohne Aufenthalt und Verzug!«

Und dann fragte Daddy den jungen Chauffeur: »Wie schnell kann die Maschine denn fahren, Sohn?«

Und der junge Mensch sagte: »Sie macht mühelos dreißig Kilometer die Stunde.«

»Bergab, meinen Sie wohl«, sagte Daddy, um ihn aufzuziehen, und wir fuhren davon, und – mein Gott! War das aufregend! Mir kam's wie geflogen vor! Ich nehme an, daß der Chauffeur dreißig Kilometer die Stunde fuhr, aber das war so, wie wenn man heut hundertundsechzig Kilometer fährt, und wir kamen an einem berittnen Schutzmann vorbei, dessen Gaul scheute und durchgehn wollte, und – mein Gott! Wie wütend der Schutzmann war! Er galoppierte hinter uns her und schrie, wir sollten halten, und Daddy lachte, als wäre er von Sinnen, und rief: »Fahr zu, Sohn! Fahr zu! Auf der ganzen Welt gibt's kein Pferd, das uns einholen kann!«

Aber der Chauffeur kriegte es doch mit der Angst zu tun und bremste, der Schutzmann kam hoch zu Roß heran und sagte, was uns denn einfiele und was wir uns denn einbildeten, und er hätte gute Lust, uns alle zu verhaften wegen nächtlicher Ruhestörung mit »dem Ding da«. Er nannte den Wagen nicht anders als »das Ding da«, und zwar in einem sehr verächtlichen Ton, und das ärgerte mich sehr, denn der Wagen kam mir ungeheuer schön vor; er war lackiert, ein dunkles, schweres Weinrot, und sah appetitlich genug zum Hineinbeißen aus, und so brachte es mich in Wut, daß der Schutzmann so geringschätzig von »dem Ding da« sprach.

Ich weiß nicht, warum mich das so in Wut brachte, aber mich dünkt jetzt, der Grund war wohl der, daß mir der Wagen überhaupt nicht wie ein Ding erschien. Es ist schwer zu sagen, warum es mir so ging; es war eben so, als wäre der Wagen ein fremdes, schönes, lebendiges Geschöpf, das wir zuvor nicht gekannt hatten, und das nun da wäre, um unser Dasein fröhlicher, wärmer und wunderbarer zu machen. Ich glaub, den meisten Menschen ist es so gegangen mit den ersten Automobilen ... Irgendwie schien jedes Automobil von allen andern verschieden zu sein, schien es einen eignen Namen, ein Leben für sich und eine besondre Persönlichkeit zu besitzen. Gewiß, ich weiß, diese Wagen würden heutzutag plump und komisch und altmodisch wirken, damals aber war das ganz anders. Wir hatten nie zuvor um Automobile gewußt oder Automobile gesehen, wir hatten höchstens geträumt oder gehört, daß es so etwas geben könnte, und nun fuhren wir in einem Automobil, und das ganze Erlebnis kam mir einfach unglaublich vor und doch glorreich wirklich und seltsam, eben so, wie es einem am Anfang mit jeder schönen Sache geht. Dieser Wagen war so vollkommen zauberhaft für mich, als wäre er gerade aus einer andern Welt, vom Planeten Mars, gekommen, und trotzdem: beim ersten Anblick erschien er mir sofort wie etwas schon immer Gekanntes, schien er mir zu diesem Tag, dieser Stunde, diesem Jahr zu gehören, zu den geisterhaften Gesichtern der Schauspieler und zu all den Schlagern, die wir in jenem Jahr sangen, zu den Sachen, die wir sagten und taten, zu irgend etwas Eigenartigem, Unschuldigem, Verlornem, Langhergewesnem.

Ich kann mich genau dran erinnern, wie der alte Wagen aussah, so genau, daß ich ihn mit geschloßnen Augen hinzeichnen könnte. Ich kann mich gut an das tiefe Weinrot erinnern, an die großen, blankgeputzten, messinggefaßten Vorderlampen, an die Schlagtür, die in den bauchig-runden, rückwärtigen Sitzraum ging, und an den wunderbaren und aufregenden Geruch – den kräftigen, wohltuenden Ledergeruch der tiefen Polster und den starken, warmen Geruch von Benzin, Öl und Schmierfett, der allen Dingen auf Erden damals eine Lebendigkeit verlieh, die einen ekstatisch erschauern machte. Diese Gerüche schienen beladen mit wunderbaren Versprechungen, unbekannten Seltsamkeiten, die wahr werden sollten, mit einem Etwas, das der Nacht zugehörte und dem Mysterium und der Lebenslust, dem Rausch aus fliederfarbner Dunkelheit, ganz so wie die Düfte der Blumen, die Gerüche von Laub, Gras und Erde dazugehörten.

Deswegen also, nehm ich an, brachte es mich so auf, daß der Schutzmann von dem Wagen als »dem Ding da« sprach; damals aber kannte ich freilich diesen Grund noch nicht. Es sah aus, als wollte der Mann uns tatsächlich verhaften, aber da stand Daddy, der auf Father Dolans Schoß gesessen hatte, auf, und als der Schutzmann Father Dolan sah, war er natürlich gleich sehr nett zu uns. Und Mr. Gates redete ihm ein wenig zu und gab ihm etwas Geld, und Daddy machte ein paar Späße mit ihm, die ihn zum Lachen brachten, und dann zeigte ihm Daddy sein Polizeiabzeichen, fragte ihn, ob er den Big Jake Dietz vom Polizeihauptquartier kenne, und sagte ihm, er sei einer von Jakes besten Freunden, und ich war sehr stolz zu sehen, wie milde der Schutzmann da wurde.

Er riet uns, in den Central Park zu fahren. Dort, sagte er, könnten wir seinetwegen ganz nach unserm verdammten Wohlgefallen herumfahren; er aber würde sich nie in »so ein Ding« setzen, es könne jeden Augenblick explodieren, und – was wäre dann mit uns? Daddy sagte darauf, er hoffe, dann kämen wir alle in den Himmel, und was mehr wäre, wir hätten unsern eignen Seelsorger dabei, so gäbe es wohl keine Anstände bei den Einlaßförmlichkeiten, und das belustigte uns sehr, wir lachten, und der Schutzmann lachte auch, und dann fing er an, mit seinem Reitpferd dick zu tun, und – mein Gott! Ein Staatsgaul war es schon! – und der Mann sagte auch, er begehre sein Lebtag weiter nichts als ein Pferd, denn so weit brächten es die Erfinder doch nicht, daß man mit »so einem Ding da« schneller vorwärts käme als mit einem Pferd. Der arme Kerl, ich frag mich, was er wohl heutzutag dazu sagt.

Daddy zog ihn ein bißchen auf und sagte, der Tag käme, an dem man in den Zoo gehn müsse, um ein Pferd zu sehn, und der Polizist sagte, nein, vielmehr müsse man dann in einen Trödelladen gehn, um »so ein Ding da« zu sehn, und Daddy sagte: »Unser Fehler, wenn wir Anachronismen sind.« Und der Schutzmann sagte, nun, in solchen Sachen wisse er keinen Bescheid, aber er wünsche uns Glück und hoffe, daß wir alle heil heimkämen.

Damit ritt er davon, und wir fuhren in den Central Park, wir fuhren mit aller möglichen Geschwindigkeit, und als wir gerade einen Hügel hinanfuhren, sah es wahrhaftig so aus, als soll der Schutzmann recht behalten, denn der Wagen blieb einfach stecken und wollte nicht weiter. Der junge Chauffeur wurde wild und regte sich auf, er hatte getrunken und dem Wagen wohl zuviel zugemutet; jedenfalls, als wir vor uns auf halber Steigung ein Hansomcab gesehn hatten, hatte er gerufen: »Geben Sie acht, wie wir die überholen!« Gerade dann, als wir auf gleicher Höhe mit den Leuten in der zweirädrigen Kutsche waren und überholen wollten, fing der Motor an zu keuchen und zu pusten und stand still. Nun, da konnten wir die Fahrgäste im Hansomcab lachen hören, und einer rief etwas zurück über Igel und Hase, und ich war empört und gedemütigt, und unser Fahrer tat mir so leid, und Daddy sagte: »Nehmen Sie sich's nicht zu Herzen, Sohn! Vielleicht, daß Schnellsein nicht immer zum Laufen hilft, aber der Tag des Hasen wird auch einmal tagen.«

Der junge Mensch aber war so niedergeschlagen, daß er kein Wort hervorbrachte. Er stieg aus und ging ein paarmal langsam um den Wagen herum, und schließlich fand er Worte und fing an, uns zu erklären, wieso es geschehen wäre und daß so etwas in hundert Jahren nicht noch mal vorkommen könnte. Nun ja, es war eben so gekommen, ei freilich, da sehen Sie ja, wieso es so kommen mußte, und wir freilich verstanden kein Wort von der ganzen Erklärung, aber der junge Kerl tat uns so leid, daß wir ihm ohne weiteres recht gaben. Dann begann er, am Motor herumzustochern, hier drehte er was herum, dort bog er etwas bei, und schließlich ging er an die Kurbel und schleuderte an, daß ich Angst kriegte, er könne sich den Arm auskugeln. Dann kroch er auf dem Rücken unter den Wagen und hämmerte drunten irgendwo herum, und das half auch nichts. Und so kam er wieder zum Vorschein, stand auf, murmelte etwas und ging wieder langsam um den Wagen herum. Schließlich gab er es auf und erklärte, er befürchte, wir müßten aussteigen und eine Droschke nehmen, falls wir anders als zu Fuß heimkommen wollten. Wir stiegen also aus, und der Mechaniker war so beschämt und so außer sich darüber, daß sein Wagen sich so benommen hatte, daß er ihn anpackte und ihn schüttelte wie ein unartiges Kind. Aber das half auch nichts.

Er versuchte es ein letztes Mal, packte die Kurbel und warf den Motor an wie ein Verrückter; er legte sich ins Zeug, bis er vollends erschöpft war. Und als auch das nichts half, rief er plötzlich aus: »Oh, das verdammte Ding!«, trat den Wagen mit aller Kraft in die Gummireifen und brach dann überm Kühler zusammen, schluchzend, als bräche ihm das Herz. Und ich weiß nicht, ob das was half, ich weiß auch nicht, wie es kam, aber auf einmal fing der Motor an zu röcheln und zu prusten, und da waren wir also wieder fahrbereit, der junge Mensch mit einem von Ohr zu Ohr klaffenden Grinsen übers ganze Gesicht.

Und so fuhren wir auf den Hügel und auf der andern Seite hinab, und nun war es wirklich wie geflogen, es war wie Schweben und Gleiten durch die Luft oder so, als hätte man auf einmal Flügel an sich entdeckt, von denen man zuvor nichts gewußt hatte. Es war auch wie etwas schon immer Gekanntes, wie etwas Traumgefundnes, wie ein wahrgewordner Traum, es war wie Traumflug, und – richtig! – ganz wie etwas Traumerwartetes geschah es, daß wir um eine Kurve gesaust kamen und dasselbe Hansomcab vor uns sahen, das wir zuvor auf halbem Hügel zu überholen gedacht hatten. Und im Augenblick, als ich es wiedersah, wußte ich, daß die Wiederbegegnung unvermeidlich war. Sie schien zwar zu schön, um wahr zu sein – und doch war ich die ganze Zeit fest überzeugt gewesen, daß es genauso kommen müsse.

Und so ging's uns allen, wir warfen die Köpfe zurück und lachten schallend heraus und schrien und winkten den Leuten in der Kutsche zu, und als wir an ihnen vorbeisausten, war es, als stünden sie fest angewurzelt auf dem Erdboden, und beim Vorbeifahren wandte sich Daddy und rief zu den Leuten zurück: »Tröstet euch, Freunde! Stehen und warten ist auch zu was nütz!«

Wir ließen sie schnell hinter uns und verloren sie bald, und nun war ringsum nichts mehr außer der Nacht, den brennenden Sternen und der fliederfarbnen Dunkelheit, und – mein Gott! Es war schön! Es war Anfang Mai, die Knospen waren am Platzen, das Laub am Ausdringen, und Busch und Baum sahen so zartfiedrig aus, und ein feiner, kleiner Sichelmond stand am Himmel, und die Luft war so kühl und lieblich mit dem Geruch von jungem Laub und neuem Gras und von Blumen, und es war, als hörte man es schießen und sprießen, und mir war zumut, als hätt ich nie so was Schönes erlebt, und als ich meinen Vater anblickte, standen ihm Tränen in den Augen, und er rief aus: »Herrlichkeit! O Herrlichkeit! Herrlichkeit!« Und dann begann er mit seiner großartigen Stimme: »Welch ein Werk ist der Mensch! Wie edel sein Verstand, wie unendlich seine Fähigkeiten! Wie behend und bewundernswert seine Gestalt und seine Bewegungen! Wie sehr er Engeln gleicht in seinem Handeln, wie sehr einem Gotte in seinem Denken!«

Und diese Worte waren so schön und ihre Musik so groß, daß sie mir irgendwie zum Weinen nahegingen, und als er zu Ende gekommen war, rief er abermals: »Herrlichkeit!« und ich sah seine wilde, schöne Stirn in der Dunkelheit, und ich hob die Augen zum Himmel, und da standen die tragischen, großmächtigen Sterne, und auf seinem Haupte lag es wie ein Schicksalsschatten, und plötzlich blickte ich ihn an und wußte, er würde sterben.

Und er rief: »Herrlichkeit! Herrlichkeit!«, und wir fuhren die ganze Nacht Runde um Runde im Park herum, und dann ward es Tag, und die Vögel fingen zu singen an. Und der Vogelsang barst ins erste Licht, und auf einmal hörte ich jeden Laut, den der Vogelsang machte. Er kam mir vor wie eine immer gehörte Musik, er kam mir vor wie eine immer gekannte Musik aus Tönen, von denen ich nie noch gesprochen hatte, und klar und hell hörte ich von jedem Ton die Musik, und von jedem Ton die Musik war die: zuerst hob sie sich und flog über mich hin wie ein Schuß, und dann hörte ich die scharfen, schnellen, knappen Laute, die der Vogelsang machte. Und nun waren die Laute wie glattes Geträuf und wie Körner aus hellem Gold, und nun kam mit spitzigem Gezwitscher und hurtig flatterndem Schwirren das honigblütige Vogelgeschrei. Und nun sang der Vogelbaum mit lauter Lauten in der strahlenden Luft; das Geschrumm und die Lerchenschwingen und das zungenkirre Trillern stiegen empor. Und nun erhoben sich die kleinen, hirnlosen Schreie mit fließenden, flüssig gewordnen Lautungen, mit zittrig hinschmelzendem Flirren, pflaumbauchiger Glätte, süßer Lichtigkeit. Und nun hörte ich das hurtige Kwiet-kwiet-kwiet-kwiet-kwiet gewöhnlicher Vögel und dann ihr Pwie-pwie-pwie. Andre aber hatten dünnmetallische Zungen, und ihr Geschrei klang wie scharfes Stichelgezirp und wie unheimlich raspelndes, schrillzänkisches Gekrächz in harschen, von weit her kommenden Rufen. Solcherart war das Vogelgeschrei. Alle Vögel, die's gibt, erwachten im dichten Baumgebüsch des Parks, und darüberhin ging ein Geschwirr von verborgenen Schwingen, und das fremde, verlorne Vogelgeschrei war nun im vollen Lichte im Park, und die Schreie vermischten sich zu süßer Verwirrung. »Süß ist der Morgenhauch, süß der Anbruch des Tags mit dem Zauber der frühesten Vögel.« Ja, ganz so war's, und die Sonne ging auf, und es war wie der Erde erster Tag, und das war im Jahr vor seinem Tode, und ich glaub, wir wohnten damals bei Bella, es kann aber auch sein, daß wir im alten Hotel abgestiegen oder schon bei Tantchen Katie untergekommen waren, wir zogen oft um und wohnten in vielen Wohnungen, es scheint so lange her zu sein, daß es sich mir verwirrt beim Drandenken, und ich kann mich nicht mehr erinnern.

Graham Greene

Eine Fahrt aufs Land

So wie an jedem andern Abend hörte sie auch an diesem, wie ihr Vater die Runde durch das Haus machte, um Türen und Fenster zu verschließen. Er war Hauptbuchhalter in Bergsons Exportagentur, und wenn sie abends im Bett lag, dachte sie oft mit Widerwillen daran, daß sein Heim genauso aussah wie sein Büro, daß es nach denselben Grundsätzen geführt und seine Sicherheit mit derselben peinlich genauen Sorgfalt gehütet wurde, damit er dem Geschäftsführer das Hauptbuch eines getreuen Verwalters vorlegen könnte. Vorgelegt wurde es regelmäßig jeden Sonntag in der kleinen, neugotischen Kirche in der Park Road, wohin ihn seine Frau und seine zwei Töchter begleiteten. Sie saßen stets in derselben Kirchenbank, sie erschienen stets fünf Minuten zu früh, und ihr Vater sang stets laut und unmusikalisch mit, wozu er ein übergroßes Gebetbuch in Augenhöhe vor sich hielt. »Wir stimmen Lieder des Frohlockens an und ziehen ins Gelobte Land« – damit legte er die Abrechnung für die vergangene Woche vor: ein Haushalt, pflichtschuldigst behütet. Wenn sie dann aus der Kirche traten, blickte sie mit Vorbedacht von der Ecke weg, wo das Wirtshaus »Bricklayer's Arms« stand; denn dort wartete immer Fred, dessen Gesicht verriet, daß er schon wieder ein wenig aus dem Gleichgewicht geraten und unnatürlich erregt war. Das Gasthaus war nämlich schon seit einer halben Stunde geöffnet.

Sie horchte: die Hoftür schloß sich. Sie vernahm das Knacken des Riegels am Küchenfenster, hörte den Vater zur Vordertür schlurfen, um sie zu kontrollieren. Er verschloß nicht nur die Außentüren sondern auch die leeren Räume, das Badezimmer, das Klosett. Er sperrte etwas hinaus, aber dieses Etwas war offenbar imstande, seine erste Verteidigungslinie zu durchbrechen. Er errichtete eine zweite Linie längs des Weges in sein Schlafzimmer.

Nun legte sie ihr Ohr an die dünne Wand der unsolid gebauten Villa und konnte aus dem Nebenzimmer leise Stimmen vernehmen. Während sie lauschte, wurden diese deutlicher, als drehte sie am Knopf eines Rundfunkempfängers.

Eben sagte ihre Mutter: »Margarine zum Kochen ...«, und ihr Vater antwortete: »... in fünfzehn Jahren viel leichter haben.« Dann knarrte das Bett, und von den beiden in mittleren Lebensjahren stehenden Fremden im Nebenzimmer drangen gedämpfte Laute der Zärtlichkeit und der Tröstung herüber. In fünfzehn fahren, dachte sie unglücklich, wird das Haus ihm gehören. Er hatte 25 Pfund Anzahlung geleistet und stattete den Rest in monatlichen Raten ab. Nach einem guten Mahl pflegte er zu sagen: »Ich habe natürlich das Haus hergerichtet«, und erwartete, daß mindestens eines seiner Familienmitglieder ihm in sein Arbeitszimmer folgte. »Hier habe ich das elektrische Licht eingebaut« – damit stapfte er an dem kleinen Klosett im Erdgeschoß vorüber – »und hier diesen Heizkörper«, und als höchsten Trumpf seiner Selbstzufriedenheit nannte er »den Garten«. Und wenn es ein schöner Abend war, dann stieß er die Glastür auf, die vom Speisezimmer auf den kleinen Grasteppich hinausführte, der so sorgfältig gepflegt war wie der Rasenplatz im Innenhof eines College. »Das war nichts weiter als ein Haufen Ziegel«, pflegte er dann zu sagen. Die Samstagnachmittage und die schönen Sonntage von fünf Jahren waren auf diesen Flecken Rasen, auf das Blumenbeet, das ihn umschloß, und auf den einen Apfelbaum verwendet worden, der regelmäßig jedes Jahr einen dunkelroten, geschmacklosen Apfel mehr hervorbrachte.

»Ja, ich habe das Haus hergerichtet«, sagte er und blickte sich dabei nach einem Nagel um, der fester eingeschlagen, nach einem Unkraut, das ausgerissen werden mußte. »Wenn wir jetzt verkaufen müßten, würden wir von der Sparkasse mehr bekommen, als ich gezahlt habe.« Das war mehr als Besitzerstolz, es war Ehrlichkeit. Manche Leute, die ihre Häuser mit Hilfe der Sparkasse erwarben, ließen sie völlig verfallen und machten sich dann aus dem Staub.

Sie stand da, das Ohr an die Wand gelegt, ein kleiner, zorniger, unreifer Mensch. Aus dem Nebenzimmer war nichts mehr zu hören; aber mit ihrem inneren Ohr vernahm sie das ganze Orchester eines Hausbesitzers, das Pochen eines Hammers, das Scharren eines Spatens, das Zischen des Dampfes im Heizkörper, das Knarren eines Schlüssels im Schloß, das Quietschen eines Riegels, kurz, all die belanglosen Geräusche von Menschen, die ihre Barrikaden bauen. Sie aber stand da und plante ihren Verrat.

Es war ein Viertel nach zehn; sie hatte noch eine Stunde Zeit, das Haus zu verlassen, aber sie brauchte nicht so lange dazu, und es war auch wirklich nichts zu fürchten. Sie hatten ihren gewöhnlichen Rubber Bridge zu dritt gespielt, während ihre Schwester für die kleine Tanzunterhaltung am nächsten Abend ein Kleid änderte. Nach dem Kartenspiel hatten sie den Teekessel aufgesetzt und eine Kanne Tee gemacht; dann hatten sie die Wärmflaschen gefüllt und in die Betten gelegt, während ihr Vater überall abschloß. Er hatte nicht die leiseste Ahnung, daß sie ein Feind war.

Sie zog ihren schweren Mantel an und setzte einen Hut auf, weil die Nächte immer noch kalt waren. Der Frühling kam diesmal spät, wie ihr Vater bemerkte, während er nach den Knospen am Apfelbaum sah. Sie packte keinen Koffer; das hätte sie allzusehr an einen Wochenendausflug ans Meer erinnert, an eine Familienfahrt nach Ostende, von wo man immer wieder nach Hause zurückkam. Sie wollte es Fred gleichtun, der so seltsam leichtsinnig war. Diesmal würde sie nicht zurückkommen. Auf leisen Sohlen schlich sie in die kleine, gedrängt volle Diele hinab und schloß die Haustür auf. Oben blieb alles still, und sie machte die Tür hinter sich zu.

Ein leises Schuldgefühl beschlich sie, weil sie die Tür von außen nicht versperren konnte. Aber die Schuld verging, als sie das Ende des mit Steinplatten belegten Pfades erreicht und sich auf der Straße, die nach fünf Jahren immer noch halb fertig war, nach links gewandt hatte und nun an den Lücken zwischen den einzelnen Villen vorüberschritt, wo die grausam zerschnittenen Felder durch kärgliches Gras, Haufen von Lehm und Massen von Löwenzahn ihren trotzigen Lebenswillen kundtaten.

Mit raschen Schritten ging sie an einer langen Reihe kleiner Garagen vorbei, die den Grabstätten in einem portugiesischen Friedhof glichen, wo die Särge für alle Zeiten unter den verblassenden Photographien ihrer Bewohner ruhen. Die kalte Nachtluft erquickte sie. Als sie an der Verkehrsampel in die Geschäftsstraße mit ihren geschlossenen Kaufläden einbog, war sie zu jeder Tat bereit. Sie war wie ein Rekrut in den ersten Monaten des Krieges. Sie hatte ihre Entscheidung getroffen und war fähig, ihren Willen dem ungewohnten, belebenden, überwältigenden Ereignis aufzuopfern.

Fred stand, wie er versprochen hatte, an der Ecke, wo die Straße zur Kirche hinunterführte. Sie spürte den Geschmack des Alkohols auf seinen Lippen, als er sie küßte, und dachte mit Befriedigung, daß kein anderer Mann diesem Anlaß so gerecht geworden wäre wie er. Sein Gesicht strahlte vor Unbekümmertheit: Er war ihr ebenso fremd und erregend wie das ganze Abenteuer. Er nahm sie am Arm und führte sie schnell in eine unbeleuchtete Sackgasse. Dann ließ er sie einen Augenblick allein, und plötzlich strahlten sie aus der Dunkelheit heraus zwei Scheinwerfer mit gedämpftem Licht an. Überrascht rief sie aus: »Du hast ein Auto?« und fühlte zugleich das nervöse Zucken seiner Hand, die sie zum Wagen hindrängte.

»Ja, gefällt es dir?« fragte er, während er knirschend den zweiten Gang und dann ebenso unbeholfen den Schnellgang einschaltete, als sie zwischen den geschlossenen Fensterläden der Geschäfte hinausfuhren.

Sie rief: »Herrlich ist es! Fahren wir recht weit!«

»Das werden wir«, gab er zur Antwort und blickte dabei auf den Geschwindigkeitsmesser, dessen Zeiger auf siebzig hinaufkletterte.

»Bedeutet das, daß du einen Posten gefunden hast?«

»Posten gibt es keine mehr«, erwiderte er. »Die gibt's genausowenig wie den Weihnachtsmann.« Dann fragte er mit scharfer Stimme: »Hast du den Vogel gesehen?« Er schaltete das Fernlicht ein, als sie hinter der Zufahrtsstraße zur Wohnsiedlung ganz unvermittelt auf das offene Land hinauskamen, nach einem Kaffeehaus (»Einfahrt hier!«), einem Schuhladen (»Kauf dir die Schuhe, die dein Filmliebling trägt!«)

und dem Büro einer Bestattungsanstalt mit einem riesigen weißen Engel in Neonbeleuchtung.

»Ich habe keinen Vogel gesehen.«

»An der Windschutzscheibe?«

»Aber nein.«

»Um ein Haar hätte ich ihn erwischt«, sagte Fred. »Das hätte eine schöne Schweinerei gegeben. Genauso schlimm wie die Kerle, die jemanden über den Haufen fahren und nicht anhalten. Würden wir anhalten?« fragte er, während er das Licht am Armaturenbrett abdrehte, so daß sie nicht sehen konnten, wie die Zeigernadel am Armaturenbrett vibrierend auf hundert wies.

»Wie du glaubst«, antwortete sie mitten aus einem sorglosen Traum heraus.

»Wirst du mir gehören heut abend?«

»Freilich.«

»Und nie mehr zurückgehen?«

»Nie«, sagte sie und beschwor damit ewigen Verzicht auf das Pochen des Hammers, das Knacken des Türriegels und den dumpfen Schritt von Pantoffeln auf der Runde durch das Haus.

»Willst du wissen, wohin wir fahren?«

»Nein.«

Ein kleines Gehölz, das flach wie aus Pappkarton wirkte, stürzte grünlich in den Lichtkegel und flog dann dunkel an ihnen vorbei. Ein Hase wandte ihnen die Blume zu und verschwand in einer Hecke.

»Hast du Geld bei dir?« erkundigte sich Fred.

»Zweieinhalb Shilling.«

»Liebst du mich?«

Sie gab seinen Lippen alles, womit sie so geduldig hatte zurückhalten müssen, wenn sie sonntags nach der andern Seite geblickt und wenn sie geschwiegen hatte, sooft am Mittagstisch sein Name mißbilligend genannt wurde. Sie verschenkte sich an spröde, teilnahmslose Lippen, während der Wagen dahinflog und sein Fuß das Gaspedal niederdrückte. Er sagte: »Ein scheußliches Leben.«

Sie wiederholte seine Worte: »Ein scheußliches Leben!«

»In meiner Tasche findest du eine Flasche. Trink einen Schluck.«

»Danke. Ich mag nicht.«

»Dann laß mich trinken. Der Verschluß ist zum Abschrauben.« Mit einer Hand auf ihr und der andern am Lenkrad, neigte er den Kopf zur Seite, daß sie ihm aus der kleinen Flasche Whisky in den Mund tropfen konnte. »Macht es dir was aus?« fragte er.

»Natürlich nicht.«

»Von zehn Shilling Taschengeld die Woche kann man nicht sparen«, erklärte er. »Ich lege das Geld so gut wie möglich an. Da muß man aber furchtbar genau überlegen. Um für Abwechslung zu sorgen. Zweieinhalb Shilling für die billigsten Zigaretten, dreieinhalb für Whisky, ein Shilling fürs Kino. Da bleiben ganze drei Shilling für Bier übrig. Ich leiste mir etwas einmal in der Woche und habe es dann hinter mir.«

Der Whisky war auf seine Krawatte getropft, und der Geruch des Alkohols erfüllte das kleine Coupé. Das behagte ihr; es war sein Geruch. Er fuhr fort: »Sie gönnen mir's nicht. Sie glauben, ich sollte mich um eine Stelle umsehen. Wenn man so alt ist wie meine Leute, dann merkt man gar nicht, daß es für unsereinen keine Stelle mehr gibt – nie mehr welche geben wird.«

»Ich weiß«, sagte sie. »Sie sind eben alt.«

»Wie geht's deiner Schwester?« fragte er unvermittelt; der grelle Lichtkegel fegte die Straße vor ihnen frei von kleinen, hastig flüchtenden Vögeln und anderem Getier.

»Sie geht morgen zur Tanzerei. Ich bin neugierig, wo wir dann sein werden.«

Doch Fred ließ sich nicht aushorchen; er hatte seine Pläne und behielt sie für sich.

»Das mag ich.«

Darauf sagte er: »Hier gibt's einen Tanzklub in einem Rasthaus. Mike hat mich als Mitglied eintragen lassen. Kennst du Mike?«

»Nein.«

»Mike ist ein feiner Kerl. Wenn man bekannt ist, dann geben sie einem nach der Sperrstunde zu trinken. Wir schauen dort hinein, begrüßen Mike und dann in der Früh – doch das besprechen wir später, wenn wir ein paar Gläser getrunken haben.«

»Hast du denn das Geld dafür?«

Ein kleines Dorf, das hinter verschlossenen Türen und Fenstern bereits in tiefem Schlaf lag, kam ihnen von der Höhe herab entgegengeschwommen, als ob ein Erdrutsch es langsam und gleichmäßig in die zerfurchte Ebene hinabtrüge, aus der sie gekommen waren. Eine niedrige graue Kirche aus der Normannenzeit, ein Gasthaus ohne Schild überm Tor, eine Turmuhr, die elf schlug.

Fred sagte: »Schau nach hinten. Dort liegt ein Koffer.«

»Er ist versperrt.«

»Den Schlüssel habe ich vergessen«, erklärte er.

»Was ist drinnen?«

»Oh, ein paar Sachen«, war seine vage Antwort. »Wir könnten sie für ein paar Glas Whisky versetzen.«

»Und wie wär's mit einem Bett?«

»Wir haben ja den Wagen. Du hast doch keine Angst?«

»Nein«, antwortete sie, »Angst habe ich nicht. Das ist …«, aber sie fand keine Worte für den feuchtkalten Wind, die Dunkelheit, die Fremdartigkeit dieser Fahrt, den Whiskygeruch, das Dahinbrausen des Autos. »Es geht voran«, sagte sie. »Wir müssen schon ziemlich weit gefahren sein. Jetzt sind wir wirklich auf dem Land«, fuhr sie dann fort, als sie eine Eule mit faltigen Flügeln tief über einem frischgepflügten Feld dahinfliegen sah.

»Man muß schon weiter fahren bis zum wirklichen Land«, entgegnete er. »An dieser Straße triffst du es noch gar nicht. Jetzt sind wir gleich beim Rasthaus.«

Sie entdeckte ihre Sehnsucht nach der dunklen, windigen, einsamen Fahrt. Sie sagte: »Müssen wir denn in den Klub gehen? Können wir nicht weiter aufs Land hinausfahren?«

Er blickte sie von der Seite an; immer war er jedem Vorschlag zugänglich gewesen. Wie irgendein meteorologisches Instrument war er dazu geschaffen, daß die Winde durch ihn hindurchbliesen. »Selbstverständlich«, sagte er, »wie du willst.« Er dachte schon gar nicht mehr an das Rasthaus, als sie einen Augenblick später daran vorüberrasten, an einem langgestreckten, eingeschossigen, hell erleuchteten Gebäude im Tudorstil, aus dem grelles Stimmengewirr drang, und an einem Schwimmbad, das aus irgendeinem Grund mit Heu gefüllt war. Schon lag das Haus hinter ihnen, nicht mehr als ein heller Fleck, der um die Kurve fegte und verschwunden war.

Er sagte: »Ich glaube, jetzt sind wir auf dem Land. Keiner von denen fährt weiter als zum Klub. Jetzt sind wir ganz allein. Wenn es nach denen geht, könnten wir bis zum Jüngsten Tag in diesen Feldern liegen, obwohl vielleicht ein Bauer beim Pflügen ... wenn sie hier überhaupt pflügen.« Er hob den Fuß vom Gaspedal und ließ die Geschwindigkeit des Wagens langsam geringer werden. Ein Gatter zu einem Feld stand offen, und er lenkte das Auto hindurch; sie holperten eine gute Welle an der Hecke entlang im Feld dahin und blieben dann stehen. Fred schaltete die Scheinwerfer aus, so daß sie im schwachen Licht des Armaturenbretts dasaßen. »So friedlich«, sagte er unsicher; über sich hörten sie ein Käuzchen auf der Jagd und in der Hecke das leise Rascheln eines Tieres, das sich hier ein Versteck suchte. Sie gehörten zur Stadt; sie wußten keine Namen für die Dinge rund um sich, die winzigen Knospen, die an den Büschen aufbrachen, waren namenlos. Er deutete mit dem Kopf nach einer dunklen Baumgruppe an der Hecke: »Eichen?«

»Ulmen?« fragte sie zurück, und ihre Lippen fanden sich in gemeinsamer Unkenntnis. Die Liebkosung erregte sie; sie war zu jeder Unbesonnenheit bereit; aber sein Mund, seine trockenen, nach Whisky schmeckenden Lippen gaben ihr das Empfinden, daß er weniger erregt war, als er gehofft hatte.

Um sich selbst zu beruhigen, sagte sie: »Es ist herrlich, hier zu sein – wo uns weit und breit kein Mensch kennt.«

»Mike ist sicher da. Im Rasthaus an der Straße.«

»Weiß er davon?«

»Niemand weiß davon.«

Darauf sagte sie: »So wollte ich es haben. Wie bist du zu diesem Wagen gekommen?«

Fred grinste sie in wilder, fast irrer Lustigkeit an. »Den hab' ich mir von meinen zehn Shilling abgespart«, sagte er.

»Wie denn? Hat ihn dir jemand geliehen?«

»Ja«, gab er kurz zur Antwort. Plötzlich stieß er die Tür auf und rief: »Gehn wir spazieren!«

»Wir sind noch nie auf dem Land spazierengegangen.« Sie nahm seinen Arm und konnte dabei fühlen wie seine gespannten Nerven auf diese Berührung reagierten. Sie liebte diesen Zustand an ihm; da konnte sie nie vorhersagen, was er im nächsten Augenblick tun werde. »Mein Vater nennt dich einen verrückten Kerl«, sagte sie. »Ich hab' dich gern, wenn du verrückt bist. Was ist dieses Zeug hier?« fragte sie dann und stieß mit dem Fuß in den Boden.

»Klee dürfte es sein. Ich weiß es nicht«, antwortete er. Sie kamen sich vor wie in einer fremden Stadt, wo man die Namen der Kaufläden, die Verkehrszeichen nicht versteht, wo es nichts gibt, woran man sich halten kann, nichts, was einen zu diesem oder jenem zwingt, wo man in einem dunklen Vakuum dahintreibt. »Solltest du nicht die Scheinwerfer einschalten?« fragte sie. »Wir werden sonst nicht leicht zurückfinden. Vom Mond ist nicht viel zu sehen.« Anscheinend hatten sie sich vom Auto schon ziemlich weit entfernt, denn sie konnten es nicht mehr deutlich erkennen.

»Wir verirren uns schon nicht«, sagte er. »Irgendwie. Mach dir keine Sorgen.« Am Ende der Hecke kamen sie zu den Bäumen. Fred zog einen Zweig herab und befühlte die klebrigen Knospen. »Ist das eine Buche?«

»Ich weiß nicht.«

Dann sagte er: »Wenn es wärmer wäre, hätten wir hier draußen schlafen können. Man sollte meinen, daß wir wenigstens heute nacht so viel Glück haben würden. Aber es ist kalt und regnen wird es auch.«

»Kommen wir im Sommer«, sagte sie, aber er schwieg. Der Wind blies von anderswo, das merkte sie deutlich: Er hatte bereits das Interesse an ihr verloren. In seiner Tasche war etwas Hartes; es drückte sich schmerzhaft in ihre Seite. Sie griff hinein. Das Metall der Waffe hatte die ganze Kälte ihrer Fahrt durch die windige Nacht in sich aufgesogen. Beklommen flüsterte sie: »Warum trägst du das bei dir?« Sie hatte bisher um seine Unbesonnenheit immer eine Grenze gezogen. Sooft ihr Vater ihn verrückt genannt hatte, hatte sie insgeheim voll Besitzerstolz gelächelt, weil sie das Ausmaß seiner Verrücktheit zu kennen meinte. Während sie aber nun auf seine Antwort wartete, fühlte sie, wie diese Verrücktheit immer weiter ging, weiter, als sie greifen und sehen konnte. Sie vermochte nicht mehr abzuschätzen, wo es enden würde. Das war kein Ende, und man konnte sie ebensowenig besitzen wie die Finsternis oder die weite Wüste.

»Hab keine Angst«, sagte er. »Ich wollte nicht, daß du das heute abend entdeckst.« Mit einem Male wurde er zärtlicher als je zuvor, er legte die Hand auf ihre Brust und von seinen Fingern kam eine große, sanfte, bedeutungslose Welle von Zärtlichkeit. »Merkst du denn nicht?« fragte er dabei. »Das Leben ist eine Hölle, und wir können nichts dagegen tun.« Er sprach sehr zärtlich, sie aber war sich seiner rücksichtslosen Unbekümmertheit bewußt wie nie zuvor. Er war offen für jeden Wind; doch jetzt schien der Wind aus dem Osten zu blasen. Gleich Hagel trafen seine Worte.

»Ich habe keinen Penny«, sagte er. »Von nichts können wir nicht leben. Und es hat keinen Sinn, darauf zu hoffen, daß ich einen Posten finde.« Dann wiederholte er: »Es gibt überhaupt keine Posten mehr. Weißt du, jedes Jahr werden die Aussichten schlechter, weil es immer mehr Leute gibt, die jünger sind als ich.«

»Aber warum sind wir hierher gekommen?« fragte sie.

Mit sanfter Stimme und voll Zärtlichkeit wurde er deutlicher: »Wir haben einander doch lieb, nicht? Wir können ohne einander nicht leben. Und es hat keinen Sinn, herumzusitzen, bis sich unser Schicksal ändert. Nicht einmal eine schöne Nacht ist uns vergönnt«, fuhr er fort und streckte dabei seine Hand aus, um festzustellen, ob es schon regnete. »Heute nacht machen wir es uns noch schön – im Auto – und dann – am Morgen …«

»Nein! Nein!« rief sie und versuchte, von ihm loszukommen. »Das könnte ich nicht. Das ist ja grauenhaft. Ich habe nie gesagt, daß ich …«

»Du würdest nichts merken«, sagte er leise, aber unerbittlich. Nun erkannte sie, daß ihre Worte niemals wirklichen

Eindruck auf ihn gemacht hatten; er ließ sich von ihnen beeinflussen, aber nicht mehr, als er sich von allen anderen beeinflussen ließ. Nun, da der Wind sich nicht mehr drehte, wäre es ebenso zwecklos gewesen, mit Fred zu sprechen oder gar mit ihm zu zanken, als wollte man kleine Fetzen Papiers gegen den Himmel schleudern. Er sagte: »Wir glauben natürlich beide nicht an Gott, aber vielleicht gibt es doch irgend etwas, und man ist nicht so allein, wenn man miteinander geht.« Dann fügte er mit einem gewissen Behagen hinzu: »Es ist ein Hasardspiel«, und ihr fielen bei diesen Worten unzählige Gelegenheiten ein, wo ihre letzten Pfennige klingend in Spielautomaten verschwunden waren.

Nun zog er sie enger an sich und sagte mit völliger Selbstsicherheit: »Wir lieben uns doch. Es ist die einzige Möglichkeit, verstehst du? Du kannst dich auf mich verlassen.« Er war wie ein geschickter Logiker; er kannte jeden Schritt der Beweisführung. Sie gab die Hoffnung auf, ihn in irgendeinem Punkte bei einem Fehlschluß zu ertappen, außer in der Prämisse: »Wir lieben einander.« Diese Versicherung zweifelte sie nun zum erstenmal an, da sie sich der Unbarmherzigkeit seines Egoismus gegenübersah. Er wiederholte: »Man ist nicht so allein.«

»Aber es muß doch einen Ausweg geben«, entgegnete sie.

»Wieso *muß?*«

»Weil die Menschen das sonst die ganze Zeit täten – überall!«

»Sie tun es ja«, erwiderte er triumphierend, als ob es ihm mehr darauf ankäme, festzustellen, daß seine Beweisführung lückenlos sei, als einen Weg zu finden, nun, eben einen Weg, um weiterleben zu können. »Du brauchst nur die Zeitung zu lesen«, fuhr er fort. Er flüsterte sanft und einschmeichelnd, als enthielte schon der bloße Klang seiner Worte genug Zärtlichkeit, um all ihre Furcht zu zerstreuen: »Gemeinsamen Selbstmord nennen sie es. Jeden Tag kommt das vor.«

»Ich könnte es nicht tun. Ich habe nicht den Mut dazu.«

»Du brauchst ja nichts zu tun«, erwiderte er. »Ich werde alles tun.«

Seine Gelassenheit machte sie schaudern. »Du willst damit sagen – daß du mich umbringen würdest?«

»Ich hab' dich so lieb, daß ich es tun könnte«, sagte er. »Ich verspreche dir, es wird dir nicht weh tun.« Er sagte dies in einem Ton, als wollte er sie damit überreden, an irgendeinem läppischen und ihr unsympathischen Gesellschaftsspiel teilzunehmen. »Wir werden dann für immer beisammen sein.« Dann fügte er rationalistisch hinzu: »Natürlich nur, wenn es ein solches Immer gibt.«

Und mit einemmal sah sie seine Liebe als das schwache Flackern eines Irrlichtes über der sumpfigen Tiefe seines verantwortungslosen Wesens. Sie hatte seine Verantwortungslosigkeit geliebt, mußte jetzt aber erkennen, daß diese überhaupt keinen Boden hatte, daß sie über ihr zusammenzuschlagen drohte.

»Es gibt doch Sachen, die wir verkaufen könnten«, sagte sie flehentlich. »Diesen Koffer zum Beispiel.«

Sie wußte, daß er sie belustigt beobachtete, daß er alle ihre Argumente vorher durchgeprobt und nun für jedes eine Antwort bereit hatte; er tat nur so, als nähme er sie ernst. »Fünfzehn Shilling könnten wir vielleicht dafür bekommen«, sagte er. »Davon könnten wir einen ganzen Tag leben – aber viel Spaß würde es uns nicht machen.«

»Und das, was drin ist?«

»Ah, das ist wiederum ein Glücksspiel. Vielleicht ist der Inhalt dreißig Shilling wert. Drei ganze Tage könnten wir davon leben – wenn wir sparsam sind.«

»Vielleicht finden wir eine Arbeit.«

»Das versuche ich ja schon seit einigen Jahren.«

»Gibt es denn für dich keine Arbeitslosenunterstützung?«

»Ich bin nicht gegen Arbeitslosigkeit versichert. Ich gehöre nämlich zur herrschenden Klasse.«

»Und deine Familie? Würden die uns nichts geben?«

»Wir haben doch unsern Stolz, nicht wahr?« sagte er darauf mit erbarmungsloser Eitelkeit.

»Und der Mann, der dir das Auto lieh?«

Darauf erwiderte er: »Du erinnerst dich doch an die Geschichte von Cortez, dem Kerl, der seine Schiffe verbrannte?

Nun, ich habe die meinen verbrannt. Ich muß mich umbringen. Schau, ich habe den Wagen doch gestohlen. In der nächsten Stadt schon würde man uns anhalten. Zum Umkehren ist es jetzt zu spät.« Er lachte, denn er hatte den Schlußpunkt seiner Beweisführung erreicht, und es gab nichts mehr zu debattieren. Sie konnte es ihm ansehen, daß er vollkommen zufrieden war. Das versetzte sie in Wut.

»Ja, du mußt vielleicht; aber ich nicht. Warum sollte ich mich umbringen? Welches Recht hast du …«

Sie machte sich los und wich zurück, bis sie an ihrem Rücken den rauhen, mächtigen, lebendigen Baumstamm verspürte.

»Natürlich«, sagte er gereizt, »wenn du ohne mich weitermachen willst.« Sie hatte seine Eitelkeit immer bewundert. Seine Arbeitslosigkeit hatte er stets mit Stil ertragen; doch konnte man nicht mehr von Eitelkeit sprechen: es war das Fehlen von allem, was das Leben wertvoll macht. »Du kannst ja nach Hause gehen«, fuhr er tonlos fort, »wenn mir auch nicht ganz klar ist, wie – ich kann dich nämlich nicht nach Hause fahren, weil ich hierbleibe. Morgen abend wirst du zu deiner Tanzerei gehen können. Und im Pfarrsaal findet ein Whist-Turnier statt, nicht wahr? Mein Liebling, ich wünsche dir alles Gute für daheim.«

Die letzten Worte hatte er mit ausbrechendem Ingrimm gesprochen. Sicherheit, Frieden, Ordnung: er nahm sie alle zwischen seine Zähne und verbiß sich in sie, so daß das Mädchen nicht umhin konnte, ein wenig Mitleid für die Dinge zu empfinden, in deren Verachtung sie sich mit Fred gefunden hatte: für des Vaters Hammer zum Beispiel, der an ihr Herz klopfte und der da einen Nagel einschlug und dort einen Nagel einschlug. Sie suchte nach einer ätzenden Antwort; denn schließlich ließ sich doch manches für Tugenden sagen, die darin bestanden, daß man niemand etwas zuleide tat, sondern einfach weiterwerkelte, wie es ihr Vater in den nächsten fünfzehn Jahren zu tun beabsichtigte. Im nächsten Augenblick aber war ihr Zorn wieder verflogen. Sie und Fred hatten einander in die Falle gelockt. Er hatte stets dies gewollt: das dunkle Feld, die Waffe in seiner Tasche, die Flucht, das wilde

Spiel mit dem Glück. Und sie hatte – weniger ehrlich – ein bißchen von beiden Welten haben wollen: zugleich Verantwortungslosigkeit und eine wohlgeborgene Liebe, zugleich Gefahr und ein sicheres Herz.

Fred sagte: »Ich gehe jetzt. Kommst du?«

»Nein!« rief sie. Er zauderte; einen Augenblick wankte seine Unbekümmertheit, und das Mädchen hatte das Empfinden, daß dort im Dunkel ein verirrter, ratloser Mensch stand. Sie wollte ihm sagen: Sei doch kein Narr! Laß den Wagen, wo er ist. Geh mit mir zurück. Wir werden schon ein Auto finden, das uns mitnimmt. Sie wußte aber, daß jeder ihrer Gedanken auch schon ihm gekommen und von ihm beantwortet worden war: Zehn Shilling die Woche, keine Arbeit – man wird immer älter. Geduldiges Ausharren war eben die Tugend der Väter gewesen.

Plötzlich begann Fred mit raschen Schritten die Hecke entlang zu gehen. Er konnte nicht sehen, wohin er trat, stolperte über eine Wurzel, und sie hörte ihn fluchen: »Verdammt!« Als dieses kleine, alltägliche Wort aus der Finsternis zu ihr drang, überwältigten sie Schmerz und Grauen.

»Fred, Fred! Tu's nicht!« schrie sie und begann in der entgegengesetzten Richtung zu laufen. Sie konnte ihn an seinem Vorhaben nicht hindern und wollte deshalb außer Hörweite sein. Unter ihrem Fuß zerbrach ein Zweig mit einem Knall wie ein Schuß, und über den gepflügten Acker jenseits der Hecke kam der Klageruf des Käuzchens. Das Ganze war wie eine Bühnenprobe mit Toneffekten. Als aber der wirkliche Schuß fiel, da klang es ganz anders: ein dumpfer Schlag, wie wenn eine behandschuhte Hand gegen eine Tür schlägt, und kein Schrei ertönte. Zunächst merkte sie es gar nicht, und später dachte sie, daß sie den genauen Augenblick, da ihr Geliebter zu sein aufhörte, überhaupt nie wahrgenommen hatte.

Blindlings rannte sie davon und stieß hart gegen das Auto; ein Taschentuch mit blauen Tupfen lag im Lichtschein des Armaturenbrettes auf dem Sitz. Beinahe hätte sie es an sich genommen. Dann aber dachte sie: Nein. Niemand darf erfahren, daß ich hiergewesen bin. Sie schaltete das Licht aus und tastete sich dann so lautlos wie möglich durch das Kleefeld. Mitleid würde sie haben, sobald sie in Sicherheit war. Zunächst wollte sie aber eine Tür hinter sich zuschlagen, einen Riegel vorschieben, ihn einrasten hören.

Bis zum Autohotel an der Straße waren es auf dem einsamen Feldweg keine zehn Minuten. Trunkene Stimmen redeten dort eine fremde Sprache, obwohl es die Sprache war, die auch Fred gesprochen hatte. Sie konnte das Klirren der Münzen in den Spielautomaten hören, das Zischen von Sodawasser. All diesen Tönen lauschte sie wie ein Feind, der auf Flucht sinnt. Und vor den Menschen schrak sie zurück wie vor vernunftlosen Wesen. Konnte sie sich an solche Egoisten um Hilfe wenden, deren Gier sie angähnte wie ein weit aufgerissenes Maul?

Vor dem Haus versuchte ein Mann sein Auto anzukurbeln; der Starter streikte offenbar. Er sagte: »Ich bin ein Bolschewik. Natürlich bin ich ein Bolschewik. Ich glaube …«

Auf dem Trittbrett saß ein schlankes Mädchen mit rotem Haar und sah ihm zu. »Lauter Blödsinn, was du da redest«, erklärte sie.

»Ich bin ein liberaler Konservativer.«

»Du kannst nicht ein liberaler Konservativer sein.«

»Hast du mich lieb?«

»Ich liebe Joe.«

»Den kannst du nicht lieben.«

»Fahren wir heim, Mike.«

Der Mann versuchte neuerlich, den Motor anzukurbeln; da trat sie hinzu, als wäre sie eben aus dem Klublokal gekommen, und fragte die beiden: »Können Sie mich mitnehmen?«

»Selbstverständlich, mit Vergnügen. Steigen Sie ein.«

»Geht der Wagen nicht?«

»Nein.«

»Ist er abgesoffen?«

»Das ist eine Idee!« Der Mann öffnet die Motorhaube, und sie drückte auf den Starter. Es begann in langsamen, schweren, durchnässenden Tropfen zu regnen. So denkt man sich immer den Regen, der auf Gräber fällt, und die Gedanken des Mädchens wanderten den Feldweg zurück zum Acker, zur Hecke, zu den Bäumen – Eichen, Buchen oder Ulmen? Sie stellte sich den Regen in seinem Gesicht vor, die kleinen Pfützen, die sich in den Augenhöhlen sammelten und dann zu beiden Seiten der Nase hinunterliefen. Sie aber konnte nichts anderes empfinden als Erleichterung darüber, daß sie ihm entkommen war.

»Wohin fahren Sie eigentlich?« fragte sie.

»Nach Devizes.«

»Ich dachte, Sie fahren vielleicht nach London.«

»Wo wollen Sie hin?«

»Nach Golding's Park.«

»Also fahren wir nach Golding's Park.«

Da sagte das rothaarige Mädchen: »Ich gehe wieder hinein, Mike. Es regnet.«

»Kommst du nicht mit?«

»Nein, ich gehe Joe suchen.«

»Meinetwegen.« Krachend brachte er den Wagen aus dem kleinen Parkplatz heraus, indem er einen Kotflügel an einem Holzpfosten verbog und von einem andern Wagen den Lack abkratzte.

»Das ist die falsche Richtung«, sagte sie.

»Dann kehren wir um.« Er fuhr rückwärts in einen Graben hinein und wieder heraus. »War eine feine Party«, sagte er. Der Regen fiel dichter; er trübte die Windschutzscheibe, und der elektrische Scheibenwischer wollte auch nicht funktionieren; aber Mike machte das nichts aus. Er fuhr mit siebzig Kilometern gerade drauflos; der Wagen war alt und gab nicht mehr her; durch das Verdeck tropfte das Wasser herein. Da sagte Mike: »Drehen Sie an dem Knopf dort. Spielen wir uns eins auf.« Als sie das Radio andrehte und die Tanzmusik zu ihnen drang, erklärte Mike: »Das ist Harry Roy. Würde ich jederzeit sofort erkennen«, und fuhr weiter in die dichte, regennasse Finsternis der Nacht; die tolle Jazzmusik war ihre Begleiterin. Plötzlich sagte er: »Ein Freund von mir, einer der besten, wahrscheinlich kennen Sie ihn, Peter Weatherall. Sie kennen ihn.«

»Nein.«

»Sie müssen Peter kennen. Hab' ihn übrigens schon einige Zeit nicht gesehen. Haut oft wochenlang ab, um zu saufen. Einmal haben sie mitten in der Tanzmusik eine Abgängigkeitsanzeige für Peter durchgegeben: ›Von daheim abgängig ...‹ Wir waren im Wagen und haben furchtbar gelacht.«

Darauf fragte sie: »Tun das die Leute – wenn jemand abgängig ist?«

»Diesen Schlager kenne ich«, sagte Mike. »Das ist aber nicht Harry Roy. Das ist Alf Cohen.«

Plötzlich sagte sie: »Sie sind Mike, nicht wahr? Würden Sie mir was leihen?«

Da wurde er mit einemmal ganz nüchtern. »Völlig stier«, sagte er. »Gefährten im Unglück. Versuchen Sie's bei Peter. Warum wollen Sie eigentlich nach Golding's Park?«

»Dort ist mein Heim.«

»Sie wollen sagen: dort wohnen Sie?«

»Ja«, antwortete sie. »Geben Sie acht! Hier ist eine Geschwindigkeitsbegrenzung.« Er war ganz gefügig, hob den Fuß vom Gaspedal und ließ den Wagen mit fünfundzwanzig Kilometern Geschwindigkeit dahinkriechen. Die Masten der Straßenlampen marschierten ihnen mit unsicheren Schritten entgegen, und ihr Lichtschein erhellte sein Gesicht: er war alt, mindestens um zehn Jahre älter als Fred. Er trug eine gestreifte Krawatte, und sie konnte sehen, daß sein Rockärmel ausgefranst war Er bekam mehr als zehn Shilling die Woche, aber wohl nicht sehr viel mehr. Sein Haar wurde schon schütter.

»Sie können mich hier absetzen«, sagte sie. Er hielt den Wagen an, und sie stieg aus; es regnete immer noch.

Mike stieg hinter ihr aus. »Darf ich mitkommen?« fragte er. Sie schüttelte den Kopf. Der Regen drang ihnen durch die Kleider. Hinter ihr standen der Briefkasten und das Verkehrszeichen für die Vorrangstraße und dehnte sich der Weg, der zur Wohnsiedlung führte. »Scheußliches Leben«, sagte er höflich und hielt sie an der Hand, während der Regen auf das Verdeck seines billigen Wagens trommelte und ihm über das Gesicht, den Kragen und die Krawatte tropfte. Sie aber empfand kein Mitleid, keine Zuneigung, nur leises Grauen und

Widerwillen. Etwas wie ermatteter Leichtsinn, wie verwelkte Unbekümmertheit glomm in seinen feuchten Augen auf, während der schmissige Hot-Jazz von Alf Cohens Tanzkapelle aus dem Radio tönte. »Fahren wir zurück«, schlug er vor, »fahren wir irgend wohin. Fahren wir aufs Land hinaus, nach Maidenhead.« Dabei hielt er ihre Hand schlaff in der seinen.

Sie zog ihre Hand weg, und er ließ es sich gefallen. Dann schritt sie auf der halbfertigen Straße bis zum Hause 64. Die unregelmäßigen Steinplatten des Gartenwegs schienen ihren Füßen festen Halt zu bieten. Sie öffnete die Haustür und hörte durch den Regen und die Finsternis, wie ein Wagen knarrend in den zweiten Gang geschaltet wurde und dann davonsurrte – bestimmt nicht nach Maidenhead oder Devizes oder aufs Land hinaus. Ein anderer Wind mußte plötzlich geweht haben.

Vom ersten Treppenabsatz herab rief ihr Vater: »Wer ist das?«

»Ich bin's«, antwortete sie und fügte erklärend hinzu: »Mir kam vor, du hattest die Haustür nicht verriegelt.«

»Und?«

»Nein, sie ist ordentlich verriegelt«, antwortete sie mit sanfter Stimme, indessen sie leise und mit fester Hand den Riegel vorschob. Sie wartete, bis sich seine Tür schloß. Dann legte sie die Finger auf den Heizkörper, um sie zu wärmen – er hatte ihn selbst eingebaut, er hatte das Haus hergerichtet. In fünfzehn Jahren, so überlegte sie, wird es uns gehören. Sie spürte keinen Schmerz, und sie hörte den Regen auf das Dach schlagen. Zoll um Zoll hatte ihr Vater es im vergangenen Winter überprüft, nirgends konnte der Regen eindringen. Er mußte draußen bleiben, auf ein schadhaftes Autodach trommeln, seine Pockennarben in ein Kleefeld graben. Sie stand an der Tür, fühlte nichts als den leisen Ekel, den sie stets für alles Schwache und Verkrüppelte empfunden hatte, und dachte: Es ist überhaupt nicht tragisch, und sie blickte fast mit Zärtlichkeit auf den schwächlichen Riegel aus einem Ramschgeschäft, den jeder hätte sprengen können, den aber ein rechter Mann angebracht hatte, der Hauptbuchhalter der Firma Bergson.

Elizabeth Bowen

Ostereiersuchen

Ihr Ziel war es, der Kleinen eine ungetrübte Kindheit wiederzugeben. Sie waren schlichte, rührige Frauen, deren Rechtschaffenheit in einer untadeligen Gefühlswelt wurzelte; sie beugten sich nur ihren eigenen noblen Wertvorstellungen und fürchteten sich höchstens davor, von diesen einmal abweichen zu müssen. Die Einladung verschickten sie einem Impuls folgend, doch als die Antwort auf sich warten ließ, tat dies ihrer Moral keinen Abbruch. Den Tatsachen des Lebens wichen sie nicht aus, schließlich gehörten sie ja allerlei Vereinen und Ausschüssen an, die sich um das Wohl der Welt sorgten. Die meisten Tatsachen waren allerdings schon ein bißchen verwässert, bis sie West Wallows erreichten: Gewisse Dinge passierten zwar, aber nicht den Menschen aus dem eigenen Bekanntenkreis. Als also ihr Blick – sie waren unverheiratete Schwestern, die alles teilten und die für mancherlei Dinge denselben Blick hatten – durch einen einst wohlvertrauten Namen auf einen unauffälligen Artikel in ihrer Tageszeitung gelenkt wurde, da blieben ihnen fast die Herzen (oder das Herz) stehen. Der Fall wurde in groben Zügen und mit der üblichen Zurückhaltung geschildert. Als sie begriffen, was entweder tatsächlich oder zumindest fast der kleinen Tochter einer Freundin passiert war, die sie selbst als kleines Mädchen gekannt hatten, schoben sich Schreck und scheue Betroffenheit wie ein Keil zwischen sie; sie waren unversehens zwei Menschen geworden, die sich nicht mehr gerade in die Augen schauen konnten. Während sie, umgeben von einem halben Morgen Garten, der schon heiter im ersten frühlingshaften Grün erglänzte, sich am Frühstückstisch in ihrem geräumigen Landhaus gegenübersaßen, brachten sie es nicht über sich, die Angelegenheit durchzusprechen. Erst nach einem Seite an Seite mit einsamem Grübeln verbrachten Tag kamen sie darauf zurück, und dann auch nur auf die weniger betrüblichen, praktischen Aspekte: Konnte man vielleicht irgend etwas tun? Gab es eine Möglichkeit zu helfen?

Eunice und Isabelle Evers waren beide knapp über Fünfzig. Ihr ungetrübter Lebenslauf stand ihnen ins Gesicht und auf die hohe Stirn geschrieben, und ihre Züge waren nur von Humor gezeichnet. Sie waren Amazonen, die Selbstgestricktes trugen, Amazonen ohne die Spur von Entbehrung und Leid; ihr Dasein war ein langer, kräftigender Spaziergang gewesen. Zufriedenen Nonnen nicht unähnlich, hatten sie doch auch etwas von verheirateten Frauen an sich. Ungewöhnlich viele Bewohner von Gloucestershire kannten und achteten sie, und in dem Dorf West Wallows waren sie es, die das Eis schmelzen ließen. Sie hatten ein Herz für die Welt der Kinder – aller Kinder –, und folglich bedeuteten sie vielen Kindern mehr als alles andere in der Welt. Sie waren unbestrittene Meisterinnen in der Kunst, jene Seifenblasenwelt herbeizuzaubern, die von kinderliebenden Erwachsenen Kindern zuliebe aufgeblasen wird. Mag sein, daß auch sie selbst dabei die freudigen Gefühle hatten, die ihnen am teuersten waren. Falls sie überhaupt Wunschträume hegten, dann drehten sich diese um Ponys und um Marmeladenbrote am Strand, und noch immer empfingen sie den einen oder anderen Wink aus dem Jenseits.

Folglich war jedes unaussprechliche Ding, das irgendeinem Kind zustieß, für sie mehr Grund zur Aufregung, als wären sie selbst die Mutter gewesen. Es entsprach nicht ihrem Naturell, Dorothea (das war die Freundin, die sie als kleines Mädchen gekannt hatten) in irgendeiner Weise zu verurteilen. Dennoch: Welche Grenze hatte sie überschritten, in welche Welt war sie in den Jahren seit ihrer Heirat, also seit dem Tag, an dem sie sie aus den Augen verloren hatten, abgeglitten, daß ihr Töchterchen jetzt solchen Dingen ausgesetzt war? Dorotheas Ehe war gescheitert. Mußte man vermuten, daß sie auch als Mutter versagt hatte? Sie hatten davon läuten gehört, Dorothea spiele auf irgendeiner »Bühne«, aber sie hatten ihren Namen nie auf dem Programmzettel irgendeines Theaters entdeckt. Dorotheas Antwort auf ihre Einladung ließ so lange auf sich warten, daß sie schon befürchteten, sie sei nicht zu erreichen. Doch als Dorothea dann antwortete, nahm sie die Einladung hocherfreut an. Sie schrieb, es sei wirklich lieb von ihnen, und sie hoffe nur, daß ihnen Hermione gefalle. »Sie ist ein Goldkind, wenngleich stets ein wenig reserviert. Ich bin sicher, daß es ihr guttun würde, für eine Weile von mir fortzukommen. Wißt Ihr, ich bin seit ein paar Tagen ziemlich aufgeregt, aber das ist durchaus natürlich, nehme ich an. Meine Nerven waren schon immer schrecklich dünn, und jetzt muß ausgerechnet noch *das* passieren. Es hat mich fast umgebracht, ehrlich. Aber ich komme bestimmt darüber hinweg. Also, es ist wirklich lieb von Euch. Ihr wart immer so nett. Oh, wie weit all die glücklichen Tage jetzt zurückzuliegen scheinen ...! Ich schicke Hermione am 12. April zu Euch. Ja, sie mag Tiere gern, glaube ich. Auf jeden Fall könnt Ihr es mal probieren. Sie hat ja nie ein eigenes Tier gehabt, die arme kleine Seele.«

So begannen also die beiden Schwestern sich auf Hermione vorzubereiten.

West Wallows war mehr als ein Dorf: Es war eine Dorfgemeinschaft. Von der breiten Hauptstraße gingen Seitenstraßen ab, an denen weißgestrichene Gartentore zu vielen Eigenheimen führten. Der Pfarrer war taktvoll und energisch, der Gutsherr ungewöhnlich kultiviert. Ein paar Häuser waren recht groß – einige davon alt, andere erst vor kurzem erbaut. Ein geselliges Leben, das nicht viel kostete, eine liberale Dorfpolitik, ansehnliche Antiquitäten aus Familienbesitz, vielseitige »Interessiertheit« und aufgeklärte Nächstenliebe gaben dem Ort das Gepräge. Niemand war sehr reich, niemand war exzentrisch, und obwohl einige Bewohner die Jagd liebten, schrieb niemand Protestbriefe gegen diesen blutigen Sport. Die ortsansässigen Familien lebten in Eintracht mit den angenehmen Pensionären, die sich hier niedergelassen hatten. Wahrscheinlich hatten wenige Ortschaften in England eine so nette Atmosphäre zu bieten wie West Wallows. In den Ferien verlebten hier alle Kinder eine herrliche Zeit ... Übrigens waren gerade Osterferien, und das warf ein kleines Problem auf: In welchem Maße sollte sich Hermione mit anderen Kindern abgeben?

Die beiden Misses Evers beschlossen abzuwarten und alles auf sich zukommen zu lassen.

Sie entschlossen sich, alles einer gütigen Fügung zu überlassen und zuzuschauen, wie die Dinge ihren Lauf nahmen. Sie machten niemandem gegenüber eine Andeutung. Eine Woche vor Hermiones Ankunft ließ sich Barbara, die Hauskatze mit dem Schildpattmuster, dazu bewegen, ihre beiden fleckigen Jungen von der mütterlichen Brust abzusetzen, woraufhin die Kätzchen lernten, ganz schnuckelig aus einer umbrischen Untertasse zu schlabbern. An der südlichen Fassade des Landhauses entfaltete der Geißblattstrauch den letzten seiner grünen Schößlinge, im Garten und auf dem von Obstbäumen bestandenen Streifen des Grundstücks jenseits des Baches bliesen Narzissen in ihre Trompeten.

Der erste Nachmittag war windig. Jedesmal, wenn ein Geißblattschößling lose in der Luft baumelte und leise gegen das Fenster klopfte, fuhr Hermione zusammen. Dies war bei ihr das erste Anzeichen dafür, daß sie die Nerven einer Erwachsenen hatte. Sie war nicht eben ein hübsches Kind: Ihr Gesicht war zu lang, ein plumpes Oval. Die großen, dunkelgrauen Augen saßen ziemlich eng beieinander, und das verlieh ihr etwas Drängendes. Ihr von Natur aus gelocktes dunkles Haar war für einen Knoten zu lang und wippte dicht über den Schultern hin und her. Sie saß unter der dunklen Glaskuppel ihrer eigenen Innenwelt und aß ein wenig zu wohlanständig ein Honigbrot. Dann und wann warf sie mit geheimer Befriedigung einen raschen Blick auf die Armreifen an ihren Handgelenken.

»Dieser Honig stammt von unseren eigenen Bienen, Hermione.«

»Oh, je!«

»Wir finden, daß er ganz anders als anderer Honig schmeckt.«

»Ja. Mammi hat mir gesagt, daß Sie Bienen haben. Haben Sie auch Tauben?«

Eunice hielt verstohlen nach den weißen Wesen Ausschau, die durch den windgezausten Garten huschten, daß man fast erschrak. »Die gehören den Leuten nebenan, aber sie flattern die ganze Zeit bei uns herum, so daß wir auch unseren Spaß an ihnen haben.«

»Bei uns in London hat sich die Katze von nebenan immer in unsere Speisekammer geschlichen. Ich hasse Katzen.«

»Oh, aber unsere Barbara wirst du bestimmt mögen. Sie hat übrigens zwei Kätzchen.«

»Katzen machen immer Junge, stimmt's?«

Nach dem Tee ging Eunice mit ihr hinauf, um ihr das Zimmer zu zeigen, das ihr gehören sollte. Es war das Gästezimmer über dem Hauseingang, blitzsauber wie eine Schiffskabine und voll mit geblümtem oder gekräuseltem Zeug. Sie zeigte der Kleinen den Stickrahmen, an dem ein anderes kleines elfjähriges Mädchen vor genau hundert Jahren gearbeitet hatte, und auch ein paar gerahmte Photos aus Italien. »Das hier ist Assisi, wo der Heilige Franz gelebt hat.«

»Oje!« sagte Hermione und lutschte unschlüssig an ihrem Daumen. Zwischen den wallenden Falten des Vorhangs aus gemustertem Musselin hindurch warf sie einen Blick auf die Wipfel der Apfelbäume. »Es sieht genauso aus wie ein Kalenderphoto«, sagte sie. Sie setzte sich auf das Bett und betastete mit der Zungenspitze die Innenseite der einen Backe, während Eunice es übernahm, ihre beiden Koffer auszupacken. »Oh, was für hübsche Kleider und Sachen«, sagte Eunice mißbilligend. »Ich glaube aber nicht, daß du Gelegenheit haben wirst, das meiste davon hier zu tragen. Bestimmt wirst du lieber ein paar alte Sachen anziehen und darin einfach herumtollen.«

»Ich hab aber keine alten Sachen. Mammi gibt sie immer weg.«

In ihrem Tweedrock, den knorrigen Spazierstock aus Eichenholz in der Hand, ging Isabelle, die Stirn der süßen Frühlingsluft darbietend, am nächsten Morgen beschwingt die Dorfstraße hinab, und neben ihr trippelte Hermione, die dann und wann mit einem wunderlichen kleinen Ballettthopser den Schritt wechselte. In ihrem himbeerfarbenen Wollkleid, dem Hut mit hochgeschlagener Krempe und einer Donald-Duck-Anstecknadel, die Beine in sorgsam hochgezogenen Strümpfen, wirkte dieses kleine Mädchen wie eine kindliche Schauspielerin auf einer Tournee: Nichts vermochte ihre innere Anspannung zu lösen. Isabelle wies auf den Dorfteich mit den weißen Enten, auf den Kirchturm mit seinem Satteldach, auf den Leuchtturm, der auf dem steilen, grünen Bilderbuchhügel stand, auf das komische alte Verkehrsschild mit der gescheckten Kuh, über das alle Kinder immer lachen mußten – Hermione lächelte nicht einmal. Eine Straße ist eine Straße, und auf einer Straße kommt es nur auf eines an: auf die Leute. Mit furchtlos erhobenem Kopf warf sie jedem, der vorbeikam, aus ihren umschatteten, feucht glänzenden, dunkelgrauen Augen einen herausfordernden Blick zu. Aufmerksamkeit wollte sie erregen, weiter nichts; sie sammelte Aufmerksamkeit wie andere zerknülltes Silberpapier oder kleine weiße Kieselsteine sammeln. Ihr Bedarf an Aufmerksamkeit war so übergroß, daß sie nicht einmal mit halbem Ohr zuhörte, egal was Isabelle sagte. Jedesmal wenn Isabelle ein Geschäft betrat, drückte sich Hermione am Ladentisch herum. Beim Apotheker meinte sie, sie würde gern diese grüne Zelluloidschachtel da drüben kaufen, um ihre Zahnbürste darin aufzubewahren.

»Hast du denn dein Taschengeld mitgebracht?« fragte Isabelle aufgeräumt.

»Aber ich hab doch gar keins.«

»Dann muß die Schachtel wohl leider warten«, sagte Isabelle noch aufgeräumter und mit einem tröstlichen Lächeln. Sie hatte auch nichts dafür übrig, Herzen mit kleinen Geschenken darin zu kaufen. Hermione warf einen letzten Blick auf die grüne Zelluloidschachtel, und es war der erste wirklich menschliche Blick, den sie irgendeiner Sache gegönnt hatte, seit sie in West Wallows angekommen war. Langsam löste sie ihren Blick von der Schachtel und trat hinter Isabelle aus der Apotheke ins Freie.

»Heute nachmittag«, sagte Isabelle, »gehen wir Schlüsselblumen pflücken.«

»Ich finde die Lämmer da drüben hübsch«, sagte Hermione plötzlich und zeigte über eine niedrige Mauer. »Ich hätte selbst gern ein Lamm zum Spielen. Ich würde es Percy nennen.«

»Nun, vielleicht kannst du dich ja mit einem dieser Lämmer anfreunden. Wenn du jeden Tag ganz ruhig zu ihnen aufs Feld gehst –«

»Aber ich will, daß es mir gehört! Und ich will, daß es Percy heißt.«

»Na gut, dann wollen wir jetzt ›Percy‹ rufen. Mal sehen, welches Lamm darauf hört und herkommt … Percy, Percy, Percy!« rief Isabelle, über die Mauer gelehnt. Keines der Lämmer nahm Notiz von ihr; eines der Schafe warf ihr einen langen, tadelnden Blick zu. Hermione war unterdessen steif und frostig weitergegangen.

Eunice und Isabelle wechselten sich dabei ab, Hermione, wie sie es nannten, aus sich selbst herauszuholen. Sie gaben nicht zu, wie entnervend sie es bisweilen fanden, daß ihre geballte Hinwendung offenbar ins Leere zielte. Sie nahmen sie mit zu dem Nachbarn, dem die Tauben gehörten; Eunice zeigte ihr die Apfelbäume, auf die sie gefahrlos hinaufklettern konnte; Isabelle ging mit ihr zum Bach und redete ihr zu, nur mit einer knielangen Unterhose bekleidet, den Sprung auf die andere Seite zu wagen. Hermione sprang und fiel ins Wasser. Klatschnaß, aber geduldig wurde sie aus dem Bach gefischt. Die beiden Schwestern liehen sich ihretwegen einen Esel aus für eine Runde auf dem Reitplatz, aber Hermione fiel dreimal herunter. Sie war ein Kind, das die ganze Zeit mit sich selbst allein blieb, obwohl es nie allein war. Während Eunice und Isabelle ihr wohlwollend nachspionierten, erblickten sie immer wieder dasselbe: Hermione ließ für eine unsichtbare Person ihre silbernen Armreifen um die Handgelenke kreiseln, oder sie schüttelte den Kopf, daß die Haare nur so flogen. Dreimal gingen sie mit ihr Schlüsselblumen pflücken; dann nahmen sie sie mit zum Vogelnestersuchen auf den Ländereien des Gutshauses. Die in den hohen, stark gelichteten Buchenhecken oder im dichten Efeu verborgenen Nester fand sie aufregend: Sie stellte sich auf die Zehenspitzen; ihre

Wangen glühten. Doch all dies welkte dahin, wenn sie die Eier nicht berühren durfte. Sie konnte nicht verstehen warum. Spiegelblankes Blau, zartes Grün, matt schimmerndes Beige oder Rosa und all die Tupfer und Sprenkel schienen ihr dann für nichts mehr gut zu sein: Während die beiden Schwestern den Atem anhielten und die Zweige auseinanderbogen, blickte sie jetzt nur noch mißmutig in die Nester. Als sie eine Brut soeben flügge gewordener Jungvögel fanden, wich sie mehrere Schritte zurück und sagte: »Igitt! Daß *dafür* überhaupt Eier gelegt werden!«

»Aber sie leben, Liebes! Nächstes Frühjahr singen sie uns was vor, genau wie all die anderen Vögel, die wir jetzt hören, oder sie legen selbst Eier.«

»Gut, aber ich sehe nicht ein, warum.«

Die Schwestern verpflichteten sich gegenseitig mit einem raschen Blick zum Schweigen.

Hermione sagte: »Mir wären Schokoladeneier lieber.«

Es war diesem recht verwirrenden Nachmittag zuzuschreiben, daß die Idee des Ostereiersuchens geboren wurde.

Hermione müßte nun besser denn je für den Umgang mit jüngeren Menschen gerüstet sein, sagten sich die beiden Schwestern. Vielleicht fände sie sogar Freunde. (Wie sehr sie daran zweifelten!) Auf jeden Fall würde man es darauf ankommen lassen. Und da sie nun andere Kinder kennenlernen sollte – warum dann nicht gleich alle Kinder aus West Wallows? Ein so großes Kinderfest wäre zugleich nett und nützlich: Falls Hermione Maisie oder Emmeline nicht gefiel, könnte sie vielleicht bei Harriet oder Joanna landen. (Mit Sicherheit würde sie bei einem so großen Fest weniger auffallen, das wußten die beiden Misses Evers, wenngleich sie sich dies nicht eingestehen wollten.) Sie waren wohlbekannt für ihre Kinderfeste, doch bisher hatten diese immer an Weihnachten stattgefunden, wenn Ratespiele gespielt werden konnten, oder im Hochsommer, wenn sie für ihre jungen Gäste die Erlaubnis einholten, irgendwo bei der Heuernte mitzuhelfen. Ein Kinderfest an Ostern war eine ganz neue Idee, die nach zusätzlichen Unkosten roch – vor denen sie keineswegs zurückschreckten; sie befürchteten nur, man könne es ihnen als Prahlerei auslegen. Isabelle fuhr mit dem Fahrrad zum Markt und kaufte drei Dutzend süße Eier – ein bißchen verbilligt, denn Ostern war gerade vorbei. Einige waren aus Schokolade und in glänzendes Silberpapier eingewickelt; andere waren aus Marzipan und äußerst naturalistisch gesprenkelt; wieder andere waren aus Pappe und enthielten ganz kleine Spielzeuge. Am Nachmittag selbigen Tages setzte sich Eunice an ihren Schreibtisch und schrieb Einladungen an vierzehn junge Gäste im Alter von vierzehn bis hinab zu sechs Jahren. Während sie auf jeden Umschlag eine Adresse schrieb, hielt sie immer wieder inne, um Hermione, die ganz in sich versunken auf dem Sofa dicht neben ihr saß und nichts tat, den bisherigen Lebenslauf jedes der in Frage kommenden Kinder zu schildern.

Am Nachmittag des Festes herrschte – glücklicherweise – sehr schönes Wetter. Ab drei Uhr klickte das Gartentor unaufhörlich: Ohne Begleitung von Erwachsenen kamen die Gäste in bunten Pullovern oder in sehr sauberen Blusen den Gartenweg hinauf – um von Eunice und Isabelle auf dem Rasenstück bei der Sonnenuhr gemustert zu werden. Alle waren schon ein wenig gebräunt oder hatten von der Frühlingssonne noch mehr Sommersprossen bekommen, und auf ihren Gesichtern lag der Ausdruck verständnisloser Hochgestimmtheit. »Hört zu«, sagte Isabelle, »wer eins findet, sollte es eigentlich behalten dürfen, aber falls einer von euch mehr als drei findet, dann sollte er oder sie den Rest zurückgeben, damit sie am Schluß an diejenigen verteilt werden, die nicht so tüchtig waren.«

Eunice fügte hinzu: »Und wir werden auch einen Preis verleihen: diesen Osterhasen.« Sie hielt eine Porzellanfigur in die Höhe. »Er ist für denjenigen, der heute nachmittag die meisten Eier findet.«

Isabelle nahm den Faden wieder auf: »Die Eier sind im Garten und zwischen den Obstbäumen auf der anderen Seite vom Bach versteckt. Um alles ein klein bißchen leichter zu machen, haben wir einen rosa Wollfaden *ganz nahe* bei der Stelle befestigt, wo ein Ei liegt. Jeder, der ein Ei findet, soll bitte den rosa Wollfaden losknüpfen, sonst wird alles sehr schwierig. Also, sind jetzt alle da? Oh, nein, wir warten noch auf Poppy. Sobald sie kommt, blase ich in diese Trillerpfeife, und dann nichts wie los! Um fünf Uhr pfeife ich noch mal, weil es dann Tee gibt.«

In diesem Augenblick kam die Nachzüglerin durch das Gartentor geflitzt, woraufhin Isabelle aus Leibeskräften in die Trillerpfeife blies. Die Kinder – die Knaben waren klein, die Mädchen größer, einige sogar ziemlich pummelig – schauten sich an und setzten sich unschlüssig in Bewegung. Anfänglich bildeten sie noch eine geschlossene Formation, wie Naturforscher, die in gefährliches Gelände vordringen. Aber die ganze Zeit blickten sie sich mit scharfen Augen verstohlen nach links und nach rechts um. Schon wurden in dem von glitzerndem Sonnenschein überstrahlten Garten hier und dort rosa Wollfäden entdeckt. Eines der Kinder machte sich selbständig, und während es losrannte, blickte es eifersüchtig über die Schulter zurück, um zu sehen, ob ihm jemand auf den Fersen war.

Hermione war ein wenig hinter der sich entfernenden Gruppe zurückgeblieben. Sie war allen Kindern namentlich vorgestellt worden, aber nach dem üblichen »Guten Tag!« hatte niemand mehr das Wort an sie gerichtet. Mit festem Griff hatte sie sich des einzigen Kindes versichert, das hinter den anderen nicht hergekommen war. Es handelte sich um einen kleinen, verstockten Jungen. Ihn hielt sie fest am Handgelenk gepackt, als wäre er kein menschliches Wesen. Irgendwie half er ihr, Haltung zu bewahren. Von Anfang an hatte sie Schwierigkeiten gemacht: Nur widerstrebend war sie aus ihrem Zimmer heruntergekommen. Eunice hatte unten auf dem Rasen gestanden, nach ihr gerufen und gewunken; Hermione hatte geantwortet, war jedoch nicht gekommen. Wie ein Geist oder wie aus Papier ausgeschnitten hatte sie dicht hinter dem geschlossenen Fenster gestanden und zugesehen, wie fremde Kinder den ihr wohlbekannten Garten eroberten. Sie hatte sich benommen wie ein Kätzchen, das auf einen Baum geklettert ist, es mit der Angst bekommt und nicht mehr zurückfindet – bis Eunice schließlich nach oben gelaufen war und sie mit ein paar wohlüberlegten Worten zum Mitkommen bewegt hatte. Aber ach! Kaum hatte man sie endlich unten auf dem Rasen, da wurde ihr »Kätzchen auf dem Baum Gehabe« noch unübersehbarer. Mit steif ausgestrecktem Arm, an dem die Armreifen tanzten, gab sie den anderen die Hand. Zwar schaute sie jedem gerade ins Gesicht, jedoch mit einer Art launischem Hochmut: Was da zutage trat, war nicht einfach Angst oder Schüchternheit, sondern eine verzweifelte, verbockte Hochnäsigkeit. Aus ihren Augen sprach eine fremdartige Erfahrungswelt. Die hübschen, schon recht großen Mädchen mit dem hochgesteckten Haar und die tolpatschigen kleinen Jungen mit den nackten Knien, die bei jedem Anlaß mit gerunzelter Stirn auf die Grashalme zwischen ihren Sandalen hinabblickten – sie alle fühlten sich von Hermiones herrischem Blick zurückgestoßen. Entweder gab sie auf die anderen zu viel, oder sie interessierten sie nicht die Bohne – in beiden Fällen wußten sie mit ihr nichts anzufangen.

Der nach Süden, zum Bach hin, leicht abschüssige Garten wurde durch die im Zickzack verlaufenden Hecken zu einem Irrgarten; er bestand nur aus Ecken und Winkeln. Quittenbüsche fingen das Licht mit ihren ätherischen Blütenblättern ein, blühende Johannisbeersträucher sandten ihren süßen, würzigen Duft aus. Die im Wind flatternden Fäden aus rosa Wolle bildeten um sich herum eine Art Magnetfeld, in denen es vor lauter eifrigen Kindern summte, so wie Bienen die Johannisbeeren umschwärmen. Im Garten und zwischen den Obstbäumen war die Spannung während der Suche zu spüren: Ab und zu erscholl hell wie Glockenklang ein kurzer, triumphierender Aufschrei. Nach einer halben Stunde schien jeder der Beteiligten zumindest ein Ei gefunden zu haben. Die Kinder scharten sich zusammen, verglichen ihre Ausbeute und liefen nach einigen eifersüchtigen Blicken wieder auseinander.

Nur Hermione und der unglückselige kleine Junge, den sie nicht loslassen wollte, hatten noch kein einziges Ei gefunden. Von Zeit zu Zeit veränderte sie den Griff um sein Handgelenk, das sich heiß anfühlte. Im Dunstkreis ihrer Befangenheit, die durch den Kummer tief in ihrem Inneren zusätzliches Gewicht erhielt, bewegte sie sich zu langsam, während sie den kleinen Knaben hinter sich herschleppte. Ein- oder zweimal sah sie einen rosa Wollfaden, doch als sie die Stelle erreichte, war der Faden schon von einem Kind, das auch das dazugehörige Ei gefunden hatte, aufgeknüpft worden. Ihr eigenes Versagen wie eine Schmach tragend, wechselten sie und der kleine Junge kein einziges Wort; sie gingen hierhin und dorthin, umgeben vom Schweigen einer sich vertiefenden Abneigung. Jetzt standen sie auf der Brücke zwischen dem Garten und den Obstbäumen: Hermione blickte mit Augen, aus denen Ungläubigkeit und Verzweiflung sprachen, von einem Ufer zum anderen. Sie hatte kein einziges Ei gefunden!

Ohne Vorwarnung machte sich der kleine Junge neben ihr ganz steif, preßte sich gegen das Geländer der Brücke, riß den Mund so weit auf wie eine Höhle und brüllte: »*Maisie!* Ich will mit dir gehen!«

Ein Mädchen, das zufrieden zwischen den Obstbäumen herumgestöbert hatte, drei helle, glänzende Ostereier in der flachen Hand, blieb stehen und hob die Nase wie eine Hundemutter. Dann steuerte sie auf die Brücke zu. »Hör mal«, sagte sie zu Hermione, »hättest du etwas dagegen, meinen kleinen Bruder loszulassen? Er möchte sich gern alleine umsehen.«

»Aber wir suchen zusammen.«

»Oh, wieviel habt ihr denn schon gefunden?«

»Die andern finden immer die Eier vor uns.«

»Mein Gott«, meinte Maisie. »Ihr habt also *kein einziges* gefunden? Mir hat jemand gesagt, daß Harriet schon sechs hat, und alle anderen hier haben mindestens zwei. Willst du wirklich behaupten, daß Simon *keins* hat? ... Mach dir nichts draus, Simon, komm mit mir suchen. *Wir* werden schnell ein paar finden.«

»Warum er? Und warum sollte ich die einzige sein, die am Schluß kein einziges Ei hat?«

»Nun, dafür kann ich nichts, oder? Du mußt eben genauer hinsehen ... Na komm, Simon!«

Hermione ließ ihn los.

Als sie ganz allein auf der Brücke zurückblieb, beschattete

sie ihre Augen (die Sonne stand schon tief), um besser den runden, weißen Gegenstand unter einem der Apfelbäume erkennen zu können. Es war ein Panamahut, den sie zuletzt auf dem Kopf eines Mädchens namens Harriet gesehen hatte: Jetzt lag er im Gras. Als würde etwas in ihr wie von einem Magneten angezogen, verließ Hermione die Brücke und lief hinüber zu jenem Apfelbaum. Die allgemeine Suche war wie eine Welle zurück in den Garten geschwappt. Zwischen den Obstbäumen erschollen keine Rufe mehr, niemand lief durch das hohe, rauschende Gras – es war hier plötzlich still und leer. Hermione kniete nieder, hob behutsam den Hut hoch und sah ein Häuflein von sechs überirdisch schönen Eiern: zwei goldene, ein rotes, ein silbernes und zwei blaue. Sie lagen aneinandergelehnt in einem Nest aus Gras. Zitternd vor freudiger Aufregung stand Hermione da und starrte sie unverwandt an. Schließlich raffte sie ihren Rock so zusammen, daß sich ein kleiner Beutel bildete und legte die sechs Eier hinein. Unbeholfen, aber vorsichtig stand sie auf und steuerte im Laufschritt auf eine Hecke zu, die den Obstgarten gegen die Church Lane abgrenzte.

Man vermißte sie erst um fünf Uhr, als in die Trillerpfeife geblasen wurde und die Kinder durch die Fenstertüren zum Tee ins Haus getrottet kamen. Eunice und Isabelle sorgten mit vereinten Kräften dafür, das Ärgernis so unauffällig wie möglich herunterzuspielen. Während Eunice Tee einschenkte und das Geplapper in Gang hielt, schlüpfte Isabelle mit der Trillerpfeife aus dem Haus, um rasch nach dem Rechten zu sehen. Traurig, ach so traurig betrachtete sie ein paar zertrampelte Narzissen – je netter die Kinderschar, desto größer ihre Füße. Als sie zum Rand des Obstgartens gelangte, sah sie das Loch in der Hecke, wo sich jemand hindurchgezwängt hatte, und die Zuversicht verließ sie.

Der große Skandal brach erst gegen Ende der Teestunde aus, als Eunice sich daranmachte, die gefundenen Eier nachzuzählen. Die erboste Harriet hatte nicht etwa die ganze Zeit dagesessen und still gelitten: An ihrem Ende des Tisches war ganz schön gemurmelt und getuschelt worden, aber Eunice wußte nicht, was dort los war. Als der Verlust herauskam, konnte Eunice sich alles mit niederschmetternder Geschwindigkeit an fünf Fingern abzählen – und die anderen auch. Die Kinder aus West Wallows warfen vielsagende Blicke auf die Stelle, wo Hermione hätte sitzen müssen und nicht saß. Es blieb keine andere Wahl, als Harriet rasch, jedoch mit möglichst viel Pomp den Porzellanhasen zu schenken und dann den Vorschlag zu machen, draußen auf dem Rasen Fangen zu spielen.

Siebenmal fiel der Schlag der Kirchturmuhr auf den traurigen, klaren Abend. Die Gäste hatte man schon vor einer Stunde heimgeschickt, und die Schwestern waren von ihrer verzweifelten Suche im ganzen Dorf, auf den Feldern und in den nahen Wäldern zurückgekehrt. Etwas veranlaßte Eunice, hinauf in Hermiones Zimmer zu gehen – und Hermione war *da,* sie saß auf dem Bett. Gewiß war sie ins Haus geschlüpft, als niemand daheim war. In der tiefen Abenddämmerung saß sie schräg auf dem Bett, die Beine gerade von sich gestreckt und den Rücken an der Wand, in der Haltung, wie man Puppen irgendwo anlehnt. Anscheinend hatte sie gewartet, denn kaum öffnete sich die Tür, da sagte sie auch schon ohne aufzublicken: »Ich will jetzt nach Hause.«

»Aber Hermione!«

»Mammi hat gesagt, ich brauche nicht zu bleiben, wenn es mir nicht gefällt. Sie hat gesagt, daß ich dann sofort wieder nach Hause darf.«

»Aber Liebes, du sagst das hoffentlich nicht, weil du glaubst, daß wir … daß wir wegen irgend etwas *böse* sind?«

»Ich kann nichts dafür, *was* und *wie* Sie sind«, sagte Hermione ziemlich ungerührt. »Können Sie nicht ein anderes Mädchen finden, das bei Ihnen bleibt? Für mich gibt es hier nichts zu tun – ich meine, ich kann hier nichts tun. Und all diese Mädchen waren heute so gemein zu mir. Niemand kümmerte sich darum, ob ich ein Ei gefunden hatte oder nicht. Diese Maisie wollte mich nicht mit ihrem Bruder spielen lassen. Noch nie ist jemand so gemein zu mir gewesen wie diese Kinder heute. Sie haben mir alle Eier weggeschnappt. Ich hab kein einziges gefunden. Und Sie lassen mich nie etwas sagen, und ich darf nie etwas anfassen. Sie sorgen dafür, daß ich mich für manche Sachen interessiere, aber Sie selbst haben überhaupt kein Interesse an mir. Mammi hat gesagt, daß Sie sich für mich interessieren, aber das glaube ich ihr jetzt nicht mehr. Ich fühl mich so, als wäre ich tot, und ich will jetzt unbedingt nach Hause. Ach ja, ich habe diese sechs blöden Eier genommen.«

»Na, na, still jetzt, Liebes, wir sind alle müde. Ab ins Bett, sei ein braves Mädchen, dann bring ich dir ein paar Kekse und ein Glas Milch. Möchtest du, daß ich dir auch eines von den Kätzchen bringe?«

»Nein, danke, Ihre Kätzchen kratzen. Also: Darf ich morgen nach Hause?«

»Wir sehen morgen weiter.«

Eunice seufzte und ging nach unten. Sie goß Milch in einen Becher, legte ein paar Kekse auf einen Teller und schaute im kleinen Salon vorbei, um ein paar Worte mit Isabelle zu wechseln. Die Lampen brannten, aber die Vorhänge waren noch nicht vorgezogen: Von draußen drang aus dem Dunkeln Vogelgezwitscher herein. Isabelle, die im Gesicht ihrer Schwester zu lesen verstand, ging um den Tisch herum und sagte: »Oh, Eunice ...«

»Ich weiß«, erwiderte Eunice. »Da ist anscheinend nichts zu machen. Sie hat sich jetzt in den Kopf gesetzt, daß sie wieder nach Hause will. Ich frage mich, ob es nicht besser wäre ...«

»Eunice, das sieht dir aber gar nicht ähnlich!« rief Isabelle in einer Aufwallung ihrer alten, heroischen Energie.

»Ich weiß«, erwiderte Eunice, und stellte den Teller mit den Keksen ab. Geistesabwesend begann sie an der Milch zu nippen. »Aber weißt du, so war es auch noch nie. Es gibt Zeiten, da gibt man alles, was man hat, wirklich alles, und es hilft trotzdem nichts. So ist das eben, Isabelle. Wir haben doch immer gewußt, daß das Leben schwer ist, aber ich muß gestehen, daß ich bis zum heutigen Tag nicht richtig daran geglaubt habe. Ich sehe auch nicht, wo wir versagt haben. Sie ist doch noch ein *Kind!*«

»Ich glaube, wenn ein Kind erst einmal völlig im Mittelpunkt gestanden hat, dann –«

»Oh, schau nur, ich trinke ja diese Milch! Dabei war sie für Hermione.«

Hermione reiste am nächsten Tag ab. Vielleicht war es so am besten. Die beiden Schwestern erwähnen sie nie gegenüber den Kindern von West Wallows, und die Kinder von West Wallows fragen nicht nach ihr. Die Schwestern erwähnen sie sogar selten, wenn sie unter vier Augen miteinander reden. Hermione hat eine Art Narbe hinterlassen, sie lebt in ihren Herzen wie ein eingeebnetes Grab. Es regnete am Tag ihrer Abreise, doch bei Sonnenuntergang klarte es wieder auf. Als Isabelle in Gummistiefeln durch den Obstgarten ging, fand sie die sechs Ostereier unter dem fraglichen Apfelbaum; die Schokolade in dem Einwickelpapier war zu einem Klumpen geschmolzen, das Gold und die bunten Farben waren zerlaufen.

Joyce Carol Oates

Die Puppe

Vor vielen Jahren bekam ein kleines Mädchen zum vierten Geburtstag ein altes Puppenhaus geschenkt, das ungewöhnlich schön, ungewöhnlich fein ausgearbeitet und auch von den Abmessungen her ungewöhnlich war, denn es war fast so groß, daß ein Kind sich hineinsetzen konnte.

Das Puppenhaus hatte, so hieß es, vor fast hundert Jahren ein entfernter Verwandter der Mutter des kleinen Mädchens gebaut, es hatte sich von einer Generation zur nächsten vererbt und war noch bestens erhalten: ein steiles Giebeldach, viele hohe, schmale, richtig verglaste Fenster, dunkelgrüne Fensterläden zum Zuklappen, drei steinerne Kamine, Blitzableiter, Verschindelung (weiß), eine Veranda, die sich fast um das ganze Haus zog, Buntglasfenster links und rechts der Haustür und im Treppenhaus sogar eine Kuppel mit kleinem, abnehmbarem Dach. Im Elternschlafzimmer stand ein Himmelbett mit weißen Organzarüschen, an den meisten Fenstern hingen kleine Blumenkästen; die Möbel – natürlich viktorianisch – waren beste, liebevollste Handwerksarbeit. Die Lampenschirme hatten kleine goldene Fransen, es gab eine wunderbare alte Badewanne mit Klauenfüßen und in fast allen Zimmern einen Kronleuchter.

Als die Kleine am Morgen ihres vierten Geburtstages das Puppenhaus zum erstenmal zu Gesicht bekam, verschlug es ihr vor Staunen die Sprache, denn das Geschenk war unerwartet und geradezu unheimlich »real«. Es sollte das eindrucksvollste Geschenk, die eindrucksvollste Erinnerung ihrer Kindheit werden.

Florence besaß mehrere Puppen, normal große Puppen, die nicht in das Haus paßten, aber sie setzte sich mit ihnen vor die offene Seite, spielte, flüsterte und schimpfte mit ihnen und dachte sich Gespräche für sie aus. Eines Tages tauchte unvermittelt der Name *Bartholomew* für die Familie auf, der das Puppenhaus gehörte. Woher hast du den Namen, fragten die Eltern; das sind die Leute, die in dem Haus wohnen, gab Florence zur Antwort. Ja, aber woher hast du den Namen?

Ratlos-stumm, fast ein bißchen ärgerlich, deutete das Kind auf die Puppen.

Da gab es ein Mädchen mit glänzenden blonden Locken, blauen, dicht bewimperten und fast zu runden Augen, und einen rothaarigen sommersprossigen Jungen in Latzhose und kariertem Hemd, die natürlich Bruder und Schwester waren, weiter eine erwachsene Frau, vielleicht die Mutter, mit scharlachroten Lippen und einem raffinierten Kopfputz aus grauweißen Federn, ein Puppenbaby aus ganz weichem Gummi, haarlos und ausdruckslos und zu groß im Verhältnis zu den anderen Puppen, sowie einen zwanzig Zentimeter langen Spaniel mit großen braunen Augen und einem drollig hochstehenden Schwanz. Manchmal war die eine, dann wieder die andere Puppe der Liebling von Florence. An manchen Tagen spielte sie am liebsten mit dem blonden Mädchen, dessen Augen im Kopf rollten und das einen zarten Pfirsichteint hatte, dann wieder zog sie den verschmitzten rothaarigen Jungen vor. Manchmal wollte sie von den Puppen nichts wissen und spielte mit dem Spaniel, der, weil er so klein war, in die meisten Puppenhauszimmer paßte.

Hin und wieder zog Florence die Puppen aus und wusch sie mit einem Schwämmchen. Wie sonderbar sie aussahen ohne Kleider! Porenlos glatte, glänzende Körper, da war nichts Heimliches oder Häßliches, da waren keine Spalten, in denen sich Schmutz verbergen konnte, da war alles ganz unproblematisch. Unbewegte Gesichter. Gelassen kluge, furchtlose, weit geöffnete Augen, die kein harsches Wort, kein Klaps schrecken konnte. Aber Florence liebte ihre Puppen sehr und hatte nur selten das Bedürfnis, sie zu strafen.

Ihr größter Schatz war natürlich das Puppenhaus mit dem steilen viktorianischen Dach, den schnörkeligen Verzierungen, den vielen Fenstern und der prächtigen Veranda, auf der hölzerne Schaukelstühlchen mit winzigen Kissen standen. Besucher – Freunde ihrer Eltern oder kleine Mädchen in ihrem Alter – staunten immer darüber. Wie schön, sagten sie, und: Fast so groß wie ein richtiges Haus! – aber das stimmte natürlich nicht, es war nur ein Puppenhaus und knapp neunzig Zentimeter hoch.

Als Florence Parr fast vier Jahrzehnte später über die East Fainlight Avenue in Lancaster, Pennsylvania, fuhr, eine Stadt, in der sie noch nie gewesen war und über die sie nicht das mindeste wußte, sah sie zu ihrer Verblüffung am Ende einer ansehnlichen Ulmenallee, ein wenig von der Straße zurückgesetzt, ihr altes Puppenhaus oder vielmehr dessen Replikat oder Vorbild stehen.

Sie war vor Staunen sekundenlang völlig ratlos. Als erste Reaktion trat sie auf die Bremse, denn sie war eine vorsichtige, ja penible Autofahrerin, die in einer unübersichtlichen Situation oder beim ersten Anzeichen von Schwierigkeiten ihren Wagen sofort zum Stehen brachte.

Eine schöne, breite, mit Ulmen und Platanen bestandene Straße in einer ihr völlig neuen, reizvollen Stadt. Ein Tag Ende April: ein duftend frischer, fast berauschender Frühlingstag nach einem langen, bitterkalten Winter. Die Luft war gesättigt von Wärme und Farben. Eindrucksvolle, großzügig geschnittene Grundstücke, auf denen ersichtlich reiche Häuser standen; Backsteinmauern, schmiedeeiserne Gitter oder dichte immergrüne Hecken grenzten die leicht abfallenden, gepflegten Rasenflächen gegen die Straße ab. Überall Azaleen, diese prunkvollsten aller Frühjahrsblüher – scharlachrot und weiß und gelb und flammend-orangefarben –, die das Auge fast blendeten mit ihrer Schönheit. Neu angelegte Beete mit Tulpen, zarte Apfel- und Kirschblüten und noch andere blühende Bäume, die Florence nicht hätte benennen können. Ihr Haus war von einem altmodischen schmiedeeisernen Gitter umgeben, in dem großen Vorgarten drängten rote und gelbe Tulpen durch einen verunkrauteten Rasen.

Und dann stand sie vor dem Gartentor. Es war – wie das schwere Tor an der Auffahrt – nicht nur offen, sondern in der Erde förmlich festgeklemmt, und zwar offenbar schon seit geraumer Zeit. Ein handgeschriebenes, relativ neues Schild mit schwarzen Buchstaben: 1377 East Fainlight. Kein Vorname, kein Familienname. Florence stand da, sah an dem

Haus hoch und hatte Herzklopfen. Sie konnte nicht recht glauben, was sie da sah. Das gab es doch nicht. Nicht mit all diesen Einzelheiten.

Das alte Puppenhaus. *Ihr* Haus. Nach all den Jahren. Das schiefergedeckte Steildach, die alten Blitzableiter, die reizvoll-bizarre kleine Kuppel, die Veranda, die weiße Verschindelung (die in der strahlenden Frühlingssonne recht verwittert wirkte) und das Verblüffendste, Eindrucksvollste – die acht hohen, schmalen Fenster, vier in jedem Stockwerk, mit den Läden, die dunkel gestrichen waren, dunkelgrün oder schwarz. Welche Farbe hatten sie in dem Puppenhaus gehabt? Der schnörkelige Zierat wirkte morsch.

Die erste Welle fast schwindelnder Erregung, die sie im Auto erfaßt hatte, war vorbei, aber sie empfand noch immer eine unangenehm bohrende Unruhe. Ihr altes Puppenhaus. Hier auf der East Fainlight Avenue in Lancaster, Pennsylvania. Ein völlig unerwarteter Anblick an diesem warmen Frühlingsmorgen. Was hatte das zu bedeuten? Es mußte eine Erklärung geben. Ihr entfernter Onkel hatte dieses Haus – oder ein anderes, das genauso aussah – nachgebaut, sicher gab es viele Häuser dieser Art. Florence kannte sich in der viktorianischen Architektur nicht aus, aber es war anzunehmen, daß selbst große, teure Häuser damals nur in den seltensten Fällen Unikate waren. Im Gegensatz zu zeitgenössischen Architekten waren die Baumeister jener Zeit in ihren Möglichkeiten sehr beschränkt und deshalb genötigt gewesen, immer wieder auf bestimmte Grundstrukturen und Grundornamente zurückzugreifen: Kuppeln, Giebel, Schnörkel. Was sie als so merkwürdig und geheimnisvoll empfand, war im Grunde nur ein Zufall, den sie zu Hause als unterhaltsame Geschichte, als erheiternde Anekdote zum besten geben konnte, andererseits war die Sache vielleicht gar nicht erwähnenswert. Ihre Eltern hätten sich dafür interessiert, aber die waren beide tot. Und sie sprach ungern über sich, über ihr Privatleben, weil sie fürchtete, ihre Freunde, Bekannte, Kollegen könnten auch Persönliches an dem messen, was sie in der Öffentlichkeit darstellte, und das wollte sie vermeiden.

An einem der Fenster im Obergeschoß bewegte sich etwas, die Bewegung übertrug sich geheimnisvoll fließend auf das nächste Fenster, floß von rechts nach links …, aber nein, es war nur die Spiegelung von Wolken, die der Wind hinter ihr über den Himmel wehte.

Sie blieb – was völlig untypisch für sie war – regungslos stehen. Sie wollte nicht die Stufen zur Veranda hochgehen, sie wollte nicht klingeln, lächerlich, außerdem wurde die Zeit knapp, sie mußte weiter, wurde erwartet. Und doch kam sie von dem Haus nicht los, diesem Haus, das unglaublicherweise ihr altes Puppenhaus war. (Das sie vor dreißig, fünfunddreißig Jahren verschenkt, an das sie seither kaum einen Gedanken verschwendet hatte.) Es war albern, so dumm und ratlos, so seltsam verwundbar hier herumzustehen, aber war das nicht andererseits die richtige Einstellung in dieser eigenartig weihevollen, jenseitigen Stimmung, die das Haus heraufbeschworen hatte?

Sie würde klingeln. Warum eigentlich nicht. Sie war eine hochgewachsene, selbstsichere, ziemlich breitschultrige Frau in einem geschmackvollen hellen Frühjahrskostüm, die es normalerweise nicht nötig hatte, sich zu rechtfertigen, zu entschuldigen. Vielleicht früher einmal, als junges Mädchen, als schüchternes, dummes, unsicheres Ding, aber das war vorbei. Das ergrauende wellige Haar war aus der breiten, energischen Stirn gebürstet. Sie trug kein Make-up, seit Jahren schon nicht mehr, sah gut aus mit ihrem frischen, glatten Teint und wirkte besonders attraktiv, wenn sie lächelte, wenn die Anspannung aus den übergroßen Augen wich. Ja, sie würde klingeln, mal sehen, wer aufmacht, sie würde sagen, was ihr gerade in den Sinn kam. Ich suche eine Familie, die hier in der Gegend gewohnt hat, ich sammele für einen neuen Schulbus, ich wollte fragen, ob Sie alte Kleider haben, alte Möbel …

Auf halbem Wege fiel ihr ein, daß der Autoschlüssel steckte, der Motor lief. Und ihre Handtasche auf dem Sitz lag.

Sie merkte, daß sie langsam ging. Auch das war untypisch für sie, und das Gefühl des Irrealen, das Gefühl, eine andere Welt zu betreten, war neu und verwirrend. Irgendwo bellte ein Hund, das Geräusch fuhr ihr geradewegs in Brust und Bauch. Panik regte sich, die Lider begannen zu flattern ... Aber das wir natürlich Unsinn. Sie würde klingeln, irgendwer würde aufmachen, vielleicht ein dienstbarer Geist, eine ältere Frau, sie würden ein paar Worte wechseln, Florence würde an ihr vorbei einen Blick in die Diele werfen, sich vergewissern, ob die elegant geschwungene Treppe noch so aussah wie früher, ob der alte Messingkronleuchter, der »Marmor«-Fußboden noch da war. Kennen Sie die Familie Parr, würde Florence fragen, wir wohnen seit Generationen in Cummington, Massachusetts, ich halte es für durchaus denkbar, daß jemand aus meiner Familie Sie in diesem Haus besucht hat, natürlich liegt das schon sehr lange zurück. Entschuldigen Sie die Störung, aber ich fuhr gerade vorbei und sah Ihr schönes Haus, da konnte ich nicht widerstehen und habe aus Neugier einen Augenblick angehalten ...

Da waren die Buntglasfenster rechts und links der Eichentür. Aber wie groß sie waren, wie kühn in den Farben. In ihrem Puppenhaus hatte man die kleinen bunten Glassplitter kaum bemerkt, hier maß jedes Fenster etwa dreißig Zentimeter im Quadrat; wunderschöne Rot-, Grün- und Blautöne. Wie in einer Kirche.

Entschuldigen Sie die Störung, flüsterte Florence, aber ich fuhr gerade vorbei und ...

Entschuldigen Sie die Störung, aber ich suche nach einer Familie Bartholomew, es könnte sein, daß sie hier in der Gegend wohnt ... Aber vor der Veranda verstärkte sich die Panik. Ihr Atem kam kurz und stoßweise, ihre Gedanken jagten, sie war wie gelähmt vor Angst. Das Hundegebell steigerte sich zur Hysterie.

Wenn Florence sich geärgert hatte, wenn sie nervös oder traurig war, flüsterte sie häufig ihren Namen vor sich hin. Florence Parr, Florence Parr, das beruhigte, das tat gut, Florence Parr, auch eine leise Mahnung schwang darin mit, denn Florence Parr – das bedeutete nicht nur Autorität, sondern auch Verantwortung. Sie benannte sich, identifizierte sich. Meist reichte das schon, um die Gedanken, die aus dem Ruder zu laufen drohten, wieder auf geraden Kurs zu bringen.

Es war die erste Panikattacke seit vielen Jahren. Sie war plötzlich völlig kraftlos. Wenn ich nun hier in Ohnmacht falle, ich mache mich doch restlos lächerlich …

Als junge Hochschuldozentin wäre sie einmal während einer Vorlesung über metaphysische Dichter beinah dieser Panik erlegen. Sonderbarerweise kam die Attacke nicht zu Beginn des Semesters, sondern erst im zweiten Monat, als sie schon meinte, ihre Lehrtätigkeit fest im Griff zu haben. Eine ganz eigenartige Angst, eine unergründliche, grundlose Angst hatte sie erfaßt, die sie später nie mehr hatte nachvollziehen können … Eben noch sprach sie von Donnes berühmtem Bild in »The Relic« – einem Armreif »von hellem Haar um den Knochen« –, gleich drauf nahm ihr die Panik den Atem. Sie wäre am liebsten aus dem Hörsaal, aus dem Haus gerannt, es war, als wäre ihr ein Dämon erschienen, der ihr seinen Atem ins Gesicht blies, an ihr zerrte, versuchte, sie in die Tiefe zu ziehen. Sie glaubte zu ersticken, zu vergehen. Es war das Schlimmste, was sie je erlebt hatte, obgleich das Erlebnis nicht mit Schmerz, nicht mit bestimmten Bildern verbunden war. Sie wußte nicht, woher diese Angst kam, hatte nie begriffen, warum sie am liebsten aus dem Hörsaal, vor den neugierigen Blicken ihrer Studenten geflohen wäre.

Aber sie floh nicht. Sie zwang sich, am Pult stehenzubleiben, mit schwankender Stimme setzte sie ihre Vorlesung fort, wie in einen gleißenden Nebel hinein. Sicher hatten doch ihre Studenten gemerkt, daß sie zitterte …? Aber sie ließ sich nicht unterkriegen, sie war wirklich sehr couragiert für eine Vierundzwanzigjährige, sie imitierte sich kurzerhand selber, ihren normalen Tonfall, ihre Redewendungen, und damit bezwang sie den Anfall. Während der sich allmählich legte, sie wieder klarer sah, ihr Herzschlag sich beruhigte, wußte sie plötzlich, daß die Panik im Hörsaal nie wiederkommen würde.

Jetzt aber gelang es ihr nicht, ihrer Unruhe Herr zu werden. Sie hatte kein Pult, auf das sie sich stützen, kein Skript, an das sie sich halten, niemanden, den sie imitieren konnte. Eine Blamage war nicht auszuschließen. Und bestimmt wurde sie vom Haus aus beobachtet … Im Grunde hatte sie ja keine Erklärung, keinen Vorwand für ihren Besuch. Was um Himmels willen sollte sie sagen, nachdem sie geklingelt hatte, wie einem skeptischen Unbekannten ihre Anwesenheit erklären? Ich muß mir einfach Ihr Haus ansehen, würde sie flüstern, eine unbekannte Macht hat mich die Auffahrt hinaufgeführt, ich kann es nicht erklären, bitte entschuldigen Sie, bitte haben Sie Geduld mit mir, ich fühle mich nicht wohl, ich weiß gar nicht, was heute mit mir los ist, ich will mir nur kurz Ihr Haus ansehen, will wissen, ob es das Haus ist, das ich in Erinnerung habe ... Ich hatte auch mal so ein Haus ... Ihr Haus. Aber es wohnten nur Puppen darin, eine Puppenfamilie. Ich habe sie geliebt, aber ich habe immer gespürt, daß sie mir den Weg verlegten, mich einengten ...

Ein Hund aus der Nachbarschaft antwortete auf das Gebell des ersten. Florence trat den Rückzug an, sie drehte sich um, hastete zurück zu ihrem Wagen, ja, der Schlüssel steckte, die leichtsinnigerweise auf dem Sitz zurückgelassene elegante Lederhandtasche war noch da.

Sie floh vor dem Puppenhaus, ihr armes Herz jagte. Du bist eine dumme Kuh, Florence Parr, dachte sie unbarmherzig, und heiße Röte stieg ihr ins Gesicht.

Der Rest des Tages – der Empfang am späten Nachmittag, das Diner, das gesellige Beisammensein danach – verlief reibungslos-routiniert, kam ihr aber irgendwie nicht ganz real vor. Daß sie Florence Parr, die Präsidentin von Champlain College, war, daß sie bei dieser Tagung vor Führungskräften kleiner privater Colleges für Geisteswissenschaften einen Vortrag halten sollte, erschien ihr irgendwie als Betrug, als Hochstapelei. Ständig sah sie das Puppenhaus vor sich. Es war schon ein sehr merkwürdiges Erlebnis gewesen, aber es gab niemanden, mit dem sie darüber hätte sprechen können, um ihr diese übertriebene Bedeutung zu nehmen, sie in eine amüsante Anekdote umzumünzen ... Die anderen merkten nichts von ihrem Unbehagen. Sie sehe gut aus, sagten sie und schüttelten ihr herzlich die Hand. Viele waren alte Bekannte, mit einer Reihe der Männer und Frauen – hauptsächlich aber Männern – hatte sie schon in dem einen oder anderen College zusammengearbeitet, daneben gab es auch Unbekannte, jüngere Führungskräfte, die von ihren heroischen Bemühungen am Champlain College gehört hatten und sich um ihre Bekanntschaft bemühten. Zur lärmenden Cocktailstunde und beim Essen hörte sich Florence etwas zerstreut die üblichen Themen behandeln: sinkende Studentenzahlen, Mittel für Baumaßnahmen, Zuwendungen durch Ehemalige, Stiftungen, Investitionen, einzelstaatliche und bundesweite Förderung. Man nahm ihre Ausführungen mit der gewohnten achtungsvollen Aufmerksamkeit entgegen, als wäre sie ganz so wie sonst.

Zum Diner hatte sie ein hellblaues Leinenkleid mit dunkelblauen Streifen angezogen, das ihre große, elegante Figur betonte und von ihren breiten Schultern und Hüften ablenkte. Sie trug die neuen Schuhe mit dem modisch hohen Absatz, die sie nicht mochte. Der Haarschnitt war kleidsam, sie hatte sich am Vorabend die Nägel manikürt und poliert, sie wußte wohl, daß sie attraktiv wirkte, besonders unter so vielen Teilnehmern in mittleren Jahren oder darüber. Aber ihre Gedanken schweiften immer wieder ab, sie nahm weder den stattlichen, wenn auch etwas dunklen Speisesaal im Kolonialstil noch die schwungvoll witzige Tischrede des emeritierten Präsidenten vom Williams College gänzlich wahr, der nebenbei auch schriftstellerte und früher mal ihr Kollege in Swarthmore gewesen war. Sie lächelte und lachte mit den anderen, konnte sich aber auf die geschliffenen Geistesblitze des gepflegten, weißhaarigen, alten Herrn nicht konzentrieren, sondern mußte immer wieder an das Puppenhaus in der East Fainlight Avenue denken. Wie gut, daß sie nicht geklingelt hatte. Wenn dort nun ein Tagungsteilnehmer vor ihr gestanden hätte? (Was gar nicht mal so unwahrscheinlich war, da die Tagung vom Lancaster College ausgerichtet wurde.) Damit hätte sie sich dann wirklich bis auf die Knochen blamiert.

Kurz nach zehn ging sie auf ihr Zimmer im Gästehaus, einem massiven Feldsteinbau, obwohl mehrere Leute gern noch mit ihr gesprochen hätten und sie wußte, daß sie eine schlaflose Nacht vor sich hatte. Sie hatte kaum das Zimmer mit den antiken Möbeln und der bewußt altväterlichen Tapete betreten, als sie sich fast schon wieder in die fröhlich lärmende Menge dort unten zurückwünschte. Kleine private Colleges hatten es nicht leicht heutzutage, die meisten Tagungsteilnehmer kämpften mit großen finanziellen Problemen und erheblichen Schwierigkeiten innerhalb des Lehrkörpers, trotzdem herrschte an diesem Abend eine fröhlich-kameradschaftliche Stimmung, die natürliche Folge so eines geselligen Beisammenseins. Man belacht dankbar eine witzige Bemerkung und genießt die muntere Komplizenschaft mit Schicksalsgenossen, die es auch nicht leichter haben als man selber. Der Mensch ist doch ein rätselhaftes Wesen, dachte Florence, während sie ungewöhnlich langsam ihre Vorbereitungen für die Nacht traf, in Gesellschaft ein öffentliches, für sich allein ein privates Ich, beide aber werden als gleichermaßen real erfahren …

Sie lag in dem ungewohnten Bett und fand keinen Schlaf. Von fern hörte sie Geräusche, sie schaltete den Ventilator der Klimaanlage ein, um sie zu übertönen, schlafen aber konnte sie immer noch nicht. Das Haus in der East Fainlight Avenue, das Puppenhaus ihrer Kindheit … Während sie mit offenen Augen dalag, kamen ihr bizarre, unzusammenhängende Gedanken, sie fragte sich jetzt, warum sie sich durch diesen lächerlichen Panikanfall davon hatte abhalten lassen, die Stufen zur Veranda und zur Haustür hochzusteigen, schließlich war sie Florence Parr, sie brauchte sich nur vorzustellen, daß Studenten oder Kollegen sie beobachteten, um zu wissen, wie sie sich zu geben hatte, ziel- und selbstbewußt nämlich. Nur wenn sie vergaß, wer sie war und sich völlig allein glaubte, kam diese lähmende Unsicherheit, diese Angst über sie.

Nach den Leuchtziffern ihrer Uhr war es erst kurz nach halb elf. Im Grunde noch nicht zu spät, sich wieder anzuziehen, noch einmal zu dem Haus zu fahren, zu klingeln. Natürlich würde sie nur klingeln, wenn unten Licht brannte, noch jemand auf war … Vielleicht wohnte dort ein alleinstehender älterer Herr, der ihren Großvater noch gekannt, der die Parrs in Cummington besucht hatte. Zufall hin, Zufall her – es mußte eine Verbindung zwischen dem Puppenhaus und dem Haus in dieser Stadt geben, eine Verbindung zwischen ihrer Kindheit und diesem Haus, davon ließ sie sich nicht abbringen. Wenn sie mit jemandem aus dem Haus dort sprach, würde sie sich allerdings ganz lässig geben müssen. Wer so lange ein College leitet, wird zwangsläufig zur Diplomatin. Übergroße Ernsthaftigkeit ist bei Führungskräften nie gut, das verunsichert nur, gefragt ist selbstbewußte Leichtigkeit, eine Andeutung von Insiderkenntnissen, von Geheimwissen. Den meisten Menschen geht es ja gar nicht um Gleichberechtigung, sie wünschen sich eine überlegene Führung, die aber stillschweigend vermittelt werden muß, weil sie sonst kränkend wirkt …

Plötzlich bekam sie es mit der Angst zu tun: Wenn nun morgen vormittag bei ihrem Vortrag (»Die Zukunft der Geisteswissenschaften im amerikanischen Bildungssystem«) die Panik sie anfiel? Sie sollte um 9 Uhr 30 sprechen, die erste Vortragende des Tages mit dem ersten vollgültigen Vortrag der Veranstaltung. Wenn nun diese erschreckende Schwäche wiederkehrte, dieses Gefühl totaler, fast infantiler Hilflosigkeit … Sie richtete sich auf, machte Licht und holte ihre handgeschriebenen Notizen hervor. Sie brauchen nicht getippt zu werden, hatte sie zu ihrer Sekretärin gesagt, sie hatte diesen Vortrag in unterschiedlicher Form schon mehrfach gehalten, würde ihr Thema eher locker und nicht zu formell angehen, natürlich durften die erforderlichen statistischen Angaben nicht fehlen … Aber womöglich war es die falsche Entscheidung gewesen, die Notizen nicht tippen zu lassen, an manchen Stellen konnte sie die eigene Schrift nicht lesen.

Trinken – das wäre vielleicht ein Ausweg, aber das ging nur drüben im Lancaster Inn, wo die Tagung stattfinden sollte und wo es eine Bar gab, auf dem Zimmer hatte sie natürlich nichts. Sie trank ohnehin selten Alkohol und nie allein … Wenn aber ein Schluck ihr zum Einschlafen verhelfen, ihre jagenden Gedanken zur Ruhe bringen würde …

Das Puppenhaus war ein Geburtstagsgeschenk gewesen, das war alles so lange her, eine kleine Ewigkeit. Und auch an ihre Puppen, an ihre kleine Puppenfamilie hatte sie ein halbes Leben nicht mehr gedacht. Sie spürte Zärtlichkeit und

Trauer um Verlorenes wie einen kurzen stechenden Schmerz. Florence Parr – die häufig unter Schlaflosigkeit litt, was aber natürlich niemand wußte.

Florence Parr – die sich kurz nach ihrem achtunddreißigsten Geburtstag einen Knoten in der rechten Brust hatte entfernen lassen, eigentlich eine Zyste, harmlos, völlig harmlos, aber keiner ihrer Freunde in Champlain, nicht einmal ihre Sekretärin, hatte davon gewußt. Das häßliche kleine Ding stellte sich als gutartig heraus, als absolut harmlos, ein Glück, daß niemand etwas ahnte.

Florence Parr – die als distanziert, ja verschlossen galt. Man kommt nicht an sie heran, hieß es. Und dann wieder sagte man ihr große Herzlichkeit und Offenheit nach, sie ist ganz ohne Falsch, hieß es. Beliebt als Präsidentin, geschätzt von den Lehrkräften. Eifersüchteleien gab es natürlich immer mal wieder, besonders unter den Vizepräsidenten und Dekanen, aber normalerweise konnte sie auf allgemeine Unterstützung zählen. Dafür war sie dankbar, und so sollte es auch bleiben.

Nur spätabends wollten ihre Gedanken keine Ruhe geben. Sollte sie sich, ihrem spontanen Einfall folgend, rasch anziehen, noch einmal zu dem Haus fahren? In zehn Minuten konnte sie dort sein. Wahrscheinlich brannte unten sowieso kein Licht mehr, wahrscheinlich schlief inzwischen alles, schon von der Straße aus würde ersichtlich sein, daß sie nicht mehr klingeln konnte, sie würde einfach weiterfahren und mit Anstand aus dem Abenteuer aussteigen …

Ja, aber wenn ich das tue, folgt daraus …

Und wenn ich es lasse …

Sie selbst war kein spontaner Mensch, impulsive, »spontane« Menschen konnten ihr auch nicht imponieren, sie waren, wie sie fand, meist unreif und exhibitionistisch und sich ihrer eigenen Spontaneität allzusehr bewußt.

Den Vorwurf aber, berechnend, übertrieben vorsichtig zu sein, wies sie zurück. Sie war allenfalls betont pragmatisch, ging alle Aufgaben engagiert an und zog sie konsequent durch, eine nach der anderen, Monat für Monat, Jahr für Jahr, da mußte anderes eben zurückstehen. So hatte sie zum

Beispiel nie geheiratet. Nicht die Eheschließung selbst wäre bei Florence überraschend gewesen, sondern daß sie Zeit gefunden hätte, eine Beziehung so zu pflegen, daß sie bis zu einer Heirat gedeihen konnte. Ich habe nichts gegen die Ehe an sich, sagte sie einmal ungewollt naiv, aber es ist so zeitaufwendig, mit einem Mann bekannt zu werden, mit ihm auszugehen, zu reden … In Champlain, wo sie allgemein beliebt war und man sich Anekdoten über sie erzählte, hieß es, sie habe selbst als jüngere Frau auch sehr liebenswürdige, aufmerksame Männer so wenig zur Kenntnis genommen, daß sie einen jungen Linguisten und Pultnachbarn in der Widener Library nicht wiedererkannte, obwohl der junge Mann sie, wie er beteuerte, jeden Tag begrüßt und hin und wieder eine Einladung zum Kaffee ausgesprochen hatte (die sie wegen Arbeitsüberlastung zu ihrem Bedauern nie hatte annehmen können). Als er in Champlain auftauchte, verheiratet, Autor eines sehr gut aufgenommenen Werkes über Linguistik und Professor der Geisteswissenschaften, hatte Florence ihn nicht nur nicht erkannt, sondern ihn von früher überhaupt nicht mehr in Erinnerung gehabt, während er sie sehr deutlich im Gedächtnis behalten hatte und die Runde mit Beschreibungen ihrer Garderobe in jenem Winter erheiterte – bis hin zur Farbe ihrer Stricksocken. Diese Geschichte war ihr natürlich etwas peinlich gewesen, aber irgendwie war sie ja auch amüsant und fast schmeichelhaft – der schlagende Beweis dafür, daß Florence Parr sich selbst treu geblieben war.

Ein bißchen traurig war sie im nachhinein doch, denn die Anekdote bedeutete ja wohl, daß sie sich wirklich nicht für Männer interessierte. Sie war nicht zur alten Jungfer geworden, weil niemand sie genommen hätte oder weil sie zu wählerisch gewesen wäre, sondern weil sie kein Interesse an Männern hatte, sie nicht einmal »sah«, wenn sie sich in Positur stellten. Betrüblich, aber nicht zu ändern. Ihre Askese war demnach nicht so sehr Willensentscheidung als Veranlagung.

Jetzt legte sie ihre Notizen endgültig beiseite. Sie hatte Herzklopfen wie ein junges Mädchen. Es half nichts – wenn sie Schlaf finden, wenn sie ihren Verstand behalten wollte, mußte sie in Erfahrung bringen, was es mit dem Haus auf sich hatte.

So wie das geschenkte Puppenhaus das große Ereignis ihrer Kindheit gewesen war, sollte der Besuch des Hauses in der East Fainlight Avenue das große Ereignis in Florence Parrs Erwachsenenleben werden – auch wenn sie später nie wieder daran zu denken wagte.

Es war eine stille, milde, blütenduftende und ganz und gar unbedrohliche Nacht. Florence fuhr durch die Allee und fand es tröstlich, daß noch so viel Licht in den Häusern war. Es war eben wirklich noch nicht spät, ihr Vorhaben gar nicht so besonders ungewöhnlich.

Im Erdgeschoß brannte Licht. Wer immer dort wohnte, war auf, war im Wohnzimmer. Wartete auf sie.

Sie stieg die Verandastufen hoch, die unter ihrem Gewicht leicht nachgaben, und klingelte. Nach einer Minute ging eine Außenbeleuchtung an, sie fühlte sich exponiert und lächelte nervös. Lächeln gehört dazu, das lernt man schnell. Es gab kein Zurück mehr.

Sie sah die alten Korbmöbel auf der Veranda. Zwei Schaukelstühle, ein Sofa. Einst weiß gestrichen, jetzt stark verwittert. Keine Kissen.

Ein Hund bellte böse.

Florence Parr, Florence Parr. Sie wußte, wer sie war, aber das brauchte sie *ihm* nicht zu erzählen, der da durch das Buntglas spähte. Ein Mann, irgendein übriggebliebener Großvater. Immerhin, in dieser Gegend ein Haus zu haben, bedeutete Geld und Rang, so etwas hat Gewicht, auch wenn man darüber die Nase rümpfen mag. Allein die Grundsteuern, Schulsteuern …

Die Tür ging auf, ein Mann sah sie fragend, mit leichtem Lächeln an. Er war nicht so, wie sie erwartet hatte, nicht betagt, sondern von unbestimmbarem Alter, vielleicht jünger als sie. »Ja? Guten Abend. Was kann ich für Sie …«

Sie hörte ihre Stimme, dunkel und ruhig. Die eingeübte Frage. Fragen. Nach außen hin zurückhaltend, fast schüchtern, mit einem großen Maß an innerer Sicherheit. »… heute früh hier durch die Gegend gefahren, wohne bei Freunden … Interessiere mich für eine alte Verbindung zwischen unseren Familien … Oder vielmehr zwischen meiner Familie und den Leuten, die das Haus gebaut haben …«

Er war sichtlich überrascht und erfaßte ihre Fragen nicht ganz. Sie hatte zu schnell gesprochen und würde alles noch einmal erzählen müssen.

Er bat sie hinein, mit einer gleichsam unbewußten, automatischen Höflichkeit. Erstaunt, aber nicht argwöhnisch. Nicht unfreundlich. Vielleicht zu jung für dieses Haus, für ein so altes Haus mit seiner verlebten Eleganz. Ihr plötzliches Auftauchen vor seiner Tür, ihre beherzten Fragen, ihr angestrengtes Lächeln – das alles mußte ihn verblüfft haben, aber er hielt sie nicht für verschroben, nahm sie ernst, lehnte sie nicht in Bausch und Bogen ab. Ein schlichter, freundlicher Mensch. Womöglich sogar ein bißchen beschränkt. Langsam im Denken. Sie atmete auf. Mit den Kreisen, in denen sie sich hier in der Stadt bewegte, hatte er nichts zu tun, soviel stand fest, von ihm würde niemand etwas über sie erfahren.

»… fremd in der Stadt? … wohnen bei Freunden?«

»Ich wollte Sie nur fragen, ob der Name Parr Ihnen etwas sagt.«

Ein Hund bellte laut und heftig, blieb aber auf Distanz.

Der Mann führte Florence ins Wohnzimmer; aus diesem Raum kam das Licht, das sie von der Straße her gesehen hatte. Die Treppe war unverändert anmutig, die Täfelung aber verschandelt, in einem merkwürdigen Schieferblau überstrichen, und der Boden war nicht mehr aus Marmor, sondern einer armseligen Imitation, aus ganz gewöhnlichem Linoleum …

»Der Kronleuchter«, entfuhr es ihr.

Der Mann sah sie an und lächelte sein liebenswürdig-müdes, fragendes Lächeln.

»Ja?«

»Ein schönes Stück. Sicher schon alt?«

In dem milden orangefarbenen Licht sah sie, daß er rötliches Haar hatte, das sich auf dem Kopf bereits lichtete und an den Schläfen jungenhaft gelockt war. Er mochte Ende dreißig sein, doch sein Gesicht war vorzeitig gefurcht, er hatte beim Stehen eine Schulter hochgezogen, als sei er sehr müde. Sie entschuldigte sich erneut, daß sie ihn so spät noch gestört hatte, ihm mit ihrer spontanen, wahrscheinlich ganz vergeblichen Neugier lästig fiel.

»Aber nein«, sagte er, »ich gehe meist erst lange nach Mitternacht zu Bett.«

Und dann saß Florence auf einer wulstigen Couch und lächelte angestrengt, aber entschlossen. Sie spürte die Wärme auf ihrem Gesicht, vielleicht merkte er nicht, daß sie rot geworden war.

»... Schlaflosigkeit?«

»Ja, manchmal.«

»Ich auch. Manchmal.«

Er trug ein grünblau kariertes Hemd mit dünnen roten Streifen, ein Flanellhemd mit bis zu den Ellbogen hochgekrempelten Ärmeln, und eine robuste Hose, vielleicht hatte er im Garten gearbeitet. Sie suchte fieberhaft nach einem Gesprächsthema, hörte sich nach seinem Garten fragen, seinem Rasen. So viele schöne Tulpen, vor allem rote. Und Platanen und mehrere Ulmen ...

Er stützte die Ellbogen auf die Knie und sah sie an. Sein sommersprossiges Gesicht mit dem hellen Teint der Rothaarigen war leicht gebräunt.

Der Sessel, in dem er saß, kam ihr nicht bekannt vor. Häßlicher brauner Kunststoffsamt. Wer mochte ihn gekauft haben? Eine törichte junge Ehefrau wahrscheinlich.

»... Familie Parr?«

»Aus Lancaster?«

»Nein, nein, aus Cummington, Massachusetts, wir wohnen seit Generationen dort.«

Er sah nachdenklich zu Boden.

»... kommt mir irgendwie bekannt vor ...«

»Wirklich? Ich hoffte ...«

Der Hund kam näher, er bellte jetzt nicht mehr, er wedelte, der Schwanz schlug an die Sofalehne, an das Bein eines altmodischen Tisches, um ein Haar wäre die Lampe umgefallen. Der Mann schnippte mit den Fingern, und der Hund blieb stehen. Er zitterte und legte sich mit einem Laut zwischen Knurren und Stöhnen, die Schnauze auf den Pfoten, den mageren Schwanz ausgestreckt, einen knappen Meter neben Florence nieder. Sie wollte ihn beschwichtigen, sich mit ihm anfreunden, aber er war ein so häßliches Vieh, fast haarlos, schmutzigweiße Schnurrhaare, nackter Hängebauch.

»Wenn der Hund Sie stört ...«

»Nein, nein, gar nicht.«

»Er meint es nur gut ...«

»Ja, das merke ich«, sagte Florence und lachte mädchenhaft verlegen. »Ein hübscher Kerl.«

»Hast du gehört?« Der Mann schnippte wieder mit den Fingern. »Bist ein hübscher Kerl, sagt die Dame. Kannst du nicht wenigstens aufhören zu sabbern, hast du denn gar keine Manieren?«

»Ich habe keine Haustiere, aber ich bin sehr tierlieb.«

Ihre Anspannung legte sich. Das Wohnzimmer war nicht ganz so, wie sie es sich vorgestellt hatte, aber es hätte schlimmer sein können. Die Polster der wulstigen Couch waren mit einem silberweißen, silbergrauen fedrig schimmernden Stoff bezogen, dicke Polster, Riesenpolster, wie Bäuche oder Brüste, ein monströses Möbel eigentlich, von dem man sich aber bestimmt nicht leichten Herzens trennte; sicher war es ein Erbstück, das gut und gern seine achtzig, neunzig Jahre auf dem Buckel hatte. Daneben stand der viktorianische Tisch mit den neckisch geschwungenen Beinen und dem Troddeltischtuch und dieser erstaunlichen übergroßen Lampe, die Florence im Antiquitätengeschäft belächelt hätte, die aber hierher ganz gut paßte. Sie mußte wohl etwas dazu sagen, da sie das gute Stück so unverhohlen angestarrt hatte.

»... antik? Europa?«

»Ich glaube ja«, sagte der Mann.

»Soll es eine Frucht sein oder ein Baum oder ...«

Ausladend, fleisch- oder pfirsichfarben. Ein Ständer aus angelaufenem Messing. Ein verstaubter goldener Lampenschirm mit besticktem blauen Besatz, der einmal sehr hübsch gewesen sein mußte.

Sie sprachen über Antiquitäten. Alte Häuser. Familien.

Ein merkwürdiger, aber nicht unangenehmer Geruch machte sich im Zimmer breit.

»Möchten Sie etwas trinken?«

»Ja, ich ... wenn ...«

»Entschuldigen Sie mich einen Augenblick.«

Sie hätte gern das Zimmer erforscht. Es war lang und schmal und an einem Ende so schlecht beleuchtet, als löse es sich hinten gänzlich in der Dunkelheit auf. Undeutlich konnte man Möbel erkennen, ein altes Spinett, durcheinanderstehende Stühle, und ein Erkerfenster, das wohl auf den Garten hinausging. Das Porträt über dem Kaminsims interessierte sie sehr, aber wenn sie hinging, fing womöglich der Hund an zu bellen oder machte Theater. Er war wohlig zuckend näher an sie herangerutscht.

Der Rothaarige kam leicht gebückt mit zwei Gläsern zurück, in denen eine dunkle Flüssigkeit war.

»Kosten Sie!«

»Scheint ziemlich stark zu sein.«

Schokolade. Schwarz, bitter, dickflüssig.

»Eigentlich müßte man sie heiß servieren«, sagte der Mann.

»Ist da Alkohol drin?«

»Zu stark?«

»Aber nein. Nein, ganz und gar nicht.«

Noch nie war Florence etwas so Bitteres auf die Zunge gekommen. Sie unterdrückte ein Würgen.

Aber dann zwang sie sich zu einem zweiten, einem dritten Schluck. Das unangenehme Prickeln im Mund legte sich.

Der Rothaarige setzte sich nicht wieder in seinen Sessel, sondern blieb lächelnd vor ihr stehen. Draußen hatte er irgendwas mit seinem Haar gemacht, hatte vielleicht versucht, es mit der Hand zu glätten. Auf der hohen Stirn stand ein wenig Schweiß.

»Wohnen Sie allein hier?« fragte Florence.

»Das Haus ist ziemlich groß für eine Person, was?«

»Aber Sie haben ja Ihren Hund ...«

Florence setzte das Glas ab und wußte plötzlich wieder, woran der Geschmack sie erinnerte: Ein Geschäftsfreund ihres Vaters hatte vor Jahren eine Schachtel Pralinen von einer Rußlandreise mitgebracht. Die kleine Florence hatte sich eine Praline in den Mund gesteckt und sie, erschrocken von dem unerwartet bitteren Geschmack, vor aller Augen halb zerkaut in die Hand gespuckt.

Als könne er ihre Gedanken lesen, fuhr der Rothaarige zusammen, er bewegte ruckartig den Kiefer und die rechte Schulter, lächelte aber unentwegt weiter, und Florence äußerte sich lobend über die Wohnzimmereinrichtung und wiederholte, wie schön sie diese stattlichen alten Häuser fand. Der Mann nickte und sah sie wartend an.

»… eine Familie namens Bartholomew? Es müßte allerdings recht lange her sein.«

»Bartholomew? Wohnten sie in dieser Gegend?«

»Ich glaube ja. Deshalb habe ich ja hier geklingelt. Ich kannte mal ein kleines Mädchen, das …«

»Bartholomew, Bartholomew«, wiederholte der Mann stirnrunzelnd. Ein Mundwinkel zuckte, während er angestrengt nachdachte, und wieder bewegte er ruckartig die rechte Schulter. Florence fürchtete schon, er würde seine Schokolade verschütten.

Offenbar hatte er ein Nervenleiden, aber darauf konnte sie ihn natürlich nicht ansprechen.

Mit ernster, fast verdrossener Miene murmelte er den Namen *Bartholomew* vor sich hin. Schon bereute Florence ihre verlogene Frage. Sie log selten, aber diesmal war ihr die Lüge glatt von den Lippen gegangen.

Sie lächelte schuldbewußt, senkte den Kopf, nahm noch einen Schluck Schokolade.

Der Hund hatte sich unbemerkt weiter herangeschoben, der große Kopf lag jetzt auf ihren Füßen, die feuchten braunen Augen waren mit seltsam liebevollem Ausdruck auf sie gerichtet. Babyaugen. Er sabberte auf ihre Fesseln, aber er konnte ja nichts dafür … Dann sah sie, daß er, kaum einen Meter weiter, auf den Teppich gemacht hatte. Einen dunklen Fleck, eine kleine Pfütze.

Sie ekelte sich, aber sie war hier zu Gast, sie konnte nicht weg.

»... Bartholomew. Die Leute haben in dieser Gegend gewohnt, sagen Sie?«

»Ja.«

»Und wann?«

»Das weiß ich nicht genau ... Ich war noch ein Kind ...«

»Und wann war das?«

Er starrte sie jetzt geradezu unverschämt an, der Mundwinkel zuckte heftiger. Als er das Glas absetzte, waren seine Bewegungen abrupt, marionettenhaft. Florence wußte, daß Ihre übergroßen dunklen Augen manchen Menschen Unbehagen bereiteten, aber was konnte sie dafür, wenn andere Ungeduld oder Vorwurf darin zu sehen meinten. Sie versuchte, mit einem Lächeln den Eindruck zu mildern, aber das gelang nicht immer.

Ihr Gastgeber lächelte nicht mehr, sie hatte das Gefühl, daß er sich über sie lustig machte. Die buschigen rötlichen Augenbrauen hoben sich ironisch.

»Vorhin haben Sie gesagt, Sie seien fremd in der Stadt, jetzt behaupten Sie, daß Sie schon mal hier waren ...«

»Aber das ist so lange her, ich war erst ...«

Er richtete sich zu seiner vollen Größe auf, das heißt, sehr groß war er nicht und sehr kräftig auch nicht. Er hatte eine ziemlich schmale Taille für einen Mann, die Hosen oder Jeans waren eigenartig geschnitten, sie lagen an den Schenkeln eng an, ohne Knöpfe oder Reißverschluß, nahtlos, ohne Schritt. Im Verhältnis zum Oberkörper und zu den Armen waren seine Beine ziemlich kurz.

Jetzt lächelte er wieder, verschlagen und vorwurfsvoll. Mit zuckendem Kopf, mit einer ungeschickten Bewegung des Kinns deutete er auf den Boden.

»Sie haben sich danebenbenommen. Auf dem Teppich.«

Florence schnappte nach Luft, rückte von dem Hund ab. »Ich habe nicht ... Ich war nicht ...«

»Da, schauen Sie hin! Deutlich zu sehen. Und zu riechen.«

»Das war ich nicht.« Florence wurde rot vor Zorn. »Sie wissen ganz genau, daß es ...«

»Bin gespannt, wer das saubermacht. Ich jedenfalls nicht.« Der Mann feixte, aber in seinen Augen stand noch Zorn.

Er mochte sie nicht, ganz klar, sie hätte gar nicht herkommen dürfen. Aber wie kam sie jetzt hier weg? Der Hund hatte sich wieder an sie herangemacht und beleckte und besabberte ihre Fesseln, und der eben noch so liebenswürdige Rothaarige beugte sich, die Hände an den schmalen Hüften, frech grinsend über sie.

Als wollte er ihr einen Schrecken einjagen, so wie man ein Tier erschreckt oder ein Kind, klatschte er unvermittelt in die Hände. Florence blinzelte verstört. Und dann beugte er sich vor und machte es noch einmal, direkt vor ihrem Gesicht. Lassen Sie mich in Ruhe, rief sie, in ihren Augen brannten Tränen, sie drückte sich in die Sofapolster, legte den Kopf zurück, und dann schlug er ihr mit beiden Händen auf die brennenden Wangen, weißglühend rann es durch ihren ganzen Körper, vom Gesicht, vom Hals in den Bauch, tief in den Bauch, und vom Bauch hinauf in die Brust, in den Mund und wieder hinunter bis in die steifen Beine. Aufhören, schrie sie den Rothaarigen an, aufhören, sie zuckte und zappelte auf dem Sofa, um ihm zu entkommen.

»Schwindelliese! Nichtsnutziges Mädchen! Schlechtes Mädchen!« rief jemand.

Sie trug die neue Lesebrille mit dem hübschen Plastikrahmen, ein flottes Frühjahrskostüm mit geblümter Seidenbluse und die engen, modischen Schuhe.

Ihre achtungsvoll-aufmerksamen Zuhörer sahen nicht, daß ihre Hände hinter dem Pult zitterten, ihre Knie leicht schlotterten, und hätten sich sehr gewundert, wenn man ihnen gesagt hätte, daß sie zum Frühstück keinen Bissen hinuntergebracht hatte, daß sie deprimiert und erschöpft war, auch wenn sie ab zwei dann doch noch geschlafen hatte, tief und traumlos wie immer.

Sie räusperte sich mehrmals, eine Angewohnheit, die sie bei anderen verabscheute.

Nach und nach aber kehrte ihre Kraft zurück. Es war ein so sonnig-harmloser Vormittag.

Diese Menschen waren schließlich Kollegen und Freunde, die ihr wohlwollten, die sich offenkundig für ihre Ausführungen über die Zukunft der Geisteswissenschaften interessierten. Vielleicht wußte Frau Dr. Parr etwas, was sie nicht wußten, ließ sie womöglich an ihrem akademischen Insiderwissen teilhaben.

Florence merkte, wie ihre Stimme von Minute zu Minute voller und freier wurde und wie sie zu ihrem gewohnten Rhythmus zurückfand. Sie entspannte sich, atmete gleichmäßiger. Bewegte sich jetzt auf vertrautem Boden, trug die in zahllosen Besprechungen mit ihren Dekanen und Fachbereichsleitern in Champlain und mit anderen Lehrkräften vorgebrachten Argumente vor. Ihr Hinweis, wie gefährlich es für kleine Privatcolleges sei, in unüberlegten Wettbewerb miteinander zu treten, wurde ebenso heftig beklatscht wie ihr nachdrückliches Statement, neben den Massenuniversitäten müsse immer auch Platz für die kleinen privaten Colleges sein. Gewiß, das waren Allerweltsweisheiten ohne jede Originalität, die aber ihre Zuhörer von ihr besonders gern hörten. Daß sie Florence Parr bewunderten, stand außer Zweifel.

Sie nahm die Lesebrille ab und sprach lächelnd weiter, die Notizen brauchte sie jetzt nicht mehr. Dieser Teil des Vortrags – eine amüsante Schilderung der Konsequenzen gewisser versuchsweise unter ihrer Ägide eingeführter Studiengänge – war eher praxisorientiert und sprach die Zuhörer deshalb besonders an, und natürlich kannte sie ihn auswendig.

Es war wieder mal eine schwierige Nacht gewesen. Die jagenden Gedanken, die aufflammende Furcht, die Schlaflosigkeit. Keine Hilfe. Kein Ausweg. Sie war über ihren Notizen eingeschlafen und mit einem Ruck, mit stolperndem Herzschlag und schweißgebadet aufgewacht, der Nacken steif, das linke Bein eingeschlafen. Sie hatte geträumt, daß sie doch noch einmal zu ihrem Puppenhaus gefahren war; in Wirklichkeit hatte sie das Hotelzimmer nicht verlassen.

Keinen Schritt hatte sie aus dem Hotel getan, sie war eingeschlafen und hatte geträumt, aber sie weigerte sich, den Traum zurückzuholen, so hielt sie es auch sonst mit ihren Träumen. Manchmal war sie sich nicht einmal sicher, ob sie Träume hatte, sie erinnerte sich nie an etwas. Florence Parr gehörte zu den Menschen, die in der Sekunde des Aufwachens sofort völlig munter und bereit zu neuen Taten sind.

Als sie zum Ende gekommen war, gab es begeisterten Beifall. Sie hatte solche Vorträge schon oft gehalten, die Aufregung war völlig überflüssig gewesen.

Glückwünsche. Händeschütteln. Kaffeepause.

Florence, erleichtert und freudig gerötet, sah sich von dankbaren Zuhörern umringt. Das war ihre Welt, das waren ihre Kollegen, die sie kannten, sie bewunderten. Albern, meine Nervosität, dachte Florence und lächelte in die freundlichen Gesichter hinein, schüttelte Hände. Tüchtige Menschen, ernsthafte Akademiker, die ihr allesamt von Herzen sympathisch waren.

In der Ferne hallte es höhnisch *Schwindelliese! Schlechtes Mädchen!*, aber Florence hörte sich statt dessen die scharfsinnigen Ausführungen des noch recht jungen neuen Dekans für Geisteswissenschaften in Vassar an. Wie gut der heiße, frische Kaffee war. Und die zarte Aprikosenblätterteig-Brioche von dem ihr dargebotenen Silbertablett.

Kränkung und Verdruß der vergangenen Nacht lösten sich in Nichts auf, und das Puppenhaus verschwand aus ihrem Blickfeld. Sie holte das Bild nicht zurück. Schluß, aus, vorbei, denk nicht mehr daran. Freunde, Bekannte, Gönner umringten Florence, sie spürte, daß ihre Haut glühte wie die eines jungen Mädchens, ihre Augen strahlten. In solchen Momenten, getragen von anteilnehmenden Menschen, von den Wellen des Beifalls, vergißt du das Alter, vergißt du die Einsamkeit, die deine Seele umfangen hält.

Der *Tag* ist das einzig Reale, sie hatte es ja schon immer gewußt.

Für Florence war die Tagung trotz ihres so erfolgreichen Verlaufs und obwohl es sich bis zu den Kollegen in Champlain herumgesprochen hatte, daß ihr Beitrag besonders günstig aufgenommen worden war, innerhalb weniger Wochen vergessen. So viele Tagungen! – So viele günstig aufgenommenen Vorträge! – Florence war eine Akademikerin, die – obwohl sie es gar nicht darauf anlegte – bei Männern und

Frauen gleich gut »ankam«, sie entfesselte keine kontroversen Debatten, sondern »stimulierte die Diskussion«. Jetzt bereitete sie sich gründlich auf ihre erste wirklich bedeutende Konferenz vor, die im September in London stattfinden sollte: »Die Rolle der Geisteswissenschaften im 21. Jahrhundert.« Ein wenig Lampenfieber, gewiß, sagte sie zu Freunden. »Aber es ist eine echte Herausforderung.«

Als mit der Post ein Scheck über fünfhundert Dollar kam, das Honorar für ihren Vortrag in Lancaster, Pennsylvania, war Florence zunächst ratlos – sie erinnerte sich weder an den Vortrag noch an die Begleitumstände. Wie merkwürdig. Wann, um Himmels willen, war sie denn da gewesen? Dann kamen die Bilder zurück, bruchstückhaft, traumgleich: die schöne Landschaft von Pennsylvania im üppigen Schmuck der Frühjahrsblumen; eine kleine Gruppe anteilnehmender Zuhörer, die sie umringten, ihr die Hand schüttelten. Warum, überlegte Florence, hatte sie sich solche Sorgen um ihren Vortrag, um ihr öffentliches Ich gemacht? Sie war zuverlässig wie ein kunstvoll präzises Uhrwerk, ein lebendiger Maschinenmensch. Auch Sie werden Beifall klatschen, wenn Sie einen Vortrag von ihr hören.

Moy McCrory

Die Segelschiffe seiner Kindheit

Mein Vater war immer für eine Überraschung gut. Ohne jede Vorwarnung stellte er uns vor vollendete Tatsachen, und dann stand er da mit dem belemmerten Blick eines Menschen, der weiß, daß er versagt hat, grinste jedoch zugleich verzweifelt, in der Hoffnung, uns doch noch vom Gegenteil überzeugen zu können. Es war das Grinsen eines Idioten, so wie das des Totenschädels, den der Vater meiner Freundin auf dem Arm hatte. »Sieg oder Tod« stand auf seiner Haut unter der eintätowierten Fratze. Er trug immer lange Ärmel, selbst an den heißesten Tagen, und meinte, er sei in seiner Jugend ein Dummkopf gewesen. Meine Freundin zeigte mir ein paar Schnappschüsse, auf denen er an einem Motorrad lehnte.

»Findest du nicht, daß er aussieht wie James Dean? Verrückt, zu wissen, daß das mein Vater ist und daß er jetzt im Co-op arbeitet.«

Als er deine Mutter kennenlernte, trug er eine Lederjacke. Mein Vater war nicht so aufregend. Auch wenn er diese Schrulle hatte, aus allem eine Überraschung machen zu müssen. Seine Überraschungen waren wie eine Serie von Schocks, auf die ich auch gut hätte verzichten können. So wie damals, als ich aus der Schule heimkam und entdeckte, daß er die Schlafzimmertüren durchbrochen und anstelle der Holzfüllung Scheiben aus Perlglas eingesetzt hatte.

An diesem Abend ging das Licht draußen im Flur dauernd an und aus.

»Wie soll ich denn im Dunklen sehen, wo ich hintrete, verdammt noch mal – ich brech mir noch das Genick auf der Treppe.«

»Und wie soll ich schlafen, wenn draußen das Licht an ist?«

Aus dem vorderen Schlafzimmer donnerte mein Vater: »Zurück ins Bett mit euch! Ihr weckt noch das ganze Haus auf!«

Hinter der Glasscheibe konnten wir meine Mutter hin und her gehen sehen, ihr Kopf verzerrt und geschwollen. Als sie von innen durch die Scheibe blickte, hatte sie sechs Augen. »Was ist los da draußen?« fragte sie.

Sein Rücken verschwand im Zimmer. Wir sahen die tanzenden roten Streifen seines Pyjamas. Er schlug Wellen.

»Gewohnheitstiere«, hörte ich ihn sagen. »Können nichts Neues vertragen.«

Licht hat mich immer gestört. Der schmalste Lichtstreifen unter der Tür reicht, um mich aufzuwecken. Bei meinem Bruder war es genau umgekehrt. Er behauptete, er könne nicht schlafen, wenn es ganz dunkel sei, und hatte neben seinem Bett immer ein Licht brennen.

»Mach dein Licht aus. Es scheint durch meine Tür.«

Nachdem wir eine Weile herumgemurrt hatten, wurde mein Vater grantig.

»Was soll das heißen, ihr fühlt euch beobachtet? Es wird euch davon abhalten, etwas anzustellen! Herrgott, als nächstes werden sie noch Vorhängeschlösser verlangen!«

Dann griff meine Mutter zu ihrem Weihwasser und versprengte es an der Stätte der Auseinandersetzung, um den Groll auszutreiben. Die Teppiche bei uns zu Hause waren immer tropfnaß.

Nachdem die Perlglasscheiben eingesetzt worden waren, schlief ich zu Hause jahrelang keine Nacht mehr durch. Wahrscheinlich paßte ich mich an, so wie sich Kamele der Wüste anpassen. Ich begann an Schlaflosigkeit zu leiden. In meiner Prüfungszeit kam mir das später sehr zugute.

Als ich mal in einem fremden Land war, wo sich die Fensterläden an der Außenseite der Häuser befanden, schlief ich in der dunklen Wohnung in den Nachmittag hinein, bis ich nebenan ein Radio hörte. Ich stürmte hinaus, um zu fragen, was das solle, mitten in der Nacht, doch dann sah ich draußen auf der Straße Leute auf Fahrrädern pfeifend vor der Ampel stehen und darauf warten, daß es grün wurde. Die Stadt war wach und machte Mittagspause. Ich hüpfte schnell zurück in mein Zimmer, eine verrückte, barfüßige Ausländerin, und entdeckte dort die Kurbel, mit der man die Läden öffnen konnte. Scheppernd klappten sie auf, öffneten sich wie ein großes lachendes Maul, das mich mit seiner künstlichen Finsternis zum Narren gehalten hatte.

Nicht daß mein Vater uns je eins hätte auswischen wollen. Es kam uns bloß manchmal so vor. Einmal bestellte er einen Tisch und Stühle. Als sie eintrafen, erklärte meine Mutter dem Lieferanten, es müsse wohl ein Irrtum vorliegen, und ließ ihn alles wieder mitnehmen. Mein Vater mußte doppelt für die Anlieferung bezahlen. »Aber wofür brauchen wir denn überhaupt einen Tisch und Stühle?« fragte sie immer wieder. »Wir haben doch so schon kaum Platz, um uns zu bewegen.«

Ein andermal fuhr er mit uns nach Todmorden. Er hatte uns dort in einem Bauernhof eingemietet. Mutter wußte von nichts. Sie dachte, wir wären auf dem Weg zu ihrer Schwester in Wales. Die ganze Zugfahrt über schaute sie immer wieder aus dem Fenster.

»Ich bin mir sicher, daß wir in die falsche Richtung fahren.«

Abends mußte sie ihre Schwester anrufen, die dauernd nieste und sagte, sie hätte den ganzen Tag am Bahnhof in Llanelli im Regen gestanden und sich dabei fast den Tod geholt.

Ferien spielten bei uns normalerweise keine große Rolle. Statt dessen setzten die kirchlichen Feiertage die Akzente in unserem Leben. Einmal hatte meine Mutter es sich zur Aufgabe gemacht, zu Ostern das Wohnzimmer zu renovieren. Zur Wiederauferstehung sollte alles tipptopp aussehen.

»Wenn Christus für uns von den Toten auferstehen kann, dann kann ich ja wohl zumindest unser Wohnzimmer renovieren«, sagte sie, während sie bei Woolworth Farbtafeln studierte.

Sie hielt mir Farb- und Tapeten-Musterstreifen unter die Nase. Ich galt als die Künstlerische in der Familie.

»Nun, was meinst du?« fragte sie. »Passen diese beiden Farben zusammen?« und ihre Augen erstrahlten in einem hellen Zitronengelb.

Nachts hörten wir es hämmern und krachen.

»Bricht da jemand ein, oder was ist das?« Sicher glitt ihre Hand auf seine Seite des Betts hinüber, doch die war leer.

Im Flur waren sämtliche Lampen an. Mein ältester Bruder, der sich vom Licht geblendet die Augen rieb, mußte vorausgehen.

»Die haben euren Vater erwischt«, flüsterte sie und duckte sich hinter ihren Sohn, als wir zitternd im Gänsemarsch die Treppe hinunterschlichen.

Die Wohnzimmertür war angelehnt.

»Großer Gott im Himmel, Sammy!« sagte sie bloß. Drinnen stand mein Vater in einer Malerhose.

»Raus mit euch, los, ab ins Bett. Ich bin gerade dabei, die Decke zu streichen.« Er klatschte in die Hände, ums uns rauszuscheuchen.

»Bis morgen früh habe ich alles fertig. Es ist eine Überraschung. Ihr dürft es erst sehen, wenn es fertig ist.«

Sie starrte ihn an.

»Aber ich habe doch die Farben noch gar nicht ausgesucht. Ich war noch am Überlegen, wie das Zimmer aussehen soll.«

»Ah«, sagte er und faßte sich an die Nase. »Ich habe da so meine Mittel und Wege.«

In der Nacht konnte ich nicht schlafen. Draußen im Flur brannte die ganze Zeit das Licht. Ich lag stundenlang im Bett und lauschte, und ich meinte, aus ihrem Zimmer ein Schluchzen zu hören.

Er muß die ganze Nacht wie ein Irrer gearbeitet haben. Nur gut, daß der nächste Tag ein Samstag war. Ich bemerkte, daß die Wohnzimmertür abgeschlossen war.

Er hatte den Schlüssel in der Westentasche, als er sich mit einem müden, aber triumphierenden Lächeln an den Frühstückstisch setzte.

»Und«, sagte er schließlich, »wollt ihr mich nicht fragen?«

Meine Mutter schaute aus dem Küchenfenster hinaus in den Hof, wo ein Fahrrad vor sich hinrostete. Ihre Augen waren rot, und sie aß nichts. Sie setzte sich nicht zu uns an den Tisch, sondern stand allein neben dem Spülbecken und trank ihren Tee.

Er klatschte in die Hände. »Auf zur feierlichen Enthüllung.«

Wir marschierten hinter ihm ins Zimmer. Es roch penetrant nach Farbe. Ich sah mich um. Die Tapete war graugrün und erinnerte mich an den Schimmel, der auf bestimmten Käsesorten wächst. Um die Fußleisten herum war das Linoleum voller Farbspritzer. Er hatte schlampig gearbeitet und die Farbe zwischen den einzelnen Anstrichen nicht lange genug trocknen lassen. Pinselhaare klebten in der obersten Farbschicht, und auf der Fensterseite sah man dunkelbraune Tapser auf der neuen grünen Tapete, wo er sich offenbar mit seiner farbverschmierten Hand abgestützt hatte. Das Meisterwerk befand sich über dem Kamin. Zwei riesige Segelschiffe legten sich mit geblähten Segeln in den Wind und pflügten durch die stürmische See auf der Tapete.

Meine Mutter sagte nichts.

»Und?« fragte er.

Mein jüngerer Bruder war begeistert, aber Brendan ging bloß zu Mam hinüber und strich ihr ganz sanft übers Haar.

»Na, wie findet ihr es?« fragte mein Vater noch einmal.

»Es sieht aus wie in einem Fish'n'Chips-Laden«, sagte sie schließlich, und Brendan fing an zu lachen.

»Sollen wir ein paar rosa Drachen besorgen?« fragte er kichernd. »Wir könnten doch ein China-Schnellrestaurant aufmachen. Was meinst du, Mam?«

Aber sie sagte gar nichts. Sie verließ das Zimmer, in dem wir einsam zurückblieben, mit Blick auf das Auf und Ab der Wellen, als sei das letzte Schiff in See gestochen und wir hätten es verpaßt.

Fast ein Jahr lang setzte sie keinen Fuß ins Wohnzimmer, bis mein Vater schließlich klein beigab und das Ganze rechtzeitig zum Beginn der Fastenzeit überstrich. Die Schiffe mußten geblümten Streifen weichen, später einem Rautenmuster, bis sie schließlich unter Rauhfasertapete und etlichen neuen Farbschichten endgültig versunken waren.

Ich wohnte längst nicht mehr zu Hause, und mein Vater war schon tot, als ich in Holborn eines Tages zufällig an einem Modellbauladen vorbeikam. Mein Blick blieb an einem

Bausatz im Schaufenster hängen. Auf der Schachtel war eine riesige Galeone abgebildet, die direkt von unserer Tapete heruntergesegelt sein mußte.

Ich ging nicht hinein, um den Bausatz zu kaufen und die ganze Nacht damit zu verbringen, mit kleinen Balsaholzstäbchen und Klebstoff meine Kindheit wieder heraufzubeschwören. Die Schachtel war mir einfach nur ins Auge gefallen. Ich glaube nicht, daß mein Schritt sich verlangsamte. Und ich bin auch später nicht noch einmal zu dem Laden zurückgegangen, um vom Bürgersteig aus das Bild zu betrachten. Ich sah es, und ich bin mir sicher, daß ich weiterging, wohin ich auch gerade unterwegs war, heute weiß ich das nicht mehr, irgendein dringender Termin erwartete mich wohl. Doch ich habe diese Schiffe offensichtlich nicht vergessen, wenn schon der Anblick eines einzigen Schiffes auf einer Pappschachtel genügt, um unser Zimmer wieder vor meinem geistigen Auge erscheinen zu lassen.

Aber die Erinnerung ist störrisch wie ein Maulesel. Ich will mir die Traurigkeit meiner Mutter ins Gedächtnis rufen, doch statt dessen muß ich immer wieder daran denken, daß mein Vater keine Geschichte hatte. Nicht so wie der Dad meiner Freundin, der sich für einen zweiten James Dean gehalten hatte. Von meinem Vater gab es keine Fotos. Er hatte keine wilde Jugend, keine Zeit als aufmüpfiger Halbstarker, auf die er zurückblicken konnte. Er war immer ein Erwachsener gewesen; selbst in den Geschichten über seine Kindheit war er die Miniaturausgabe eines erwachsenen Menschen. Und so scheint es nur gerecht, daß er wenigstens ein Jahr lang, zwischen dem Osterfest und der Fastenzeit, das Jungenzimmer hatte, das er sich als Kind immer gewünscht hatte.

In jener Nacht, nachdem ich die Schachtel im Schaufenster gesehen hatte, glitten die Segelschiffe aus meines Vaters Kindheitsträumen durch meinen Schlaf.

Ray Bradbury

Eine Nacht im Leben

Er kam an einem richtig schönen Spätfrühlingsmorgen in schneller Fahrt nach Green River in Iowa. Außerhalb der Stadt, in der prallen Sonne, war es heiß in seinem Cadillac gewesen, aber nun kam er auf die Stadt zu, und das grüne Dach der Wälder, die Fülle der lieblichen Schatten, die raunende Kühle ließen ihn langsamer werden.

Fünfzig Kilometer sind schnell genug, dachte er.

Als er von Los Angeles losgefahren war, hatte er das Kabrio durch die glühende Landschaft gejagt, zwischen Felsenschluchten und blitzendem Gestein, wo man nur schnell fahren konnte, weil alles so schnell und hart und sauber schien.

Aber hier war schon das Grün der Luft wie ein Fluß, den kein Auto durchrasen konnte. Man konnte nur treiben auf der Flut laubiger Schatten, hingleiten auf dem sonnengefleckten Beton wie ein Flußkahn auf dem Weg zum Sommermeer.

Durch diese herrlichen Bäume emporzusehen war wie auf dem Grund eines tiefen Teiches zu treiben.

Er hielt an einer Bude am Stadtrand, um sich einen Hot dog zu kaufen.

»Mein Gott«, flüsterte er leise, »bis hierher bin ich seit fünfzehn Jahren nicht mehr gekommen. Man vergißt, wie schnell die Bäume wachsen können!«

Er ging zum Wagen zurück, ein großer Mann mit schmalem, sonnenverbranntem Gesicht und schütter werdendem dunklem Haar.

Warum fahre ich nach New York? dachte er. Warum bleibe ich nicht hier und ertränke mich im Gras?

Er fuhr langsam durch die alte Stadt. Er sah eine rostige Eisenbahn verlassen auf einem alten Abstellgleis, die Pfeife längst verstummt, der Dampf längst ausgegangen. Er sah Häuser und Geschäfte und Menschen, die darin ein und aus gingen, langsam, als bewegten sie sich tief unten in einem klaren, warmen Meer. Überall Moos, das jede Bewegung sanft und stumm auffing. Es war eine Mark-Twain-Stadt, barfüßig, eine Stadt, wo Kindheit ohne Erwartung währte und Alter ohne Bedauern kam. Er schnaubte leise. Es schien ja wohl nur so.

Gut, daß Helen nicht mit auf diese Reise gekommen ist, dachte er. Jetzt konnte er sie förmlich hören:

»Mein Gott, ist das ein Nest hier. Lieber Himmel, guck dir diese Bauerntölpel an! Gib Gas. Wo zum Teufel bleibt New York?«

Er schüttelte den Kopf, schloß die Augen, und Helen war in Reno. Er hatte sie gestern abend angerufen.

»Sich scheiden zu lassen, ist nicht weiter schlimm«, hatte sie gemeint, tausend Meilen entfernt in der Hitze. »Schlimm ist nur dieses Reno. Dem Himmel sei Dank für den Swimmingpool. So, und was treibst du eigentlich?«

»Ich fahre gemütlich nach Osten.« Das war gelogen. Er raste nach Osten wie von einer Kanone abgefeuert, um die Vergangenheit loszuwerden, alles abzuschütteln, was er hinter sich lassen konnte. »Autofahren macht Spaß.«

»Spaß?« ereiferte sich Helen. »Wo du *fliegen* könntest? Autos sind so langweilig.«

»Mach's gut, Helen.«

Er fuhr aus der Stadt. In fünf Tagen sollte er in New York sein, um über ein Stück für den Broadway zu sprechen, das er nicht schreiben wollte, um dann nach Hollywood zurückzurasen und schnell noch lustlos ein Drehbuch zu vollenden, damit er im kommenden Dezember zu einem kurzen Urlaub nach Mexiko City rasen konnte. Manchmal gleiche ich diesen mexikanischen Raketen, dachte er, die am Draht zwischen den Häusern der Stadt umherflitzen; stoße hier mit dem Kopf an die eine Wand, mache kehrt, jage zurück und knalle gegen die nächste.

Er merkte auf einmal, daß er mit hundert Sachen fuhr, und ging auf vorsichtige sechzig hinunter in der wogenden grünen Mittagslandschaft.

Er sog die reine Luft in tiefen Zügen ein und lenkte an den

Straßenrand. Weit entfernt glaubte er zwischen riesenhohen Bäumen, auf der Kuppe einer Bergweide, eine junge Frau zu sehen, die da ging und doch stillstand in der wunderlichen Hitze, und dann war sie fort, und er wußte nicht einmal sicher, ob sie überhaupt dagewesen war.

Es war ein Uhr, und das Land summte wie ein großes Kraftwerk. Libellen flitzten an den Autofenstern vorbei gleich einem Hitzeflimmern vor seinen Augen. Bienen schwärmten, und das Gras neigte sich unter einem sanften Wind. Er öffnete die Autotür und trat in die pralle Hitze hinaus.

Ein einsamer Pfad sang frühnachmittägliche Käferlieder vor sich hin, und fünfzig Meter weiter wartete kühl ein schattiger Wald und atmete angenehme, tunnelfeuchte Luft aus. Ringsum kleebewachsene Hügel und offener Himmel. Er stand da und fühlte, wie der Stein in seinen Armen, seinem Hals sich auflöste, das Eisen aus seinem Magen wich und seine zitternden Finger sich beruhigten.

Und dann sah er plötzlich durch eine Lücke im Gesträuch, noch ferner auf einem bewaldeten Hügel, wieder die junge Frau gehen, weiter und weiter in die warmen Fernen, fort.

Bedächtig schloß er die Autotür ab. Er ging in den Wald, ohne Ziel, gezogen von einem Klang, der so voll war, daß er das ganze Universum füllte, dem Rauschen eines Flusses, der sorglos irgendwohin plätscherte; der schönste Klang, den es gab.

Er fand den Fluß, der dunkel und hell und dunkel und hell dahinfloß, und zog sich aus und schwamm darin, dann streckte er sich zum Trocknen auf dem kiesigen Ufer aus und fühlte sich entspannt. Gemächlich zog er sich die Kleider wieder an, und da überkam es ihn, dieses alte Verlangen, der alte Traum, den er als Siebzehnjähriger geträumt hatte. Oft und immer wieder hatte er ihn einem Freund anvertraut:

»Einmal möchte ich gern in einer Frühlingsnacht spazierengehen – in einer dieser Nächte, verstehst du, die warm sind bis zum Morgen. Spazieren möchte ich. Mit einem Mädchen. Eine Stunde spazieren, irgendwohin, wo man nichts mehr sieht und hört. Auf einen Hügel steigen und sich dort hinsetzen. In die Sterne sehen. Ich möchte das Mädchen bei der Hand halten. Ich möchte das Gras und den Weizen auf den Feldern riechen und wissen, daß ich in der Mitte des Landes bin, genau in der Mitte der Vereinigten Staaten, und ringsum Dörfer und weit weg Straßen, aber niemand weiß, daß wir da sind und auf diesem Hügel im Gras sitzen und die Nacht betrachten.

Es wäre schön, mir ihre Hand zu halten. Verstehst du das? Hand in Hand dazusitzen kann das Schönste sein, weißt du das? Schön, wenn eure Hände sich bewegen und doch nicht bewegen. So etwas bleibt dir eher in Erinnerung als irgend etwas anderes aus irgendeiner Nacht, dein Leben lang. Nur Händehalten kann mehr sein. Daran glaube ich. Wenn sich erst alles wiederholt hat und vorbei und bekannt ist, zählen die ersten Dinge mehr als die letzten.

Und darum«, fuhr er fort, »möchte ich ganz lange nur dasitzen, ohne ein Wort. Es gibt keine Worte für so eine Nacht. Wir würden uns nicht einmal anschauen. Wir würden in der Ferne die Lichter der Stadt sehen und wissen, daß andere vor uns auf andere Hügel gestiegen sind, und daß es auf der Welt nichts Besseres gibt. Man könnte auch nichts Besseres machen; alle Häuser und Bräuche und Sicherheiten der Welt sind gar nichts gegen eine solche Nacht. Die Städte, die Menschen bei Nacht in den Zimmern der Häuser dieser Städte, die sind das eine; die Hügel und die freie Luft und die Sterne und das Händehalten, das ist das andere.

Und endlich wendet ihr beide ohne ein Wort den Kopf im Mondschein und seht euch an.

Da seid ihr nun auf diesem Hügel, die ganze Nacht lang. Ist daran irgend etwas auszusetzen, kannst du ehrlichen Herzens sagen, daß daran wirklich etwas auszusetzen wäre?«

»Nein«, sagte eine Stimme, »auszusetzen wäre an so einer Nacht einzig und allein, daß es eine Welt gibt, in die du zurückkehren *mußt.*«

Das hatte sein Freund Joseph gesagt, vor fünfzehn Jahren. Lieber Joseph. Sie hatten so viele Tage lang miteinander geredet; ihre Jünglingsweisheiten, Probleme von größter Bedeutung. Joseph war jetzt verheiratet und von den schwarzen Straßen Chicagos verschluckt; ihn selbst hatte die Zeit in den Westen verschlagen, und all ihr Philosophieren war umsonst gewesen.

Er erinnerte sich an den Monat, nachdem er Helen geheiratet hatte. Sie waren über Land gefahren, das erste und letzte Mal, daß sie in so eine »brutale« Autofahrt eingewilligt hatte. Sie waren abends im Mondschein durch die Weizenfelder und die Maisfelder des Mittleren Westens spaziert, und einmal im Dämmerlicht, den Blick nach vorn, hatte Thomas gefragt: »Was meinst du, würdest du gern mal im Freien übernachten?«

»Im Freien?« hatte Helen gefragt.

»Hier«, hatte er so unbefangen wie nur möglich gesagt und neben die Straße gezeigt. »Sieh doch mal, dieses weite Land, die Berge. Die Nacht ist warm. Es muß schön sein, im Freien zu schlafen.«

»Mein Gott!« hatte Helen gerufen. »Das ist doch nicht dein Ernst?«

»Ich dachte nur.«

»In dieser verdammten Gegend wimmelt es von Schlangen und Ungeziefer. Eine schöne Nacht, mit Laufmaschen in den Strümpfen auf anderer Leute Äckern herumzutrampeln.«

»Es wüßte ja keiner.«

»Aber *ich* wüßte es, mein Lieber«, sagte Helen.

»Es war ja nur ein Vorschlag.«

»Mein lieber Tom, du *hast* das doch nur im Spaß gesagt, oder?«

»Am besten ist, ich habe gar nichts gesagt«, antwortete er.

Sie waren durch den Mondschein weitergefahren bis zu einem rammelvollen kleinen Motel, wo Motten um nackte Glühbirnen flatterten. Dort hatte ein Eisenbett in einem nach Farbe riechenden winzigen Zimmer gstanden, und die lange Nacht war der Bierlärm aus der Gaststätte zu hören gewesen, und Fernlaster waren vorbeigedonnert bis in den frühen Morgen …

Er ging durch den grünen Wald und lauschte den Stillen. Nicht der Stille, nein, Stillen: der Stille des Mooses unter den Füßen, der Stille der Schatten, anders von Baum zu Baum; auf einer Lichtung war es die Stille der kleinen Bäche, die nach allen Richtungen winzige Länder erkundeten.

Er fand ein paar wilde Erdbeeren und aß sie. Zum Teufel mit dem Auto, dachte er. Soll es doch einer auseinandernehmen, Rad für Rad, und alles wegschleppen. Soll doch die Sonne es an Ort und Stelle zu Schlacke schmelzen.

Er legte sich hin, barg den Kopf auf dem Arm und schlief ein.

Das erste, worauf sein Blick beim Aufwachen fiel, war seine Armbanduhr. Viertel vor sieben. Er hatte fast den ganzen Tag verschlafen. Von allen Seiten waren kühle Schatten nähergekrochen. Er wollte sich fröstelnd aufsetzen, hielt aber inne und blieb liegen, das Gesicht auf dem Arm, den Blick nach vorn.

Ein paar Schritte weiter saß ein Mädchen, die Hände im Schoß, und lächelte.

»Ich habe Sie nicht kommen hören«, sagte er.

Sie war sehr leise gewesen.

Ohne irgendeinen Grund außer dem einen, heimlichen, fühlte Thomas sein Herz pochen, stumm und schnell.

Sie schwieg weiter. Er drehte sich auf den Rücken und schloß die Augen.

»Wohnen Sie in dieser Gegend?«

Sie wohnte nicht weit.

»Hier geboren und aufgewachsen?«

Sie war noch nie woanders gewesen.

»Ein schönes Land«, sagte er.

Ein Vogel flog in einen Baum.

»Haben Sie keine Angst?«

Er wartete, bekam aber keine Antwort.

»Sie kennen mich nicht«, sagte er.

Umgekehrt kannte *er* ja auch *sie* nicht.

»Das ist etwas anderes«, sagte er.

Warum war das etwas anderes?

»Nun, das wissen Sie doch, es ist eben anders.«

Nach langem Warten, das ihm wie eine halbe Stunde vorkam, öffnete er die Augen und sah sie lange an. »Sie sind doch wirklich, ja? Ich träume nicht?«

Sie wollte wissen, wohin er fahre.

»An einen Ort, an den ich gar nicht will.«

Ja, das sagten viele. Viele fuhren hier durch an einen Ort, an den sie nicht wollten.

»Genau wie ich«, sagte er. Jetzt erhob er sich langsam. »Wissen Sie was, ich merke gerade, daß ich seit heute früh nichts mehr gegessen habe.«

Sie bot ihm von dem Brot, dem Käse, den Keksen an, die sie aus der Stadt nach Hause trug. Sie sprach nicht, während er aß, und er aß sehr langsam aus Furcht, sie mit einer Bewegung, einer Geste, einem Wort in die Flucht zu treiben. Die Sonne stand tief am Himmel, die Luft war jetzt noch frischer, und er besah sich alles sehr genau.

Er sah sie an, und sie war schön, einundzwanzig Jahre alt, blond, gesund, rotwangig und sich selbst genug.

Die Sonne war fort. Der Himmel behielt noch eine Weile seine Farben, während sie auf der Lichtung saßen.

Endlich hörte er ein Flüstern. Sie stand auf. Sie streckte die Hand nach der seinen aus. Er stand neben ihr, und sie schauten ringsum über die Wälder, die fernen Hügel.

Sie begannen zu gehen, weg von dem Pfad, dem Auto, weg von der Straße, der Stadt. Ein Frühlingsmond stieg auf über dem Land, während sie gingen.

Aus jedem einzelnen Grashalm strömte der Atem der Nacht, ein warmes Seufzen, still und endlos. Sie erreichten die Hügelkuppe und setzten sich wortlos hin und betrachteten den Himmel. Es kann nicht sein, dachte er bei sich, so etwas gibt es einfach nicht; wer war sie wohl, und was tat sie hier?

Zehn Meilen entfernt pfiff ein Zug in der Frühlingsnacht und glitt, aufblitzend wie ein kurzes Feuer, über die dunkle Abenderde dahin.

Und dann fiel ihm wieder die alte Geschichte ein, der alte Traum, das Thema, über das er mit seinem Freund vor so vielen Jahren diskutiert hatte. Es muß eine Nacht im Leben geben, an die man sich allezeit erinnert. Solch eine Nacht muß es für jeden geben. Und wenn du weißt, daß es Nacht wird und diese Nacht die eine Nacht ist, so nimm sie und frage nicht, und rede danach mit keinem mehr darüber. Denn wenn du sie an dir vorbeiziehen läßt, kommt sie vielleicht nie wieder. Viele haben sie schon an sich vorbeiziehen lassen, viele haben sie vorbeiziehen sehen und so eine Nacht nie mehr zu sehen bekommen, eine Nacht, in der alles stimmte, Wetter, Licht, Mond, Zeit, nächtlicher Hügel, warmes Gras und Zug und Stadt und Ferne, alles auf eines zitternden Fingers Schwebe.

Er dachte an Helen, und er dachte an Joseph. Joseph. Hat es sich je für dich ergeben, Joseph; warst du je am richtigen Ort zur richtigen Zeit, und war alles gut für dich? Er würde es nie erfahren; die Backsteinstadt hatte Joseph ergriffen und verloren in ihrem Lärm, ihren schwarzen Aufzügen, ihren gekachelten U-Bahn-Stationen.

Und Helen hatte eine solche Nacht nicht nur nie gekannt, sie hatte von so etwas auch nie *geträumt*, in ihrem Kopf war dafür kein Platz.

Nun bin ich also hier, dachte er still bei sich, tausend Meilen entfernt von allem und allen.

Über das liebliche schwarze Land tönte soeben der Stundenschlag einer Rathausuhr. Eins. Zwei. Drei. Eines dieser großen steinernen Rathäuser, die um die Jahrhundertwende auf dem Grün einer jeden amerikanischen Kleinstadt standen, kühler Stein zur Sommerzeit, hoch aufragend in den Nachthimmel, mit ihren runden Zifferblättern in vier Richtungen leuchtend. Fünf. Sechs. Er zählte die bronzenen Stundenschläge, die bei neun aufhörten. Neun Uhr an einem Spätfrühlingsabend, auf einem warmen, atmenden, mondbeschienen Hügel, im Innern eines großen Kontinents, und seine Hand hielt eine andere Hand, und er dachte, ich werde dreiunddreißig dieses Jahr. Aber sie ist nicht zu spät gekommen, und ich habe sie nicht vorbeiziehen lassen, und dies ist die Nacht.

Langsam, bedächtig, wie eine zum Leben erwachende Statue, die sich Stückchen für Stückchen weiterdreht, sah er sie jetzt den Kopf wenden, bis ihre Augen ihn anblickten. Er fühlte, wie auch sein Kopf sich wandte, ganz wie so oft schon in seiner Phantasie. Sie sahen sich lange an.

In der Nacht wachte er auf. Sie lag neben ihm, wach.

»Wer bist du?« flüsterte er.

Sie sagte nichts.

»Ich könnte noch eine Nacht bleiben«, sagte er.

Aber er wußte, daß man nie noch eine Nacht bleiben kann. Eine Nacht ist *die* Nacht, und nur die eine. Danach wenden die Götter sich ab.

»Ich könnte wiederkommen, in einem Jahr vielleicht.«

Sie hielt die Augen geschlossen, aber sie war wach.

»Aber ich weiß nicht, wer du bist«, sagte er.

»Du könntest mit mir kommen«, sagte er, »nach New York.«

Aber er wußte, daß sie nie dort sein konnte, niemals irgendwo anders als hier, in dieser Nacht.

»Ich kann nicht hierbleiben«, sagte er und wußte, daß dies von allem das Wahrste und Hohlste war.

Er wartete eine Weile, dann frage er wieder: »Bist du wirklich? Bist du wirklich wirklich?«

Sie schliefen. Am Himmel sank der Mond dem Morgen entgegen.

Im Morgengrauen verließ er die Hügel und den Wald und fand seinen Wagen mit Tau bedeckt. Er schloß ihn auf und setzte sich hinters Steuer, dann saß er noch eine Zeitlang so und blickte auf den Pfad zurück, den er ins nasse Gras getreten hatte. Er rückte zur Seite, um wieder auszusteigen, legte die Hand von innen an die Tür und schaute unverwandt nach draußen.

Der Wald war leer und still, der Pfad verlassen, die Straße unbewegt und friedlich. Nichts regte sich in tausend Meilen Umkreis.

Er warf den Motor an und ließ ihn im Leerlauf drehen.

Der Wagen stand nach Osten gewandt, wo jetzt die orangerote Sonne langsam aufging.

»Nun gut«, sagte er leise. »Alles aufgepaßt, ich komme! Schade, daß ihr noch alle am Leben seid. Schade, daß die Welt nicht nur aus Hügeln und Hügeln und sonst nichts besteht, über nichts zu fahren als Hügel, und nie in eine Stadt zu kommen.«

Er fuhr in Richtung Osten davon, ohne sich noch einmal umzusehen.

Federico Tozzi

Das Wunder

Francesco Appesi fühlte sich zunehmend einsam. Der Umstand, mehr als zwanzig Jahre lang Tränen vergossen und gelitten zu haben, bestärkte ihn in der Gewißheit, seinen lautersten Empfindungen gemäß zu leben, wie er sie nicht einmal als junger Mensch oder als Kind gekannt hatte. Nun war für ihn eine Zeit angebrochen, wo seine Arbeit ihm als ein noch wirklicherer Traum erschien als seine Träume bei Nacht. Nun brauchte er aufgrund seiner seelischen Verfassung wie seines eigenen Willens niemanden mehr. In den seltenen Augenblicken, in denen er sich in den gewohnten Menschen zurückverwandelte, befiel ihn die Angst, weniger stark zu sein. Nun liebte er frei von dem Bedürfnis, wiedergeliebt zu werden.

Doch der Frühling ist gekommen, und damit hat das Sterben für ihn jetzt etwas gewissermaßen Unstatthaftes! Er öffnet das Fenster, und die Luft benetzt seine Augen. Vom Fenster aus sieht er nichts als Dächer und Häuser, die ihn zusammen mit den anderen Bewohnern ringsherum einschließen; doch ein Grasbüschel, das zwischen einem Dachziegel und einem anderen wächst, genügt ihm, um sich des Frühlings zu vergewissern.

Im Schlafzimmer betrachtet er am Kopfende seines Bettes eine Madonna, die er für ein paar Soldi erstanden hatte, als er eines Sonntags die Kirche von Santa Maria Novella betrat. Er denkt immer daran, daß auf den Portalstufen zum Kreuzgang, der aussieht wie ein Friedhof ohne Tote, ein alter Mann saß und Medaillons aus Metall verkaufte: er hatte sie in einer Art Schublade ausliegen, die von irgendeinem kleinen Tisch stammte. Auch eine alte Frau war da, die Kerzen verkaufte: diese hatte sie in einem Bündel aufrecht an die Türe gelehnt. Außerdem war da noch ein junges, blindes Mädchen, das seinen Kopf in ein rotes, schmutziges Tuch eingewickelt hatte: ihr augenloses Gesicht schien weder Mund noch Ohren zu haben. Mit ihrem glatten, weichen, geradezu knochenlosen Körper wiegte sie sich ununterbrochen hin und her.

Francesco glaubt an seine Madonna.

Heute fühlt er, daß auch seine Freundschaft mit seinem treuesten Freund aus Studientagen zu Ende ist, aber es berührt ihn nicht weiter. Er ist verheiratet und hat zwei Töchter, aber er liebt seine Familie allein in Gott. Er ist sich sicher, nicht mehr derselbe zu sein wie am Tag seiner Hochzeit oder in den ersten Monaten seiner Vaterschaft. Es gibt Entfernungen, die so groß sind, daß man sie nicht mehr zurückgehen kann, auch wenn man sich im Weg geirrt hat. Statt umzukehren, beharrt man lieber weiter auf seinem Fehler.

Doch der Wahnsinn Appesis ist damit noch keineswegs am Ende: er vervollständigt sich Tag um Tag und wird immer subtiler. War er früher nur irgendein Wahnsinniger, so ist er heute ein Intellektueller seines Krankheitstyps. Doch das ist ihm nicht bewußt: er ist gutgläubig und hat seit seinen Kindertagen so viel gelitten, daß er durch seinen eigenen Willen zu einem Heiligen geworden ist. Er ist so gut, daß ihm nunmehr alles erlaubt ist, auch das Wahnsinnigwerden.

Eigentlich möchte er auch aufhören zu essen, und wenn er, nachdem er gebetet hat, zu Bett geht, schmerzt es ihn zutiefst, nicht einer jener Einsiedler zu sein, deren Gedanken nur auf Gott gerichtet waren, und die ihren Hunger mit einer Brotrinde stillten.

Francesco Appesi ist Angestellter in einer Florentiner Bibliothek. Seinen hellen Schnurrbart könnte man noch für blond halten. Der Haarausfall hat bewirkt, daß seine Stirn von der Nasenwurzel bis zur Schädelmitte geht; seine Ohren sind so hoch gewachsen wie sein ganzer Kopf. Er ist ziemlich mager und hat behaarte Finger. Wenn er spricht, hat man den Eindruck, als würde seine Stimme aus der Stirn heruntersteigen. Seine beiden Töchter sind häßlich, und seine Frau hat ein Gesicht, das zu beschreiben unmöglich ist, weil nur noch ihr Mund ein wenig davon verrät, wie er früher einmal war. Alles übrige an ihr ist wie aufgedunsen; die Proportionen sind nicht mehr die alten. Ihr Gesicht ist stets von der gleichen Färbung, nur nach dem Essen wird es für ein paar Stunden zinnoberrot. Aus dem Fleisch ihres Gesichts läßt sich nicht mehr erahnen, was in Signora Emilia Appesis Seele vorgeht. Die Nase, die Backen, das Kinn sind lediglich Fleischaufsätze ohne Verbindung zum Rest. Dasselbe gilt auch für ihre Arme, die so kurz sind wie zwei Stummel und den Eindruck erwecken, als könnte sie sie zu nichts mehr gebrauchen. Und man begreift einfach nicht, warum Signora Emilia so groß ist.

Francesco sagt zu ihr: »Kaufe zwei Blumentöpfe für die Fenster im Wohnzimmer.«

Doch diesen Wunsch hat ihm seine Frau nie erfüllt, weil sie nicht in der Lage ist, ihn sich zu merken.

Oder er sagt zu ihr: »Koch mir heute Stockfisch.«

Doch Signora wird es nicht tun, weil sie, wenn sie einkaufen geht, nur das einzukaufen in der Lage ist, was sie in diesem Augenblick unmittelbar vor sich sieht.

Wenn er sie bittet, ihm ein Buch zu holen, dann geht sie nicht, weil eines der beiden Mädchen immer schneller ist als sie. Wenn er sie bittet, das Salz auf den Tisch zu bringen, reagiert sie nicht, weil sie es nicht braucht. Doch Francesco schreit sie nicht an, er blickt nur in ihr Gesicht, und dann vergißt auch er, um was er sie eigentlich gebeten hat.

Signora Emilia hat ihm nie etwas zu sagen, aber sie hört ihm zu.

Wenn er aber die Bibliothek betritt, kommt es ihm vor, als wären die Bücher lebendig und würden sich von selbst bewegen: es genügt, daß er nur daran denkt. Die Bibliothek ist riesig. Dort gibt es Säle voller Bücherregale, die nur er kennt. Die von ihm in Schönschrift ausgefüllten Karteikarten sind genau jetzt fertig geworden, obwohl sie schon einige Jahrzehnte alt sind. Wenn er die zuletzt geschriebenen mit den ersten vergleicht, wird ihm bewußt, wie sich seine Handschrift von einem Jahr zum anderen verändert hat. Aber schließlich ist auch seine Handschrift etwas Lebendiges, wie die Autorennamen und Titel auf den Bücherrücken oder die Gipsbüsten, mit denen er sich sogar unterhalten könnte. Würde er entdecken, daß eine Büste fehlt, würde er sich damit nicht abfinden können; er würde es nicht begreifen. Alles, was seine Augen in der Bibliothek gesehen haben, muß an seinem Platz verweilen. Auf diese Weise bleibt Florenz für ihn unverändert: immer dieselben Menschen, immer dieselben Glocken.

Im Alter von fünfzig Jahren träumt er immer noch, seine Mutter würde ihm drohen und sein Bruder ihn verfolgen und ihm weh tun. Einige seiner Träume kehren seit Jahren in der Nacht genauso wieder wie damals: dieselben Empfindungen, dieselben Gefühle.

Bevor er elektrisches Licht in seine Wohnung hatte legen lassen, brach er gern Wachsstücke von der Kerze ab und vergnügte sich dann stundenlang damit, Kugeln daraus zu formen, ohne sich aber jemals dazu aufraffen zu können, sie wegzuwerfen. Das einzige, wovon er keine Ahnung hat, ist Musik, trotzdem wäre er gerne Musiker, und vor allem der Frühling weckt immer wieder diesen Wunsch in ihm.

Nun mußte aber der Tag kommen, an dem Francesco Appesi sich nicht einmal selbst wiedererkannte, da er es seit vielen, vielen Jahren nicht mehr gewagt hatte, seine Gefühle einem Urteil zu unterziehen.

An jenem Tag befand er sich auf dem Heimweg von der Bibliothek und war in der Nähe seiner Wohnung in der Via della Scala. Es war windig, und seine Augen füllten sich mit Staub. Aber er blickte auf das grüne, von der Sonne beschienene Laub der Bäume am Ende der Straße und suchte die Sonne auch oben an den Häuserfassaden. Es kam ihm so vor, als empfände er Freude über die offenstehenden Fenster, die Licht und Luft einließen, als würden sie vom Wind hineingedrängt. Ein paar geschlossene Karren, die vor allem dazu dienten, Brot und Milch in die Häuser zu liefern, standen so geduckt auf dem Gehsteig herum, daß sie wie niedergewalzt aussahen. Er blieb stehen und betrachtete sie wie ein Junge, und er hatte den Eindruck, daß die ganze Straße in eine ungewöhnliche Jugendlichkeit getaucht war, die ihm das Herz zuschnürte, denn obgleich ihm der Frühling, wie schon gesagt, gefiel, war es ihm, als würden die Sonnenstrahlen ihn die Last der Jahre deutlicher spüren lassen. Fast hätte ihn eine innere Bewegung überwältigt, doch dann trat er schnell ins Haus, wo er seine Frau mit einem gleichsam heiteren Gesicht anzutreffen glaubte, einem Gesicht, das selbst er sich nicht genau vorstellen konnte. Dabei dachte er, was er vorher noch niemals gedacht hatte: daß ihre Stimme ihm so sanft und zart erscheinen würde, daß er Gott dafür auf der Stelle danken müsse. Auch die Küche war von Sonne durchflutet, und seine Frau, die an der Herdstelle herumhantierte, erschien ihm in diesem Licht ganz anders als an den anderen Tagen. Er fühlte, daß ihm, hätte er jetzt etwas gesagt, die Tränen kommen würden.

Von diesem Augenblick an war er von Sinnen. Er war davon überzeugt, eine andere Frau zu haben und in sie verliebt zu sein. Er ging ins Schlafzimmer, und die Madonna bewegte sich von alleine auf seinen Schreibtisch zu. Dabei hielt sie sich ganz aufrecht, und das Papier zerknitterte nicht. Er glaubte, einen Blumenstrauß in der Hand zu halten und die folgenden, an ihn gerichteten Worte zu hören: »Francesco, willst du noch weiterleben? Willst du jetzt nicht sterben? Denn ich werde dich zu einem neuen Leben erwecken und verspreche dir, daß du niemals mehr leiden sollst.«

Francesco meinte zu antworten: »Sehr, sehr gerne. Das ist es, was ich immer gewollt habe.«

»Dann gehe und verlasse sogleich dein Haus. Dreh dich nicht um, sprich nichts mehr, denn nur so kannst du den Tod erlangen. Es ist ein scheinbarer Tod, aber er ist so gut wie der wirkliche.«

Dann fügte die Madonna noch hinzu: »Hänge mich wieder an die Wand.«

Er näherte sich ihr und nahm sie in seine Hände. Sein Herz zitterte. Er glaubte, einen Hammer in der Hand zu halten und die Nägel in die Wand zu schlagen. Aber er schlug sich mit dem Hammer auf die Finger, und der Schmerz entmutigte ihn.

Da fragte er, bevor er zu weinen begann, die Madonna: »Warum muß ich noch leiden?«

Doch die Sonne fiel ins Zimmer und verhinderte, daß er die Antwort hören konnte.

Als seine Frau ihn zum Essen rief, bekreuzigte er sich

heimlich, und alles war wie zuvor. Francesco aber konnte sich nicht erklären, wie die Madonna ihm einen derartigen Vorschlag hatte machen können. Sein Gewissen war beunruhigt, und am nächsten Morgen ging er zur Beichte. Der Priester, der ihn gut kannte, wunderte sich und gab ihm irgendeine Erklärung, damit Francesco sich nur ja nicht weiter quälte. Und schließlich glaubte er, daß er vor Erschöpfung und Müdigkeit eingeschlafen sei, ohne es zu bemerken, und geträumt habe.

In der Bibliothek aber entwickelte er eine neue Manie: er wollte um jeden Preis von allen Büchern, die in den Regalen oben aufgereiht nebeneinander standen und ihm ins Auge fielen, den Inhalt auswendig kennen. Er nahm die Leiter, zog ein Buch heraus und las es in aller Eile, mal hier, mal dort, wie es ihm gerade unterkam. Dann machte er das gleiche mit einem anderen Buch und noch einem, ohne innezuhalten, so lange wie seine Kraft dazu reichte und seine Augen mitmachten.

Signora Emilia verhielt sich natürlich wie gewohnt und bemerkte überhaupt nichts. Sie fragte ihn lediglich, warum er ständig in Gedanken versunken wäre, und er sagte dann stets: »Bin ich doch gar nicht!«

Allerdings hatte er Angst vor seiner Madonna. Und einige Monate später ereignete sich das unerwartetste aller Wunder, die ihm widerfahren konnten: er war überzeugt, er sei ein Junge und seine Frau seine Mutter. Damit sie ihn nicht ausschimpfte, mußte er alles tun, um die Tatsache zu verbergen, ein Junge zu sein. Deshalb erfand er die Ausrede, daß er zu tun hätte, und ging statt dessen aufs Land hinaus, mit den Händen in den Hosentaschen, genau wie damals, während der Ferien. Wenn sie ihn dann nicht eingesperrt hätten, wäre er die Hecken entlang gerannt. Aber so ging er jetzt besonders gemächlich, um sich dieser Gefahr nicht auszusetzen. Nur in seinem Inneren hatte er die köstliche Gewißheit, ein Junge zu sein, und konnte über seine Lausbubenstreiche lächeln. Wie privilegiert war er doch gegenüber allen anderen Menschen! Schließlich gab es ja niemanden, der sich mit ihm messen konnte!

Allerdings war er ein Junge, der keine Schaukelpferde und keine Bonbons brauchte. Wenn der Wind durch das Kornfeld rauschte und die Ähren bewegte, versuchte er, Gott weiß was für lebendige Figuren in dem Gewoge zu erkennen. Danach ging er auf einen Baum zu, so als hätte dieser ihn herbeigerufen. Er setzte sich in seinen Schatten und schickte von Zeit zu Zeit einen Blick hinauf in die Äste, die ihn ergötzten. Er grub seine Finger in Erdspalten, schritt durch die Kornfelder und folgte dabei den längsten Furchen, nahm Erdschollen in seine Hände, schüttelte an Riedhalmen, um ihre hellen Blüten zu zerstören, er blickte aufs vorüberfließende Wasser, ohne zu ermüden, und umarmte die Bäume.

So vergnügte er sich auf kindliche Art und beneidete lediglich seine beiden kleinen Töchter.

Johan Daisne

Pavane

Ich sitze wieder im Terminus, dem Bahnhof gegenüber, wie schon einmal vor kaum einer halben Stunde. Ein junger Mann spielt auf einer Kinoorgel, mit zupackenden Händen und mähenden Füßen, sehr schwungvoll. Ich kenne das Stück nicht, es muß etwas ganz Neues sein, aber die Kinoorgel – eine Neuheit in meinen Jugendjahren – romantisiert diese modernen Töne. Als ich eintrat, fror ich sehr, jetzt beginnt mein Herz zu tauen. Natürlich wird hier tüchtig geheizt, und von den Sesselchen – weiß und gold mit rotsamtenen Sitz- und Armpolstern – strahlt auch etwas Warmes aus. Und das gedämpfte Licht erzeugt ebenfalls eine schwüle Atmosphäre; vom Restaurant her, um die Ecke und drei Treppenstufen tiefer, steigt noch immer ein würziger Duft auf von Braten und Wein. Doch die Wärme, die mein Herz streichelt, kommt von woanders, von dieser Orgel her.

Wenn ich mich etwas bücke, sehe ich die Bahnhofsuhr in den Abend leuchten. Halbzehn. Ich kann das auch von meiner Armbanduhr ablesen, aber dann muß ich eine andere Brille aufsetzen. Hinter der Bahnhofsuhr, die in einem Türmchen sitzt, blickt ein Horn des frühen Neumondes von Ostern. Wie eine Sichel neben dem Minarett vor dem dunkelblauen Himmel auf den flachen Schachteln der ägyptischen Zigaretten aus meinen Jünglingsjahren, als die Zigaretten noch oval waren und ein goldenes Mundstück hatten für die zartgeröteten Lippen oder die schmalgeschorenen Schnurrbärte jener Zeit.

Ich habe wiederum Filterkaffee bestellt. Noch ein Viertelstündchen will ich mir gönnen. Danach muß ich schnell nach Hause. Die Kinder gehen Punkt zehn zu Bett, und ich habe versprochen, ihre Schulaufgaben nachzusehen. Die Arbeit müssen sie alleine machen, darauf lege ich Wert bei meinen altmodischen pädagogischen Auffassungen, aber einen Blick hineinwerfen will ich wohl – darauf legen sie Wert.

»Andere Papis und Mamis tun es doch auch«, lehren sie mich. »Wenn du es nicht tust, sind die anderen im Vorteil. Der Sohn des Ingenieurs bekommt seine Rechenaufgaben nachgesehen, die Tochter des Professors ihr Griechisch und Latein, du kannst uns wohl bei den neusprachlichen Fächern etwas helfen.«

Ich habe nichts gefunden, was ich dagegen hätte vorbringen können; schließlich tue ich es – nicht gern – es macht mich wieder ein klein wenig jung. Und jetzt, da Examen bevorstehen, vor den Osterferien, darf ich sie sicher nicht im Stich lassen.

Dennoch – noch ein Viertelstündchen, das darf ich mir selber auch wohl mal gönnen. Denn, wer weiß, wenn alles hernach schläft und der Ostermond über die stille Villa schwebt, werde ich wieder mal eine Geschichte schreiben. Es ist schon so lange her. Und Dr. S. sagt, arbeiten bleibe die beste Therapie, vor allem »schöpferische« Arbeit. Dafür habe ich jetzt doch lieber meine Brille Nummer drei aufgesetzt, um einige schnelle Notizen zu machen. Aber mein Feuerzeug versagt wieder, und ohne Zigarette kann ich nicht schreiben.

»Bernard!« rufe ich, und während ich vom Kellner ein Reklameheftchen Streichhölzer bekomme. »Bring dem Orgelspieler ein Glas von mir – nein, nicht von mir, anonym, aber sag ihm, daß ein Bewunderer und Gast etwas von Ravel hören möchte – ja Ravel, wie das Hotel hinter dem Bahnhof ...« Der junge Mann hat sein Glas bekommen, Whisky wie mir scheint, und es kurz erhoben mit einem schweifenden Blick dankbar zum Saal hin nickend. Niemand hat darauf geachtet – es sitzt hier wieder voll mit Kartenspielern: gelangweilten älteren Ehepaaren und jüngeren mit den Augen flirtenden Leuten. Der Blick des Musikers ist auch an mir vorbeigestrichen, der ich wohl aufpaßte und dazu sogar eigens Brille eins aufgesetzt hatte. Aber ja, ich sehe eben aus wie ein normaler Bürger hinter einem Filterkaffee, der seinen Mantel nicht einmal ausgezogen hat – ein verspäteter Handelsreisender, der auf seinen Zug wartet. Es schmerzt mich auch nicht, wie ich auch nicht enttäuscht bin, daß der junge Mann jetzt zwar Ravel spielt, aber den *Bolero* und nicht *Pavane pour une infante défunte.* Ich erwartete es fast nicht anders, obwohl ich auf letzteres gehofft hatte. Nein, ich bin nicht sogenannt musikalisch. Aber Ravel … und Bach liebe ich seit eh und je ganz besonders. Ravel, das ist für mich die reine Schönheit sinnlichen Wohlklangs, und Bach ist dazu das geistige, orgelnde Echo. Ravel, das ist das Ewige, Jungfräuliche, grazil und parfümiert, gegenüber dem Abend der Schöpfung, Bach. Ja, ich weiß es jetzt bestimmt, daß ich schon vor einer halben Stunde an Ravel dachte, noch bevor ich hier vorhin gesessen habe, und also noch bevor ich, danach …

Ich gehe jeden Abend, Sommer und Winter, noch einmal aus, erst recht in den milden Jahreszeiten dazwischen. Ich brauche das nach einem ganzen Tag im Büro, denn ich bin ein pünktlicher Beamter, der verbissen durcharbeitet. Wenn ich nach Hause komme, bin ich müde und mit meinem faulen Magen doppelt müde nach dem Abendessen. Ich lege mich dann in der Dämmerung oder im Dunklen kurz aufs Bett, um meine Augen ausruhen zu lassen und mit meinem Transistor auf dem Bauch, um nicht einzuschlafen.

In meinem Bauch, behaupten sie zu Hause, habe ich einen Wecker, denn Schlag neun stehe ich wieder unten an der Treppe für meinen Abendspaziergang für Waden und Lunge. Als Vorwand dient mein Fläschchen Bier. Ich könnte mir natürlich einen ganzen Kasten auf einmal kommen lassen, den André ans Haus bringen würde. Aber das will ich gerade nicht. Ich will mich selbst zwingen, jeden Abend ein Fläschchen zu kaufen, mit dem ich dann noch etwas für mich selbst arbeite, bis zwölf, nachdem ich zwischen halb zehn und zehn die Schularbeiten von Doet und San nachgesehen habe.

Ich kaufe die Flasche in der Regel bei André, nehme nie Wechselgeld zurück, sondern nasche statt dessen ein Stückchen Schokolade oder eine Dattel. Ich lasse meinen Wagen vor dem Geschäft stehen oder in der Nähe, laufe um einige Häuserblocks in dieser Bahnhofsgegend, und wenn das Minarett halbzehn zeigt, fahre ich nach Hause zurück.

Heute abend – vielleicht weil es Freitag vor Ostern war – gab es keinen einzigen freien Parkplatz in der Geschäftsstraße. Ich mußte bis auf die Allée zurückfahren vor das alte schicke Mädchenpensionat, um dort für meinen Wagen ein Stückchen Bürgersteig zu finden. Um so besser, dachte ich, das macht den Spaziergang eben etwas länger.

Es brannte sehr verschleiertes Licht in diesem Mädchenpensionat in einigen hohen Fenstern. Beten sie jetzt dort wegen Ostern, habe ich mich möglicherweise gefragt. Vielleicht ist mir dabei der Gedanke an *Pavane* und an die *Infante défunte* gekommen.

Terminus liegt auf dem halben Wege zwischen diesem Pensionat und André. Ich schritt zunächst forsch durch den Abend. Aber trotz meiner Pelzmütze und meinem Wollschal fand ich diesen Abend noch vor Terminus bitter kalt, aber es war dennoch Frühling in ihm, der junge Lenz und die alte Frühjahrsmüdigkeit. Reine Avitaminose, sagte ich mir. Aber mein Herz wollte nicht hören. Es widersprach meiner gelehrten Feststellung: »Das Gewicht deiner fünfzig Jahre, deiner hundert Kilo.«

Und mein törichter Verstand hörte zu und überließ die Antwort meiner Einbildung, die dabei bleibt, sich an meine Jungend, unser aller ewig fliehende Jugend, zu erinnern. Schon länger als ein Jahr mache ich nach zehn bei meiner abendlichen Flasche Bier nichts weiter als Routinearbeit. Sollte noch etwas Kreatives kommen? Ist das Letzte denn das Letzte gewesen?

Und dann habe ich – ich weiß es jetzt genau – an das Allererste gedacht: an ein linkisches Poem auf die *Pavane* von Ravel, das aber in all seiner Unbeholfenheit soviel besser war, als was ich heute mit geübter Sachkunde daraus würde machen können, wenn ich den Mut hätte, noch einmal anzufangen. Denn die Sehnsucht, das Heimweh, genügt nicht, das Feuer des Mutes ist nötig, um die Schlacken von einem faulen Bauch und einer matten Seele wegzuschmelzen. Feuer des Mutes und der Begeisterung!

In diesem Augenblick muß ich beim Terminus angelangt sein. Ich höre mich noch murmeln: fauler Bauch, matte Seele. Ich fröstelte, und drinnen sah es so warm aus. Ich fühlte mich so abgerissen in meinen Alltagsschuhen, und drinnen sah es so elegant aus – gedämpftes Weiß und Gold und weinroter

Samt. Und der Lautsprecher übertrug die Radiomusik, die drinnen gespielt wurde, romantische alte Klänge in modernem Takt.

Ich habe nicht lange gezögert. Ich wollte ein Glas Filterkaffee trinken, das muntert auf, und wie ich in einem gelehrten Blatt gelesen habe, sind Kaffee und geistige Getränke keine Feinde, wie irrtümlich immer wieder behauptet wird. Dieser Filter würde also meine tägliche Flasche Bier zuhause reaktivieren und mir nach meiner Routinearbeit vielleicht wieder einmal zum Träumen verhelfen, zu einem Traum sogar mit Kurzschluß, wer weiß, um noch mal etwas Kreatives zu schreiben.

Es war genau eine Minute nach neun Uhr auf dem Bahnhofsminarett, als ich in den Terminus eintrat. Der Orgelspieler war noch nicht da – die Radiostation ersetzte ihn. Im Restaurationsteil saß alles beim Abendessen im würzigen Dunst von Braten und Wein. Jenseits eines weißgoldenen Säulchens war die Kaffeeabteilung noch ziemlich unbesetzt. Ich setzte mich auf ein rotsamtbezogenes Sofa hinter einem Tischchen mit einem Sessel, ohne meinen Mantel abzulegen.

Meinen Wollschal hatte ich gelockert und meine Pelzmütze in meine Aktentasche gesteckt. Das Sofa sackte reichlich durch, was mich etwas ärgerte: die schicken Lokalitäten sollten nicht so vergammelt sein – oder hatte es etwas mit meinen hundert Kilogramm zu tun? Wie leicht habe ich in meiner Jugend auf solchen Sofas gefedert!

Ich bestellte Filterkaffee und ein Päckchen Zigaretten, Laurens 48, mit Filter, aber gewöhnliche Size. Und obwohl das Radio etwas anderes spielte, dachte ich noch immer an *Pavane* – infante bien défunte! Ein frühlingsgrünes Wellensittichpärchen zwitscherte in seinem vergoldeten Käfig hinter tropischem Grünzeug.

In den letzten zehn Jahren habe ich sehr schlechte Augen bekommen. Ich muß drei Brillen benutzen, denn ich bin zu nervös, um mich an bi- oder trifocale Gläser zu gewöhnen: eine Nummer eins, um Auto zu fahren und die Wellensittiche oder die Bahnhofsuhr zu erkennen, eine Nummer zwei, um zu lesen und Menschen aus der Nähe mit einem verständigen Blick ins Auge sehen zu können – und eine Nummer drei zum Schreiben.

Als Bernard mir den Kaffee gebracht hatte, setzte ich Nummer zwei auf, wickelte ein Zuckerstückchen aus dem Papier und nahm eine Zigarette aus dem Päckchen. Zugleich bemerkte ich eine junge Frau, ein junges Mädchen noch, das ein Tischchen weiter auf dem nächsten kleinen Sofa saß.

Ich muß es bekennen: das erste, das ich bewußt registrierte, war, was sie – wahrscheinlich in Eile – hier und nicht in der Restaurationsabteilung zu Abend aß: Pommes frites, ein Kalbsfilet in Rahmsauce mit Champignons und ein Glas Weißwein.

Schändlich, ja, aber *fast* gleichzeitig habe ich im gleichen Augenaufschlag bemerkt, daß sie einen feingestrickten grauen Rock trug, einen roten Ledergürtel, eine champagnerfarbene Bluse und eine weiße Kappe auf ihren blonden Locken; weiter eine Armbanduhr vom gleichen Luxusstahl wie ihre Halskette. Ihre lackierten Nägel waren so rot wie ihr Gürtel. Ihre feingestrickte graue Jacke am Haken oben neben ihr und darüber offenbar ihr Mantel, ein halbdurchsichtiger Regenmantel aus orangefarbener Ölhaut.

Weiße Kappe, orangefarbener Regenmantel – das mußte ihr gut stehen, vor allem zu den rotledernen Schuhen, die ich zwar unter dem Tisch nicht sehen konnte, auch wenn sie mit gekreuzten Beinen dasaß – aber ich hätte schwören mögen, daß sie solche trug, damit sie zum Gürtel paßten. Denn alles an diesem musikalisch schönen Kind war Harmonie, wohlproportioniert, reiner Wohlklang. Ich war sogleich in ihre feinen Gelenke, in die zierlichen Finger dieser zarten und willensstarken Hände verliebt. Tendre et dure – eine echte, aus einem Roman von Pierre Benoit entsprungene Heroine, die ein wenig aus der Mode gekommen sein mögen, aber von denen hier eine unerwartet am Abend zu leben beginnt und in ihrer neuesten Erscheinung zu unserem größten heimlichen Entzücken dasitzt. Ich hatte natürlich ihr Gesicht schon gesehen, und es war so schön wie die ganze schlanke, jugendstrotzende Gestalt. Ich sah nur ihr Profil, ganz rein geschnitten, matt gepudert, mit edlen Nasenflügeln und schön gezeichneten Lippen. Aber ich wußte, daß dieses Profil nicht lügen konnte, und das ganze Gesicht doppelt schön sein mußte.

Ich spürte, daß sie spürte, daß ich hinsah. Bei einer so wunderbaren Frau konnte es wohl nicht anders sein, als daß alles in ihr genauestens lauschte. Zumal sie – habe ich das schon notiert? – bis in die Fingerspitzen ebenso intelligent wie schön aussah, sonst wäre ihre Schönheit nicht so rassig vornehm gewesen. Als Frau, und infolge dieser Feinnervigkeit, wie auch wegen dieser Intelligenz, mußte sie die ganze Situation ziemlich schnell erfaßt haben, von dem Herrn am Nebentischchen mit seinem Filterkaffee und seinen Brillen, der so zartfühlend wie möglich zum Schein an ihr vorbei seine Blicke auf den Vogelkäfig, die leere Kinoorgel und die helle Bahnhofsuhr in dem dunklen Fenster richtete.

Als ich spürte, daß auch sie begann, zu mir hinzusehen, wendete ich schnell meinen Blick ab, zur Theke an der anderen Seite. Ich bedauerte es fast. Denn das war nun doch sehr unzart, das Bekenntnis, daß ich sie verstohlen beobachtet hatte. Und doch war es Schüchternheit gewesen, herrliche jugendliche Schüchternheit, noch und wieder. Bereuend ließ ich die Theke los und starrte in meinen Kaffee, trank einen Schluck und zündete mir eine zweite Zigarette an. Ich fühlte, daß sie nicht mehr hersah, und es war stärker als ich selbst: meine Augen gingen wieder schnell zum Nachbartischchen, aber diesmal wendete ich den Blick ab, kurz bevor ich spürte, daß sie wieder hersehen würde. Wie viele Male haben wir uns so »gesucht« (laßt das Wort nur für meine Blicke gelten) und gemieden, sind wir voreinander geflohen?

Da kam der Kellner. Hatte sie ihm einen Wink gegeben, als ich nicht hinsah? Sie hatte nur die Hälfte ihrer Mahlzeit aufgegessen, bestellte mit einem Wort Kaffee, und der Kellner deckte ihr Tischchen ab. Sie zündete eine Zigarette an, eine Laurens Carlton, King-size, also mit einem Korkmundstück. Wie elegant hielt sie die lange weiße Zigarette zwischen ihren Fingern. Sie atmete den Rauch ein und tippte ziemlich oft die Zigarette auf den Rand des Aschenbechers. War sie nervös, fiel ich ihr auf die Nerven? Doch bewunderte ich ihre

Gebärde, denn ja, selbst in dieser kleinen Geste steckte Entschlossenheit.

Im Radio begann einer zu reden. Hinter der Theke wurde schnell an einem Knopf gedreht, und da war wieder Musik, ein wenig zu laut. Etwas Südamerikanisches mit ziemlich wüstem Aufwand. Runzelte sie die Stirn? Ich glaube, daß wir genau in diesem Augenblick des Versteckspiels unserer Blicke einander wie bei einem Verkehrsunglück einige Sekunden lang in die Augen geschaut haben. Die ihren waren blau, die schwarzen Brauen waren wie in einem Zug gepinselt, wie Conpersis geschrieben hätte. Ihr Gesicht war tatsächlich doppelt so schön wie ihr Profil. Und der unergründbare Ausdruck der gleiche – tendre et dure.

Auf ihrem Schoß lag ein Buch, das sie aus ihrer Handtasche auf dem Sofa neben sich genommen hatte, zusammen mit den Zigaretten. Ein Taschenbuch: *Sex ist nicht alles.*

War das auf mich gemünzt? Gott ist mein Zeuge, daß ich beim Lesen dieses Titels in der Stille aufgejubelt habe. Ein junges Mädchen, das solche Bücher liest, ist weder unempfindlich noch nur sexy. Das Buch auf ihren Knien war wie ein Spiegel, in welchem sie ihr geistiges Portrait zeigte, das ich sogleich in seiner ganzen feinen Sinnlichkeit erkannt hatte. Und das sie jetzt vielleicht benutzte, um dem alten Herrn neben ihr eine Lektion zu erteilen!

Ich nahm noch einen Schluck, um mir einigermaßen Haltung zu geben. Aber da war mein Glas leer. Noch kurz wollte ich hinsehen, davon profitierend, daß sie wieder durch das Fenster, offenbar auf die Bahnhofsuhr, blickte und dann auf ihre Armbanduhr. Das hatte sie schon häufiger getan mit der schon erwähnten Nervosität. Ich zweifelte keinen Augenblick daran, daß sie auf ihren Zug wartete, der jetzt wohl bald kommen würde.

Und jetzt beschloß ich fortzugehen, als erster. Ich dachte an ein Wort von Montherlant: pouvoir faire, et ne pas faire – l'acte mâle par excellence. Ich hatte hier zwar nichts zu können, doch wollte ich zeigen, daß ich auch nichts gewollt hatte, kein lauernder älterer Herr, sondern ein ship that passes in the night and greets (mit den Blicken jedenfalls) in passing …

Gezahlt hatte ich schon; das tue ich immer gleich, um fortgehen zu können, wann es mir gerade paßt. Denn das ist der Charme eines Lokals, es ist ein freier Salon von Unbekannten, aber man muß sich auch frei fühlen können, und eine fehlende Abrechnung ist eine Fessel.

Ich nahm meine Pelzmütze aus meiner Aktentasche, erhob mich und zog ohne weiteres Umherblicken ab. Es war sehr kalt draußen und ich fühlte mich trotz des Kaffees matter als zuvor. Ich versuchte das zu überwinden, indem ich mir darüber Gedanken machte, was die schöne junge Unbekannte sein könnte? Eine Studentin, die irgendwo außerhalb auf einem schönen Gut wohnte? Das wäre möglich – es war Freitag, und jetzt kehrte sie zum Wochenende nach Hause zurück. Aber sie hatte nur ein Handtäschchen bei sich, keine Büchertasche. Und sie sah bei all ihrer Vornehmheit wie ein zu intelligentes Mädchen aus, als daß sie während des Wochenendes kein Script oder Lehrbuch aufschlagen würde.

Darum hatte ich eher den Eindruck, daß sie jemand vom Rundfunk oder Fernsehen wäre, der für eine Reportage oder ein Interview hier gewesen ist. Ich besitze keinen Fernsehapparat (aus pädagogischen Gründen, wegen Doet und San), daher hätte ich sie auch nicht wiedererkennen können. Aber Radio höre ich, wie gesagt, jeden Abend im Bett, vor meinem Ausgehen – aber ich hatte kaum ihre Stimme gehört, um in der Lage zu sein, sie mit einer der schönen Ansagerinnen in der Dunkelheit meines Zimmers vergleichen zu können, und ich bin nicht musikalisch.

In dem Laden träumte ich immer noch. Aber Laura kennt mich und brachte mir gewohnheitsmäßig eine Flasche Guinness. Nein, keine Zigaretten heute abend, ich hatte noch welche, auch Kaugummi. Ja, Laura sollte die Flasche nur anschreiben, ich hatte kein abgezähltes Geld. Sie hatte ganz rote Backen vom gemütlichen Feuer in der Küche, wo sie mit André vor dem Fernsehschirm gesessen hatte.

»Sie sehen etwas angegriffen aus ... Wir kriegen auch so frühe kalte Ostern ... Wie wär's mit etwas Schokolade oder Datteln heute abend?«

Ich bemühte mich, etwas Munteres, jedenfalls Freundliches zu sagen. Aber ich nahm weder Schokolädchen noch Datteln, mein fauler Bauch und meine matte Seele waren dafür zu angegriffen.

Langsam ging ich zu meinem Wagen, am Terminus vorbei. Ich sah bei dieser Gelegenheit nicht ins Innere; die Schöne würde jetzt übrigens schon fort sein, zu ihrem Zug. Aber gerade als ich an der Glastüre vorübergehen wollte, kam sie heraus, und wir stießen fast gegeneinander. Und wieder begegnete ich den dunkelblauen Augen in dem rätselhaften Gesicht, tendre et dure, vor allem dure.

Ich weiß nicht, ob Ich überhaupt ein »Verzeihung« gemurmelt habe – ich ging blöd und stur weiter zu meinem Wagen hin. Jetzt wird sie sicher meinen, daß ich ein alter Schürzenjäger sei, der es darauf angelegt hatte, ihr noch einmal zu begegnen. Wie hätte sie auch ahnen können, daß ich brav hausväterlich Andrés Laden aufgesucht hatte, um eine Flasche Bier zu kaufen, die unsichtbar in meiner Tasche steckte. Gleich nach dem Zusammenprall und der Begegnung der Blicke hatte sie heftig den Kopf abgewendet und fast zornig, so schien es, die Straße zum Bahnhofsplatz hin überquert.

Aber am Anfang der Allée, gerade vor dem Mädchenpensionat, machte ich auch entschlossen kehrt. Es gibt noch eine andere Männlichkeit als die von Montherlant, weniger heroisch aber in ihrer Poesie menschlicher. Ich glühte plötzlich vor Frühling in der kalten Nacht. Eine wilde *Pavane* sang in mir. Ja, jetzt wollte ich sie in der Tat wiedersehen. Ich wollte mich bei ihr entschuldigen und eine Erklärung geben. Ihr mein armseliges Fläschchen Guinness zeigen. Ich wollte wenigstens einmal ihre Stimme gehört haben.

Ich würde ihr meinen Namen nennen. Sie könnte das kontrollieren, um so leichter, wenn sie Studentin oder vom Rundfunk oder Fernsehen sein sollte. Ich wäre ein alter Dichter und so ernst wie ihr Taschenbuch: *Sex ist nicht alles* – das stehe und habe immer schon in meinen Büchern gestanden. Sex sei etwas, aber darüber hinaus gabe es noch etwas anderes und größeres. Ich hätte beides sogleich bei ihr wiedererkannt und bewundert. Sie möge es als eine Huldigung betrachten. Dichter und Muse seien doch keine Fremden füreinander. Sie sollte meinen Gruß akzeptieren, auch unsere Begegnung und meinen Abschied, und mir die Hand reichen, sogar in Handschuhen wollte ich sie küssen.

Ich beschleunigte erregt meinen Schritt. Aber unter den wenigen Reisenden in der Halle fand ich sie nicht mehr, natürlich. Ich mußte Brille Nummer zwei aufsetzen, um eine Bahnsteigkarte aus dem Automaten zu ziehen.

»Welcher Zug läuft als erster ein?« fragte ich bei der Kontrolle.

»Ostende-Brüssel, Bahnsteig 11, Sie haben noch zwei Minuten.«

Ich rannte jetzt durch die Unterführung. Und auch auf der Rolltreppe lief ich weiter. Erhitzt erreichte ich den eisigen Bahnsteig. Der Zug lief gerade ein. Nirgends bemerkte ich den Regenmantel aus orangefarbener Ölhaut. Und ob ich auch an den Wagen vorbeilief und durch die beschlagenen Fenster blickte – keine weiße Kappe.

Türen wurden zugeschlagen – ein eiliger Schaffner drehte die Türgriffe zu. Ein Pfiff, da fuhr der Zug schon wieder. Erst leise, dann ratternd, dann als ein fernes Dröhnen. Schwer atmend sank ich auf eine Bank. Es war niemand mehr auf dem eisig kalten Bahnsteig. Zitternd zündete ich mir eine Zigarette an.

Verrückter Frühling, törichtes Menschenherz!

Auf dem Minarett zeigte das Zifferblatt neun Uhr fünfundzwanzig an. Die Mondsichel stand davor wie ein offenes Häkchen, dem das schließende Gegenstück fehlt. Aber das war nur Schein: in meinem Herzen war die Parenthese geschlossen. Und dann habe ich wieder an *Pavane* gedacht, wieder mit dem Grimm, wie vor einer halben Stunde: pour une infante défunte!

Langsam ging ich durch die Unterführung zurück mit meiner Aktentasche und meiner Flasche Trostbier für später. Und da, plötzlich, auf der Treppe zum Bahnsteig 5 oder 6 kamen Massen von Reisenden aus einem anderen Zug, der gerade eingelaufen war. Und gleich erkannte ich sie. Sie ging da mit weißer Kappe in ihrem orangefarbenen Regenmantel aus Plastik, hoch und schlank und reizvoll neben einem großen schweren Mann, einem Mann, der ich hätte sein können, in weitem Regisseurmantel, hellem Wollschal und einer Pelzmütze von mouton doré – ich, abgesehen von der Zigarre. Sie gingen untergehakt, er drückte verstohlen ihre Hand.

Ich folgte ihnen heimlich in einem Abstand, der groß genug war, um nicht bemerkt zu werden und sie nicht aus dem Auge zu verlieren. Da war der Kontrollschalter. Und da der Ausgang. Sie gingen an den Taxis vor dem Bahnhof vorbei, durch den Viadukt zur Rückseite des Bahnhofs. Da gibt es ein paar stille Hotels, unter anderem das Rendez-vous-Hotel *Ravel*, das ich vom Hörensagen kenne. Und, nachdem sie sich kurz umgesehen hatten, ohne mich bemerkt zu haben – denn ich sprang rechtzeitig aus dem Lichtkreis einer Straßenlaterne beiseite – gingen sie hinein …

Es ist jetzt kurz nach halbzehn, und ich sitze wieder im Terminus. Ich brauchte noch eine Stärkung. Ich werde mir ein Extraviertelstündchen genehmigen und fahr dann schnell nach Hause wegen der Schularbeiten meiner Brut. Wenn hernach alles ganz still ist im Haus, werde ich vielleicht diese Geschichte schreiben – die realistischsten sind die magischsten.

He, da spielt der Mann an der Orgel unerwartet doch die *Pavane.*

»Bernard! bring ihm noch ein Glas … Wieviel bekommst du von mir? Denn ich muß anschließend gleich gehn.«

Pavane pour une infante défunte? Vor meinem geistigen Auge sehe ich das Hotelzimmer im *Ravel.* Altmodischer Luxus, Champagner oder Whisky. Er hat seine Zigarre ausgedrückt, sie raucht noch eine Carlton, King-size. Vor dem Spiegel hat sie sich parfümiert. In ihrer Handtasche steckt *Sex ist nicht alles.* In der Tat – es ist ein Sprungbrett der Romantik, des geistigen Abenteuers in der ägyptischen Mondnacht vor Ostern. Ihr Profil ist matt gepudert, ihre Brust zart, dunkelblau sind ihre Augen, edel ihr Becken wie auch ihre Handgelenke, blond ihr Geschlecht wie ihre Haare, und nervös ihre Finger, die Zuckungen ihres Körpers und ihrer Seele. Und er ist fünfzig wie ich, wiegt hundert wie ich …

Genau viertel vor zehn war ich zu Hause.

»So spät«, mußte ich hören, »sicher wieder mit André geschwätzt oder mit Laura?«

»Nein, einen Filter getrunken im Terminus«, bekannte ich zahm, »gegen meinen faulen Bauch und meine matte Seele« – und mit besonderer Aufmerksamkeit habe ich zwei Fehlerchen in den Schulaufgaben von Doet und San entdeckt.

Jetzt schlafen alle. Mein Fläschchen Bier ist leer, aber ich habe aus dem Keller noch zusätzlich einen Whisky geholt. Und hier steht meine Geschichte. Es ist eine alte, alte Pavane in einem kleinen Neumond, in dem Züge fahren und Hotelzimmerchen schweben. Die Infantin ist noch nicht tot. Ich durfte sie heute abend kurz wiedersehen. Möge sie leben so lange wie wir. Denn sonst sterben wir frühreif.

Corrado Alvaro

Unschuld

Als der Frühling kam, machte sich Blasi, der als Hilfsarbeiter beim Straßenbau beschäftigt war, auf den Weg, um seine Mutter zu besuchen. Es war ein weiter Weg, aber er rechnete damit, ihn zu Fuß an einem Tage zu schaffen. Statt dessen befand er sich am Abend immer noch auf dieser Seite des Gebirges, auf der Küstenstraße zwischen Agaven und Telegrafenmasten, die vor seinen Augen ineinander verschwammen. An dieser Küste nun, die sich endlos vor ihm dehnte, suchte er sich einen Punkt als Ziel, um dort die Nacht zu verbringen: die auf dem Vorgebirge unter dem Leuchtturm verstreut stehenden Häuser. Er freute sich bei dem Gedanken, dort Rast zu machen. Schon begann die Leuchtturmlaterne zu blinken und vergebens die auf hoher See vorüberfahrenden erleuchteten Schiffe zu rufen. Die Häuser unter dem Felsen des Vorgebirges duckten sich in die Nacht, und aus dem Orangengehölz wehte hin und wieder eine Duftwoge herüber. Als Blasi an sein Ziel kam, fand er, daß der Laden noch geöffnet war. Um am Strand zu schlafen, war es zu kalt, und die Brandung hatte etwas Bedrohliches. Deshalb bat er den Ladenbesitzer, sich bei ihm hinsetzen zu dürfen, was der ihm mit einer wortlosen Gebärde gestattete. So setzte er sich also an den Ladentisch; der Kopf sank ihm auf die gekreuzten Arme, er schlief ein. »Eine Kerze. Tabak für einen Soldo. Einen halben Liter Wein. Eine Zigarette. Wer ist das? Ein Wanderer. Der Baron hat zu zweihundertfünfzig pro Baum verkauft. Zählen Sie den Rest nach.« Das waren die Worte, die Blasi noch im Schlaf hörte, dazu das Kommen und Gehen, Männer- und Frauenstimmen, und dann spürte er, daß jemand bei ihm stand und versuchte, sein Gesicht zu sehen. Später sagte ihm jemand ins Ohr: »Jetzt wird geschlossen.« Mit einem Ruck stand er auf, sah noch hinter dem Ladentisch einen großen Falter, der das Licht vor einem Heiligenbild umkreiste, und schon war er draußen, steif und wie betäubt vom Schlaf.

Das Rauschen des Meeres war gewaltig. Es war, als läge es in Fesseln und bäumte sich wütend auf gegen den Mond, der es aufzupeitschen schien. Bleich und wie verzaubert standen die Bäume in der Helligkeit und dem Rauschen dieser Nacht. Die Straße war menschenleer. Er setzte sich auf die niedrige Mauer vor einer Hütte und betrachtete den Schatten, den die Akazie vor der Tür scharf und fein wie einen Scherenschnitt auf die Erde warf. Die Nacht erschien ihm plötzlich wie die seltsame Jahreszeit einer kraftlosen Sonne. Als er genauer hinsah, bemerkte er, daß die Tür der Hütte halb geöffnet war und daß jemand da drinnen hustete. Er trat etwas näher. Auf das Geräusch seines Schrittes hin rief jemand: »Herein!« Er stieß die Tür auf und trat ein. »Guten Abend«, sagte er, »aber ich habe gar nicht geklopft.«

Unter einer von der Decke herabhängenden Lampe saß eine weibliche Gestalt, in einen Schal gehüllt, der auch ihren Kopf bedeckte und nur zwei schwarze, starr blickende Augen erkennen ließ, zwei alterslose Augen, die Augen der Frauen aus dem Volke. Er sagte gleich, ohne viel Umstände: »Wenn Sie mich hier schlafen lassen, meinetwegen auch auf dem Fußboden, und wenn es Ihr Mann erlaubt – ich kann bezahlen. Ich bin auf der Reise und will meine Mutter besuchen. Ich bin Arbeiter.« Die Frau deutete ein Kopfnicken an. Darauf sagte er: »Danke, dann setze ich mich jetzt hin.« Die schwarzen Augen richteten sich fest auf ihn, und in ihren Blick schien sich ein unwillkürliches Lächeln zu stehlen. »Wieviel schulde ich Ihnen also?« fragte der junge Mann, setzte sich und klimperte mit dem Geld in der Tasche. »Machen Sie die Tür zu«, sagte die Frau, »und schieben Sie den Riegel vor.« Als er aufstand, um zu tun, was sie sagte, hatte sie Gelegenheit, ihn zu mustern: ein schlanker, schmächtiger junger Bursche, mit sonnenverbranntem Gesicht unter dem krausen Haar, dem der erste Anflug eines Bartes einen leidenden Ausdruck gab, der ihn älter erscheinen ließ, als er war. Er sah sich um und bemerkte die wie ein Vorhang aufgehängte Decke, hinter der offenbar das Bett stand. Fragend blickte er die Frau an. »Dann leben Sie allein?« Sie nickte, und er schien darüber nachzudenken. »Ich bin Arbeiter«, sagte er und begann zu schildern, wie es beim Straßenbau zuging und wie böse der Vorarbeiter war, den sie hatten. Auf einmal hörte sie ihn nicht mehr reden. Trotz der Mühe, die er hatte, nicht vom Stuhl zu fallen, war er eingeschlafen. Später warf er sich dann instinktiv, wie ein Tier, zu Boden. Die Erinnerung an den Fußmarsch, den er hinter sich hatte, verfolgte ihn; er spürte noch jetzt die Anstrengung. Er schlief mit dem Gesicht auf dem gebeugten Arm. Die Frau sah ihm zu und dachte an den tiefen Schlaf der Jugend, an ihre glückliche, unbeschwerte Müdigkeit. Als sei sie es selbst, die ihm diesen Schlaf schenkte, dachte sie – und sagte es beinahe laut: Schlaf nur, schlafe! Er schlief. Unwillkürlich hatte er die freie Hand in die Tasche mit dem Geld gesteckt.

Es klopfte leise an der Tür. Die Frau stieg auf den Stuhl, um die Lampe zu löschen. Darauf wartete sie ab, ohne sich zu rühren. Es klopfte wieder, diesmal lauter, und hinter der Tür sagte eine Stimme: »Vènera, mach auf!« Man hörte nun auch Geräusche, die eine ganze Gesellschaft verrieten, den Ton eines Akkordeons, das sogleich wieder verstummte, und unterdrücktes Lachen. Aber dann begann jemand, von einem Tamburin begleitet, aus vollem Halse zu singen, und ein anderer trat im Takt des Liedes gegen die Tür. Die Worte des Liedes aber lauteten: »O giftige Blume, o verirrtes Schaf!« Sie lachten. Verworren nahm der Schlafende alles auf. Die Leute vor der Tür wurden inzwischen ungeduldig, während aus den Nachbarhäusern gackernd, wie aus einem Hühnerstall, lautes Husten und Unmutsäußerungen drangen. »Mach auf, Vènera, zum Teufel!« Darauf begann die Frau hinter der Tür zu reden: »Heute abend kann ich euch nicht hereinlassen, geht weg, in Gottes Namen, und kommt morgen abend wieder.« »Nein, jetzt, jetzt!« forderten die auf der Straße laut. Sie lachten, pfiffen und ahmten das Geräusch schmatzender Küsse nach. »Einen Augenblick, laßt mich doch erklären«, begann die Frau von neuem. »Ich habe einen Verwandten hier, fast noch ein Kind, der nicht Bescheid weiß. Seid so gut und laßt mich in Ruhe, ich bin schon unglücklich genug. Laßt eine arme Waise in Ruhe!« Die Antwort von draußen war ein einziger Lärm. »Ich mache nicht auf«, erklärte sie wütend.

»Dann wehe dir, Vènera!« drohten sie. Aber sie zerstreuten sich. Nur einer kam zurück und flehte sie an. Er rief sie – es war die Stimme eines jungen Menschen – mit zärtlichen Namen und küßte ihre Tür. Am Ende drohte er ihr: »Ich stecke dir die Tür in Brand.« Doch dann hörte man nichts mehr außer dem Atem des Meeres, der durch die Nacht drang, über diese ganze in den verzaubernden Mondschein getauchte Welt.

Der Morgen kam wie ein Fest. Der junge Mann sah die Frau vor dem kleinen Herd; sie hatte jetzt ein blaues Tuch um den Kopf gebunden, das unter dem Kinn verknotet war, und die Blässe ihres Gesichts wirkte aschgrau. Er aber lag – er wußte nicht, wie es geschehen war – auf dem Bett. Der Vorhang war weggezogen, und die Sonne hatte ihre Pfeile in alle Lücken und Spalten der Tür und des Fensters gebohrt. Daran, wie er, noch immer angekleidet, in dieses Bett gekommen war, konnte er sich nicht erinnern. »Und wo haben Sie geschlafen?« »Für mich war auch noch Platz«, erwiderte die Frau. »Sie haben wie ein Kind geschlafen, so fest.« Mitten im Zimmer saß eine Katze auf ihrem Schwanz und sah zu ihm auf. Die Wände waren stellenweise mit Bildern aus Illustrierten bedeckt, und inmitten eines Fächers von Ansichtskarten steckte das Foto eines Mannes: er schien vor einem Gericht zu stehen und seine Verurteilung entgegenzunehmen. Auf dem Kopfkissen neben sich sah der junge Mann den Abdruck eines anderen Kopfes; argwöhnisch fuhr er heimlich mit der Hand in seine Tische. Es war nur so ein unbestimmter Verdacht. Dann fragte er sie: »Mir war so, als ob heute nacht Leute hier draußen Lärm gemacht hätten?« »Ach ja, die haben Musik gemacht und den Frauen ein Ständchen gebracht.«

Sie gab ihm den Kaffee in einer kleinen Tasse mit Goldblumen, die offenbar nur selten und bei besonderen Gelegenheiten benutzt wurde. In dem matten Spiegel der Flüssigkeit sah er, wie in einem nächtlichen See, für eine Sekunde sein Auge, als wäre es ein Zeichen aus der Tiefe. Er sah sich nach seinen Schuhen um. Die Frau reichte sie ihm, nachdem sie sie mit dem Zipfel ihrer Schürze saubergewischt hatte, und diese Geste erinnerte ihn an seine Mutter. Als er aufstand, begann sie ihn abzubürsten. Unter dem Auf und Ab der Bürste fühlte er sich in seine Kindheit zurückversetzt, und hin und wieder spürte er, zwischen zwei Strichen der Bürste, wie er an etwas Weiches stieß. Sie stand dicht vor ihm, mit niedergeschlagenen Augen, damit er sie nicht ansehen konnte, während sie sorgfältig ihre Arbeit verrichtete. Wieder steckte er die Hand in die Hosentasche, um sich Haltung zu geben. »Wie machen wir es nun mit der Übernachtung?« Aber sie antwortete: »Sie wollen immer nur bezahlen. Nichts da. Ich bin allein und brauche nichts. Das war doch einfache Nächstenliebe.« Unterdessen hatte sie einen Kamm zur Hand genommen und kämmte ihm nun behutsam das Haar. Sie sah, wie die Locken sich erst glätteten und sich dann wieder zusammenrollten. »Haben Sie ein Mädchen in Ihrem Dorf?« »Nein, ich habe keins.« »Sie haben keine Frau, die Sie lieben?« »Nein, ich habe keine. Ich habe zu arbeiten«, erwiderte er, ernst und vernünftig. Aber dann lachte er und zeigte dabei zwei große mandelförmige Zähne. Ihre Bewegungen waren schroffer geworden, und sie zog ihm mit dem Kamm an den Haaren, daß es ihm weh tat. Doch sie fuhr fort, ihn zu bedienen, goß ihm Wasser ins Waschbecken und wartete, das Handtuch in den Händen. Während er sich abtrocknete, sagte er: »Jetzt muß ich aber gehen.« »Haben Sie etwas zu essen für unterwegs?« »Nein, ich bin kurz nach Mittag zu Hause. Schönen Dank! Sie sind wirklich ein Engel Gottes. Ich werde Sie nicht vergessen, und wenn ich wieder in diese Gegend komme, besuche ich Sie.« Ohne darauf zu antworten, hatte sie das Bündel des jungen Mannes geöffnet, mit flinken Fingern die Knoten des Tuches gelöst, und nacheinander alle darin enthaltenen Gegenstände in die Hand genommen, wie um sie neu zu ordnen. Dann stellte sie eine Leiter an die Wand und stieg zur Zimmerdecke hinauf, wo zwei, drei Netze mit rosigen Äpfeln hingen. Dort oben auf der Leiter wurde sie geradezu gesprächig. »Ich gebe Ihnen etwas zu essen mit für den Weg. Sie sind ja noch ein Junge, kann man wohl sagen, und Jungen müssen immer etwas zu essen haben.« »Junge!« sagte er, an seiner empfindlichen Stelle getroffen, »ich bin doch kein Junge mehr. Ich bin achtzehn, was haben Sie denn gedacht?« Er sah von unten zu ihr herauf, sie hatte die Röcke zwischen die Knie geklemmt, und ihr Gesicht, das auf ihn hinuntersah, war so fern, als flöge es hoch über ihm am Himmel. »Sie brauchen die Leiter nicht zu halten«, sagte sie, schamhaft errötend, daß er sie so betrachtete, »gehen Sie zur Seite.« Bei einer ungeschickten Bewegung von ihr schwankte die Leiter. Sie schien den Halt zu verlieren, aber während die Äpfel zu Boden fielen, gelang es ihr gerade noch, sich an einer Sprosse festzuhalten, und der Junge kam noch zurecht, um sie in seinen Armen aufzufangen. Dabei hatte sich das dunkelblaue Tuch, das sie um den Kopf trug, gelöst, und ihr kastanienbraunes, mit blonden Streifen durchzogenes Haar wurde sichtbar. Sie fuhr mit den Händen an die Wangen und suchte sie zu bedecken, während sie starr den Jungen ansah. »Haben Sie sich weh getan?« fragte er und nahm ihr, gegen ihren Widerstand, die Hände vom Gesicht, da er fürchtete, sie habe sich verletzt. Was er sah, war die kaum verheilte Narbe von einer langen Schnittwunde, die eine ihrer Wangen vom Ohr bis zum Kinn entstellte, wie man sie zuweilen, als Zeichen ihrer Schande, bei den gefallenen Frauen sehen kann. Sie machte keinen Versuch mehr, ihr Gesicht zu bedecken, und stand wie schuldbeladen vor ihm. Vielleicht um sich zu schaffen zu machen, sammelte sie die auf dem Boden verstreuten Äpfel auf und tat sie in sein Bündel. Nun war sie fertig. Er trat auf sie zu, nahm ihren Kopf in seine Hände und sah ihr in die Augen, dann preßte er die Lippen auf ihre Narbe. Er küßte sie herzhaft, als riefe er das Sonnenlicht zum Zeugen, und ohne Widerwillen. »Sie sind ein guter Junge«, sagte sie leise. Da klopfte es. Ein finster blickender, bleicher junger Mann trat ein. Er wartete darauf, daß der Fremde das Zimmer verließ, und sah dem sich Entfernenden mit musterndem Blick nach. Dann schlug er die Tür zu.

Draußen strahlte die Sonne, und das Meer blendete.

Peter Jacobi

Ewiges Rom

»Goretti! Goretti!«

Maria Angela schüttelte mit gespieltem Grauen ihre schwarzlockige Mähne und blickte Franca aus weit aufgerissenen Augen an.

»Wieso nicht gleich der ›Ziegenbock‹?«

Ich musste lachen. »Ziegenbock« nannten wir den spitzbärtigen, halb schwachsinnigen Büroboten Enzaghi, der mit seinem Postwagen durch die Gänge schlurfte und allen Frauen ein sabberndes »bella, bella« nachrief.

»Was ist mit Dottore Landolfi?« insistierte Maria Angela. »Dem schönen Orlando? Dem eleganten Scacchi?«

»Kannste mir auf'n Bauch binden«, sagte Franca grinsend, spießte ein riesiges Stück geeister Melone auf die Gabel und biß hinein, daß ihr der Saft über das Kinn lief. Maria Angela kicherte und rief dem Ober, er solle noch ein paar Servietten bringen. Dann wandte sie sich an mich:

»Hilf mir Laura! Wie kommt sie auf eine behaarte Kellerassel wie den Kassier Goretti? Ich finde das unmöglich.«

Der Kellner, der unserer lautstark geführten Diskussion, welcher unserer männlichen Kollegen die größte erotische Ausstrahlung habe, ohne eine Miene zu verziehen gelauscht hatte, legte einen Packen himmelblauer Servietten auf den Tisch.

»Sie hat einen Hang zum Küchenpersonal«, sagte ich witzelnd.

Der Ober entfernte sich beleidigt.

Maria Angela warf den Kopf nach hinten und lachte laut zur Decke hinauf. Franca schlang breit grinsend das letzte Stück Melone herunter und wischte sich das Kinn ab. Maria Angela war die EDV-Spezialistin der Bank und für das Netzwerk des *Credito S. Ambrogio di Milano* verantwortlich. Franca leitete die Abteilung »Haustechnik« im palastähnlichen Stammhaus an der *Viale di Trastevere.* Mit ihrer lockeren, ungenierten Art hatten die beiden sofort mein Herz gewonnen. Drei Wochen nach meinem Wechsel in die römischen Zentrale waren wir die dicksten Freundinnen geworden. Drei reife, beruflich erfolgreiche Frauen, attraktiv und unabhängig. Frauen, die es sich leisten konnten, die Mittagspause auf der von freundlicher Frühlingssonne beschienenen Terrasse von *Carmine* zu verbringen und lautstark über Männer zu schwadronieren …

Es waren die Hände!

Wir standen vor der Monitorwand in Francas Büro und beobachteten, wie Goretti oben in der Schalterhalle einer holländischen Touristin das Wechselgeld hinzählte.

Kleinfingrige, stumpfe, mit schwarzem Borstenvlies bewachsenen Hände!

Dabei war Matteo Goretti weiß Gott keine Schönheit. Wie nicht wenige Sizilianer war er klein und hatte kurze Beine. Obwohl knapp über dreißig, zeigten sich schon erste Geheimratsecken.

Zu meinem Erstaunen fühlte ich, wie mir der Schweiß ausbrach, als sich Gorettis fleischiger Zeigefinger sanft in das Geldbündel bohrte. Gebannt sah ich zu, wie er die Scheine einen nach dem anderen sachte auf den grün laminierten Schalter zählte.

»Centomila, centocinquanta, duecento …«

Eine rauchige Stimme, die wie ein sanftes Reibeisen bis in die unterste Hautschicht drang. Maria Angelas Zunge schoß heraus und leckte unstet über die trockene Unterlippe. Die dünne Seidenbluse klebte mir am Körper. Goretti ging zum Geldschrank hinüber. Während seine Hände der Schublade mechanisch ein weiteres Lirebündel entnahmen, sah er kurz auf, direkt in die Kamera. Maria Angela stieß einen erstickten Schrei aus. Es war einer jener tief gründenden Blicke, die jedes Härchen in seiner Pore erzittern lassen. Ich fühlte, wie ich wackelig auf den Beinen wurde, als die fleischigen Finger das Geldbündel sachte auf die Theke zählten.

»*Madonna Santa,* diese Hände!«

Natürlich wehrten wir uns.

Schließlich konnte es nicht angehen, daß drei hochkarätige Karrierefrauen einem kleinen, krummbeinigen Kassier nachliefen.

Obwohl wir uns die abseitige Begierde, die Goretti in uns auslöste, offen eingestanden, gelang es uns jene, wie EDV-Frau Maria Angela es ausdrückte, »tief im Rom des Unbewussten gespeicherten Triebgewalten« auf ironische Distanz zu halten.

Heute ist mir klar, daß wir Francas Vorschlag, mit Gorretti ein wenig Katz und Maus zu spielen, nur deshalb so begierig aufgriffen, weil es uns ohne Gesichtsverlust ermöglichte, täglich, kurz vor Feierabend, vor die Monitorwand zu treten und klopfenden Herzens Gorettis tierisch scharfe Hände anzustarren.

Wir führten uns auf wie Pubertäre. Bombardierten ihn mit anonymen Liebesbriefen, die wir mit Maria Angelas elektronischer Hilfe auf den LED-Bildschirm neben seine Kasse schickten. Fanden es zum Schreien komisch, wie Goretti dort unten im Kassenraum erstarrte, während wir uns im Monitorraum vor Lachen kugelten. Wir schlichen kurz vor Bankschluß in die Tiefgarage und legten einen dicken Strauß roter Rosen auf die Kühlerhaube seines Fiats (und waren enttäuscht, als er ihn flugs auf dem Rücksitz von Orlandos offenem Roadster entsorgte). Wir ließen ihm einen kitschigen Schlips mit Rosenmotiv zukommen und waren entzückt, als er ihn tatsächlich am nächsten Morgen trug. All diese Botschaften waren frei nach dem Erotikfilm *Madame O* mit »O« unterzeichnet. Gern stellten wir uns vor, wie Goretti in schlaflosen Nächten vergeblich nach dem Urheber suchte und darüber abmagerte und langsam der Verzweiflung verfiel. Statt dessen schien ihm die anonyme Zuneigung gut zu tun. Er blühte sichtlich auf. Seine leicht vornüber geneigte Haltung straffte sich. Die Hosen, die er trug, saßen knapper, die Hemden wurden enger, die Krawatten bunter.

»Unser kleiner Papagei« nannten wir ihn zärtlich. Goretti wurde unser virtueller Schoßhund. Die Gefahr, die von seinen behaarten Greifern ausging, schien gebannt. Zumindest glaubten wir das.

Ein strahlender Apriltag. Franca rief mich aufgeregt in ihr. Büro.

»Da! Sieh dir diese Schlampe an«, tobte sie, als ich in ihr Büro stürmte, und wies auf die Monitorwand, die einen Ausschnitt der Tiefgarage zeigte. Ich kniff die Augen zusammen und erkannte eine Frau und einen Mann mit rosenberankter Krawatte, die vor der Schnauze eines Alfa Romeo auf dem Boden hockten und gelbe Kugeln in einen flachen Strohkorb lasen.

»Aprikosen!« fauchte Franca. »Saftige weiche flaumige Aprikosen! Trick siebzehn: Frau lässt Fruchtkorb fallen, Kavalier hilft aufzuheben.«

Der Mann war Goretti. Die Frau auf dem Monitor beugte sich vor, um die zwischen die Vorderreifen gerollten Aprikosen einzusammeln. Maria Angela! Es schien sie nicht zu kümmern, daß ihre vollen, durch keinerlei Gebinde gehinderten Brüste dabei aus der durchsichtigen Bluse schwappten …

Bis Anfang Mai sprachen Franca und Maria Angela kein Wort mehr miteinander. Nach endlosen Einzelgesprächen gelang es mir, die beiden zu einem Versöhnungsessen bei *Carmine* zusammenzubringen.

»Seid ihr wahnsinnig?« sagte ich, »unsere gewachsene Freundschaft wegen eines behaarten Affenmännchens wie Goretti zu riskieren?«

»Es ist stärker als ich«, sagte Maria Angela mit gesenktem Kopf.

Ach, ich verstand sie nur zu gut. Erst diesen Morgen war ich (zum wiederholten Male) aus einem feuchten Goretti-Traum erwacht.

Maria Angela brach in Tränen aus und schluchzte, wenn es so weiter gehe, könne sie für nichts mehr garantieren. Es sei eine Frage der Zeit, bis sie splitterfasernackt durch die Kassenhalle rennen und sich wie eine Furie auf Goretti stürzen würde. Franca nickte trübselig und ließ uns ihr Notizbuch sehen, dessen Blätter sie mit Hunderten von haarigen Händen bekritzelt hatte.

Wir hoben die Köpfe und sahen einander in die Augen. Die Kleider klebten uns am Körper. Trotz der Klimaanlage waren wir schweißgebadet. So kam es zu dem Plan, Goretti gemeinsam zu besitzen.

Nichts einfacher als anonymer Sex!

Was die Schwulen in den Darkrooms ihrer Saunas trieben, konnten wir – drei leidenschaftliche Italienerinnen – schon lange!

Goretti würde nie erfahren, von wem er (wir vermieden das Wort »Vergewaltigung«) besessen worden war. Die Voraussetzungen, daß unser Vorhaben reibungslos funktionierte, waren schnell erledigt. In einer halben Stunde hatte Maria Angela das Programm des Tiefgaragentors so manipuliert, daß es sich am Abend des »Stichtages« nicht mehr automatisch vor Gorettis Fiat öffnen würde. Franca hatte aus dem Fundus der Wachmannschaft einen Gummiknüppel sowie Handschellen, Seile und anderes Fesselgerät besorgt. Ich hatte Vaselineöl, Maria Angela einen pinkfarbenen Vibrator beigesteuert. Außerdem war ich, da ich, wie Franca netterweiser vernehmlich durchs Lokal posaunte, »den fettesten Arsch von uns dreien« hatte, dazu auserkoren worden, den Büroboten Enzaghi abzulenken, während ihm Franca Gorettis abendliche Devisenabrechnung vom Bürowagen stahl. »Ziegenbock« Enzaghi stand auf dicke Hintern.

»Bella, bella!«

Speichelsprühend und mit ausgebreiteten Armen kam Enzaghi auf mich zugerudert. Ich stand im Gang, der zur Schalterhalle führte, und ballte die Fäuste. In seinem zerrupften Ziegenbärtchen zitterten Spaghettireste. Wer hatte gleich nochmal gewitzelt, daß man an Enzaghis Bart die Kantinen-Speisefolge ablesen konnte?

»Bella ...!«

Gottlob brauchte ich nicht weiter standzuhalten, denn schon gab Franca das vereinbarte Zeichen, daß sie die Unterlagen an sich gebracht hatte.

Goretti würde heute abend Überstunden schieben müssen. Gegen acht Uhr würde er in der verwaist daliegenden Tiefgarage in seinen Fiat steigen. Aber das automatische Tor würde sich nicht öffnen. Nach ein paar Fehlversuchen würde Goretti wütend aus dem Wagen springen und den Liftknopf betätigen. Aber der Lift ist abgeschaltet. Und die schwere Stahltüre von Aufgang A, durch die man hinauf zur Pforte kommt, ist abgeschlossen. Gorettis schweinisch behaarte Hände würden wie verrückt am Türknauf rütteln. Oh, wie sie am Türknauf rütteln würden!

Schließlich bliebe nur noch Aufgang B, der in den Fitnessraum der Direktion führt. Dort würde es stockfinster sein und …

… wie vom Blitz gefällt sank der Schatten, der im Licht der Tür stand, zu Boden, wo sechs Frauenarme ihn ergriffen. Ins Dunkel zogen, fesselten und schnürten.

Der Rest war Rausch: Wir küßten die behaarten Hände, leckten seine Arme, kniffen Hinterbacken, ritten seine Brust, ließen das Horn schwellen und rissen einander eifersüchtig davon weg, legten uns unter, auf und neben ihn, nahmen seinen Kopf zwischen die Beine, fühlten drahtige Borsten an der Innenseite unserer Schenkel zittern, hörten, wie plötzlich die Stimme krächzte:

»Bella, bella!«

Wir ließen den wie eine Wurst verschnürten Enzaghi liegen und rasten, uns die Kleider überziehend, in die Tiefgarage. Sprangen in Maria Angelas Alfa Romeo. Standen Sekunden später oben vor dem antikisierenden Haupteingang des *Credito S. Ambrogio di Milano.* Duckten uns, als neben uns ein offener Roadster hielt. Der schöne Orlando!

Goretti erschien vor dem Portal. Winkte ausgelassen. Rannte, zwei Stufen auf einmal nehmend, auf Orlando zu. Franca wies auf die Windschutzscheibe des Roadsters, hinter der drei getrocknete Rosen klemmten. Wie der Sportwagen ausscherte, hörten wir Orlando fragen:

»Und dein Wagen?«

»Habe ich Enzaghi geliehen. Morgen bringt er uns kaltgepreßtes Olivenöl von seinem Onkel aus Frascati.«

An der Ampel bei der Viale Glorioso küßten sie sich. Leidenschaftlich. Als sie wieder anfuhren, flatterte Gorettis bunter Schlips lustig im Fahrtwind. Rosenmotiv. Geschenk eines geheimnisvollen »O«. »O« wie Orlando.

Giuseppe Dessì

Meine Ururgroßmutter Letizia

Das Gittertor bestand aus zwei Sorten Holz, Birnbaum und Eukalyptus, und die Pfosten waren aus Steineiche. Es war in eine drei Meter hohe Mauer aus Stein und Kalk eingelassen.

Letizia öffnete eben einen der Flügel, als Angelo Uras, mein Ururgroßvater mütterlicherseits, sie sah.

Letizia sah ihn auch, und einen Augenblick blieb sie stehen, um ihn zu betrachten. Früher hätte ihr bei seinem Anblick das Herz bis zum Hals geschlagen, aber nun konnte sie ihn in aller Ruhe betrachten, ihr Herz zitterte seinetwegen nicht mehr. Dennoch sah sie ihn nur einen kurzen Augenblick an und wandte rasch den Blick ab wie damals, als sie noch ein junges Mädchen war und sein Anblick sie scheu machte: sie sah ihn einen Augenblick an, kehrte ihm ohne Trotz den Rücken und ging auf das Haus zu.

Wenn er etwas hatte, was ihm Sorge bereitete, suchte Angelo Uras Letizia auf und sprach mit ihr; er sprach mit ihr nicht über das, was ihn beschäftigte, sondern von ganz anderen Dingen, und das tat ihm wohl. Es war nicht seine Art, anderen seine Sorgen anzuvertrauen, und er hütete eifersüchtig seine Geheimnisse, solange sie solche bleiben mußten. Einige davon blieben auch für Letizia Geheimnisse, und Angelo hat sie mit ins Grab genommen. Nicht einmal ich kenne sie.

Angelo sah die Frau von hinten.

Sie kannten sich nun seit zwanzig Jahren, seit ihrem siebzehnten Lebensjahr. Sie waren ein Liebespaar gewesen und waren es noch, wenngleich sie sich nicht mehr so oft sahen wie früher, als sie einander begehrten. In diesen zwanzig Jahren hatte Angelo, mein Ururgroßvater, eine reiche Frau aus Ordena geheiratet und Letizia einen Halbpächter Angelos.

Doch diese Umstände hatten nichts an ihren Beziehungen geändert.

Die Frau war zweihundert Schritte entfernt, und Angelo sah, wie ihr Rock zu den langsamen Schritten schwang.

Dies geschah vor genau hundertdreiundzwanzig Jahren, im Monat März, in Norbio. Es war ein Frühling wie dieser.

Während er sie betrachtete, dachte Angelo: »Ich könnte mich umbringen.«

Es war nicht das erste Mal, daß ihm dieser Gedanke kam, wenn er sich in finanziellen Nöten befand.

Wenn er sich umgebracht hätte, wäre ich nie geboren worden, denn ich stamme direkt von seinem dritten Sohn, Pietro, ab, der an demselben Tag, zwölf Stunden später, empfangen wurde.

Aber dieses »Wenn« hat keinen Sinn. Es konnte kein »Wenn« geben. Unser Schicksal war besiegelt. Das seine und das meine und das all jener, die zwischen uns beiden kamen. Dennoch lag der Schatten dieses Gedankens drückend auf seinem ganzen Leben und auf dem seiner Nachkommen und auf meinem.

In diesem Augenblick war ich ein leuchtender Punkt, und ich bewegte mich mit ihm, anderthalb Spannen von seinem rechten Auge entfernt.

Wenn er etwas Gewagtes, Gefährliches unternahm, zog Angelo auch die Möglichkeit des Selbstmords als letzten Ausweg in Betracht. Deshalb war er ruhig. Und er fürchtete den Tod nicht. Er glaubte, diese Möglichkeit in Reichweite zu haben wie einer, der gewiß ist, mit einer Seidenschnur aus einem Gefängnis fliehen zu können.

Einmal nahm er sogar den Lauf des geladenen Gewehrs zwischen die Zähne, aber gerade in diesem Augenblick war er weiter denn je davon entfernt, die unselige Tat zu vollbringen. Es blieb ihm für immer die Erinnerung, ein Geschmack von Salpeter. Das Gewehr war ein Vorderlader, für den er selbst das Pulver herstellte und der nun in die Hände unseres Feldhüters übergegangen ist.

An jenem Morgen, als er die Hüften Letizias betrachtete, die sich unter dem langen Faltenrock rundeten, fühlte er plötzlich, wie ihn das Verlangen überkam.

Ich schwebte noch auf der Höhe seines rechten Auges neben ihm her wie eine Pferdebremse, immer im gleichen Abstand. Angelo rieb sich mit der Kuppe des Ringfingers das Auge.

Er betrachtete das Gittertor, er sah die hohen Pinien um das Haus. Er sah den Weinstock der Laube. Und hinter dem Haus die Mandelbäume, die Feigenkaktus-Hecke. Er sah alle diese Dinge wie ein einziges; und es war ein Raum voller Stille, in dem er ausruhen konnte.

Diesen Ort nennen wir noch heute *La Vigna*, obwohl schon damals, abgesehen vom Wein über der Laube, nur noch wenige da und dort verstreute Weinstöcke übrig waren. Aber früher war es ein großer Weinberg gewesen. Zur Zeit meines Ururgroßvaters pfropfte man noch nicht auf amerikanische Wurzelstöcke auf. Die Weinstöcke gingen nach wenigen Jahren ein, und man konnte nicht gleich auf demselben Boden neue pflanzen. Aber der Wein war viel besser.

Angelo besaß viel Land und wenig Geld. In seinem Haus fehlte es an nichts, außer am Geld. Es war damals nicht leicht, die Erzeugnisse zu verkaufen. Wenige kauften, und man exportierte so gut wie nichts. Geld hätte er auch keines gebraucht ohne seine Leidenschaft, immer mehr Land zu besitzen. Er sagte, eines Tages werde Land der sicherste Reichtum sein, aber er glaubte nicht daran: er hatte einfach diese Leidenschaft. Er sagte, daß die Zeit, in der Land kostbarer sein werde als Gold, erst noch kommen müsse, daß sie aber nicht mehr fern sei; und er tat sich um und kaufte so viel Land, wie er konnte, manchmal sogar, indem er Schulden machte. Mit diesen Worten rechtfertigte er seine Leidenschaft durch Logik, als ob ihm an seinen künftigen Enkeln etwas gelegen wäre, und angenommen, es lag ihm wirklich etwas an ihnen: als hätte er die Gewißheit, daß das Land auch bis zu uns gelangen werde. Aber er glaubte nicht daran, es war reine Leidenschaft.

Als er das Haus betrat, funkelte ich auf seiner Uhrkette.

Er war ein rechtschaffener Mann nach den damaligen Begriffen von Rechtschaffenheit. Dennoch tat er ab und zu etwas, was zur Moral im Widerspruch stand, und er wartete stolz darauf, daß man es ihm sagte, ihm vorwarf. Aber niemand sagte je etwas in seiner Gegenwart.

Er trat ein und setzte sich an den Kamin. Auf dem Feuer stand eine Kaffeekanne aus Blech mit einem Stückchen gelben Papiers im Schnabel, das säuberlich zu einem Trichter gerollt war. Alles im Raum war an seinem Platz: Stühle, Truhen, Tische, Kessel, Pfannen, Körbe, Schnurrollen, Teller …

Alles war seit langer Zeit da, dazu bestimmt, noch lange zu dauern. Man hatte den Eindruck, in der Mitte des Lebens zu sein.

Einen Augenblick funkelte ich auf dem Busen der Frau.

Sie hatte das Hemd über den Brüsten mit einem roten, zu einer Schleife geschlungenen Band geschlossen.

Aus dem Fenster, das auf die Rückseite des Hauses ging, sah man durch die geputzten Scheiben eine Sprossenleiter, die an der Mauer lehnte; man hörte das Klappern der Baumschere.

Als Angelo aufstand und sie um die Hüfte nahm, flüchtete ich mich in ihr Haar, hinter das Ohr.

Sie hob den Blick und deutete nach ihrem Mann, der den Weinstock stutzte.

Angelo drückte sie noch immer an sich, und sie stemmte die starken Hände gegen seine Brust, doch ohne ihn ganz zurückzustoßen.

Ich lief summend durch ihr Haar.

Die Augen auf das Fenster gerichtet (sie sah die Beine und die Stiefel ihres Mannes, der zwei Sprossen tiefer gestiegen war), überließ sie ihm ihren Mund, und ich schlüpfte ihr in den Busen wie ein Tropfen Milch.

Aber an diesem Tag kam es nur zu einem langen Kuß.

Am Abend, zwölf Stunden später, wandte sich Angelo im Bett seiner Frau zu.

Doch meine Ururgroßmutter ist Letizia. Wenn ich daran denke, bin ich erfüllt von Liebe zu ihr und zu den Orten, an denen sie lebte.

William Carlos Williams

Die Venus

Wie ist es denn eigentlich, Amerika?

Es war ein Fräulein von J., die sprach.

Sie waren auf dem Weg zur Bahn nach Frascati, alle drei – sie, ihre Begleiterin und Evans.

Als Antwort schüttelte er den Kopf und lachte – und sie sputeten sich, um den Zug noch zu erreichen.

Sie konnte ganz gut Englisch, ihre Begleiterin nicht; Devs Deutsch war verkrampft, sprudelte los für ein oder zwei Augenblicke, versiegte dann aber plötzlich, als hätte es ihm die Sprache verschlagen. So sprachen sie Englisch und hatten ihren Lunch dabei. Picknick. Er fühlte sich beschwingt.

Es war heiß an diesem Tag. Fräulein von J. schien sehr unkompliziert zu sein, sehr direkt, und in seiner römischen Stimmung schien sie ihm zauberhaft schön. Ihrem uneleganten, langärmeligen deutschen Kleid, ihren dicken Strümpfen und schweren Wanderschuhen zum Trotz fand Evans sie engelhaft anmutig. Aber die klaren Züge, die hohe Stirn, die vollendet geschwungenen Lippen, die wohlgeformte Nase und, als Krönung von allem, das wie Nebel schimmernde blaßgoldene, unauffällig nach hinten gekämmte Haar – all das flößte ihm Respekt ein, und er wußte nicht, wie er beginnen sollte. Aber aus einem merkwürdigen Grunde blickte sie ihn unverwandt an, als würde sie ihn gerade erkennen, so daß er ihr schließlich antworten mußte.

Die Bahn war packenvoll. Kurz vor der Abfahrt waren drei baumlange Engländerinnen herangestürmt und hatten verzweifelt auf Englisch gerufen, die Bahn dürfe nicht losfahren, es käme noch jemand – Seht ihr sie? Was kann bloß passiert sein? Wir haben es ihr doch genau erklärt, und so weiter – bis Clara schließlich im Moment, da die Bahn anfuhr und keinen Augenblick zu früh, mit letzter Kraft aufsprang. Nun standen sie schwitzend in den Gängen, die vier, und blickten die italienischen Männer finster an, die völlig unberührt von solcher Heftigkeit es sich schon längst auf ihren Plätzen bequem gemacht hatten.

Fräulein von J. saß unmittelbar Evans gegenüber und schaute ihn versunken an, wie ein Kind. Da er nicht wußte, was er sonst tun oder sagen sollte, blickte er (während die Bahn durch kahle Weingärten fuhr) mit seinen dunklen ausweichenden Augen unverwandt zurück in ihre klaren blauen. Sie hob den Kopf ein wenig, als wäre sie erstaunt, errötete (wie er meinte) ganz leicht, änderte ihren starren Blick aber nicht. So schauten sie einander an hinter den Rücken und an den Mänteln der Engländerinnen im Ging vorbei, die erregt wegen eines drohenden Gewitters drauflosplapperten. Sie saß reglos und senkte den Blick nicht, sondern schien mit milder Neugier und ohne jede Nervosität in seinem Blick zu ruhen. Wie üblich war er es, der die Augen abwandte.

Während er die Gespräche über Villa X und Villa Y, die gerade besucht werden sollten, mit anhörte, stieg in Evans der Wunsch auf, allen diesen Leuten entkommen zu können, und er war mehr als angenehm berührt, als Fräulein von J. vorschlug, sofort nach der Ankunft in Frascati in die Felder zu wandern; und er empfand es als beglückend, daß ihre Stimmung so gut seiner eigenen entsprach.

Am Marktplatz von Frascati, wo ein Schwarm von Fremdenführern und Droschkenkutschern über sie herfiel, bogen die drei Ausflügler im rechten Winkel vom Hauptstrom der Wanderer ab und gingen eine Straße hinauf, die zwischen zwei Mauern um die Stadt herumführte. Sie wußten nicht genau, wo sie sich befanden, noch hatten sie sich über den Ort informiert oder über seine Schönheiten – es war ihnen gleichgültig. Das Fräulein wünschte, den italienischen Frühling zu sehen, das war der entschiedenste ihrer in Worten ausgedrückten Wünsche, und Dev, der antiken und architektonischen Sehenswürdigkeiten überdrüssig, war mehr als bereit, sich anzuschließen. Der Begleiterin mißfielen italienische Gärten ohnehin, da ihnen die grüne Fülle der nordischen Bäume fehlte. Sie fingen sogleich an, Veilchen hinter den Zäunen längs des Weges zu entdecken, Veilchen, die sie nicht erreichen konnten. Einen Bach entlang, der neben ihnen floß, in entgegengesetzter Richtung den Hügel hinab, stapften sie vorwärts auf die offene Landschaft zu.

Wie ist es, Amerika? Und so begann Dev, ihr davon zu erzählen – Nicht so – und die ganze Zeit über dachte er an seine Schwester. Wo ist Bess? Ich wünschte, sie wäre hier! bis sie beim Gehen und Reden die Stadt immer mehr hinter sich ließen und weit in die Felder gelangten, wo ein Hügel zu ihrer Linken und ein kleines Dorf in der Ferne jenseits des Tals vor ihnen lagen. Sie gingen einen alten Wassergraben entlang mit hohen Hecken zu beiden Seiten, die Böschungen von Ziegenhufen in lauter enge Pfade zerteilt. Vor ihnen suchten vier in ihr Spiel versunkene Kinder Veilchen und rannten einzeln oder zu zweit den Pfad entlang, um einander im Entdecken der schönsten Blumen zu übertrumpfen.

Die Kinder nahmen keinerlei Notiz von den drei Wanderern, würdigten sie nicht einmal eines Blicks. Mit Schreien des Entzückens stürmten sie vorwärts, eins immer schneller als das andere, und bald verschwanden sie durch Lücken in der Hecke. Der erste Teint, das Haar und die Augen des deutschen Mädchens versetzten Evans immer wieder in Erstaunen. Auch ihre Hände waren schön, die Fesseln straff – wie bei Venus, kräftiger als bei einer Schauspielerin oder Tänzerin, aber doch beweglich – gerade so viel von der Bäuerin ahnen lassend, um die einer Göttin zu sein.

Sie haben mir noch nicht gesagt, wie es ist, Amerika.

Es ist wie –. Dev hub an, etwas leise – wie mit ungeübter Stimme. Es ist eine Welt, in der es niemand wagt, etwas kennenzulernen, was ihn im Innersten berührt – außer Schmerz –; denn sollten wir Freude erfahren, wird sie uns augenblicklich und gewaltsam wie von einem Rudel hungriger Wölfe entrissen, so ausgehungert sind wir danach und so eifersüchtig auf jeden von uns ist unsere Welt.

Ich glaube, ich weiß, was Sie meinen, erwiderte sie, daß wir alle nach außen gute Bürger sind und sehr viel bessere als im Inneren. Es ruft mir ›Johannisfeuer‹ ins Gedächtnis. Sie kennen doch Sudermanns Stück?

Amerika ist ein pathetisches Land, wo immer etwas Betäubendes geschehen muß, damit wir ja nicht aufwachen. Ja, ich habe das Stück gelesen.

Inzwischen waren sie halb um den Frascati-Berg herumgelangt. Hier nahmen sie ihre Mahlzeit ein in einem schmalen dreieckigen Eichenhain, wo es einen grasbewachsenen kleinen Wall gab mit ein paar Gänseblümchen, über den sich die hohen Bäume beugten. Dann krochen sie durch einen Zaun, wandten sich, wieder auf der Straße, nach rechts, gingen um den Berg herum, und stiegen nun steil einen steinigen Pfad hinauf. Es war ein schwieriges Stück, dieser Teil des Weges, und schon bald ließen ihre Kräfte nach. Besonders Frau M. war froh, daß sie etwas unterhalb des Gipfelpunktes stehenblieben und sich ausruhen konnte.

Aber nach ein paar Worten auf Deutsch, die Dev nicht verstand, rief Fräulein von. J.: Kommen Sie! und die beiden gingen allein etwa zweihundert Meter weiter hinauf zur bewaldeten Bergspitze bis zu einer Stelle, von der aus sie Frau M. unten unter einer Esche liegen sehen konnten. Hier gab es ein paar Steine eines antiken Bauwerks, fast völlig von Waldboden und verrotteten Kastanienblättern verborgen. Es war ein Kastanienwäldchen, von unzähligen Pfaden kreuz und quer durchzogen, die nach Norden über den Gipfel des Berges führten – ohne Zweifel nach Frascati. Aber jetzt im Vorfrühling war der Ort verlassen. Die verstreuten, langen, pfeilförmigen dürren Blätter bedecken den Boden überall um sie herum, die beiden Fremden, die sich auf die alten Steine setzten. Elsa winkte von ihrem Platz aus Frau M. zu, dann wandte sie sich wieder an Evans: Sagen Sie mir, was Sie sind. Sie haben doch nichts dagegen? Ich will alles wissen. Was ist Amerika? Sind Sie es vielleicht?

Nein, Dev schüttelte den Kopf.

Ist es etwas, das man studieren kann? Was tut es? Wollen wir hinfahren, um das herauszufinden? fragte sie in rascher Folge.

Dev schüttelte den Kopf.

Aber Sie werden dorthin zurückkehren?

Ja.

Warum?

Gewohnheit?

Nein, es gibt da etwas.

Es ist, damit ich all das besser verbergen kann, was an Wertvollem in mir ist, weil es sonst beschmutzt wird. Darum Sicherheit in der Menge –

Aber das ist nichts. Das ist in Europa dasselbe.

Amerika scheint weniger belastet von seinen Toten. Etwas anderes kann ich dort nicht sehen. Es gibt einem weniger als Europa, weit weniger an Dingen von Wert, außer mehr Papier zum Beschreiben – sonst nichts. Warum schauen Sie mich so an? fragte Dev.

Weil ich in meinem ganzen Leben noch niemand wie Sie gesehen habe, nur wenige Amerikaner, ich habe noch mit keinem gesprochen. Ich frage mich, sind Sie Amerikaner?

Und wenn ich einer bin –

Dann ist es interessant.

Er sagte: Für mich ist es ein hartes, ödes Leben, wo ich ›allein‹ und ungestört bin (obwohl ich mitten in der Menge arbeite), und doch schwebe ich in ständiger Gefahr, daß mich ein kleiner Fehltritt ins Verderben stürzt. Da ich aber nicht nach Reichtum strebe, genieße ich das wegen der Einsamkeit und der Einfachheit. Doch das ist alles – falls ich nicht noch den Reiz erwähnen muß, der all den leblosen Erinnerungen meiner Jugend innewohnt, den Gestalten, Blättern, Bäumen, mit denen ich vertraut bin – und die Liebe zur Umgebung und deren Besonderheiten – guten wie schlechten, reichhaltigen wie eintönigen.

Nein, fuhr sie fort, das ist es nicht.

Evans spürte in jenem Augenblick, daß an Amerika nur wenig dran war. Er wollte scherzhaft sein, aber die Ernsthaftigkeit des Mädchens war etwas, das er nicht überlisten konnte. Das machte ihn selbst nachdenklich und ernsthaft.

Er könnte sagen, daß es eben nur ein Land sei.

Aber Sie dürfen mir nicht sagen, daß Amerika nichts ist, kam sie ihm zuvor. Ich weiß ja, daß es etwas ist, und sie schaute ihn wieder mit ihrem leichten Lächeln an. Sie kommen mir wie ein Mann vor, wie ich noch nie einen gesehen habe. Das ist Amerika?

Ich bin ein Flüchtling, fuhr Dev fort, Amerika ist oder war ein Anfang, um zu vergessen –

Dann, entgegnete sie, ist es wie in Deutschland. Das dachte ich nicht, als ich Sie sah.

Und ich, antwortete Dev, dachte das auch nicht, als ich Sie sah.

Weshalb bin ich wohl in Rom, glauben Sie? wollte sie als Nächstes wissen.

Er wußte es nicht.

Um Nonne zu werden.

Und wie ein Schock überkam ihn die Erinnerung an die Reihe junger Deutscher in ihren scharlachroten Talaren, die er im Quirinal hatte umhergehen sehen, die langen Stufen hinab; an die jungen Schotten, die am Sonntagnachmittag im Garten der Villa Borghese Fußball spielten, die Talare hochgebunden oder abgelegt, die Strumpfbänder sichtbar, und die wie Universitätssportler hinter dem Ball herjagten. Ihm fielen auch die Amerikaner ein mit dem blauen Saum am Talar, die Spanier, die Franzosen.

Ja, fuhr sie fort, das ist es. Ich bin in Rom, um zu erfahren, ob mir die Kirche nicht eine Antwort bietet. Ich war vierzehn Jahre alt, als der Krieg zu Ende ging. Es gab für mich zwei Dinge – mich selbst wegzuwerfen oder wieder einen Halt zu finden. Ich habe die Frauen auf den Sportplätzen rennen sehen, ich habe sie zusammen gesehen. Wenn wir Bauern wären, könnten wir einander näher sein – aber wir müssen alles verlieren, alles, was gut ist. Ich bin eine Deutsche, eine Ostpreußin. Meine Mutter ist tot. Mein Vater ist ein General – natürlich. Was soll ich tun? Ich will nichts – Sagen Sie mir, was Amerika ist. Sie müssen es sagen. Ist es nur ein Ort, an dem man arbeitet?

Dev nickte.

Sie sehen, daß ich jung bin – natürlich bin ich jung. Sie kommen zu mir mit einer Botschaft. Ich weiß nicht, was ich tun soll. Ich glaube, Sie werden es mir sagen. Ich bin keine Närrin – und ich bin auch nicht begabt. Für mich gibt es nichts. Oder doch? Ich kann nicht mit gelöstem Haar herumlaufen, um die Männer zu verblüffen, weil es so blond ist. Sie vielleicht, ja, wenn Sie wollen – sie lächelte – aber nicht die, die ich nicht mag. Ich kann nicht heiraten. Heiraten macht mich krank. Aber ich möchte, ich möchte. Es ist mir gleichgültig, ob ich Jungfrau bin oder nicht. Nein. Nein. Das ist kindisch. Ich kann nicht bleiben, wie ich bin – aber ich muß – bis dies (und sie tippte an ihre Stirn) zufriedengestellt ist. Sie haben mir etwas gesagt. Was sage ich Ihnen?

Dev dachte, ›über die Stränge schlagend‹, daß sie, wenn sie täten, was er gern wollte, am Abend hungrig und höchst verstört im Gefängnis von Frascati landen würden – vielleicht –, aber nicht mehr als das. Narr.

Man sagt mir, mein Körper sei schön. Er ist schön. Wozu? Was nützt mir das?

Sie sprach ganz beherrscht.

In ein paar Jahren werde ich meine Schönheit verlieren. Warum nicht? Und ich habe nichts anderes, es sei denn, man hat einen Verstand, man hat ihn und sonst nichts, was ich möchte. Nicht Malerei, nicht Musik, Philosophie, Tennis – alte Männer, junge Männer, Frauen? Nein. Amerika, das scheint etwas Neues zu sein.

Sie würden an Amerika nichts finden, warf Evans schnell ein. Die Mädchen dort können sich keinen Kilometer aus der Stadt hinaus bewegen aus Furcht, ein Neger könnte sie vergewaltigen oder das Wetter könnte ihrem Teint schaden, oder die Japaner könnten zu dicht herankommen, oder sie würden unter dem Schnee begraben oder im Sommer braten; oder sie heiraten ihre Chefs im Büro oder ihre Sekretäre und leben zu zweit oder zu dritt in einem Apartment. Ihre Gedanken sind wie weißes Gras, so dick sind sie von ihrer Haut überzogen, und so dick sind sie verhüllt, um sich gegen die Witterung zu schützen, daß sie nicht mehr existieren, wenn man sie entblößt. Man muß sich schnell aus dem allgemeinen Angebot aus einem Spezialcontainer eine andere schnappen. – Evans schämte sich über diese Rede, von der jedoch Fräulein von J. tatsächlich kein Wort verstand. Aber die wenigen Frauen, die er bewundert hatte, waren nicht schön, und die schönen bewunderte er nicht. – Denken Sie niemals an Amerika, schloß er. Die Männer sind schlimmer als die Frauen.

Sind Sie denn einer?

Evans fand keine Antwort.

Als ich Sie sah, sah ich etwas Ungewöhnliches, ich irre mich nie. Ich sah etwas anderes als das, was ich jeden Tag sehe, etwas, das sich weder wegwirft noch sich an den alten, schrecklichen, ganz verschmutzten Griff klammert – Ist das Amerika? habe ich gefragt, aber Sie sagen mir nichts. Eben, weil Sie es nicht wollen.

Amerika, begann er stockend, ist schwer zu erfassen.

Ja, antwortete sie, denn sie hatte ihm Ernsthaftigkeit eingeflößt, so daß er aussprechen mußte, was er dachte, oder schweigen.

Ich glaube, es ist gut für uns, fuhr er fort, weil es der Wildheit nahekommt. In Europa sind Sie so weit davon entfernt, daß Sie vielleicht erst sterben müssen, bevor Sie wieder leben. – Aber Dev war solch ein Narr nicht – Europa, ich weiß nicht, verbesserte er sich, ich sehe nur ein paar oberflächliche Erscheinungen.

Aber seine Schülerin besaß eine schnelle Auffassungsgabe. Das genügt, erwiderte Fräulein von J. Ich weiß jetzt, was ich schon am Anfang wußte, Sie sind ein Wilder, nicht ganz zivilisiert – Sie haben Amerika, und wir haben es nicht. Sie haben das, ja, es ist etwas.

Es ist sehr schwierig, sagte Dev. Ich bin kein typischer Amerikaner. Es sind noch ein paar Ureinwohner übrig, aber die würden mich nicht zur Kenntnis nehmen –

Sie klammern sich an etwas, sagte sie.

Es ist sehr schwierig, fuhr Dev fort – etwas, was sehr wahrscheinlich verlorengehen wird, das ist – und er nahm eine steinerne Pfeilspitze heraus, die er in der Tasche hatte, und zeigte sie ihr.

Sie war beeindruckt. Sie drückte sie fest in die Hand, als wollte sie einen Abdruck davon behalten, befühlte die Spitze, die Schärfe, probierte sie, drehte sie um.

Ja, sagte sie, ich habe dasselbe Ding von unseren eigenen Feldern gesehen, schöner bearbeitet – aber es liegt sehr weit zurück, sehr weit. Niemand glaubt, daß es wirklich ist. Aber das tragen Sie in Ihrer Tasche? Es ist sehr seltsam. Wo haben Sie das gefunden?

In einem Maisfeld in Virginia, es gibt dort viele davon.

Gibt es viele Amerikaner, die das wissen, wovon Sie reden?

Dev schüttelte den Kopf. Ich kenne nur wenige. In mein Gedächtnis haben sich Bilder von einer großen Aussagekraft eingeprägt. Sommerbilder zumeist, von meiner Heimat, eins der alten, erdverbundenen Pionierhäuser. Es gibt nichts Vergleichbares in Europa. Das waren keine Bauern, die Leute, die sie bauten, es waren tragische Männer, die ihren Verstand an den Boden verschwendeten – aber in meinen Augen für eine schwere Geschichte einstanden – nicht nur für mich, glaube ich; sie waren wie alle frühen Völkerschaften, aber diese frühe Phase war so kurz und fremd in Amerika, daß sie verlorengegangen ist oder falsch ausgelegt wird – ihre besondere Bedeutung.

Sie meinen also, daß es mir etwas bringen könnte – mir? Ja, das war es, was ich in Ihren Augen gesehen habe. – Sie schaute noch einmal. Ja, so ist es.

Staunend begriff sie und schüttelte sanft den Kopf. Natürlich, sagte sie, ich hatte Recht. Was ist das für ein Amerika! Warum haben Sie mich darin die ganze Woche über nicht angesehen? Ich war beunruhigt. Ich habe mich gefragt, was mit mir los ist.

Dev sagte, das Studium einer Sache unter den Altertümern hätte ihn in Spannung gehalten.

Aber ein Gefühl fast von Angst, glaubte Dev, vielleicht mit Mitleid vermengt, kam jetzt in ihre Augen, als sie ihn noch länger ansah.

Es muß ja in Amerika noch einsamer und schrecklicher sein als in Deutschland, sagte sie. Sie schüttete den Kopf. Es schien, als blickte sie hinaus in ein neues Land und spürte seine Einsamkeit.

Amerika ist wunderbar, erwiderte Dev, unanständig wohlhabend –

Sie erbebte. Nein. Das waren wir auch. Das werden wir bald wieder sein. – Sie erschrak. – Wie können Sie bleiben, wo Sie sind? Warum bleiben Sie da? Sie machen die Kirche unmöglich – aber Sie sind allein. Ich werde für Sie beten.

Langsam wich die ernste Stimmung von ihnen, und sie waren ziemlich überrascht, daß sie sich noch im Bereich des heidnischen Hains befanden. Sie waren nicht sehr sicher, ob sie einander noch so gut kannten, wie sie das während der wenigen gerade vergangenen Augenblicke des wortlosen Verstehens empfunden hatten, als sie aus sich heraustraten und jeder sich bemühte, zu fühlen, wie dem anderen zumute war. Sie lachten, und Dev gab ihr die Hand, doch sie wandte sich nicht ab.

Es ist sehr schwer für uns, sagte sie, uns selbst zu behaupten, nachdem wir die Halbbewußtheit des Bauern und seine Instinkte hinter uns gelassen haben. Wir fallen zurück, nicht wahr? Sie sind tapfer, sagte sie, daß Sie einen anderen Weg finden wollen – einen amerikanischen. Das scheint mir kurios.

Als sie sich zu Frau M. in Bewegung setzten, bemerkten sie, daß ein guter Teil des Nachmittags verstrichen war und daß sie einen Schritt zulegen mußten, wenn sie vor Einbruch der Dunkelheit in Rom sein wollten.

Sie glauben an Amerika wie an eine Kirche, sann Fräulein von J. vor sich hin.

Dev meinte das nicht.

Glauben Sie also, daß die Kirche Ihrem Glauben entgegensteht?

Ja.

Sie wandte ihren Blick ab.

Oh, kommen Sie, sagte Dev, machen wir uns auf den Weg.

Italo Calvino

Die gute Luft

»Diese Kinder«, sagte der Arzt von der Krankenversicherung, »müßten eine Zeitlang bessere Luft atmen, Luft in einer bestimmten Höhe, sie müßten auf Wiesen umhertollen …«

Er stand zwischen den Betten in der Kellerwohnung, in der die Familie hauste, und drückte das Stethoskop auf den Rücken der kleinen Teresa, zwischen die Schulterblätter, die so zart waren wie die Flügel eines ungefiederten Vögelchens. Zwei Betten waren es und vier Kinder, alle krank; mit brennenden Wangen und fiebrig glänzenden Augen lagen sie am Kopf- und am Fußende der Betten.

»Wiesen wie die Blumenbeete auf dem Platz?« fragte Michelino.

»Eine Höhe wie die auf dem Wolkenkratzer?« fragte Filippetto.

»Gute Luft zum Essen?« fragte Daniele.

Marcovaldo, lang und dünn, und seine kleine, untersetzte Frau standen zu beiden Seiten einer aus den Fugen geratenen Kommode, gestützt auf einen Ellenbogen. Ohne den Ellenbogen zu bewegen, hoben sie den anderen Arm, ließen ihn ohnmächtig auf die Hüfte sinken und entgegneten dem Arzt mißmutig: »Wie sollen wir das machen? Acht Esser, bis über die Ohren verschuldet …«

»Der schönste Ort, an den wir sie schicken können«, fügte Marcovaldo hinzu, »ist die Straße.«

»Gute Luft werden wir schon atmen können«, ergänzte seine Frau, »nämlich dann, wenn wir aus der Wohnung geworfen werden und unter freiem Himmel schlafen müssen.«

An einem Sonnabendnachmittag nahm Marcovaldo seine Kinder, als sie wieder genesen waren, zu einem Spaziergang auf die Anhöhen mit. Sie wohnten in einem Stadtteil, der von den Hügeln am weitesten entfernt war. Um auf diese Hänge zu gelangen, mußten sie mit der überfüllten Straßenbahn fahren, und die Kinder sahen vorerst nur die Beine der Passagiere rings um sich. Allmählich leerte sich die Straßenbahn, und vor den endlich frei gewordenen Fensterscheiben tauchte eine Allee auf, die aufwärts führte. Sie waren an der Endhaltestelle angekommen und gingen nun zu Fuß weiter.

Es war gerade Frühling geworden; die Bäume blühten im warmen Sonnenschein. Die Kinder schauten sich leicht befremdet um. Marcovaldo führte sie einen Treppenweg hinauf, der mitten ins Grüne klomm.

»Warum ist hier eine Treppe ohne ein Haus darüber?« fragte Michelino.

»Das ist keine Haustreppe, das ist so etwas wie eine Straße.«

»Eine Straße ... Und wie kommen die Autos über die Stufen?«

Beiderseits waren Gartenmauern, dahinter standen Bäume.

»Mauern ohne Dach ... Hat es hier einen Bombenangriff gegeben?«

»Das sind Gärten ... so ähnlich wie Höfe ...«, erläuterte der Vater. »Das Haus steht mittendrin, dort hinter den Bäumen.«

Michelino schüttelte den Kopf, er schien wenig überzeugt. »Aber die Höfe sind doch immer in den Häusern und nicht drum herum.«

Teresa fragte: »Wohnen in diesen Häusern die Bäume?«

Je höher Marcovaldo stieg, desto mehr glaubte er zu fühlen, daß er sich von dem Schimmelgeruch des Lagerhauses befreite, in dem er acht Stunden täglich Pakete stapeln mußte, und von den feuchten Flecken an den Wänden seiner Wohnung, von dem Staub, der goldglitzernd im Lichtkegel des kleinen Fensters niedersank, und von den Hustenanfällen in der Nacht. Die Kinder schienen ihm jetzt weniger gelblich und schmächtig, als wären sie bereits eins geworden mit dem vielen Licht und dem Grün.

»Gefällt es euch hier?«

»Ja.«

»Warum?«

»Hier gibt es keine Parkwächter. Man kann die Pflanzen herausreißen, und man kann mit Steinen werfen.«

»Atmen auch. Atmet ihr?«

»Nein.«

»Die Luft hier ist gut.«

Sie versuchten zu kauen. »I wo. Die schmeckt nach gar nichts.«

Sie hatten fast den Gipfel der Anhöhe erklommen. Bei einer Biegung tauchte weit unten die Stadt auf, grenzenlos breitete sie sich aus über das graue Spinnennetz der Straßen. Die Kinder wälzten sich auf der Wiese, als hätten sie ihr Leben lang nichts anderes getan. Ein leichter Wind hatte sich erhoben; es war bereits Abend. In der Stadt glommen die Lichter auf in wirrem Funkeln. Marcovaldo spürte, daß ihn das gleiche Gefühl überkam wie damals, als er, ein junger Mann noch, in die Stadt gelangte und von diesen Straßen, von diesen Lichtern so gepackt war, als erhoffte er sich von ihnen Gott weiß was. Die Schwalben hoch droben stürzten sich kopfüber auf die Stadt.

Da wurde er traurig, weil er wieder hinunter mußte, und er erspähte in der versteinerten Landschaft den Schatten seines Wohnviertels; es kam ihm vor wie eine bleierne Heide, erstarrt, bedeckt von den dichten Schuppen der Dächer und von Rauchfetzen, die über den Stöcken der Schornsteine flatterten. Es war kühl geworden, vielleicht sollte er die Kinder rufen? Als er sie jedoch friedlich an den unteren Ästen eines Baumes schaukeln sah, verscheuchte er diesen Gedanken. Michelino trat an ihn heran. »Papa, warum wohnen wir nicht hier?«

»Ach, du Dummer, hier gibt es doch keine Häuser, hier wohnt niemand«, erwiderte Marcovaldo ärgerlich, denn er hatte gerade selbst davon geträumt, hier leben zu können.

Michelino zweifelte. »Niemand? Und die Männer dort? Sieh nur!«

Die Luft wurde grau, und von den Wiesen herunter kam eine Schar Männer verschiedenen Alters, alle mit einem schweren, grauen Anzug bekleidet, der bis oben zugeknöpft war wie ein Pyjama, alle mit Mützen auf dem Kopf und mit einem Stock in der Hand. Sie gingen in kleinen Gruppen, einige redeten laut oder lachten, stachen mit den Stöcken ins

Gras oder schleiften sie, mit dem gebogenen Griff am Arm, hinter sich her.

»Was sind das für Männer? Wohin gehen sie?« fragte Michelino seinen Vater, doch Marcovaldo blickte jene nur stumm an.

Einer von ihnen näherte sich; es war ein dicker, etwa vierzigjähriger Mann.

»Guten Abend«, grüßte er. »Nun, was für Neuigkeiten bringen Sie uns aus der Stadt?«

»Guten Abend«, antwortete Marcovaldo. »Was für Neuigkeiten meinen Sie?«

»Ach, gar keine, ich habe das nur so gesagt«, erwiderte der Mann und blieb stehen. Er hatte ein langes, fahles Gesicht mit einem einzigen rosa oder roten Fleck, der wie ein Schatten auf den Wangen lag. »Ich sage das immer zu den Leuten, die aus der Stadt heraufkommen. Seit drei Monaten bin ich hier oben, Sie werden das verstehen.«

»Und Sie gehen nie hinunter?«

»Ja, wenn es den Ärzten einmal passen wird!« Er lachte kurz. »Und diesen hier.« Er tippte mit den Fingern gegen die Brust und stimmte noch einmal jenes kurze, etwas keuchende Lachen an. »Schon zweimal haben sie mich als geheilt entlassen, aber kaum war ich wieder in der Fabrik, zack, ging es von neuem los. Und sie schickten mich wieder hier herauf. Aber nicht den Mut verlieren, wie man so sagt.«

»Die dort auch?« fragte Marcovaldo, auf die anderen Männer deutend, die sich ringsum zerstreut hatten. Gleichzeitig suchte sein Blick Filippetto, Teresa und Daniele, die er aus den Augen verloren hatte.

»Alles Bekannte aus der Sommerfrische«, erklärte der Mann und zwinkerte, »jetzt ist die Zeit, da wir Ausgang haben, kurz vor dem Schlafen ... Wir gehen früh zu Bett ... Selbstverständlich dürfen wir nicht die Grenzen überschreiten ...«

»Was für Grenzen?«

»Das hier gehört noch zum Gelände des Sanatoriums. Wußten Sie das nicht?«

Marcovaldo nahm Michelino an die Hand, der ein wenig

verängstigt zugehört hatte. Der Abend kroch die Hänge herauf, das Stadtviertel dort unten war nicht mehr zu erkennen, und es schien, daß nicht der Schatten es verschluckt, sondern daß es seinen Schatten überallhin ausgebreitet hatte. Es war an der Zeit umzukehren.

»Teresa! Filippetto!« rief Marcovaldo und machte sich auf, sie zu suchen. »Entschuldigen Sie«, wandte er sich an den Mann, »aber ich sehe meine anderen Kinder nicht mehr.«

Der Mann trat an einen Grabenrand. »Da sind sie«, sagte er, »sie pflücken Kirschen.«

Marcovaldo erblickte in einem Graben einen Kirschbaum, bei dem die graugekleideten Männer standen. Sie zogen mit den krummen Stöcken die Zweige herunter und pflückten die Früchte. Teresa und die beiden Jungen waren bei ihnen; sie pflückten Kirschen, nahmen auch welche aus den Händen der Männer und lachten mit ihnen.

»Es ist spät«, sagte Marcovaldo. »Es wird kalt. Wir gehen nach Hause.«

Der dicke Mann wies mit dem Stock auf die Lichterzeichen, die dort unten flimmerten.

»Jeden Abend mache ich mit diesem Stock meinen Spaziergang durch die Stadt. Ich wähle mir eine Straße, eine Reihe Laternen, und folge ihr, schauen Sie her ... Wenn Sie durch die Stadt gehen, dann denken Sie mal daran, daß ich Ihnen mit meinem Stock folge ...«

Die Kinder kehrten, mit Laub bekränzt, zurück, von den Patienten an der Hand geführt.

»Wie schön es hier ist, Papa!« sagte Teresa. »Wir kommen wieder hierher, um zu spielen, nicht wahr?«

»Papa«, platzte Michelino heraus, »warum ziehen wir nicht her und wohnen zusammen mit diesen Männern?«

»Es ist spät. Verabschiedet euch von den Herren. Bedankt euch für die Kirschen. Los, wir wollen gehen!«

Sie brachen auf. Sie waren müde. Marcovaldo antwortete nicht auf die Fragen seiner Kinder. Filippetto wollte auf den Arm genommen werden, Daniele auf die Schultern, Teresa ließ sich an der Hand ziehen, nur Michelino, der größte, ging allein voran und stieß die Steine mit den Füßen beiseite.

William Goyen

… und sind wie Gras

Den ganzen Tag wanderte er wie verloren in der Stadt Rom umher. Es war Mai, heiß und dunkel und regnerisch, ein schlechter Frühling. Aber am Spätnachmittag, kurz vor der Dämmerstunde, als er durch die Borghese-Gärten ging, hellte sich der Himmel auf. Unter hohen grünen Bäumen auf einer grünen Lichtung war auf einmal eine Schar kleiner Waisenmädchen aus einem Kloster, die spielten und sangen auf dem Rasen. Sie trugen rosa Kleider, und vier Nonnen überwachten sie. Hier im Park im letzten goldenen Sonnenschein tanzten und kreiselten all die kleinen rosa Mädchen. Er trat näher und legte sich am Rande des Rasens, auf dem sie tanzten, der Länge nach ins Gras und sah ihnen zu. Ein paar, die hingefallen waren oder sich im frischen Gras gewälzt hatten, trugen Grasflecke auf ihren rosa Kleidern. Einige hatten Ohrringe, die sie sich aus Grasähren gemacht hatten, und Armbänder und Halsketten, die aus Grashalmen und Mohnblüten geflochten waren; und während er so lag und ihnen zusah, klärte sich in seinem Geiste alle Wirrnis eines weit zurückliegenden Nachmittags in einem andern Mai.

Es war eine Erinnerung an einen sonnigen Mainachmittag im Woodland-Park im fernen Texas und an einen sanften Wind in den großen Kiefern, unter denen die Schule eine Lichtung für das Maifest hatte mähen lassen. Das war immer ein zauberschönes Fest, und des Bruders Kostüm als König der Blumen war bereit, und auch das seiner Schwester als Mohnblume war schließlich fertig geworden. Der Bruder hatte einen silbernen Zauberstab und eine silberne Krone, die nur aus Pappe bestand, aber mit Silberpapier überzogen war, und Krone und Zauberstab lagen außer Reichweite oben auf dem Glas-Vertiko, das seiner Großmutter gehört hatte. Der Bruder bewahrte die Krone noch viele Jahre auf, obwohl die Sterne bald abfielen und das Silber schnell nachdunkelte: und wie er nun hier auf dem Grase lag, wünschte er, dass er sie wiederhaben könnte, wenn dadurch auch nichts geändert werden würde.

Das Kleid der Schwester war eine Mohnblume, ganz aus Krepp-Papier, aus rotem und grünem, und für ihren Kopf war die kleine Kappe da, eine umgekehrte Mohnblüte mit grünem Stengel. Ihr Kostüm lag auf dem Bett im Gastzimmer ausgebreitet, das einmal ihr Zimmer werden sollte, wenn sie alt genug wäre, es zu bewohnen, und sich nicht länger fürchtete, allein und getrennt von der übrigen Familie zu schlafen. Es war ein überaus empfindliches Kostüm, und die Mutter hatte es mit solcher Sorge genäht und jeden Tag davon gesprochen, wie schwierig es sei und daß sie glaube, es würde ihr nie gelingen, und wenn sie es ihr ganzes Leben lang versuche. Es lebte bei weitem nicht so lange wie die Königskrone und der silberne Zauberstab des Bruders.

Das Maifest wollte und wollte nicht näherrücken, sondern schwebte immer am Vorabend eines Donnerstags – bis es plötzlich da war; und nun wanderte die kleine Familie den Weg nach dem Woodland-Park: die Kinder – in Kostümen, die endlich ihnen gehörten – hielten sich bei der Hand und führten an, und Vater und Mutter gingen feierlich hinterdrein. Die Augen der Mutter beobachteten niedergeschlagen den mißlungenen Stiel, der welk vom Kopf der Schwester herunterhing, während sie behutsam vor ihr her schritt. Der Bruder konnte seine Krone nicht sehen, aber er wußte, daß der Sonnenschein darauf gleißen mußte, denn er sah, wie der silberne Zauberstab, den er beim Weitergehen sehr behutsam trug, im goldenen Mailicht leuchtete. Die Schwester ging so behutsam wie noch nie in ihrem Leben, um nur ja nicht ihr Mohnkleid zu verderben, denn die Mutter hatte sie streng ermahnt, das Krepp-Papier könne sich dehnen und die Form verlieren oder vielleicht gar reißen, falls sie hüpfte oder lief; es war so vergänglich wie ein Blütenblatt. Man muß sich wirklich fragen, wie sie darin wohl den Maibaumtanz würde tanzen können. Sie mußte es ganz sachte tun.

Im Woodland-Park, einem weiten grünen Hang am Ufer des Chocolate-Bayou, war eine prächtige Maigesellschaft versammelt, und die stand herum oder schlenderte umher. Da waren lustige Limonadebuden, mit buntem Papier herausgeputzt, und Kioske mit bunten, in der Brise schaukelnden Lampions. Stände unter Zelten, in denen Eis verkauft wurde, raschelten mit ihren Rüschen aus Krepp-Papier und den Flaggen aus bunten Bändern. In der Mitte des Parks war die Lichtung, und mitten auf der Lichtung erhob sich hoch und stark der große Maibaum mit seinen blauen und weißen Papierbändern, die jetzt noch am Fuße des Maibaums festgemacht waren und darauf warteten, daß alle tanzenden Kinder eins in die Hand nahmen. Der Wind spielte schwirrend in all dem zierlichen Aufbau, und es war ein derartiges Seidengeraschel von Papier und Blättern, daß die ganze hauchzarte Weit nur aus Blatt und Blüten zu bestehen schien, die in Sonnenschein und Wind zitterten und glänzten. Hoffentlich, ach hoffentlich machten es die Maibaumtänzer richtig und so, wie es ihnen viele Tage lang während der Proben in der Aula der Schule beigebracht worden war. Sie mußten es wagen. Alles schien so überaus zart und vergänglich an jenem kurzen Nachmittag – ein flüchtiger Augenblick im Mai, den der Regen bleichen und welk machen konnte, den der Wind zerfetzen und fortblasen konnte.

Bruder und Schwester fanden die Gruppen, zu denen sie gehörten, die Schwester bei ihren Freundinnen, die auch Blumen waren: Rosen, Tulpen, Lilien und ein paar schwierige Glyzinien. Die Mütter hatten sich große Mühe gegeben, unter Anleitung der Lehrerin die Kostüme anzufertigen. Sie hatten zwei anstrengende Wochen damit verbracht, nach Schulschluß in einem Klassenzimmer all die zarten Sachen zu nähen. Das Kostüm des Bruders bestand einfach aus einem schwarzen Anzug, aber es war sein erster, Jacke und Hose und ein weißes Hemd mit Schlips; und das allein genügte schon, den Tag zu einem besonderen zu machen. Doch all seinen Zauber verliehen ihm erst die Krone und der Silberstab.

Da der Bruder der König der Blumen war, mußte er allein auf seinem Platz stehen, denn eine Blumenkönigin gab es nicht ... weshalb eigentlich nicht, das wußte keiner, oder man hatte nicht daran gedacht. Seine Aufgabe war es, zu all den sich duckenden kleinen Mädchen zu gehen, zu der ganzen Schar, und jede einzelne sanft mit seinem Zauberstab zu berühren und sie so zum Erblühen zu bringen, während die liebliche, aber irgendwie tieftraurige Melodie »Willkommen, holde Frühlingszeit« auf dem Klavier gespielt wurde. Er wartete in zitternder, gräßlicher Angst. Auf dem Programm war er der zweite, da die erste Nummer der Einzug und Aufmarsch des Maikönigs und der Maikönigin mit ihrem ganzen Hofstaat war.

Dann fing es an; ein Knabe trat linkisch aus der Menge hervor, nahm seinen Platz neben dem leeren Thron ein und blies auf seinem Horn die Fanfare. Er blies richtig, Gott sei Dank, zum erstenmal richtig, so daß also kein Gekicher von seiten der Blumen zu befürchten war, die sich bei den Proben nie hatten beherrschen können, wenn das Horn gurgelte und überhaupt keinen Fanfarenton hervorbrachte. Aber nach dieser tadellosen Fanfare waren alle ganz still, und das Klavier setzte ein. Der Königliche Hof betrat die Lichtung. Der Bruder verspürte plötzlich bohrende Kopfschmerzen und große Übelkeit. Nun kamen die Blumenmädchen, nur die allerkleinsten, und streuten Rosenblätter, um für den Maikönig und die Maikönigin einen Weg zu bereiten; aber der Hofnarr, der ihnen folgte und in lauter Glöckchen und Papierzacken steckte, stieß die Blütenblätter – trotz aller Ermahnungen während der Proben – wüst beiseite, und das war das erste, was schiefging. Dem Bruder wurde immer übler. Dann kamen die Prinzessinnen, dann die Prinzen, die Herzöge und Herzoginnen, und schließlich der König und die Königin, die von der ganzen Schule gewählt worden waren. Vom Klavier her brauste der Krönungsmarsch, und der Bruder lief hinter das Klavier, weil ihm die Musik fast den Kopf spaltete; er mußte sich übergeben und hielt dabei die Krone mit beiden Händen fest, damit sie ihm nicht vom Kopf fiele. Er glaubte, er müsse vor Übelkeit und Angst sterben. Doch fühlte er sich jetzt etwas besser, obwohl er sich ein bißchen schämte, und er kehrte an seinen Standort zurück. Der ganze Hof hatte inzwischen ohne weiteres Mißgeschick Platz genommen und sah wie ein einziger Blumengarten aus, so daß sich stürmischer Beifall erhob. Eine Pause entstand, und dann erklang die vertraute Melodie »Willkommen, holde Frühlingszeit«, die ihn seit Beginn der Proben ständig verfolgt hatte. Plötzlich liefen alle Blumen auf die Lichtung hinaus, duckten sich rings um den Maibaum auf den Rasen hin und faßten nach den niederhängenden blau-weißen Bändern.

Dann, geblendet vom Überschwang des Augenblicks, vernahm der Bruder aus der Melodie sein Stichwort, und nun war die Reihe an ihm, zu den Blumen zu gehen. Er wußte nicht, was er tat; er spürte nur die tiefe, tiefe Schwermut und Schönheit, als er die Lichtung betrat und zwischen den geschlossenen Blütenknospen einherging, jede mit seinem silbernen Zauberstab berührte und jede zum Blühen brachte, all die schönen kleinen Mädchen, die nun längst fort sind, verstreut an mancherlei Orten, und keins von ihnen je wieder so wild und scheu wie an jenem Nachmittag in einem goldenen Park aus Kiefern und Blüten, und der Maibaum begann sich ringsum aufzutun wie ein riesiger Papiersonnenschirm. Als der Bruder zur Mohnblume kam, wußte er, daß es seine Schwester war, denn beim Niedersenken des Zauberstabes erblickte er sogleich den Fehler im grünen Stiel, über den sich seine Mutter so gegrämt hatte, weil sie ihn nicht richtig zustande brachte, obwohl die andern Mütter gesagt hatten, er sei ganz gut und sie solle sich deswegen nicht sorgen; doch in den letzten zwei Wochen war er der Kummer der ganzen Familie gewesen. Einmal hatte die Mutter wegen des Stiels sogar verzweifelt geweint und sich auf die Lippen gebissen und aus dem Fenster gestarrt: »Ich bringe ihn einfach nicht zustande!«, und er hatte gehört, wie Vater und Mutter in der Nacht leise miteinander darüber gesprochen hatten. »Er wird schon recht sein, auch wenn er dir nicht ganz tadellos gelingt«, tröstete der Vater. »Kinder bemerken solche Kleinigkeiten gar nicht.« Bruder und Schwester hatten sich schreckliche Sorgen wegen des Stieles gemacht und auf dem Schulweg immer davon gesprochen, wie sehr sie wünschten, er möge der Mutter doch noch gelingen. Der Bruder betete sogar darum und schloß sein richtiges Abendgebet mit den Worten: »Hilf meiner Mutter, den Mohnblumenstiel recht zu machen, lieber Gott!« Und nun, als er den silbernen Stab senkte, um ihn zu berühren, schien der kleine grüne Stiel wie das Verhängnis der Familie – ein tragisches Zeichen menschlicher Unfähigkeit.

Der Bruder berührte zitternd den grünen Stiel auf dem Kopf seiner Schwester, und er erschien ihm in diesem Augenblick als Symbol aller Sorge und Unschuld seiner Mutter, und er fühlte, wie seine Schwester sich halbwegs aufrichtete, er sah sie auf ein Blütenblatt ihres Kostüms treten, und dann sah er sie stolpern und fallen. Durch den Schleier seiner Tränen sah er in einer Vision seinen Vater und seine Mutter, seine Schwester und sich selber, wie sie auf der Lichtung beieinanderstanden, hinter ihnen der Maibaum wie ein geknickter Halm wirren Papiers, der einen Schatten wie von einem Kreuz über sie warf, die Schwester in einem welken Mohnkleid und er in seinem Anzug mit der schwarzgewordenen Krone, die ihm wie eine Binde über die Augen gerutscht war, und den silbernen Zauberstab haltend, der nun ein Spott war; die Mutter vergrämt und gedemütigt und bleich, der Vater gebeugt und zugrunde gerichtet; und er hörte das tosende Gelächter und das ächzende Seufzen – wie eines Sturmes in den Bäumen – von einer unendlichen Schar Maifeiernder, die, in Papier und Blätter und Blüten gekleidet, für ein kurzes Weilchen aus den Bäumen und dem Grase und dem Schilf des Bayou unterhalb der Lichtung emporgetaucht zu sein schienen, dämonisch und grün, eine Versammlung von Preisrichtern und Spöttern und Festteilnehmern. Wie grausam und wie lieblich war der Mai, da alles so ungestüm und leidenschaftlich und gnadenlos war. Und er hörte die Stimme seiner Mutter vor der grünen Schar: »Ich konnte es nicht richtig machen.«

Der Bruder schwankte zurück, und aus irgendeinem Grunde, den er erst viele Jahre später verstand – erst in diesem Augenblick, als er in der fremden Stadt im Grase lag, am Rande eines kleinen Parks, wo eine Schar Waisenkinder auf dem Rasen spielte –, konnte er sich sekundenlang nicht rühren, um seiner Schwester aufzuhelfen. Sie hatte ihr zartes Papiergewand zerrissen – sie weinte. Der Bruder stand über die Schwester gebeugt, und sein Zauberstab hing ihm schlaff von der Hand nieder und schleifte über den Boden, und auch er begann zu weinen, und eine lange Pause entstand, in der Schwester und Bruder weinten, die Blume und der König der Blumen, dort auf der grünen Lichtung im Sonnenschein und umringt von einer Welt von Gesichtern, Freunden und Fremden, lauter Maienvolk, und die Musik »Willkommen, holde Frühlingszeit« erklang immer weiter, so furchtbar traurig jetzt, schien es. Einige Blumen, die der Zauberstab noch nicht zum Erblühen gebracht hatte, konnten es sich nicht versagen, nach oben zu blinzeln, um nachzuschauen, was geschehen war, und dem ganzen Blütengarten drohte Verderben. In der nächsten Minute kam eine Lehrerin herbeigestürzt, half der Schwester auf und bedeutete dem Bruder, er solle fortfahren. Jedoch war es ihm nicht möglich gewesen, seiner Schwester zum Blühen zu verhelfen, wie auch weder er noch sonst etwas in der Welt seiner Mutter hatte helfen können, den Stiel richtig zu machen; und in jenem Augenblick begriff er ganz genau, daß keiner es je vermochte, weder Finger noch Zauberstab, sondern einzig eines Gottes Finger oder des Windes und des Regens Zauberstab, etwas dergleichen, über alle menschliche Berührung hinaus.

Als der ganze Blumengarten in voller, herrlicher Blüte stand, abgesehen von dem Makel am Kleid seiner Schwester, das zerrissen war und ein Blütenblatt nach sich schleifte, und als der Maibaum sich aufgetan hatte und im Sonnenschein funkelte, da wandte sich der Bruder von der Lichtung fort und der Menge zu, und er fand einen Weg, sich hinter dem Klavier zu verstecken, wo er bitterlich weinte, während die traurige Frühlingsweise weiter erklang. Seine Kehle schmerzte und war wie versengt vom ätzenden Kummer um seine Schwester, um seine Mutter, um diese bittere Maienzeit und um seinen ersten Anzug und Schlips, die nun anscheinend irgend etwas zu tun hatten mit einem tiefen Nachmittagskummer, den selbst die Krone und der Zauberstab nicht zu ändern und umzuwandeln vermochten. Und doch liebte er den Mai, und das gehörte eben auch dazu: daß er alle Maidinge liebte und das Herzeleid, das wartend in ihnen lag.

Hinter dem Klavier weinte er bitterlich – viel mehr Dingen zu Ehren, als er damals ahnen oder je gänzlich wissen konnte. Und wieder spürte er, wie schon so viele Male vorher und in den allerersten Anfängen seines Lebens, jene sanfte blaue Heimsuchung eines Gefühls tragischer Nichtverwirklichung in den Menschen, ein Los von Unvollständigkeit als ihr Erbteil, ein nie zu vollendeter Blüte Gebrachtes, als ob ihr lichter Pfad von einem verhängnisvollen Schatten gekreuzt worden sei; und ungesegnet, stolpernd, den Makel auf der Stirne tragend und vor der Berührung eines abgleitenden Zauberstabes zurückscheuend, konnten sie sich nicht erheben, sondern im heißen Bemühn, sich zu erheben, zerrissen sie ihr Fleisch und hinkten zum Tanz.

Die Blumen standen nun im Kreis um den entfalteten Maibaum, und in der nächsten Minute tanzten sie den Maibaumtanz, und seine Schwester war dabei. Der Bruder sah seine Schwester rundherum, immer rundherum tanzen, wie sie ihr blaues Band ohne Fehl nach innen und nach außen schwenkte und in ihrem zerrissenen Kleid bleich und schön und traurig aussah und das zerbrochene Blütenblatt des Kostüms, das schon zu verwelken schien, beim Hüpfen hinter sich her schleifte, als ob sie ein wenig lahmte; und auf dem Kopf bebte und baumelte der schlaff niederhängende, mißlungene Stiel so grotesk und spöttisch wie ein kleines grünes, aus der Stirn sprossendes Horn; und der Bruder sah, was auch die ganze Maienschar gewahrte, daß seine Schwester bei weitem die schönste von allen Maibaumtänzerinnen war, ein überirdisches Wesen, ermattet von Tränen und allzu frühem Mißlingen, überhaucht von einem blauen Licht – so hüpfte und tanzte sie sacht wie unter eines Gottes Berührung in einem traumhaften Zustand von himmlischer Schönheit; und er, in solchen Augenblicken ihr gleich, fühlte sich auch vom Zauberstab des zarten, herzzerbrechenden Heidentums angerührt, den der Dämonenkönig schwingt, der im Mai lebt, in jenem flüchtigen Monat, der vergeht und nie wiederkommt, bis die Welt und all ihre Blüten und alles Gras von der Sommersonne versengt sind, hingewelkt sind in herbstlicher Dürre und beerdigt im Wintersterben ... bis die Papierstreifen des Maibaums bleichen und das Mohnblumenkleid welkt und zerfällt, bis der Zauberstab des Blumenkönigs blind und die Pappkrone mit ihren Silbersternen stockfleckig und trübe wird.

Und dort mitten auf dem Rasen stand nach der schwierigen, kühnen Vorführung, als die Tänzerinnen fortgegangen und der Tanz zu Ende war, der wackere Maibaum, und so makellos war er umflochten und umwickelt, als wäre er aus zeitlosem Marmor; und auf der leeren Lichtung lag auf dem abgehauenen Maiengras das verlorene Blütenblatt aus dem Mohnblumenkleid.

Als sie vom Maifest nach Hause kamen, tröstete die Mutter den Bruder und die Schwester, und alles schien zu vergehen. Wer aber sollte die Mutter trösten? Sie ertrug das Herzeleid des Maifestes stark und still, aber ihr Gram war tief. An jenem Abend, als sie das Nachtessen zubereitete und der Bruder neben ihr am Herde stand, wollte er ihr ein Geheimnis sagen, das sie wieder froh machen und das Leid des Nachmittags lindern sollte. Aber was konnte er denn sagen? Es mußte vergehen, in jener traurigen Stummheit vergehen, die alle erdulden mußten. So verging es denn alles, gewiß; denn was hätte es lindern oder aufhalten oder ändern können? Immerhin war etwas über dies alles zu sagen – nichts, was es hätte ändern oder hindern können, sondern etwas, was es klärte; und kannte die Mutter das denn auch, diese Gnadengabe des Makels auf der Stirn, die uns umdüstert und zum Straucheln bringt und uns erhellt und erhebt, da wir tanzen wie ein Geschlecht von Engeln?

Jetzt sah und hörte er wieder den kleinen Mädchen im Garten zu; doch noch ein Weilchen, und er stand, und dann ging er fort und blickte sich nach ihnen um und berührte mit seinen Fingern, die vor so langer Zeit den tragischen Zauberstab gehalten hatten, den grünen Grasfleck auf seiner weißen Hose. Bitteres Gras! Das bittere Wasser der Brunnen dieser

Ewigen Stadt taugt gut zum Wässern des Grases, dachte er. Bittere Liebe Gottes, der um seine Grasmenschen leiden muß, wenn der säende Wind sie verweht und vergehen läßt! Bitterer Mai, bittere Liebe! Bitteres Fleisch: der alte unüberwindbare bittergrüne Makel darauf, welcher kündet von der o so großen Herrlichkeit unseres Fleisches aus Gras.

Norbert Johannimloh

Maiennacht

An diesem Nachmittag hatte ich mehr Angst als sonst. Ich wußte, sie würden kommen in der Nacht. Und ich hatte die »Flurwache«. Zusammen mit Hüttenhinnerk und Ossenbrinks Opa. Hüttenhinnerk war noch älter als Ossenbrinks Opa. Er hieß nur nicht Opa, weil er als »Öhm« auf dem Hüttenhof geblieben war und also keine Kinder und Enkelkinder hatte. Er war ganz krumm, sah immer zur Erde und ging immer daher wie über den Pflug gebeugt. Wenn er zum Himmel aufschauen wollte, drehte er den Kopf zur Seite, blinzelte aus den Augenwinkeln in die Sonne und prüfte mit einem schrägen Blick, wie nah die Gewitterwolke schon herangekommen war. Ossenbrinks Opa dagegen ging aufrecht und steif daher wie ein Stock. Er konnte sich kaum noch bücken. Beide kamen nur noch langsam voran, auch wenn es ins trockene Heu regnete. Beide waren weit über siebzig. Und ich war gerade fünfzehn geworden. Und ich hatte Angst, wenn es dunkel wurde am Dienstag- und am Samstagabend. Dann hatte ich nämlich Wache mit den beiden Opas. Was konnten wir schon ausrichten gegen die Banden, die durchs Land zogen, bis zu zwanzig Mann stark und bewaffnet mit Gewehren und Pistolen. Und was hatten wir in der Hand? Äxte, Pflugstöcke, Brechstangen und Lärminstrumente – gegen Pistolen und Gewehre. Alarm schlagen, das war unsere Hauptwaffe. Das wirkte bei den Banden. Ich hatte es zuerst nicht glauben wollen. Aber es gab Beweise. Ich hatte eine alte Motorrad-Tröte als Lärminstrument. Den Gummibalg hatte ich abgezogen, so daß man mit dem Mund hineinblasen konnte. Das Ding war lauter als ein Jagdhorn, und nachts klang es ziemlich schauerlich und war weithin zu hören. Als eine Bande bei Kampmanns eingebrochen war, hatte ich aus dem Dachfenster heraus die Motorrad-Tröte geblasen. Mit verblüffendem Erfolg. »Sie hatten mir gerade das Hemd über die Ohren gezogen«, erzählte die junge Kampmannsche hinterher, »da ertönte von weitem ein komisches Signal. Sie sahen sich fragend an, gaben mir einen Schubs, daß ich in die Ecke flog, schossen ein paar Mal aus dem Fenster und zogen ab.« Das hatte die Kampmannsche erzählt. Und das komische Signal war mein Motorrad-Trötengeblase gewesen. Seither nahm ich die Tröte immer mit, wenn ich Wache hatte. Das war meine Waffe. Aber ich fühlte mich trotzdem ziemlich wehrlos. Und Hüttenhinnerk und Ossenbrinks Opa? Was konnten sie machen mit Axt und Pflugstock, wo sie doch schon Mühe hatten, sich auf den Beinen zu halten. Ja, wenn Papa dagewesen wäre! Mit dem hätte ich wohl auf Wache gehen wollen. Ihm traute ich zu, daß er nur mit einer Mistforke bewaffnet eine ganze Bande in die Flucht schlug, auch wenn die Gewehre und Pistolen hatten. Eigentlich wußte ich wohl, daß man auch den stärksten Mann mit einer einzigen Kugel umlegen konnte. Aber für Papa konnte das nicht gelten. Ich wußte zwar, daß die Kugeln nicht wunderbarerweise von ihm abprallen würden. Aber ich war überzeugt, daß er bei seinem breiten Kreuz durchaus drei, vier, fünf Kugeln verkraften würde, ohne die Mistforke sinken zu lassen. Aber Papa war weg, wie alle Männer. Es war noch keiner aus der Gefangenschaft zurückgekehrt. Nur Opas waren noch da, die man nicht mal mehr zum Volkssturm hatte gebrauchen können, und Jungen, die man noch nicht hatte gebrauchen können. Alte Opas und Jungen, die gerade aus der Schule entlassen waren, die sollten die Beschützer sein für die Frauen in den Betten und für die Schinken und Würste in den Rauchkammern.

An diesem Samstag hatte ich schon am hellen Nachmittag um vier Uhr Angst, als ich ins Bett sollte, um vorzuschlafen. Dabei sah alles so friedlich aus. Der Roggen war mannshoch. Gelbe Samenwolken schwammen auf den wogenden Feldern, verloren sich in den blühenden Wiesen. Sehr schön sah das alles aus und sehr friedlich. Eine Lerche stieg munter tirilierend auf und wollte gar nicht mehr aufhören mit Singen und Steigen und Steigen und Singen. Und ich stand am Fenster und konnte nicht aufhören, ihr nachzuschauen, und wollte nicht ins Bett, weil ich wußte, wenn ich geweckt werde, wird es dunkel und ich muß aus dem Haus mit meiner Motorrad-Tröte, hinein in die Nacht. Ich hatte Angst, daß die Banden sich nicht auf Dauer von dem bißchen Lärm vertreiben lassen würden. Wenn sie erst merkten, daß nach dem Alarmschlagen nichts passierte, würden die Hörner und Tröten wirkungslos bleiben, und auch die schaurig heulenden Sirenen, die manche Bauern installiert hatten, würden dann keinen mehr in die Flucht schlagen. Das Überfallkommando war in Gütersloh stationiert. Bis die den Weg fanden zu einzelnen Höfen in den abgelegenen Bauernschaften von Klarholz, Verloh und Herzebrock, verging eine lange Zeit, auch wenn die Verständigung mit den Engländern klappte. Sie kamen regelmäßig erst dann, wenn alles vorbei war, wenn Uhren und Ringe, Schinken und Würste weg waren und die Frauen sich hatten unterkriegen lassen müssen.

Als die Lerche wie ein Stein zu Boden gefallen war, zog ich die Gardinen zu, kroch ins Bett und zog mir die Decke über den Kopf. Ich konnte nicht einschlafen. Eigentlich hätte ich zum Beichten fahren müssen. In meinem Tagebuch standen schon wieder etliche Kreuze. Wenn mir in der Nacht etwas passieren würde, sah es düster aus. Ich konnte aber nicht zur Kirche fahren, weil Mama und Tante und die großen Schwestern das natürlich gemerkt hätten und sich dann natürlich gefragt hätten, warum ich außer der Reihe zum Beichten fahren mußte, wo die Jünglinge von Bornholte und Verloh doch gerade erst vor einer Woche dran gewesen waren. Warum sollte ich schon nach acht Tagen wieder zur Beichte gehen müssen, ich, der die Frauen und Mädchen vor den Unholden der Nacht beschützen sollte?

Ich schlief sehr unruhig und hatte schlimme Träume:

Eine Armee von Fremdarbeitern rückte im Halbdunkel heran, kam aus der Wäßelwiese, und als sie über den Wühlbach setzten, da waren es auf einmal lauter schwarze Teufel mit einer glühenden Pistole vor dem Bauch. Ich stieg auf einen großen Maulwurfshügel und blies in mein Alphorn das Lied »Lobet den Herren, den mächtigen König der Ehren«. Das Alphorn reichte von meinem Hügel herab bis an das Ufer des Wühlbachs. Dort quirlten die Noten hervor, wuchsen rasch zu großen weißen Engeln heran, stürzten sich auf die schwarzen Teufel und versuchten ihnen die rotglühenden Pistolen zu entreißen. Es gab ein wildes Gerangel. Die einzelnen Kampfpaare verhedderten sich zu einem riesigen Knäuel von Flüche keuchenden Teufeln und Halleluja quietschenden Engeln. Das Knäuel rollte auf die alte Mühle zu und plumpste in den Kolk. Mit einem vielfachen Bluppbluppblupp ging es unter. Eine Weile war alles still. Dann entstand ein Wirbel im Wasser. Der Kolk begann zu kochen, und aus den aufsteigenden Dämpfen sprangen lauter schwarze Teufel ans Ufer und rückten auf meinen Hügel zu. Es waren doppelt so viele als vorher. Ich blies mit aller Kraft in mein Alphorn: »Lobet den Herren, den mächtigen«. Wieder purzelten unten die Noten heraus. Aber aus dem Notenschwarm wurden jetzt lauter schwarze Teufel, alle mit glühenden Pistolen vor dem Bauch. Sie umringten meinen Hügel. Das riesige Alphorn schrumpfte zur Motorrad-Tröte zusammen, und mein Feldherrnhügel schrumpelte zu einem Maulwurfshaufen. Die Teufel bildeten Kreise um mich herum, unübersehbar viele hintereinander, und jeder Teufel hielt mit beiden Händen seine rotglühende Pistole in Anschlag auf mich gerichtet. Ich wagte nicht mehr ins Horn zu blasen. Über der langhingestreckten Schlange des Teutoburger Waldes ging das Stielauge im goldenen Dreieck auf, bedrohlicher als tausend Teufel.

Ich war klatschnaß, als ich vor Angst wach wurde. Draußen war es dämmrig. Da kam auch schon Mama die knarrende Treppe herauf, um mich zu wecken. »Ich bin krank«, sagte ich. – »Das hast du doch schon beim letzten Mal gesagt«, antwortete sie. Und ich stand auf und machte mich fertig zur Nachtwache. Vom Sandknapp drüben leuchtete der Ginster golden herüber. Der späte Flieder duftete stärker als am Nachmittag, und statt der Lerche über dem Roggenfeld sang jetzt in den Büschen am Wühlbach die Nachtigall. Es war alles friedlich. Von weitem hörte man Panzer rasseln. Aber deswegen brauchte man sich nicht zu fürchten. Der Krieg war seit einigen Wochen vorbei, und vor den Soldaten hatte niemand mehr Angst. Aber alle zitterten vor den Banden, die nachts umherzogen. Niemand wußte genau, was das für Leute waren. Gewohnheitsverbrecher, die beim Umsturz aus Gefängnissen und Zuchthäusern entkommen waren und nun die neue demokratische Freiheit nutzten? Oder Russen und Polen, die im Krieg als Fremdarbeiter in den Fabriken und auf den Höfen hatten arbeiten müssen und die nun die Gelegenheit zur Vergeltung ergriffen? Die einen sagten dies, die anderen das. Einige meinten sogar, diese Dunkelmänner könnten eigentlich nur Neger sein, die mit den Amerikanern ins Land gekommen seien. Gerüchte über unwahrscheinliche Grausamkeiten gingen um. Ich glaubte davon nicht die Hälfte. Aber der Rest reichte auch schon zum Fürchten.

Mir schmeckte das Essen nicht. Mama hatte Pickert gebacken. Pickert mit Rübenkraut, es wollte nicht rutschen. Als Mama das merkte, holte sie ein Stück selbstgekernte Butter aus dem Keller. Ich tat ihr den Gefallen und aß einen Streifen Pickert mehr. Dann kamen Hüttenhinnerk und Ossenbrinks Opa vorbei und holten mich ab zur Nachtwache. Ich mußte mit, ich konnte ja nicht schon wieder sagen, daß ich krank sei.

Blaß wie ein zu früh gewendeter Pfannekuchen hing der Mond am dürren Ast der tausendjährigen Eiche. Er machte ein langes Gesicht. Wir hatten abnehmenden Mond. Zu dritt schlurften wir ziemlich schweigsam über die Feldwege unseres Bezirks. Noch konnten wir geruhsam gehen. Die Überfalltrupps kamen meistens erst kurz vor Mitternacht. Aber schon jetzt hielt ich meine Motorrad-Tröte griffbereit für alle Fälle. Ich wußte, daß sie heute kommen würden.

Kurz nach Mitternacht klirrte eine Scheibe auf Holtkämpers Hof. Bald darauf schrie eine Frau »Hölpe, Höl …!« in die Nacht. Der Ruf erstickte mitten im Wort. Ich stieß ins Horn. Es hallte schaurig durch die Mainacht, schauriger noch als der Hilferuf der jungen Holtkämperschen. Die mußte es gewesen sein. Dann fielen einige Schüsse. Das mußte nicht bedeuten, daß jemand erschossen worden war. Wenn es den Banditen nicht gelang, den Überfall so lautlos zu machen, daß die Nachbarn nichts merkten, dann schossen sie immer ein paarmal in die Luft, um mitzuteilen, daß man es mit bewaffneten Leuten zu tun habe und daß man ihnen nicht zu nahe kommen solle.

Was sollten wir machen? Hüttenhinnerk hatte eine Axt mit, Ossenbrinks Opa einen dicken Pflugstock und ich meine Tröte. Wir stellten uns erst mal hinter dicke Fichten im Wäßelbusch, um keine Zielscheibe im Mondschein abzugeben. »War nu?« sagte Hüttenhinnerk. »Blaos, Junge, Blaos, dat de Hinnersmegger wach wätt un de Sirenen anstellt!« Ich stieß ins Horn so laut ich nur konnte. Und bei Hinnersmeier ging tatsächlich bald darauf die Sirene los. »So, nou sött se wull laupen«, sagte Ossenbrinks Opa. Der auf- und abschwellende Sirenenton heulte schauerlich durch die Nacht. Vom Holtkämpers Hof her aber hörte man neue Schüsse, nicht das Getrappel von abziehenden Trupps. Es waren also hartgesottene Banditen, die sich nicht einschüchtern ließen, oder einfach Leute, die Bescheid wußten, daß das Alarmschlagen keine Gefahr für sie bedeutete, daß das Überfallkommando, wenn überhaupt benachrichtigt, mindestens eine Stunde brauchte, um den richtigen Hof in der Bauernschaft zu finden.

Ich mußte immer daran denken, warum der Hilferuf der Holtkämperschen wohl mitten im Wort aufhörte. »Höl ...« hatte sie zuletzt gerufen. Dann war sie verstummt. Ich horchte angestrengt in die Nacht, hörte aber nichts. Sie mußte doch um Hilfe rufen. Sie war jung und sah ganz gut aus. Oder hatte man ihr einen Knebel in den Mund gestopft? Oder stand einer mit der Pistole daneben und drohte, sie zu erschießen, wenn sie schreien würde? »Wat nu?« sagte Hüttenhinnerk. – »Nix to maken«, sagte Ossenbrinks Opa. – »Aber wir müssen doch was unternehmen«, sagte ich. – »Et is nix to maken«, wiederholte Ossenbrinks Opa und lugte vorsichtig hinter dem Baumstamm vor. Ich fühlte mich sehr elend: eine Frau schrie um Hilfe, und wir blieben hier tatenlos hinter dicken Bäumen stehen, wir die Wächter. Andererseits war ich froh, daß die weisen Alten sagten, es sei nichts zu machen, weil ich Angst hatte, aus dem Schatten des Baumes hervorzutreten. Ich stieß ins Horn, so gut es ging. Ich pustete mir die Lunge aus dem Leib, bis mir schwindelig wurde.

Ich weiß nicht, wie lange wir so gestanden haben. Es war schrecklich lange. Auf einmal hörten wir den Schrei eines Mannes, das Gebrüll eines Mannes. Das mußte Holtkämpers Korrad sein. Kurz darauf von der Landstraße her das Getrappel des abziehenden Trupps. Wir gingen vorsichtig zum Hof. Aus dem Schlafzimmer drang das Stöhnen des alten Korrad und das Wimmern der jungen Frau. Sie lagen nebeneinander im Bett. Korrad in einer großen Blutlache. »Wat is passiert?« fragte Hüttenhinnerk.

Aus dem Gewimmer der Holtkämperschen wurde folgender Hergang deutlich: Sechs oder sieben Männer hatten nacheinander die junge Bäuerin untergekriegt. Katinka, das Polenmädchen, war dabei und schaute zu und sagte immer wieder: »Getz du sehen wie ist das. – Getz du sehen wie ist das.« Der alte Holtkämper wurde gezwungen zuzugucken, als sie sich der Reihe nach über seine Schwiegertochter hermachten. – Dann mußte Korrad sich ausziehen. Katinka holte das große Brotmesser aus der Küche. Vier Mann hielten den Korrad fest. Katinka nahm einen großen Schluck aus der Schnapsflasche und schnitt Korrad den Sack ab. – »Getz du nix mehr kaputtmachen«, hatte sie noch gesagt, als sie rausging. Dann war der ganze Trupp schnell abgezogen. – »Wir sind doch immer gut zu ihr gewesen«, jammerte die Holtkämpersche. Korrad stöhnte und fluchte nur.

Es stellte sich heraus, daß dies ein ungewöhnlicher Überfall war. Es fehlte nichts. Die Leute hatten keine Uhren und Ringe und keine Würste und Schinken mitgenommen, obwohl doch Katinka, das Polenmädchen, dabei war, die genau wußte, wo man solche Sachen bei den Holtkämpers finden konnte. Sie hatte mehrere Jahre auf dem Hof gearbeitet, bis die Amis kamen. Ich konnte mich noch gut erinnern, wie Katinka nach dem Polenfeldzug als junges Mädchen zu Holtkämpers gekommen war, als der junge Bauer eingezogen wurde. Sie hatte immer ein Kopftuch um und blickte immer scheu zur Seite, wenn man sie anschaute. Ich hatte ihr vor Jahren an einem Nachmittag beim Kartoffelauskratzen geholfen, als Korrad ihr einfach keine leeren Körbe brachte und Katinka sich auf allen vieren mit den übervollen Kartoffelkörben abquälen mußte und bei aller Schinderei einfach nicht mitkam und immer Angst haben mußte, daß der halbblinde Ackergaul, der schon die nächste Furche zog, ihr in die Hacken trat. Ich wußte noch genau, was Korrad damals zu Katinka gesagt hatte. »Na, hastes dir überlegt?« hatte er gesagt. Und als Katinka nur weinte und nichts sagte, hatte er den leeren Korb wieder mitgenommen und zu einer anderen Kratzerin gebracht. Katinka hatte sich auf die Hacken gesetzt und mit dem Ärmel die Tränen abgewischt. An diesem Nachmittag hatte ich ihr helfen können. Aber an den folgenden Tagen nicht. Und nach drei Tagen brauchte sie meine Hilfe nicht mehr. Korrad hatte sich damals mächtig verändert. – Und jetzt hatte die scheue und sanfte Katinka sich sehr verändert. Als ich nach dieser Nachtwache im Morgengraun wieder in mein Bett kriechen durfte, war an Schlaf nicht zu denken.

Ich hatte ein Bild vor Augen, das mich nicht zur Ruhe kommen ließ. Komischerweise nicht das gräßliche Bild von dem alten Korrad, der mit seiner Schwiegertochter im blutverschmierten Bett lag, sondern das Bild von der alten Holtkämperschen, die wir nebenan in der guten Stube gefunden hatten. Wie eine Plastik aus Holz saß sie im Schaukelstuhl, schaukelte geruhsam und murmelte unverständliche Sprüche vor sich hin.

John Updike

Der Einsiedler

Er hatte Brüder gehabt – jüngere Brüder und ältere Brüder. Seine Kindheit hatte er als einen Kampf in Erinnerung, als eine lärmende Rauferei um Nahrung, um passende Kleidungsstücke, um Aufmerksamkeit. Jetzt, im Wald, gab es keinen Lärm mehr. Geräusche, ja, aber keinen Lärm. Anfangs, in den ersten Nächten, kam ihm das Scharren und Huschen der Tiere – das Haus stand offenbar in der Nähe eines Wildwechsels – laut und ungestüm vor, ein Knacken und Rascheln, das sein schlafbereites Bewußtsein überflutete. Inzwischen hörte er diese Geräusche nicht mehr, so wie ein Mechaniker für das Rattern einer einwandfrei arbeitenden Maschine taub ist. Während er sich häuslich einrichtete und der März in den April, der April in den Mai überging, versank alles in seiner neuen Umgebung in Unsichtbarkeit, in die äußerste Transparenz vollkommener Ordnung.

Und doch hatte er nie in seinem Leben so gut, so viel gesehen. Er hatte sich weder in der Schule noch im Daseinskampf innerhalb der Familie hervorgetan; irgend etwas, von dem er nicht glauben konnte, daß es einfache Dummheit sei, trübte seine Auffassungskraft. Irgend etwas lähmte sein Begriffsvermögen im Augenblick des Erfassens, zerstreute seinen Blick, wenn Konzentration verlangt wurde, ließ sein Streben zerflattern, wenn es zielgerichtet hätte sein sollen. Vielleicht war sein Denken oder jene Apparatur von Schaltern und Hebeln, die sein Denken in die Bewegungen der Außenwelt umsetzte, zu fein justiert, als daß es die Stöße anderer hätte ertragen, in dem durch menschliche Aktivität erzeugten schweren, feuchten Klima hätte funktionieren können. Das Klima der Menschen war, wie er jetzt erkannte, seiner Natur niemals gemäß gewesen.

Er hatte das Haus auf einem Jagdausflug entdeckt, mitten in einem wild nachgewachsenen Wald, der einer Stahlwerksgesellschaft gehörte. Die Gesellschaft – ihr Sitz befand sich am anderen Ende des Staates, in Pittsburgh – hatte vor fünfzehn Jahren das ganze Gebiet en bloc gekauft, weil es hieß, der Boden sei erzhaltig. Bisher hatte man allerdings noch keine Stollen angelegt und würde es auch vielleicht nie tun. So lagen denn diese Hunderte von Morgen Land sich selbst überlassen da, und Wildwuchs überwucherte die inneren Abgrenzungen – alte Wegsteine, zerfallene Erdwälle und rostige Stacheldrahtzäune, die wie die Fäden einer längst vergessenen Debatte waren.

Dis Haus erschreckte ihn, als er es zum erstenmal sah: eine Sandsteinruine ohne Dach, mit einem Anbau, der noch ein paar Zedernholzschindeln aufwies. Es hatte hier nichts zu suchen, dieses gespenstische Relikt, das der Wildnis etwas Drohendes gab. Wie alt mochte es sein? Die Bäume ringsum waren hoch, aber nicht dick, und man erkannte noch Spuren eines Hofes – Erde, zu fest gestampft, als daß sich Wurzeln dort hätten einkrallen können. Vielleicht war das Gelände vor einem Jahrhundert gerodet, vielleicht vor dem Krieg noch bestellt worden. Er entdeckte nichts, was auf eine Feuersbrunst hindeutete. Das Dach und auch der Fußboden waren vom Wetter zerstört; der Keller, voller Steinbrocken, gähnte zwischen den Bodenbalken, die das Gewicht des Mannes immerhin noch aushielten. Die parallel liegenden Balken erinnerten ihn an eine Harfe, und als er aufblickte, mußte er lächeln beim Anblick des durch die nackten Sparren scheinenden blauen Himmels – er hatte das Gefühl, in einem skelettartigen Korb zu sitzen und von einem großen blauen Ballon in die Lüfte getragen zu werden. Mit zwangsläufig rhythmischen Schritten ging er über die Balken und das erinnerte ihn an einen Onkel, der Organist in der lutherischen Kirche gewesen war, und daran, wie tänzerisch sich die Füße dieses Onkels über die Pedalklaviatur bewegt hatten.

Ein Teil des Hauses bot noch Schutz. Der Anbau, der früher die Küche gewesen sein mußte, hatte sowohl Dach als auch Fußboden. Sogar ein Stück Innenwand war erhalten geblieben – keine Gipswand, sondern eine aus Holz, mit Tapete verkleidet –, und ein Türrahmen ohne Tür. Ein zweites türloses Rechteck führte nach draußen über eine Sandsteinschwelle mit zwei feuchten Mulden – winzige Pfützen, kleiner als Untertassen – und mehreren parallelen Rillen die der gezahnte Meißel eines Steinmetzen hinterlassen hatte. Das Mauerwerk war intakt, und die Holzeinfassung der scheibenlosen Fenster hatte sich zwar verzogen und geworfen, schien aber noch ganz stabil zu sein. Man brauchte nur neue Türen und Fenster einzusetzen, Fußboden und Dach zu reparieren, dann war der Raum wieder wetterfest. Er fragte sich, warum noch kein anderer daran gedacht hatte. Sogar zerstörungswütige Rowdies schienen die Ruine übersehen zu haben. Die hier und dort eingeritzten Initialen waren so grau wie das Holz. Eine dicke Rostschicht überzog die im Keller verstreuten Cola-Dosen, und die leeren Schrotpatronen unter einem der Simse stammten gewiß nicht aus der letzten Jagdsaison. Vielleicht hatte es die Stahlwerksgesellschaft zunächst verstanden, Eindringlinge abzuschrecken, und dann in der hochmütigen Art lässiger Sieger selber das Interesse daran verloren. Jedenfalls schien das Haus nicht einmal mehr auf Liebespaare zu warten, nur noch auf ihn.

Sein jüngster Bruder, der Lehrer, war der erste, der ihn besuchte. Er hauste erst seit einer knappen Woche dort und war noch mit den Zimmermannsarbeiten beschäftigt. Ein fabrikneues Fenster mit dem roten Markenzeichen der Glasfabrik auf jeder Scheibe lehnte an einer Birke und verlieh den Moos- und Grasbüscheln rings um den Stamm das lichtgebrochene, verhätschelte Aussehen von Treibhausschößlingen. Es war März, und noch wuchs wenig Grün aus dem Boden. Jeder kleine Zehrwurztrieb, der sich durch den Laubhumus bohrte, sah irgendwie erstaunt aus. Eine verschüttete Quelle machte den Boden auf dieser Seite des Hauses sehr feucht.

»Es ist nicht dein Grund und Boden, Stanley«, sagte sein Bruder. »Das Land gehört nicht einmal dem Staat.«

»Na, dann sollen sie mich doch rausschmeißen. Ich kann nicht mehr verlieren als das Holz und die Nägel.«

»Wozu willst du es denn benutzen?«

»Das weiß ich noch nicht.«

»Ist da vielleicht eine Frau im Spiel?« Auf Morris' zarter Haut zeigte sich eine leichte Röte. Stanley mußte lachen. Morris war jung, Ende Zwanzig, und wirkte noch jünger, als er den Jahren nach war. Er hatte sich einen Schnurrbart wachsen lassen; das sah aus, als hätte ein Kind einen Puppenjungen mit der rosigen Farbe eines Mädchens bemalt und dann, als es seinen Irrtum bemerkte, feierlich einen dunklen Fleck unter die Nase getupft.

»Könnte ich, um mit einer Frau zusammen zu sein, nicht mein Zimmer benutzen?« gab Stanley zurück. Das war ein unfreundlicher Scherz, denn Morris hatte sich schon des öfteren über einen solchen »Mißbrauch« beschwert. Ihre Zimmer lagen nebeneinander im zweiten Stockwerk des elterlichen Hauses. Dort wohnten alle Brüder außer Tom, der nach Kalifornien gezogen war. Die Eltern lebten nicht mehr. Bernard, der älteste Bruder, ein Bauunternehmer, nahm den größten Teil des Hauses für sich, seine Frau und seine beiden Söhne in Anspruch, wobei allerdings nicht ganz klar war, ob er es allein geerbt hatte oder ob es allen Brüdern zu gleichen Teilen gehörte. Stanleys Wohnrecht war jedoch nie bestritten worden.

Morris zuckte zusammen und sagte, sehr schnell sprechend: »Gewiß. Wäre ja nicht das erste Mal. Von deinen Huren wird jedenfalls keine so weit laufen mögen.« Um seinen scharfen, kalten Ton zu unterstreichen, trat er heftig auf ein Zehrwurzbüschel, so daß der Aasgeruch der Pflanze die Luft verpestete. »Du machst die ganze Familie lächerlich«, fügte er hinzu, und Stanley war erstaunt, wie laut Morris bei all seiner rosigen Zartheit sein konnte, wie mühelos er mit der Schnelligkeit eines sich verbreitenden Geruchs einen großen Teil des schüsselförmigen gründenden Raumes um das Haus herum mit seiner Gegenwart erfüllte.

In die Defensive gedrängt, murmelte Stanley: »Es braucht ja keiner davon zu erfahren.«

»Wirst du arbeiten?«

Stanley begriff nicht recht, was Morris mit dieser Frage bezweckte. Er hatte doch sogar zwei Jobs; er war Hausverwalter – Hausmeister, genauer gesagt – in der Schule, an der sein

Bruder unterrichtete, und im Sommer arbeitete er für Bernard, hob Gräben aus, mischte Zement, nagelte Verschalungen zusammen, da er als Zimmermann einiges Geschick besaß. Obwohl er nicht einmal die elfte Klasse absolviert hatte, schien ihm immer, daß er kurz vor einem entscheidenden inneren Abschluß stünde; er fühlte ein Licht über sich, zu dem er sich aber aus der ihn umgebenden Verwirrung heraus nicht erheben konnte.

»Warum denn nicht?« antwortete er, und Morris knurrte befriedigt.

Die Frage war jedoch gar nicht so müßig gewesen, denn der Weg durch die zwei Meilen Wald zur Stadt kam ihm mit der Zeit immer länger vor, statt daß er ihm – wie das gewöhnlich der Fall ist – durch die Gewohnheit kürzer erschien. Jedes Möbelstück, das er aus seinem Zimmer in die alte Küche hinausschaffte, verlieh dem Marsch in den Wald zusätzliches Gewicht. Als besonders unnatürlich empfand er es, bei Morgengrauen aufzubrechen, in der feuchten braunen Wirrnis, bevor das schräg einfallende Licht die Baumstämme einzeln heraushob und wenn die Zweige noch schwer waren von milchigen Tropfen, in denen die transparente Nacht erstarrt zu sein schien. Sobald Stanley sich über seine Lichtung hinausbewegte, war ihm, als zerreiße er eine Haut, erzwinge eine vorzeitige Reife. Sein Haus war ihm auf den Leib gewachsen. Er liebte vor allem den Kontrast zwischen dem verwitterten Holz, das durch Wind und Regen seinen ursprünglichen astknotigen Zustand zu suchen schien, und den ausgebesserten Stellen aus frischem Fichtenholz, die sauber und genau eingepaßt waren und jung rochen. Flickwerk rief ein Gefühl des Rettens, des Bewahrens hervor, und das hatte er schon immer gemocht. Seit er über das modebewußte Jünglingsalter hinaus war, trug er gern alte, mit geschickter Nadel vor dem Lumpensack bewahrte Kleidungsstücke und schlug auf diese Weise der Zeit ein Schnippchen – obgleich die gestopften Stellen und die aufgesetzten Flicken, mochten sie auch fast unsichtbar sein, ihn mit einer subtilen Aura der Verlorenheit umgaben. Und diese instinktive Abneigung, etwas zu verschwenden, ein konservatives Verlangen nach

Aufschub, nach Zurückstellung führte dazu, daß er seine Haare sehr selten schneiden ließ und sich nur jeden zweiten Tag rasierte, wodurch er das Leben der Klingen verlängerte. So drückte sich seine leidenschaftliche innere Sauberkeit durch äußere Ungepflegtheit aus – eine Umkehrung, die für sein teleskopisches Verhältnis zur Gesellschaft typisch war. Er verspürte immer geringere Neigung, Kontakt mit dieser Gesellschaft aufzunehmen, und sei es auch nur auf dem Weg durch die Kellergänge der High School. Die Schüler, das wußte er, machten sich über seine gebeugte Haltung, seine bedächtige Langsamkeit lustig. Versuchsweise, wie bei seinen ersten sexuellen Erlebnissen damit rechnend, auf Widerstand zu stoßen, und deshalb sein Vergehen in eine merkwürdige Gleichgültigkeit münden lassend, blieb er hin und wieder einen Tag und schließlich sogar eine volle Woche der Arbeit fern. Er ließ sich einen Bart wachsen. Zu seiner Überraschung – denn er hatte schwarzes Haar – war der Bart rot. Eines Tages besuchte ihn sein älterer Bruder draußen im Wald.

Bernards Gegenwart wirkte zwar weniger aggressiv als die von Morris, dafür aber wuchtiger; für Ohren, die nichts Lauteres gewohnt waren als Vogelgezwitscher und das Rascheln abendlicher Kriechtiere, klang seine Stimme schallend, war wie ein tiefer Riß im Gewebe des Lebens. Da es Sonntag war, trug Bernard einen dunklen Anzug; er schwitzte und war gereizt. »Ich hatte alle Mühe, dich zu finden.«

»Da ist eine Mauer, bei der du rechts abbiegen mußt. Ich habe mich anfangs auch oft verirrt.« Stanley war erstaunt, seine Stimme zu hören. Sie klang so seltsam, wie ein trockenes Knacken; er hatte sie seit Tagen nicht gebraucht, außer vielleicht einmal zum Trällern.

»Sag mal – bist du so verrückt, wie du aussiehst?«

»Ich kann mich ja rasieren, wenn ich in die Stadt gehe.«

»Ich meine nicht nur deinen Bart, aber da wir schon davon reden – weißt du, daß er rot ist wie eine Orange?«

»Natürlich, ich habe doch einen Spiegel.«

»Meine Jungen fragen: Wo ist Onkel Stan?«

»Bring sie mal mit. Sie können bei mir übernachten, wenn

sie Lust haben. Aber nur sie, nicht ihre Freunde. Soviel Platz habe ich nämlich nicht.«

»Dann betrachtest du also das hier als eine Art Camping?«

Stanley bemühte sich, zu verstehen; es schien so ungeheuer wichtig zu sein, daß er verstand. »Camping?«

»Weißt du, was man in der Stadt sagt?«

»Über mich?«

»Man sagt, du seist ein Einsiedler geworden.«

Eine seltsame Freude, ein lauwarmer Hauch von Morgenlicht, berührte Stanley. Dem, was er mehr oder weniger bewußt getan hatte, erkannte man Würde und Bestimmtheit zu. Er hatte sich zum Einsiedler entwickelt. Einer seiner Brüder war Bauunternehmer, ein anderer unterrichtete Kinder, ein dritter lebte in Kalifornien, und er war ein Einsiedler. Das war besser als ein Diplom; aber er hatte es nicht verdient. »So habe ich das noch gar nicht gesehen«, sagte er vorsichtig.

Bernard schien jetzt ganz zufrieden zu sein. Er stellte die Beine anders, als hätte er endlich Hülsen gefunden, die ihr großes schwarzes Gewicht aushielten. »Wie bist du eigentlich auf diese Idee gekommen? Hat es etwas mit Loretta zu tun oder mit Leinbach oder sonst wem?«

Stanley kannte die Namen. Leinbach war der Schulhausverwalter, und Loretta war eine Frau, die allein in einem Wohnwagen hauste. Leinbach war schlank und pedantisch, er hatte eingesunkene Schläfen und aufgeplatzte Äderchen an der Nase. Jeden Tag kam er in einem frischgewaschenen grauen Hemd zur Arbeit und trug seine Frau im Glanz ihrer Bügelfertigkeit sozusagen auf dem Rücken. Er wachte so eifersüchtig über die vier großen Boiler im Heizkeller der Schule, als würde sein Blut von ihrer Hitze warm gehalten. Loretta war rosig und weiß und glatt, liebte ihr Bier und lachte, wenn sie sich daran erinnerte, wie das Leben ihren Wohnwagen hier am Rand eines Maisfeldes hatte stranden lassen. Purpurwinden rankten sich um die Betonklötze, die inzwischen an Stelle der Räder den Wohnwagen stützten. Stanley war immer wieder begeistert, wenn er sah, wie sich die Installationen in Bad und Küche mittels vernickelter Scharniere entfalteten und sich den beengten Raumverhältnissen anpaßten. Aber manchmal hatte Loretta ihren wilden, bitteren Tag; dann wurde sie von ungestilltem Groll gepackt, und ein ursprungsloser Sturm der Empörung überflutete ihre sonstige Glätte, so daß die Abteile des Wohnwagens erbebten. Stanley vermutete, daß sogar er selbst es war, der sie ungewollt kränkte. Einmal, am letzten Tag vor den Weihnachtsferien, hatte er aus Versehen das Feuer im dritten Boiler mit zuviel Gruskohle erstickt. Leinbach, so grau im Gesicht, daß die Adern sich bleifarben abzeichneten, war herbeigestürzt, um die Glut wieder anzufachen, und hatte dabei in wilder Wut auf deutsch geflucht. Angesichts einer so heftigen Erregung fragte Stanley sich unwillkürlich, ob es etwa ein Viertelsektor von Leinbachs gewesen sei, den er hatte verflackern und ersticken lassen. Dieser Blick in ein mögliches System kühlte seltsamerweise seine Gefühle für Loretta ab. In der Welt war eine Leidenschaft entfesselt, die ihn verbrennen konnte. Er sagte zu Bernard: »Nein, es hat mit niemandem zu tun.«

»Was soll denn das Ganze? Du wirst hier verkommen.«

»Hast du Leinbach gesehen?«

»Ich soll dir von ihm bestellen, daß sie dich nicht mehr brauchen. Solche komischen Vögel können sie in der Schule nicht beschäftigen, sie müssen an die Kinder denken.«

Stanley sah Leinbach vor sich, wie er von ›komischen Vögeln‹ sprach, mit schiefem Mund, so daß die Bezeichnung etwas Unzüchtiges bekam. »Wieso?« fragte er starrsinnig. »Weil ich hier wohne?«

»Und er hat noch nicht mal deinen Bart gesehen. Wann wirst du dich denn rasieren?«

»Jedenfalls nicht auf Leinbachs Befehl.«

Bernard lachte auf: das Geräusch klang so trocken wie ein Schuß. »Dann bleib hier. Du kannst bald bei mir anfangen. Wir sind jetzt auf einigen Grundstücken am Friedhofshügel beim Ausschachten.«

»Wenn du mich nicht dringend brauchst, warte ich gern noch eine Weile.«

Bernard zog seine Jacke aus und schien sich kampfbereit der Stimmung des Waldes anzupassen. »Ich brauche dich nicht«, sagte er. »Es ist doch wohl andersherum.« Als Stanley dies weder bestätigte noch bestritt, fuhr Bernard wesentlich lauter fort: »Von mir aus kannst du hier verrückt werden.«

»Im Gegenteil. Ich versuche einen klaren Kopf zu bekommen.«

»Na schön, dann stink dich aus. Hock auf deinem eigenen Dreck. Du wirst schon bald angekrochen kommen. Hier – ich lasse dir meine Zigaretten da.«

»Vielen Dank, Bernie, aber ich rauche kaum noch.«

Als Bernards schwere Schritte verklungen waren, blieb Stanley mit dem dröhnenden – und alles in allem ermutigenden – Gefühl zurück, daß er mit seinem Bruder gestritten und die übliche Vertagung der völligen Niederlage erreicht hatte.

Mit Ranken der Gewohnheit schlug der Einsiedler Wurzeln im Wald. Einsamkeit ist ein zweidimensionaler Zustand, dessen Probleme genau geplant werden können. In einem nahen Bach floß klares Wasser. Stanley machte sich auf einem zweiflammigen Petroleumkocher die Konserven heiß, die er allwöchentlich in den dahinvegetierenden Eckladen am Stadtrand kaufte, wo man für jeden Kunden dankbar war. Obwohl er eine Flinte besaß, ging er nicht auf die Jagd, weil er fürchtete, als Wilderer den unsichtbaren Behörden aufzufallen, die ihn bisher in Ruhe gelassen hatten. Das Zubereiten der Mahlzeiten teilte den Tag in bequeme Abschnitte, und beim Aufwärmen und Neuzusammenstellen der Reste konnte er seinem Hang zur Flickarbeit frönen. Das Problem der Beseitigung der Exkremente löste er mittels einer Reihe von tiefen Löchern, die er aushob und die sich allmählich wieder füllten – nie versiegende Brunnen besonderer Fruchtbarkeit im Wald, wie er sie in Gedanken nannte. Um sich Bewegung zu machen, zerkleinerte er umgestürzte Baumstämme, und um es warm zu haben, verbrannte er das Holz in dem alten Küchenherd. Zum Säubern des Abzugs bediente er sich der klassischen Methode, ein Fichtenbäumchen von oben nach untern durchzuziehen. Er las sehr wenig. Petroleum, das er in einer Fünf-Gallonen-Kanne herbeischleppen mußte, war für Beleuchtungszwecke viel zu kostbar. Auf einem seiner

Beutegänge in die alte Wohnung durchstöberte er den dunklen Dachboden und nahm aufs Geratewohl zwei Bücher von den staubigen Stapeln, die seine Mutter hinterlassen hatte. Sie war eine unermüdliche Leserin gewesen – auf ihre Art auch ein Einsiedler. Unten stellte er fest, daß es sich bei den Büchern um einen graubraunen englischen Gesellschaftsroman aus dem Jahre 1913 handelte und um die moosgrünen Erinnerungen einer Schauspielerin, die den amerikanischen Westen nach dem Bürgerkrieg auf Tourneen bereist hatte. Er las täglich um die Dämmerstunde ein paar Seiten des einen oder des anderen Buches, in jener magischen Gemütsverfassung, in der manche Menschen die Bibel zu lesen pflegen, weniger eine zusammenhängende Handlung als jähe fragmentarische Erleuchtung erwartend. Und er wurde selten enttäuscht, denn ob der Schauplatz der Ballsaal eines Herrensitzes in Sussex oder eine improvisierte Bühne in Dodge City war – die Ereignisse (hier lehnte es die Tochter eines verarmten Adeligen ab, mit dem Sohn eines finanzgewaltigen Industriellen zu tanzen, dort wurde ein mexikanischer Bandit während der Wahnsinnsszene in *König Lear* ermordet) hatten den gleichen Überraschungseffekt, waren plötzlich aufleuchtende Zeichen einer übernatürlichen Welt.

Die tapfere alte Herzogin tat durch ein diskretes Flüstern ihr Verlangen kund, aus dem Saal hinausgetragen und in ihre Privatgemächer gebracht zu werden, wo sie ungestört die funkelnden Bruchstücke ihrer soeben auf so unverschämte Weise zerschmetterten Hoffnungen mit liebevollen Augen betrachten und vielleicht wieder zusammensetzen konnte.

Fast auf jeder Seite war irgendein Satz zu finden, der sich in seiner indirekten Relevanz, aus dem Buch in Stanleys Augen springend, auf sein Denken, sein Leben bezog.

Ich spürte, wie die Zuschauer von Panik erfaßt würden, aber ich plapperte und plärrte unbeirrt meinen Text. Das drohende Gemurmel wurde jedoch immer lauter. Da riß ich, von der Verzweiflung inspiriert, meine Schellenkappe ab und ließ mein langes Haar über das Narrenkleid herabwallen. Schneller als ich zu hoffen gewagt hatte, brachte die schockartige Erkenntnis, daß der Narr eine Frau war, die Menge zum Schweigen, und wir konnten ungestört weiterspie-

len. Am Ende des Aktes feierten mich diese rauhen Männer mit einer Ovation, daß ich ganz schwach wurde und ich die Tränen nicht zurückhalten konnte.

Bei der Lektüre solcher Stellen schien Stanley in seinem Innern einer Art Engel zu begegnen, einer geschlechtslos gekleideten Frau, die verlangte, er solle die schmalen Stufen seiner Tage bis zum Plateau endgültiger Erleuchtung erklimmen.

Die Tage unterwarfen sich der Symmetrie, die Nächte jedoch suchten sich dem Griff zu entziehen; ein unkontrollierbarer Eindringling – Schlaflosigkeit – erschien, um die Ordnung von Stanleys Existenz zu stören. In manchen Nächten floh ihn der Schlaf gänzlich; oft erwachte er unter einem kalten Mond, und wenn er mit geschlossenen Augen zurückeilte zu der dunklen Tür, die sich einen Spalt weit geöffnet hatte, stellte er fest, daß sie verschlossen war, bis das Morgengrauen sie mit einem Lufthauch wieder aufwehte. Es war, als hätte er sich, indem er soviel Weltliches von sich tat, zu leicht gemacht und könnte nun nicht mehr sinken, als hätte er, indem er sich von soviel Bösem gereinigt, gegen ein animalisches Bedürfnis verstoßen, das sich nun an seinen bloßliegenden Nerven rächte, gleich Zähnen, die nach dem Putzen weh tun. Um sich zu entspannen, dachte er an Frauen, doch seine Ergüsse in diese Schatten vertieften nur die Leere in ihm. Wachend träumte er, daß er ein gewichtsloser Stein, ein Körper ohne Persönlichkeit sei, und fragte sich, ob seine persönliche Existenz jemals Wirklichkeit gewesen war oder nur eine Illusion, die er Frauen verdankte: seiner Mutter, die mit ihren bekümmerten Augen jeden Zoll seines Wachstums geformt hatte, und dann der freundlichen Reihe, an deren Ende Loretta stand – Loretta, die im vertrauten Beisammensein die männliche Schönheit seines Brustkorbes gerühmt hatte, so daß die Erinnerung an sie oder auch nur an ihren zweifarbig gestrichenen Wohnwagen mit den windenumrankten Sockeln buchstäblich seine Brust weitete, die Haut straffte und bräunte. Ja, wozu hatte er überhaupt noch einen Spiegel, wenn nicht als eine Art Frau, in der er – den Kopf hierhin und dorthin wendend, den Bart glättend, verstohlen lächelnd – die früher durch Bewunderung lebendig gewordenen Winkel suchte? Er war froh, als Loretta zu Besuch kam. Das geschah Ende April. Er atmete erleichtert auf beim Anblick ihrer plumpen Gestalt, die in einem blauen Kleid und einer grauen Wolljacke zwischen den Bäumen sichtbar wurde und dann über den baumlosen Hof watete. Auf dem Hof wuchsen jetzt Farne, die Lorettas Fesseln verdeckten. Für eine so dicke Frau hatte sie schlanke Fesseln.

»Du liebe Güte«, sagte sie und blieb stehen. »Über dich kann man nur staunen.«

»Und über dich erst«, erwiderte er. »ich wußte gar nicht, daß du so weit laufen kannst.«

Im Gegensatz zu der anderen war sie abends gekommen. Sie fragte: »Bittest du mich nicht herein?«

»Doch, natürlich«, sagte er, und sie näherte sich dem Haus, schwebend, unaufhaltsam. »Bei mir ist es aber nicht so sauber und ordentlich wie in deinem Wohnwagen.« Er war sehr verlegen und von unbändigem Stolz durchdrungen, als sie über die gerillte, narbige Steinschwelle schritt, die von ihm geschaffene Behausung in Augenschein nahm und nichts daran lächerlich fand.

»Das hast du gut gemacht«, sagte sie ernst, beeindruckt. Dann lachte sie.

»Warum lachst du?«

»Es hat mich an etwas erinnert, und jetzt weiß ich auch, an was. Ich habe mal einen Chinesen gekannt, einen Junggesellen, der auch so wohnte, mitten in Philadelphia. Da hat's genauso gerochen wie hier. Vielleicht ist es das Petroleum. Laß mich mal an dir riechen.« Sie öffnete die beiden obersten Knöpfe seines Hemdes, zog den Ausschnitt des Unterhemdes herunter, drückte ihre Stupsnase gegen seine Haut und schnupperte. »Nein, du riechst noch nicht chinesisch, du riechst immer noch wie Stanley. Dein Herz klopft.«

»Schließlich ist es ja eine ganze Weile her.«

»Ich hatte nicht das Gefühl, daß du mich bei dir haben wolltest.«

»Ich glaube auch nicht, daß ich es wollte.«

»Aber jetzt bin ich hier, wie?«

»Jetzt bist du hier.«

»Wie kalt wird es nachts?«

»Nicht mehr so sehr. Wir werden nicht frieren. Hast du Hunger?«

»Durst.«

Er blickte ihr ins Gesicht, um zu sehen, in welchem Sinn sie das meinte, aber die Sonne stand schon tief, außerdem hielt sein Körper das Licht ab, das durch das Fenster drang, und so nahm er von ihrem Gesicht nichts wahr als verschwommene Wärme und einen würzigen Duft, der vielleicht von ihrem Haar ausging. Er überließ ihr das Feldbett und breitete daneben eine Decke auf dem Boden aus, so daß er sie jedesmal, wenn er nachts aufwachte, über sich sah, ihren gebeugten nackten Arm, der weißlich schimmerte, ihren schweren Körper, der wolkengleich auf den dünnen X-Beinen der Bettstatt schwebte und die Unterseite der Matratze ausbauchte. Als wäre es möglich geworden, mit dem Himmel zu spielen und den Mond zu verrücken, hob er den Arm und fühlte mit der Hand und geriet dann in Verwirrung, denn als ihr Körper den seinen umfaßte und über seine Fingerspitzen glitt, kam sie ihm bald riesig breit und bald schrecklich dünn vor, von der lauschenden Dünne eines Kindes, während ihre Gestalt einer bestimmten Position im Verhältnis zu den Fixsternen seines eigenen Systems zustrebte.

Er schlief lange und wachte davon auf, daß sie sich an seinem Herd zu schaffen machte. Das metallische Geklapper ärgerte ihn; sie schien in seinem Kopf herumzukramen. Von hinten, in verwaschenem Blau, sah sie dick aus, sie hatte sich an ihm gemästet. Sie fluchte über seinen Petroleumkocher, der nicht brennen wollte. Er erhob sich und benutzte, nackt, seinen Körper als Keil, um sie von dem Herd und den Töpfen, den Gerätschaften seines Lebens, zu trennen. Sie gab bereitwillig nach, aber als er fertig war, verdunkelte Zorn ihre Augen. Sonnenlichtflecke zuckten über die rohen Dielenbretter wie Münzen, die immer wieder gezählt werden. Er lag auf einem Gegner, der sich mit einem einzigen Atemzug so dick aufpumpen konnte, daß er ihn, Stanley, zu überwältigen vermochte. Sie standen auf, und Lorettas

Sturm brach los – Tränen, Schmähungen, Vorwürfe, immer von neuem mit kalter Stimme wiederholt, klägliche Versuche, zu einer abgrundtiefen Zärtlichkeit umzuschwenken. An ihrem Kopf vorbeiblickend, das Kinn entflammt im Lichthof ihrer ungekämmten Haare, sah er das auf den morgendlichen Wald hinausgehende Fenster als ein Aquarium, von dessen magisch gezackter, in Sonnenschein getauchter grüner Blätterwelt ihn dieses Weinen für immer fernhalten würde. Er setzte ihr ein Frühstück vor und begleitete sie dann bis zum Waldrand, wo die *Betreten-Verboten*-Schilder aufgestellt waren.

»Ich komme nicht mehr«, sagte sie.

»Es ist ja auch zu mühsam für dich«, erwiderte er.

»Weißt du eigentlich, was du dir antust?« fragte sie und gab selbst die Antwort: »Du richtest dich zugrunde.«

»Ich bin wie du in deinem Wohnwagen«, sagte er lächelnd und suchte in ihrem Gesicht nach dem Widerschein seines Lächelns.

»Nein.« Sie sprach in jenem Ton gelassener Ruhe, den sie stets nach ihren Wutausbrüchen anschlug. »Mir ist dieses Leben aufgezwungen worden, du aber entscheidest dich aus freien Stücken dafür.«

Wie dankbar war er trotzdem seinen Besuchern! Jeder einzelne ließ etwas bei ihm zurück, was seine Situation erhellen half. Er handelte aus freien Stücken, ja, und während er durch den Wald zurückging, begrüßt von den Stimmen ungesehener Vögel und dem Winken ihm unbekannter Pflanzen, suchte er nach einer weiteren Entscheidung, einem weiteren Verzicht als Buße für die parasitische Ekstase der Nacht. Zu Hause zerschlug er den Spiegel. Er hielt ihn quer über den Herdstein, so daß der Spiegel als letztes eine Scheibe blauen Zenits reflektierte, und ließ ihn fallen. Die Splitter fegte er zusammen, vergrub sie weit vom Haus entfernt und bedeckte die Erde mit Laub, damit er die Stelle nicht wiederfinden konnte. Aber fortan war ihm, als bewachten ihn von diesem Teil des Waldes aus vergrabene Augen. Das Gefühl schwand tagsüber, kehrte jedoch nachts zurück und verlieh seinem Schlaf eine Tiefe, wie sie ihm seinerzeit im Kindesalter das Wissen gegeben hatte, daß zu einer unbekannten Stunde seine Mutter, die noch unten im Wohnzimmer war, auf ihrem Weg ins Bett in sein Zimmer kommen, ihm über die Stirn streichen und die fortgestrampelten Decken sorgsam zurechtziehen würde. Die Schlaflosigkeit hörte auf, sein Gast zu sein. Nach Lorettas Besuch wurde er immer schon am frühen Abend müde, war oft nicht mehr imstande zu lesen und stand mit der Sonne auf.

Noch nie hatte er so gut, so viel gesehen. Der kühle April wich dem heiteren Mai. Knospen aller Art waren aufgebrochen. Stanley wurde sich deutlich winziger Nuancen bewußt – er nahm Braun- und Grautönungen an den Zweigen und kleine Unterschiede in den Blattformen wahr, entdeckte besondere Wachstumsarten, einen Rhythmus in dem Winkel, in dem ein Zweiglein vom Hauptast ausgriff. Daß er diese Unterschiede nicht in Worte fassen, daß er kaum ein Dutzend Bäume und Blumen mit Namen nennen konnte, umhüllte die zahllosen Erscheinungen mit einer leuchtenden Transparenz, wie nebliger Dunst sie hinterläßt; indes sein Denken das Meer von Grün langsam in Typen unterteilte, identifizierte er jedes wiedererkannte Exemplar nicht namentlich, sondern visuell, so wie man sich an eine Schwester erinnert, deren Name auf Grund ihrer Heirat unzutreffend geworden ist. Sein Denken wurde zu einem schönen, fremdsprachigen Buch, dessen Illustrationen durch die Unverständlichkeit des Textes nur noch an Präzision und Vollendung gewannen. Beim ersten Betreten der parallelen Balken des fußbodenlosen Hauses hatte er an eine Harfe denken müssen, und jetzt kamen ihm diese fein abgestuften, festen und doch elastischen Unterschiedsschichten wie eine noch größere Harfe vor, die darauf wartete, entweder angeschlagen oder unablässig gespielt zu werden – so unablässig, daß ein Augenblick der Stille ihm in den Ohren gedröhnt hätte. Die Kompliziertheit der Moose und Gräser faszinierte ihn. Selbst der kleinste Bereich unterwarf sich der Regel der Unterscheidungen. Stanley empfand die grüne und schuppige Masse ringsum als so unendlich teilbar, daß ein dichtes Schleiergewebe im Vergleich dazu grobmaschig war; die Natur, dieses derbe Netz ineinandergreifender Raubgier, löste sich für ihn in ihrer eigenen unsagbaren Exaktheit auf und hörte auf zu existieren oder existierte nur noch als die Beschreibung von etwas anderem.

Eines Tages besuchten ihn seine beiden Neffen und brachten einen Freund mit. Der Freund, erst vor kurzem zugezogen, war ein schmächtiger Junge – er hatte kurzgeschnittenes Haar und Augen von so dunklem Braun, daß sie rund wirkten. Stanley, der sich unbeholfen mit seinen Gästen unterhielt, merkte auf einmal, daß er sich zumeist an diesen Fremden wandte, denn die vertraute Scheeläugigkeit und wetteifernde Knufferei seiner Neffen waren Dinge, die er schon bewußt ignoriert hatte, als er noch mit ihnen und ihrem Lärm zusammen wohnte. Seine Seltsamkeit schien die Besucher einzuschüchtern. Er wußte nicht, was er ihnen zeigen sollte; die Jungen hatten vielleicht irgendeine sichtbare Leistung erwartet, irgend etwas, was seinen Aufenthalt hier bezeugte und rechtfertigte. Aber da war nichts, nichts außer seinem Unterschlupf, an dem er schon lange keine Verbesserungen mehr vorgenommen hatte – dies und Stanleys subtil verändertes Wirklichkeitsgefühl. Er führte die Jungen durch den Wald, zeigte ihnen das kaum noch erkennbare Rechteck, wo einmal eine Scheune gestanden haben mußte, wies sie auf die Kothügelchen hin, mit denen kleinere Waldsäugetiere ihre Anwesenheit kundtun, forderte sie auf, sich mit ihm über eine Böschung zu beugen, auf der eine Kombination von freiliegenden Wurzeln, Felsbrocken, Moos und Erosion eine Burg, besser gesagt eine Reihe von Burgen geschaffen hatte, die von Ameisen bewohnt wurden. Die Jungen begannen die Ameisen zu zertreten. Als Stanley sie anschrie, wichen sie vor ihm zurück, und er sah seine Hagerkeit und seinen stacheligen roten Bart in ihren Augen widergespiegelt. Auf Abenteuer erpicht, führten sie ihn tiefer in den Wald, als er je allein vorgedrungen war, bis zu einer Stelle, von der aus der rauchende Schornstein eines Hauses und ein glänzendes Stück Autostraße zu sehen waren. Unterwegs suchten sie sich Knüppel und hieben morsche Äste ab, schlugen mit aller

Kraft gegen abgestorbene Bäumchen, deren Skelette jahrelang ungestört im Dickicht gehangen hatten, gestützt von den Armen der Bäume, in denen sie erstickt waren. Wohin die Jungen auch kamen, überall stöberten sie den Tod auf: Sie fanden die mit Mäuseknochen durchsetzten Gewölle von Eulen, den aufgetriebenen, in die Länge gezogenen, von Hunden verstümmelten Kadaver eines Murmeltieres, den auf mysteriöse Weise abgetrennten Vorderfuß eines Rehbocks. Die Fülle grünen Lebens hielt für sie nur diese wenigen Perlen bereit. Stanley gab jedem von ihnen einen Apfel mit auf den Heimweg und schickte sie fort, ohne sie zum Wiederkommen aufzufordern. Beim Abschied spürte er, daß der dritte Junge ein wenig zögerte, er ahnte eine nicht ganz befriedigte Neugier in diesen runden Augen, eine Lernbereitschaft, die sich Stanley inmitten seines langsamen Erfassens als eine neue und subtilere Versuchung darbot. Aber dann verschwand der Junge zusammen mit den anderen.

Als Stanley noch unter Menschen lebte, hatte er nur selten gebadet, weil er fand, das Schöpfen und das Verschmutzen von Wasser sei Verschwendung; jetzt aber badete er sehr oft, denn in dem nahen Bach floß das Wasser tagaus, tagein klar dahin, und es wäre eine Verschwendung gewesen, keinen Gebrauch davon zu machen. Der Bach war nur einige Zoll tief und gerade mannsbreit; um naß zu werden, mußte sich Stanley bäuchlings auf das Bett aus rotem Sand und glattgeschliffenen Sandsteinen legen und sich selbst zu einem großen Sandstein machen, den der Bach, tastend zunächst, mit seinem eiskalten Wasser bespülte. Wollte er, daß sein Rücken benetzt würde, so rollte er sich herum und lag, zu den blauen Rissen im Baldachin der Blätter hinaufstarrend, wie ein Ertrunkener, der beim letzten Blick zum Himmel im Tode erstarrt ist. Dann erhob er sich triefend, ein silberner Mann, und ging nackt durch das warme, rauhe Laub vom letzten Herbst die leicht ansteigende Strecke zurück. Er hatte überlegt, ob er einen Damm bauen sollte, aber der Gedanke widerstrebte ihm. Stehende Gewässer lockten Stechmücken an. Und dann war da noch, halb unbewußt, die beunruhigende Vorstellung, daß die Lücke, die entstand, während sich das

Wasser zu einem Tümpel staute, durch den Wald bis zum Meer getragen würde, gleichsam ein Aufschrei, der verriet, daß er sich hier aufhielt. Trotzdem – obwohl es keinen natürlichen Tümpel gab, in dem er auch nur hätte hocken können, war es wichtig, daß beim Baden jeder Zoll seiner Haut, sogar die Augenlider mit Wasser in Berührung kamen. Sonst hätte er nicht ohne Scham, ein silberner Mann, durch den Wald schreiten können.

Eines Tages, als er wieder einmal vom Baden zurückkehrte, hatte er das Gefühl, beobachtet zu werden, machte aber den vergrabenen Spiegel dafür verantwortlich, bis er den dritten Jungen, allein, mit verstörter Miene in dem See von Farnkraut vor dem Haus stehen sah. Der Junge sprach als erster. »Entschuldigen Sie«, stammelte er, drehte sich um und lief davon. Stanley, von der jähen Furcht erfaßt, etwas zu verlieren oder mißverstanden zu werden, rannte ihm nach – eine schreckenerregende Gestalt wahrscheinlich, hager und wasserglitschig zwischen den ruhig-erhabenen Senkrechten der Bäume, mit wortlos aufgerissenem Mund und schlenkerndem Penis. Der Junge lief schneller, und bald blieb Stanley stehen. Sein wild klopfendes Herz schien noch ein paar Schritte weiterzurennen und dann in den Schutz des bebenden Brustkastens zurückzukehren. Er war erstaunt über sich selbst, beschämt. Seine Verfolgungsjagd war die Umkehrung von Monaten geduldigen Wartens, eines Wartens – wie er jetzt erkannte –, daß er selbst eingeholt würde. Er wurde sich bewußt, mit wie knapper Not er einer verderblichen Ablenkung entronnen war, einem Jünger, der seine verletzliche Einsamkeit verdünnt und ihm Güte schneller entzogen hätte, als es möglich gewesen wäre, sie abzusondern.

Er wachte jetzt jeden Morgen mit dem Gefühl auf, daß jemand ihn gerufen habe. Zunächst war es nur eine ganz schwache Empfindung, die seinen ersten Bewegungen beim Erwachen eine verschwommene, schuldbewußte Ruhelosigkeit verlieh. Dann, als sich das Gefühl an den drei folgenden Morgen wiederholte, bekam die ungehörte Stimme allmählich etwas ausgesprochen Männliches, gepaart mit unendlicher Zartheit und Dringlichkeit. Es handelte sich keinesfalls um einen Traum; er wußte, was Träume waren, und dieser Ruf drang durch sie hindurch. Er ertönte, soweit Stanley das beurteilen konnte, nach dem Ende seiner Träume, aber *bevor* er die Augen aufschlug. Dabei schien er aber auch den Hintergrund der Träume zu bilden, wie ein Telefonläuten im unteren Stockwerk den Hintergrund eines Liebesaktes bildet, so daß die aus Stanleys Menschheitserinnerungen transponierten Phantome doppelt unwirklich gemacht wurden, weil ein unbarmherziger Druck sie ständig verzerrte. Von dem Wunsch getrieben, die Stimme gewissermaßen von Angesicht zu Angesicht zu hören, ihre Männlichkeit zu erfassen und ihre süße Dringlichkeit direkt zu kosten, fiel Stanley in Schlaf, als tauche er zu einem Rendezvous hinab. Daraufhin schwieg die Stimme zwei Nächte lang, wie wenn sie ihn strafen wollte. Als demütig Lernender schloß er daraus, die Stimme sei unwirklich gewesen und er selbst, wie Bernard vorausgesagt hatte, dem Wahnsinn nahe. Am nächsten Morgen, dem siebenten, seit das Gefühl ihn zum erstenmal berührt hatte, berührte es ihn wieder, und zwar besonders stark, gerade als die Dunkelheit weiche Züge annahm. Er fuhr hoch wie jemand, der einem Befehl gehorcht, und erkannte, daß der Ruf eine Kondensation war, die Verdichtung einer Realität, die durch das Tageslicht hindurch fortbestand. Stanley fühlte das Rufen, sah es als eine überwältigende Feinheit in den Dingen; die winzige Wahrheit von Rindenstrukturen, die vielschichtige Lichtdurchlässigkeit von Blättern, die majestätisch dahingleitenden Zwischenräume zwischen Baumstämmen – alles ließ ein Etwas ahnen, das auf Antwort wartete, ein Schweigen, das seiner selbst nicht sicher war. Aber es war so scheu, so zurückhaltend – es deutlich zu hören, das wäre gewesen, als hätte man, wie Stanley einmal vom Geldfälschen gelesen hatte, einen Dollarschein der Kante nach mit einer Rasierklinge zerteilt.

Während er seine Mahlzeiten zubereitete, während er aß, während er die Axt in eine umgestürzte Birke sausen ließ – immer war die Empfindung da, klang zwischen den Axtschlägen auf, durchzog seinen Tag. Greifbar nahe war nun der innere Abschluß, den er suchte; die letzte Klarheit, ein Gewebe, das um Haaresbreite vom Verstehen entfernt war, wartete nur noch darauf, daß er ganz still war. Dann, das wußte er, würde sich diese nebelhafte Gegenwart zu Worten verdichten und sich verschwenderisch in sein Denken ergießen. Er badete, trocknete sich ab, zog frische Sachen an, die er im Bach gewaschen hatte und an deren sauberen, ausgebleichten Fasern ein paar rötliche Körnchen wie heiliges Salz hafteten. Er setzte sich auf die breite, flache Schwelle und lauschte. Ein einzelner dünner Zweig lag zur Hälfte in einer kleinen ovalen Lache, die sich auf dem Stein gebildet hatte. Eine Brise strich wie ein Hauch über die Baumwipfel, und in einem Aufzucken von Grün schärften sich die hohen Blätter am Schleifstein des Lichtes. Eine Stille umfaßte alle Erscheinungen; das Geräusch unter der Stille kam näher. Stanley lehnte sich mit dem Rücken an den Türpfosten, fragte sich vage, wie das wohl alles zusammenhing, und entspannte sich in einer Freude, die von Furcht nicht zu unterscheiden war.

Der Wald barst; Morris brach aus den Bäumen hervor, rannte keuchend auf Stanley zu, schüttelte ihn, verwünschte ihn. »Du hast uns ruiniert. Lächerlich hast du uns alle gemacht!«

Stanley brachte kein Wort hervor, so tief war er im faserigen Zugriff dessen gefangen, was ihn beinahe eingeholt hatte. Er blickte zu seinem Bruder auf und sah eine Fieberglut, eine vor Erregung gerötete Haut, die sein grünes Denken schmerzhaft versengte.

»Was ist nur in dich gefahren? Der Junge war so verstört, daß er tagelang nichts davon gesagt hat. Bernie hat alles versucht, damit du nicht eingesperrt wirst. Sie sind dicht hinter mir. Ich bin vorausgelaufen, damit du dich anziehen kannst.«

Aber er war doch angezogen. Obwohl Stanley am liebsten aufbegehrt hätte und auch wußte, daß Morris eine Antwort erwartete, hielt er es für besser, seinen Anteil an der Stille nicht zu entweihen. Er wandte den Kopf und sah, daß am Rand der Farnwiese senkrechte Schatten aufgetaucht waren: Bernard, seine beiden Jungen, ungestüm wie Jagdhunde, der dritte Junge, verschüchtert, erstarrt im Katarakt des Mißverständnisses. Außer ihnen waren noch zwei Männer dabei. Der eine trug eine weinrote Flanellhose, ein gestreiftes Hemd und eine Sonnenbrille, die er gerade abnahm. Es war Tom, aus Kalifornien herübergekommen, seltsamer gekleidet als ein Einsiedler. Und neben ihm ein Mann in grauem Straßenanzug – mit seinem neuen Scharfblick erkannte Stanley, daß es sich um einen Amtsarzt oder einen Vertreter der Stahlwerksgesellschaft handelte. Er sah sie alle wie auf einer See von mehr als kristallinischer Zerbrechlichkeit stehen, Zelle für Zelle aus Schweigen erschaffen. Dann kamen sie schnell auf ihn zu, und es war ein Stampfen und Stolpern, ein plumper, erdrückender Lärm.

Anton Tschechow

Der Student

Das Wetter war zuerst gut und ruhig. Die Drosseln riefen, und in der Nachbarschaft klang etwas Lebendiges dumpf und kläglich aus den Sümpfen, als bliese man in eine leere Flasche. Eine Waldschnepfe gab einen gedehnten Laut von sich, und der Schuß auf sie rollte in der Frühlingsluft fröhlich dahin. Doch als es im Walde dunkelte, wehte von Osten her ein ungelegener kalter, durchdringender Wind, und alles verstummte. Die Pfützen bedeckten sich mit Eisnadeln, und es wurde im Wald ungemütlich, öde und einsam. Es roch nach Winter.

Iwan Welikopolski, ein Student der geistlichen Akademie, der Sohn des Diakons, kehrte von der Arbeit nach Hause zurück und hatte seinen ganzen Weg durch überschwemmte Wiesen genommen. Seine Finger waren erstarrt, und die Wangen glühten vom Wind. Es schien ihm, daß diese plötzlich eingetretene Kälte in allem die Ordnung und Eintracht gestört habe, daß es der Natur selbst darob bang ward und die Abenddämmerung deshalb früher als üblich hereingebrochen war. Ringsum war es einsam und auf eine besondere Art düster. Nur auf den Witwenäckern neben dem Fluß leuchtete ein Feuer; um ihn herum aber im Umkreis von vier Kilometern und auch dort, wo das Dorf lag, versank alles im kalten, abendlichen Dunkel. Der Student erinnerte sich, daß bei seinem Weggang seine Mutter im Hausflur mit bloßen Füßen auf dem Boden gesessen und den Samowar gereinigt hatte, während der Vater auf dem Ofen lag und hustete; weil es Karfreitag war, hatte man daheim nichts gekocht, und er empfand qualvollen Hunger. Und während der Student sich jetzt vor Kälte zusammenkrümmte, mußte er daran denken, daß ein gleicher Wind auch unter Rjurik und Johann dem Schrecklichen und Peter geblasen hatte und daß auch unter ihnen dieselbe grausame Armut und Hungersnot geherrscht hatte; gleiche Strohdächer voller Löcher, eine gleiche Unwissenheit und Schwermut, Einöde und Finsternis ringsum, ein gleiches Gefühl des Drucks – all dieses Entsetzliche war, ist und wird sein, und das Leben wird nicht besser werden, wenn noch tausend Jahre vergehen. Und er hatte keine Lust, nach Hause zu gehen.

Die Gemüsegärten hießen Witwengärten, weil sie von zwei Witwen, einer Mutter und ihrer Tochter, unterhalten wurden. Das Feldfeuer brannte heiß, mit Knistern, und beleuchtete den aufgeackerten Boden weit in der Runde. Die Witfrau Wassilissa, eine hochgewachsene, rundliche Frau in einem Männerschafspelz stand daneben und blickte nachdenklich ins Feuer; ihre Tochter Lukerja, klein und blatternarbig, mit einem etwas dummen Gesicht, saß auf dem Boden und wusch den Kessel und die Löffel. Allem Anschein nach hatten sie gerade ihr Nachtmahl eingenommen. Männerstimmen waren vernehmbar, Knechte tränkten ihre Pferde am Fluß.

»Der Winter ist wieder zurückgekehrt«, sagte der Student, sich dem Feuer nähernd. »Guten Abend!«

Wassilissa fuhr zusammen; doch sie erkannte ihn sogleich und lächelte freundlich.

»Ich habe dich nicht erkannt, Gott ist mit dir«, begrüßte sie ihn, »du wirst reich werden.«

Sie redeten miteinander. Wassilissa, eine erfahrene Frau, die früher als Amme und darauf als Kinderfrau bei Herrschaften in Dienst gestanden hatte, drückte sich gewählt aus, und ein weiches, gesetztes Lächeln wich die ganze Zeit nicht von ihrem Gesicht; ihre Tochter Lukerja aber, ein Dorfweib, das der Mann durch Schläge stumpfsinnig gemacht hatte, blinzelte nur zu dem Studenten hin und schwieg, und ihr Ausdruck war seltsam wie bei einer Taubstummen.

»Gleicherweise wärmte sich in einer kalten Nacht der Apostel Peter an einem Feldfeuer«, hob der Student an, seine Hände gegen das Feuer ausstreckend. »Folglich war es auch damals kalt. Ach, was war es doch für eine furchtbare Nacht, Großmutter! Eine unendlich traurige, lange Nacht!«

Er schaute sich im Dunkel um, schüttelte krampfhaft den Kopf und fragte:

»Du warst wohl in der Kirche, als aus den Schriften der Evangelisten vorgelesen wurde?«

»Ja, ich war dort«, erwiderte Wassilissa.

»Wenn du dich erinnerst, so sagte während des Abendmahls Peter zu Jesus: ›Dir folge ich ins Gefängnis und in den Tod.‹ Und der Herr erwiderte ihm darauf: ›Ich sage dir, Peter, ehe der Hahn heute kräht, wirst du mich dreimal verleugnet haben.‹ Nach dem Abendmahl war Jesus unsäglich traurig und betete im Garten, der arme Peter aber war abgequält und ermattet an Leib und Seele, seine Lider wurden schwer, und er konnte den Schlaf nicht überwinden. Er schlief ein. Darauf, wie du gehört hast, hat Judas in der gleichen Nacht Jesus geküßt und ihn den Peinigern übergeben. Gefesselt führte man ihn zum Oberpriester und schlug ihn, Peter aber, erschöpft, von Trauer und Unruhe übermannt, verstehst du, unausgeschlafen, vorausahnend, daß auf Erden sogleich etwas Entsetzliches sich ereignen würde, ging hinterher … Er liebte Jesus leidenschaftlich und grenzenlos und mußte jetzt aus der Ferne mit ansehen, wie er geschlagen wurde …«

Lukerja ließ ihre Löffel sein und richtete den unbeweglichen Blick auf den Studenten.

»Sie kamen zum Oberpriester«, fuhr er fort. »Man begann Jesus zu befragen; die Knechte aber legten inzwischen inmitten des Hofs ein Feuer an, denn es war kalt, und sie wärmten sich daran. Zwischen ihnen stand auch Peter am Feuer und wärmte sich wie ich jetzt. Ein Weib erblickte ihn und sprach: ›Auch dieser war mit Jesus‹, mit anderen Worten, man müsse auch ihn zum Verhör führen. Und alle Knechte, die sich um das Feuer geschart hatten, müssen ihn wohl mißtrauisch und finster angeblickt haben, denn er wurde verwirrt und erwiderte: ›Ich kenne ihn nicht.‹ Eine Weile darauf erkannte wiederum jemand in ihm einen Schüler von Jesus und sagte: ›Auch du bist einer von ihnen.‹ Doch er leugnete das wieder ab. Und zum drittenmal wandte sich jemand an ihn: ›Ja, habe ich denn dich nicht heute mit ihm im Garten gesehen?‹ Er leugnete zum drittenmal ab. Und gleich darauf begann der Hahn zu krähen, und Peter erinnerte sich, nachdem er Jesus aus der Ferne angeschaut hatte, der Worte, die der zu ihm am

Abendmahl gesprochen ... Er erinnerte sich, kam zu sich, verließ den Hof und weinte bitterlich. Ich stelle mir den stillen, stillen, dunklen, dunklen Garten vor, und in der Stille kaum vernehmbar dumpfes Schluchzen ...«

Der Student stieß einen Seufzer aus und versank in Nachdenken. Immer noch lächelnd, schluchzte Wassilissa plötzlich auf, große Tränen strömten reichlich über ihre Wangen, und sie verdeckte mit dem Ärmel ihr Gesicht vor dem Feuer, als schäme sie sich ihrer Tränen. Lukerja aber, unbeweglich auf den Studenten blickend, errötete, und ihr Ausdruck wurde gequält und gespannt wie bei einem Menschen, der einen starken Schmerz unterdrückt.

Die Knechte kehrten vom Fluß zurück, und einer, der auf einem Pferd ritt, war schon ganz nahe, und das Licht vom Feuer zitterte auf ihm. Der Student wünschte den Witwen eine gute Nacht und ging weiter. Und wieder brach das Dunkel über ihn herein, und seine Hände froren. Es blies ein grimmiger Wind, der Winter schien in der Tat zurückzukehren, und es war schwer zu glauben, daß übermorgen Ostern sein sollte.

Nun dachte der Student an Wassilissa: wenn sie in Weinen ausgebrochen war, so hatte wohl das, was mit Peter in jener furchtbaren Nacht geschehen war, irgendeine Beziehung zu ihr ...

Er schaute zurück. Das einsame Feuer blinkte ruhig in der Dunkelheit, und es waren keine Menschen mehr darum zu sehen. Der Student dachte wieder daran, wenn Wassilissa zu weinen begonnen hatte und ihre Tochter in Verwirrung geraten war, so mußte wohl das, was er soeben erst erzählt hatte, und das vor neunzehn Jahrhunderten stattgefunden hatte, eine Beziehung zur Gegenwart haben – zu den beiden Frauen und wahrscheinlich zu diesem verödeten Dorf, zu ihm selber, zu allen Menschen. Wenn die Alte in Weinen ausgebrochen war, so geschah es nicht deshalb, weil er rührend zu erzählen verstand, sondern weil Peter ihr nahestand und weil sie mit ihrem ganzen Wesen an dem interessiert war, was in Peters Seele vor sich gegangen war.

Und Freude regte sich plötzlich in seiner Seele, und er

blieb sogar einen Augenblick stehen, um Atem zu schöpfen. Die Vergangenheit, dachte er, ist mit der Gegenwart durch eine ununterbrochene Kette von aufeinanderfolgenden Ereignissen verbunden. Und es schien ihm, daß er soeben die beiden Enden dieser Kette gesehen: als er das eine Ende berührt hatte, war das andere erbebt.

Als er aber auf der Fähre den Fluß überquerte und, darauf den Berg ersteigend, auf sein Heimatdorf blickte und gen Westen, wo als schmaler Streifen eine kalte Purpurröte leuchtete, dachte er daran, daß die Wahrheit und Schönheit, die dort im Garten und im Hof des Oberpriesters das Menschenleben bestimmt, sich ununterbrochen bis auf den heutigen Tag fortgesetzt und allem Anschein nach immer das Wesentliche im Menschenleben und überhaupt auf Erden ausgemacht hatten; und ein Gefühl der Jugend, der Gesundheit, der Kraft – er zählte erst zweiundzwanzig Jahre – und eine unaussprechlich süße Erwartung des Glücks, eines unbekannten, geheimnisvollen Glücks, bemächtigten sich allmählich seiner, und das Leben schien ihm entzückend, zauberhaft und erfüllt von einem erhabenen Sinn.

Raymond Carver

Die Frau des Studenten

Er hatte ihr etwas von Rilke vorgelesen, einem Dichter, den er bewunderte, als sie, mit dem Kopf auf seinem Kissen, in Schlaf gesunken war. Er las gern vor, und er las gut – mit sicherer, wohltönender Stimme, die mal tief und dunkel klang, mal sich hob und mal erbebte. Er blickte nie von der Seite auf, wenn er las, und hielt nur inne, um zum Nachttisch, nach einer Zigarette zu greifen. Es war eine reiche Stimme – sie schwemmte sie in einen Traum von Karawanen, die gerade eben aus ummauerten Städten aufbrachen, und von bärtigen Männern in langen Gewändern. Sie hatte ihm ein par Minuten lang zugehört, dann hatte sie die Augen geschlossen und war davongedriftet.

Er las weiter vor. Die Kinder schliefen schon seit Stunden, und draußen rollte hin und wieder ein Auto klatschend über den nassen Asphalt. Nach einer Weile legte er das Buch nieder, drehte sich im Bett um und streckte die Hand nach der Lampe aus. Sie öffnete plötzlich, wie erschreckt, die Augen und blinzelte zwei-, dreimal. Ihre Augenlider kamen ihm seltsam dunkel und fleischig vor, wie sie auf und nieder zuckten über ihre starr und glasig blickenden Augen. Er sah sie an.

»Hast du geträumt?« fragte er.

Sie nickte und hob die Hand und berührte mit den Fingern die Plastiklockenwickler an beiden Seiten ihres Kopfes. Morgen war Freitag, ihr Tag für all die Vier- bis Siebenjährigen, die in den Woodlawn Apartments wohnten. Auf den Ellbogen gestützt, sah er sie lange an, während er gleichzeitig mit der freien Hand das Bettuch glattzuziehen versuchte. Sie hatte einen zarten Teint und stark ausgeprägte Wangenknochen; die Wangenknochen, behauptete sie manchmal Freunden gegenüber, habe sie von ihrem Vater, der zu einem Viertel ein Nez-Perce-Indianer gewesen war.

Dann: »Mach mir ein kleines Sandwich mit irgendwas

drauf, Mike. Mit Butter und einem Salatblatt und Salz auf dem Brot.«

Er tat nichts, und er sagte nichts, weil er schlafen wollte. Aber als er die Augen aufschlug, war sie noch wach und sah ihn an. »Kannst du nicht einschlafen, Nan?« sagte er mit sehr ernster Stimme. »Es ist spät.«

»Ich würde gern vorher etwas essen«, sagte sie.»Aus irgendeinem Grund tun mir die Arme und Beine weh, und ich bin hungrig.«

Er stöhnte übertrieben und wälzte sich aus dem Bett.

Er machte ihr das Sandwich und brachte es auf einer Untertasse herein. Sie setzte sich im Bett auf und lächelte, als er ins Schlafzimmer kam, dann stopfte sie sich ein Kissen hinter den Rücken und nahm die Untertasse mit dem Sand wich entgegen. Er dachte, daß sie in ihrem weißen Nachthemd wie eine Krankenhauspatientin aussah.

»Was für ein komischer kleiner Traum, den ich da gerade hatte.«

»Was hast du geträumt?« sagte er, während er sich ins Bett legte und auf seine Seite umdrehte, weg von ihr. Er starrte auf den Nachttisch und wartete. Dann schloß er langsam die Augen.

»Willst du es wirklich hören?« sagte sie.

»Natürlich« sagte er.

Sie lehnte sich bequem in das Kissen zurück und pickte sich eine Krume von der Lippe.

»Also. Es war wie ein richtig langer, sich ewig hinziehender Traum, verstehst du, mit allen möglichen Beziehungen, aber ich kann mich schon nicht mehr an die Einzelheiten erinnern. Alles war so klar und deutlich, als ich aufwachte, aber jetzt verschwimmt es schon wieder. Wie lange hab ich geschlafen, Mike? Aber das ist eigentlich nicht wichtig, nehme ich an. Jedenfalls war es, glaube ich, so, daß wir beide irgendwo übernachtet haben. Ich weiß nicht mehr, wo die Kinder waren, jedenfalls waren da nur wir beide, in irgendeinem kleinen Hotel oder so. es war an einem See, der mir bekannt vorkam. Da war noch ein anderes, älteres Paar da, und die beiden wollten uns auf eine Fahrt in ihrem Motorboot mitnehmen.« Sie lachte bei der Erinnerung und beugte sich vor, weg von dem Kissen. »Das nächste, woran ich mich erinnere, ist, daß wir unten am Bootssteg standen. Aber wie sich herausstellte, hatten sie nur einen Sitz in dem Boot, eine Art Bank vorn im Bug, und die reichte nur für drei. Wir, du und ich, fingen an zu streiten, wer sich aufopfern und eingezwängt hinten sitzen, und ich hab gesagt, nein, ich. Aber am Ende hab ich mich in das Bootsheck gequetscht. Es war so eng, daß mir die Beine weh taten, und ich hatte Angst, das Wasser würde von beiden Seiten reinschwappen. Dann bin ich aufgewacht.«

»Das ist ja ein seltsamer Traum«, brachte er hervor und spürte in seiner Schläfrigkeit, daß er etwas mehr sagen sollte. »Erinnerst du dich an Bonnie Travis? Die Frau von Fred Travis? Sie hatte immer *farbige* Träume, behauptete sie.«

Sie blickte auf das Sandwich in ihrer Hand und biß davon ab. Als sie hinuntergeschluckt hatte, fuhr sie sich mit der Zunge hinter den Lippen entlang und balancierte die Untertasse auf dem Schloß, während sie hinter sich griff und das Kissen zurechtzuklopfen. Dann lächelte sie und lehnte sich wieder in das Kissen zurück.

»Kannst du dich noch daran erinnern, wie wir damals am Tilrour River übernachtet haben, Mike? Als du am nächsten Morgen den großen Fisch gefangen hast?« Sie legte die Hand auf seine Schulter. »Erinnerst du dich noch?« sagte sie.

Sie erinnerte sich gut. Nachdem sie in all den letzten Jahren kaum je daran gedacht hatte, war die Erinnerung kürzlich wiedergekehrt. Es war ein oder zwei Monate, nachdem sie geheiratet hatten, und sie waren übers Wochenende weggefahren. Sie hatten am Abend an einem kleinen Lagerfeuer gesessen, eine Wassermelone im schneekalten Fluß, und sie hatte zum Abendessen Büchsenfleisch und Eier und Bohnen aus der Dose gebraten, und am nächsten Morgen, in derselben schwarz gewordenen Pfanne, Pfannkuchen und Büchsenfleisch und Eier. Beide Male hatte sie beim Essenmachen die Pfanne anbrennen lassen, und sie schafften es beide nie, den Kaffee zum Kochen zu bringen; aber es war eines der schönsten Wochenenden gewesen, die sie je gehabt hatten.

Sie erinnerte sich daran, daß er ihr auch in jener Nacht vorgelesen hatte: Elizabeth Browning und ein paar Gedichte aus dem *Rubáiyát*. Sie hatten sich mit so vielen Decken zugedeckt, daß sie unter dem Gewicht kaum die Füße drehen konnte. Am nächsten Morgen hatte er eine große Forelle geangelt, und die Autofahrer auf der Straße jenseits des Flusses hatten angehalten und zugesehen, wie er den Fisch vorsichtig an Land brachte.

»Ja? Erinnerst du dich, oder nicht?« sagte sie und tätschelte ihm die Schulter. »Mike?«

»Ich erinnere mich« sagte er. Er rutschte noch ein bißchen weiter auf seine Seite und machte die Augen auf. Er erinnerte sich nicht mehr sehr gut, dachte er. Woran er sich genau erinnerte, waren sorgfältig gekämmte Haare und laut vorgetragene halbgare Ideen über Leben und Kunst, und daran wollte er sich nicht erinnern.

»Das ist lange her, Nan«, sagte er.

»Wir hatten gerade erst die High School hinter uns. Du hattest noch nicht mit dem College angefangen« sagte sie.

Er wartete, und dann stützte er sich auf den Arm auf und wandte den Kopf, um über die Schulter zu ihr hinüberzusehen. »Fertig mit dem Sandwich, Nan?« Sie saß noch immer aufrecht im Bett.

Sie nickte und gab ihm die Untertasse.

»Ich mach dann das Licht aus«, sagte er.

»Wenn du willst«, sagte sie.

Danach ließ er sich wieder unter die Decke gleiten und streckte den Fuß aus, bis er ihren Fuß berührte. Er lag eine Zeitlang still da und versuchte dann, sich zu entspannen.

»Mike, du schläfst doch noch nicht?«

»Nein«, sagte er. »Nicht im entferntesten.«

»Gut, schlaf bitte nicht vor mir ein«, sagte sie. »Ich möchte nicht allein wach liegen.«

Er antwortete nicht, aber er rückte auf seiner Seite ein bißchen näher an sie heran. Als sie den Arm über ihn legte und die Hand flach auf seiner Brust ruhen ließ, nahm er ihre Finger und drückte sie leicht. Aber Momente später rutschte seine Hand weg aufs Bett, und er seufzte.«

»Mike? Schatz? Ich wünschte, du würdest mir die Beine massieren. Meine Beine tun mir weh«, sagte sie.

»Gott«, sagte er leise. »Ich hab gerade tief geschlafen.«

»Oh, ich wünschte, du würdest mir die Beine massieren und mir etwas erzählen. Meine Schultern tun mir auch weh. Aber besonders die Beine.«

Er drehte sich um und begann ihre Beine zu massieren, dann schlief er wieder ein, mit der Hand auf ihrer Hüfte.

»Mike?«

»Was ist, Nan? Sag mir, was *ist* denn?«

»Ich wünschte, du würdest mich überall massieren«, sagte sie und drehte sich auf den Rücken. »Meine Beine und Arme, alles tut mir weh heute abend.« Sie zog die Knie an, um mit der Decke eine Höhle zu bauen.

Er schlug kurz im Dunkeln die Augen auf und schloß sie wieder. »Wachstumsschmerzen, wie?«

»O Gott, ja«, sagte sie und wackelte mit den Zehen, froh, daß sie ihn aus dem Schlaf geholt hatte. »Als ich zehn oder elf Jahre alt war, da war ich schon so groß, wie ich heute bin. Du hättest mich sehen sollen! Ich bin damals so schnell gewachsen, daß meine Beine und Arme mir die ganze Zeit weh getan haben. Und du?«

»Und ich – was?«

»Hast du nie gespürt, wie du gewachsen bist?«

»Nicht, daß ich wüßte«, sagte er.

Schließlich stützte er sich auf den Ellbogen, zündete ein Streichholz an und sah auf die Uhr. Er drehte sein Kopfkissen mit der kühleren Seite nach oben und legte sich wieder hin.

Sie sagte: »Du schläfst, Mike. Ich wünschte, du hättest Lust zum Reden.«

»Schon gut«, sagte er, ohne sich zu rühren.

»Halt mich nur und hilf mir, daß ich einschlafen kann. Ich kann nicht einschlafen«, sagte sie.

Er drehte sich um und legte den Arm um ihre Schulter, während sie sich auf die andere Seite drehte, mit dem Gesicht zur Wand.

»Mike?«

Er tippte mit den Zehen an ihren Fuß.

»Wie wär's, wenn du mir sagtest, was du alles magst und was du alles nicht magst?«

»Im Moment fällt mir nichts ein«, sagte er. »Sag du's mir, wenn du möchtest«, sagte er.

»Wenn du mir versprichst, daß danach du es *mir* sagst. Versprochen?«

Er tippte wieder an ihrem Fuß.

»Also ...« sagte sie und drehte sich zufrieden auf den Rücken. »Ich mag gern gutes Essen, Steaks und brauen Bratkartoffeln, Sachen dieser Art. Ich mag gerne gute Bücher und Zeitschriften, ich fahre gern nachts mit dem Zug, und damals bin ich gern mit dem Flugzeug geflogen.« Sie hielt inne. »Natürlich ist das alles nicht in der richtigen Reihenfolge. Wenn ich es in der richtigen Reihenfolge, nach meinen Vorlieben sagen sollte, müßte ich lange darüber nachdenken. Aber ich mag es, das Fliegen in Flugzeugen. Es gibt einen Moment, wenn du abhebst, da hast du das Gefühl, was immer jetzt passiert, es ist in Ordnung.« Sie legte ihr Bein quer über sein Fußgelenk. »Ich bleib gern bis spät in die nacht auf und bleib dann gern am nächsten Morgen im Bett. Ich wünschte, wir könnten das dauernd machen, nicht nur dann und wann. Und ich mag Sex. Ich hab es gern, hin und wieder berührt zu werden, wenn ich es gar nicht erwarte. Ich geh gern ins Kino und trink hinterher gern mit Freunden ein Bier. Ich habe gern Freunde. Ich mag Janice Hendricks sehr gern. Ich würde gern mindestens einmal in der Woche tanzen gehen. Ich hätte gern immer hübsche Kleider an. Ich wäre froh, wenn ich den Kindern hübsche Sachen kaufen könnte, und zwar immer dann, wenn sie etwas brauchen, ohne daß ich lange warten muß. Laurie braucht gerade jetzt ein neues Kleidchen für Ostern. Und ich würde Gary gern einen kleinen Anzug oder so etwas besorgen. Er ist groß genug. Ich hätte auch gern, daß du dir einen neuen Anzug kaufst. Du brauchst wirklich einen neuen Anzug, mehr noch als er. Und ich hätte gern ein eigenes Zuhause für uns. Ich würde gern damit aufhören, jedes Jahr umzuziehen, oder jedes zweite Jahr. Und vor allem«, sagte sie, »hätte ich gern, daß wir beide ein gutes ehrbares Leben führen könnten, ohne ums um Geld und Rechnungen und dergleichen sorgen zu müssen. Du schläfst«, sagte sie.

»Tu ich nicht«, sagte er.

»Was anderes fällt mir nicht ein. Jetzt bist du an der Reihe. Sag mir, was du gern haben würdest.«

»Ich weiß nicht. Eine Menge Dinge«, murmelte er.

»Gut, sag sie mir. Wir reden doch nur, oder?«

»Ich wünschte, du würdest mich in Ruhe lassen, Nan.« Er drehte sich wieder auf seine Seite um und ließ den Arm von der Bettkante herabhängen. Sie drehte sich ebenfalls um und schmiegte sich an ihn.

»Mike?«

»Mein Gott«, sagte er. Und dann: »Schon gut. Laß mich nur eine Minute die Beine strecken, dann wach ich auf.«

Nach einer Weile sagte sie: »Mike? Schläfst du?« Sie schüttelte ihn sanft an der Schulter, aber es kam keine Antwort. Sie lag eine Weile zusammengekauert an seinem Körper und versuchte zu schlafen. Anfangs lag sie ganz ruhig, ohne sich zu rühren, dicht an ihn gedrängt, und machte nur sehr kleine, sehr gleichmäßige Atemzüge. Aber sie konnte nicht einschlafen.

Sie gab sich Mühe, sein Atmen nicht zu hören, aber mit der Zeit wurde es ihr unangenehm. Da war ein Laut, der aus dem Inneren seiner Nase kam, wenn er atmete. Sie versuchte, ihr Atmen so zu regulieren, daß sie in dem gleichen Rhythmus ein- und ausatmete wie er. Es half nichts. Das kleine Geräusch in seiner Nase machte alle Bemühungen vergeblich. Außerdem war ein blubberndes Pfeifen in seiner Brust. Sie drehte sich wieder um und kuschelte ihren Hintern an seinen, streckte dann den Arm über die Bettkante hinaus und setzte die Fingerspitzen auf die kühle Wand. Die Decke war am Fußende hochgerutscht, und sie spürte einen Luftzug, wenn sie die Beine bewegte. Sie hörte zwei Leute die Treppe zur Nachbarwohnung heraufkommen. Jemand lachte heiser, bevor er die Wohnungstür aufschloß. Dann hörte sie, wie ein Stuhl über den Fußboden gezogen wurde. Sie drehte sich wieder um. Die Toilette nebenan rauschte, und dann rauschte sie noch einmal. Wieder drehte sie sich um, diesmal auf den Rücken, und versuchte, sich zu entspannen. Sie mußte an einen Artikel denken, den sie einmal in einer Zeitschrift gelesen hatte: Wenn alle Knochen und Muskeln und Gelenke im Körper sich in vollkommener Entspannung zusammentun könnten, dann würde sich nahezu mit Sicherheit der Schlaf einstellen. Sie holte tief Atem, schloß die Augen und lag vollkommen still da, beide Arme seitlich an ihrem Körper ausgestreckt. Sie versuchte, sich zu entspannen. Sie versuchte sich vorzustellen, daß ihre Beine schwebten, umgeben von etwas Gazeartigen. Sie drehte sich auf den Bauch. Sie schloß die Augen, sie öffnete sie. Sie dachte an die Finger ihrer Hand, die gekrümmt vor ihren Lippen auf dem Laken lagen. Sie hob einen Finger und senkte ihn auf das Laken. Sie berührte mit dem Daumen den Ehering an ihrem Ringfinger. Sie drehte sich auf die Seite, und dann wieder auf den Rücken. Und plötzlich bekam sie Angst, und in einem Augenblick blinden Verlangens betete sie darum, einschlafen zu können.

Bitte, lieber Gott, laß mich einschlafen.

Sie versuchte zu schlafen.

»Mike« wisperte sie.

Es kam keine Antwort.

Sie hörte, wie sich im Nachbarzimmer eines der Kinder im Bett umdrehte und gegen die Wände bumste. Sie horchte und horchte, aber es kam kein weiteres Geräusch. Sie legte die Hand unter ihre linke Brust und fühlte, wie ihr Herzschlag in ihre Finger emporstieg. Sie drehte sich auf den Bauch und fing an zu weinen, den Kopf neben dem Kissen, mit dem Mund auf dem Laken. Sie weinte. Und dann kletterte sie über das Fußende aus dem Bett.

Sie wusch sich Gesicht und Hände im Badezimmer. Sie putzte sich die Zähne. Sie putzte sich die Zähne und betrachtete ihr Gesicht im Spiegel. Im Wohnzimmer drehte sie die Heizung auf. Dann setzte sie sich an den Küchentisch und zog die Füße hoch, unter ihr Nachthemd. Sie weinte wieder. Sie steckte sich eine Zigarette aus dem Päckchen auf dem Küchentisch an. Nach einer Weile ging sie wieder ins Schlafzimmer und holte ihren Bademantel.

Sie sah nach den Kindern. Sie zog ihrem Sohn die Decke über die Schultern. Sie ging wieder ins Wohnzimmer und setzte sich in den breiten Sessel. Sie blätterte eine Zeitschrift durch und versuchte zu lesen. Sie sah mit starrem Blick auf die Fotografien, und dann versuchte sie wieder zu lesen. Hin und wieder fuhr draußen auf der Straße ein Auto vorbei, und sie blickte auf. Jedesmal wenn ein Auto vorbeifuhr, hielt sie horchend inne. Und dann blickte sie wieder auf die Zeitschrift. In dem Gestell neben dem großen Sessel war ein ganzer Stapel Zeitschriften. Sie blätterte sie alle durch.

Als es draußen hell zu werden begann, stand sie auf. Sie ging ans Fenster. Der wolkenlose Himmel über den Hügeln fing gerade an, sich weiß zu färben. Die Bäume und die Reihe zweigeschossiger Mietshäuser auf der anderen Straßenseite nahmen langsam Gestalt an, während sie hinausblickte. Der Himmel wurde weiß, das Licht, das hinter den Hügeln heraufkam, dehnte sich rasch aus. Abgesehen von den Malen, die sie mit dem einen oder anderen der auf gewesen war (was sie nicht zählte, weil sie dann nie nach draußen geblickt hatte, sondern nur zurückgeeilt war, ins Bett oder in die Küche), hatte sie wenige Sonnenaufgänge in ihrem Leben gesehen, und die wenigen alle, als sie klein war. Sie wußte, daß keiner je so gewesen war wie dieser. Weder von Bildern, die sie gesehen, noch aus Büchern, die sie gelesen hatte, hatte sie erfahren, daß ein Sonnenaufgang etwas so Schreckliches war.

Sie wartete, und dann ging sie hinüber zur Tür und schloß auf und trat hinaus auf die Veranda. Sie zog den Bademantel am Hals zu. Die Luft war feucht und kalt. Nach und nach wurde man alles sehr sichtbar. Sie ließ ihre Augen alles sehen, bis sie sich auf das rote Blinklicht oben am Sendemast oben auf dem Hügel gegenüber betreten.

Sie ging durch die dämmerige Wohnung und zurück ins Schlafzimmer. Er lag zusammengekrümmt in der Mitte des Bettes; die Decke bauschte sich über seinen Schultern, der Kopf lag halb unter dem Kopfkissen. Er sah verzweifelt aus in seinem schweren Schlaf, sein Arm war über ihre Seite des

Bettes geworfen, seine Kinnladen waren zusammengepreßt. Während sie guckte, wurde es in dem Zimmer sehr hell, und die fahlen Laken wurden von ihren Augen grell weiß.

Sie befeuchtet sich die Lippen mit einem trockenen Laut und fiel nieder auf die Knie. Sie streckte ihre Hände auf dem Bett aus.

»Gott«, sagte sie. »Lieber Gott, wirst du uns helfen, Gott?« sagte sie.

Margriet de Moor

Das zweite Mal

Gegen zehn verließen wir das Heim. Uns gegenseitig stützend, gingen wir über das abschüssige Basaltsteinpflaster hinunter und kamen im Nu beim zweiten Binnenhafen raus. Da es in der Nacht gestürmt hatte, lagen dort jede Menge Trawler und Jachten, an denen eifrig gearbeitet wurde. Wir blieben stehen, an das Vergnügen gewöhnt, ohne Staunen, ja sogar ohne besondere Achtsamkeit auf die Schiffe zu schauen und auf die Männer, die den Eindruck machten, nie, solange sie lebten, nie etwas anderes im Sinn haben zu wollen als Zimmern, Teeren, Schleppen – in Pullovern aus harter Wolle. Der einzige, der uns daher auffiel, war der Schornsteinfeger, der plötzlich vor den Imbißstuben auf der anderen Kaiseite auftauchte. Alles war so dörflich und vertraut, daß wir vergaßen, daß keine fünfhundert Meter von hier die Duinstraat anfing, die nach einer scharfen Biegung direkt in den Scheveningseweg mündete.

Wir waren zwei der vielen betagten Frauen dieser Stadt. Wir hatten spitze Gesichter, weitsichtige Augen und Haare, die einen teuren Friseur jeden Monat wieder aufseufzen ließen: »Außergewöhnlich, meine Damen, außergewöhnlich ...«, während er uns im Spiegel einen Blick zuwarf, der uns eindeutig an das zurückdenken ließ, woran wir unser Leben lang gewöhnt gewesen waren und was sich erst vor ganz kurzer Zeit verändert hatte in: abgelebt, alt. Dennoch gab, was den Körper anging, nur unser Knochengerüst Anlaß zu Klagen, denn es war schon mehrmals spontan irgendwo gebrochen und krümmte sich obendrein am Rücken. Unsere Augen waren im Grunde nicht mal so problematisch, für die Literatur gab es Bücher in Großdruck, und für die Zeitung nahmen wir eine Lupe. »Wörter sind wie Tiere«, sagten wir zueinander, »wenn sie näher kommen, kann man sie riechen.« An diesem Vormittag hatten wir wie an jedem Vormittag das Altenheim verlassen, um in der Hafenkneipe *de Volks-*

krant zu lesen. Wir freuten uns auf die Neuigkeiten aus aller Welt, jetzt, da die aus unserem eigenen Leben allmählich ins Stocken gerieten.

Seit sieben Jahren lebten wir wieder zusammen. Nach einer Jugend, die uns nicht einen Tag voneinander getrennt hatte, drifteten wir durch eine Reihe von Ehen auseinander. Die eine verliebte sich in einen Ziegeleibesitzer, einen Mann mit goldenen Augen und rotem Schnurrbart, geschäftlich etwas kopflos, der in Terneuzen pleite ging, die andere mußte unbedingt mit einem Beamten im Außendienst nach Übersee entfleuchen, um auf Arbeitsbesuchen in unerträglich heißen Dörfern die spektakuläre Sprache Neuguineas zu erlernen, die zwölf verschiedene Wörter für Hand besitzt, und ist eine Kopfjagd betreibende Hand nicht tatsächlich etwas anderes als eine streichelnde? Es waren schöne Jahre, aber die Ehen gingen aus dem einen oder anderen Grund in die Brüche, und wir machten uns an die zweite Runde, die dritte, Kinder wurden geboren. Wenn wir uns in dieser Zeit überhaupt mal im elterlichen Haus, ein Stück weiter die Küste hoch, begegneten, dann brauchten wir Stunden und Stunden, bis wir uns in bequemen Sesseln auf der Terrasse wieder alles erzählt hatten, sofern wir es nicht vorzogen, uns wie früher hinzulegen und zu lesen, während der Wind Salz und Möwengekreisch von einer Düne heranwehte.

Heute war der Wind kalt. Er hatte die unglaubliche Kraft der letzten Nacht verloren und blies nun stetig von Westen her gegen die Gebäude an den Hafenkais, wo sich nichts bewegte, da alles aus Stein war. Wir schauten interessiert zu dem jungen, mit schwarzem Seil umgürteten Fußgänger.

»Ein Schornsteinfeger«, sagten wir erstaunt und überquerten sofort die Straße, um ihn, falls es glückte, im Vorbeigehen sozusagen zufällig kurz zu berühren.

»Es ist März, junger Mann«, sagten wir, als wir ihn erreicht hatten. Unsere Finger strichen über seinen Ärmel. »Geh lieber Stühle flechten.«

Gerührt durch den bekümmerten Blick aus seinen Streuneraugen, tappten wir weiter, an Lagerhallen und -häusern vorbei, in Richtung der Lokale, in denen man zu knallharten Preisen essen und trinken konnte. Wir stießen die Tür zum *De laatste stuiver* auf und fanden uns im nach Kaffee riechenden Windschatten, wo unter drei goldbemalten Hängelampen der Tisch mit den Zeitungen stand. Wenn uns jemand gefragt hätte, warum wir in der Kälte, warum zwei alte Frauchen aus dem Antoniusstift eine Viertelstunde zu Fuß unterwegs waren, um in einer Hafenkneipe die Morgenzeitung zu lesen, dann hätten wir geantwortet: »Das wissen wir nicht genau. Im Stift herrscht kein Mangel an Zeitungen.«

Ein Typ mit Baskenmütze rutschte ein Stück, um uns Platz zu machen. Wir sanken nieder, knöpften unsere Mäntel auf, kramten Tabak und Feuerzeug hervor und machten uns daran, uns die erste, sehr dünne und sehr kleine Zigarette des Tages zu drehen, indem wir ganz penibel ungefähr ein Fünftel der Länge und Breite des Zigarettenpapiers abrissen. Eine Kellnerin kam. Bevor wir auf ihren fragenden Blick eingingen, nahmen wir unsere Zeitung in Beschlag – »Kaffee!« – und taten hastig den ersten Zug. Dann begannen die Augenblicke, die etwas ganz Wesentliches in unseren Herzen für immer veränderten. Wir schlugen, noch ohne zu lesen, die Seiten um, bis eine von uns die Lupe hervorzog und in der richtigen Höhe über die Spalten hielt. Zufällig die Todesanzeigen. Kreuze, Zitate und dann die fettgedruckten Namen derer, die uns vorangegangen waren. Wir lasen sie nie.

Diesmal jedoch pfiffen wir leise.

»Verdammt noch mal!«

»Ich glaub's nicht!«

Überrascht im Kreis des Vergrößerungsglases stand ein Name, der uns etwas anging.

»Antoine Boeyaarts.«

Was uns jedoch aus der Fassung brachte, war das, was danach kam.

»Staatsanwalt.«

Antoine Boeyaarts, unsere erste und einzige ehrlich geteilte Liebe, war bis zu seiner Pensionierung leitender Staatsanwalt am Landgericht Leiden gewesen.

Wir bestellten Mandelkringel. Und noch einmal, weil es jetzt gratis war, Kaffee. Antoine Boeyaarts war ein großer, dunkelblonder Junge mit einer hauchdünnen Halskette. Wir rauchten sprachlos. Eine erstaunliche Erscheinung, die vor vielen Sommern im blaugestrichenen Gartenhaus einer der ältesten Villen Noordwijks wohnte, das Grundstück grenzte an unseres. Wir stützten die Ellbogen auf die Zeitung. Bis zu dem Moment, da wir ihn entdeckten, hatten unsere Sommerferien die völlig reale, lyrische Gewißheit eines halben Dutzends dicker französischer Romane gehabt, die wir mit spielender Leichtigkeit im Original lasen, denn wir besuchten ein Internat in Brüssel. Als wir uns eines Abends aus dem Dachfenster lehnten, sahen wir ihn am Liguster vorbeigehen. Madame Bovary natürlich, aber auch ein sehr schönes Buch über ein Fest in einem Schloß. Er verbrachte diesen Sommer vor der Aufnahme eines ernsthaften Studiums bei einem Onkel und einer Tante am Meer. Wir starrten in dem Trubel vor uns hin. Es wurde voller in der Kneipe. Als jemand die Musikanlage einschaltete, konnten wir die Füße nicht still halten. Beim gnadenlosen Rhythmus einer Rockgitarre dachten wir an unsere erste Liebe und fragten uns aufgeschreckt und mit angeschlagenem Heimweh, von welchem Buch, diesem einen, wir damals eigentlich besessen waren.

»Einem von Stendhal?«

»Weiß nicht.«

»Julien Green?«

Gegrübel, Schuhgewippe. In seinen Augen hatte eine bestimmte Art von Begeisterung geleuchtet.

»Es könnte *Moira* gewesen sein.«

Er wurde Priester. Antoine Boeyaarts, der Junge, den wir achtzehn Augusttage lang im Petticoat oder auf hochhackigen Satinschuhen oder mit einem Strohhut auf dem Kopf abwechselnd und mit wachsender Fertigkeit umarmten, war nicht für Frauen bestimmt. Wir belauerten ihn vom Dachfenster aus. Er stand in der offenen Tür des Gartenhauses, in der prallen Sonne, und ganz sicherlich deckte sich dieses Bild damals schon ganz mit dem, wie wir ihn unser Leben lang vor uns sehen sollten: im Lichtkreis einer Kerze, halb von uns abgewandt, in einer düsteren Sakristei. Und von Montag, dem Zwölften, an schrieben wir mit dem Finger auf seiner Haut und spielten mit seiner Kette und hörten, obwohl wir gerade vom Glauben abgefallen waren, immerzu etwas wie *Dominus vobiscum,* das ihn und uns umschwebte. Es wurden achtzehn Tage leidenschaftlicher Verliebtheit mit einem leisen Unterton von schon vorweg empfundenem schmerzlichem Kummer ob der bevorstehenden Weihen und vor allem ob jenes unmenschlichen Gelübdes, das in seinem Fall ein besonderes Gewicht haben würde, da, wer achtzehn Tage lang jeden Morgen einen Anruf und jeden Nachmittag einen Liebesbrief erhalten und zu jeder Stunde des Tages eine von uns in einer Bahn goldenen Lichts in den Armen gehalten hat, weiß, was er entbehrt.

Wir nahmen das Vergrößerungsglas wieder zur Hand.

»Mein teurer Mann«, murmelten wir. »Unser treusorgender Vater, Schwiegervater und Opa.« Dann glitten unsere Augen über Sassenheim: Peter, Sander, Maartje, Antoine. Über Bergen: Jeroen, Joost, Daphne, Willemijn. Über Rotterdam: Laura, Carel Jan. Über 's-Gravenhage, Krimpen aan de Ijssel und Den Dolder ... Marco, Eva, Cathelijne, Melinda, Basje, Myrthe, Antoine ...

Wir schwiegen. Minutenlang wußten wir nicht mehr, wo wir waren. Dann schraken wir hoch.

»Verflixt!«

Wir sahen uns ärgerlich an.

»Welches Buch haben wir damals bloß gelesen?«

Weil wir nicht darauf kamen, beschlossen wir, in unser Heim zu gehen, wo sich im achten Stock eine phantastische Bibliothek von Büchern in Großdruck befand, mit sämtlichen Meisterwerken der Weltliteratur. Uns gegenseitig am Arm haltend, gingen wir zum zweiten Mal an den Booten entlang, die im Wind auf dem Wasser dümpelten, und forschten in unserem Gedächtnis nach einer Geschichte, die uns jetzt, nach mehr als einem halben Jahrhundert, erneut schneller atmen ließ. Am Leuchtturm begegneten wir dem Schornsteinfeger zum zweiten Mal. Er aß ein Brötchen, sah deutlich fröhlicher aus als vorhin und gab jedem, der vorbeikam, ein Kärtchen, auf dem stand, daß er Goudsmit hieß und Möbel reparierte.

»Kannst du auch Bücher binden?« fragten wir.

Um halb zwölf waren wir am Heim.

ANTONIUSSTIFT stand in Blockbuchstaben auf dem Dach. Es war ein häßliches, rechteckiges Gebäude mit acht Stockwerken, genau im Zugriff des Westwinds, das, solange wir hier schon wohnten, noch nie renoviert worden war und jetzt regelrechte Malaise ausstrahlte. Es war uns egal. Vor sieben Jahren waren wir hier im Spätsommer mit dem Taxi vorgefahren. Wir hatten unsere brüchigen Sonnenhüte auf dem Kopf festgehalten, während wir aus nächster Nähe auf den Stein starrten, den man links neben dem Eingang in die Wand eingelassen hatte. *Die Schiffe prunken an den blauen Pfaden,* sahen wir da, und, kleiner, darunter: A. Verwey. Das gab den Ausschlag. Wir trugen dem Fahrer auf, unsere Koffer, Reisetaschen und eine hübsche Alabasterskulptur, die allegorische Flora, in die Eingangshalle zu stellen, und meldeten uns an der Rezeption an.

Heute schlurften wir mit einem Herzen voller Fragezeichen am Speisesaal vorbei. Wie wir vorhergesehen hatten, roch es genau wie vor sieben Jahren nach Eintopf in einer mageren Rindfleischbrühe. Während wir auf den Fahrstuhl warteten, blickten wir gleichgültig auf die Veteranengesellschaft, die unter lautem Besteckgeklapper dasaß und kaute.

»Setzen Sie sich schnell hin«, sagte eine junge Altenpflegerin zu uns. »Wir sind schon beim Auftragen.«

Wir lächelten zuckersüß. »Nicht für uns, liebes Kind.« Das Mädchen wußte offenbar nicht, daß wir hier nie zu Mittag aßen, sondern meist in einem Lokal in der Keizerstraat, wo sie derart gepfefferten Stockfisch machten, daß wir noch niesen mußten, wenn wir schon wieder auf der Straße standen. Zu den Vorzügen des Altenheims zählten wir nicht das Essen, sondern den Armentarif, und nicht die Geselligkeit, sondern die Zentralheizung, die saubere Bettwäsche, die Verszeile neben dem Eingang und vor allem die in der Traumhöhe des achten Stocks gelegene Großdruckbibliothek, die für uns als große Überraschung von Gott persönlich aus dem Himmel gefallen war.

Der Fahrstuhl arbeitete sich durch die Stockwerke nach oben. Alle zehn Sekunden erschien eine neue Wohnebene mit vierzig voll eingerichteten Zimmern, die, ohne einen Mucks von sich zu geben, unter unseren Füßen verschwanden. In unsere Vergangenheit verstrickt, murmelten wir vor uns hin. Wir sahen nicht nur den schönen Priesterjungen wieder vor unseren Augen, sondern auch unser Heimatdorf mit den Stränden, den beiden Boulevards und unserem Elternhaus, in dem unsere Stiefschwester damals schon seit Jahren schaltete und waltete.

»In dem Sommer war sie so dick, daß sie sich kaum mehr bewegen konnte.«

»Ach wo. Sie war sogar ziemlich schlank. Sie malte sich die Lippen an und versuchte, wie Katja Turtschaninowa auszusehen.«

»Sie trug schon eine Brille.«

»Ja. Mit einem leuchtendblauen Gestell.«

»Es machte ihre Augen noch sehnsüchtiger.«

»Zum Glück merkte sie nicht, was wir trieben.«

»Doch. Sie fand das Buch, das wir lasen, und begriff sofort, warum wir uns ihre Dachkammer unter den Nagel gerissen hatten.«

»Welches Buch, zum Teufel?«

Als sich die Fahrstuhltüren öffneten, betraten wir einen länglichen Raum voller Bücher, mit grauem Schimmel auf allen Seiten. Die Bibliothekarin sah von ihrem Tisch auf.

»Den wissen Sie nicht mehr ...«

Sie hielt ihre ruhigen Augen auf uns gerichtet. Durchaus an Leserinnen gewöhnt, denen wieder mal ein Titel oder ein Autorenname nicht einfiel, war sie hinter ihrem Tisch hervorgekommen. Eine Frau in den Vierzigern mit wettergegerbtem Körper und einer schwachen Ausdünstung von Kamille bemühte sich, uns behilflich zu sein. Wir sahen ihren Hals nicht weit von uns entfernt aus dem Kragen mit den gestickten Blütenblättern aufragen.

Fast zerstreut sagten wir: »Es handelt von einer Schülerin, die sich bei einem Fest in einem verfallenen, schloßartigen Haus einschleicht.« Denn plötzlich war uns eingefallen, daß unsere Romanze, die richtige Sache also, tatsächlich so angefangen hatte. Antoines Onkel und Tante waren auf die Idee gekommen, den Abschied des künftigen Priesters von der Welt mit einem Familienfest zu feiern. Am Samstag wurde die Villa geschmückt. Hinter den Fenstern hängte man Lampions auf, der Flügel wurde beiseite geschoben, es kamen zusätzliche Stühle, ein Faß Wein auf den Innenhof und flache Schachteln mit Torten in die Küche, und aus allen Fenstern bis hinauf zum Dachtürmchen hing Bettzeug, woraus wir schlossen, daß alle Gäste über Nacht bleiben würden. Am Sonntag um zehn fuhren die Autos vor. Von zwölf Uhr an befanden wir uns abwechselnd unter den Gästen, abwechselnd, da wir nur einen beinhart gestärkten, satinbesetzten dreifachen Petticoat besaßen.

»Eines der Fenster stand auf, durch das man einfach hineinklettern konnte«, sagten wir zu der Bibliothekarin.

Sie nickte nachdenklich.

»Das Fenster eines großen, niedrigen Raums voller Luxusgegenstände?« Wir sahen sie schweigend an. »Und alter Waffen?«

»Genau«, sagten wir.

»Und hinter roten Vorhängen ein Alkoven mit einem Bett?«

»Ja.«

»Das ist *Le Grand Meaulnes*«, sagte sie und ging los, um das Buch zu holen.

»*Le Grand Meaulnes*«, wiederholten wir mit einem Schauer des Wiedererkennens. »*Le Grand Meaulnes* ... « und sahen in einer flüchtigen Vision, wie wir bei diesem Fest, uns jede Stunde abwechselnd, mit ihm tanzten, wie wir artig beim Servieren halfen, wie wir gemeinsam mit einer ganzen Schar von Vettern und Kusinen Antoine zum Idioten erklärten und wie eine von uns schließlich, ganz unter dem Einfluß der Nacht und des Vollmonds, mit ihm hinter diesen roten Vorhängen landete, wo er nach einem langen, verzweifelten Kuß plötzlich ganz ruhig sagte: »Komm lieber morgen ins Gartenhaus ...«

»Es war ein Verlobungsfest«, hörten wir.

Wir drehten uns verblüfft um. Die Bibliothekarin wollte uns ein Buch reichen.

»Auf gar keinen Fall!«

Und wir sagten das so nachdrücklich und mit einem derart bösen Lächeln, daß die Frau das Buch gar nicht schnell genug hinter dem Rücken verstecken konnte.

Nach einer Stille sagten wir versöhnlich: »Es handelte von einem Mädchen, das einen Theologiestudenten verführt.«

»Wie sah sie aus?«

Wir sahen uns an.

»Meergrüne Augen«, sagten wir. »Manchmal frech, manchmal von schmeichelnder Sanftheit.«

»Und der Theologiestudent?«

»Oh ...!«

Wir seufzten und erzählten erst nach einer Weile von dem Mal, als er mit unbewegter Miene weiter im *Hamlet* las, um damit zu bewirken, daß das Mädchen auf seinem Bett seiner selbst plötzlich kaum mehr mächtig war.

Sie fragte weiter nach diesem Mädchen.

»Herausfordernd? Schlank, in rote Seide gekleidet und mit geschminkten Lippen?«

Wir nickten zögernd.

»Das war *Moira.*«

Seltsamerweise schüttelten wir beide sofort den Kopf. Obwohl wir ja auch schon an dieses Buch gedacht hatten, wußten wir plötzlich, daß uns etwas in dieser Geschichte ganz gewiß nicht ansprach.

»Er ermordete sie«, raunte die Bibliothekarin, aber sie vermutete bereits, daß wir mit unseren Gedanken inzwischen woanders waren, und nach unserer Bemerkung: »Ermorden? Ach wo« schwieg sie bestimmt eine volle Minute lang.

Dann: *»Le Rouge et le noir.«*

Wir reagierten nicht.

»Le Sauvage ... La Chatte ...«

»Nein!«

Außer uns beiden war kein Publikum in der Bibliothek, alle waren unten beim Essen. Durch die Seitenfenster fiel das Licht, das vom Meer kam, grell und ungehindert auf die Regale mit Büchern, die umfangreicher waren als normal, da sie in großer Schrift gedruckt waren. Wir sahen auf die unergründlichen goldbraunen, grünen und dunkelroten Rücken.

»Es handelt«, sagten wir getröstet und wieder fröhlich, »von der Gemütsverfassung einer jungen Frau, die einen Sommer lang in einem mörderischen Überfluß an Zeit den Mann belauert, den sie liebt. Um einen Blick auf ihn zu erhaschen, muß sie sich ganz oben in dem Haus, in dem sie wohnt, aus einem Dachkämmerchen beugen, einer Schlafecke, die nicht die ihre ist, sondern die verrückte Atmosphäre der Träume ihrer älteren Schwester atmet.«

Wir flehten unsere Stiefschwester an, ob wir in diesen Ferien, bitte! bitte!, ihr Zimmer haben dürften, und sie fragte: »Warum?«

»Weil dann alles überschaubarer ist«, sagten wir wie aus der Pistole geschossen, was ziemlich blöd war, da sie jetzt vermuten konnte, daß es uns nicht um ihr kleines Frauenreich ging, sondern um das Dachfenster und, zwischen zwei feurig raschelnden Pappeln, das Objekt unserer Blicke, ihn, in der Tür des blaugestrichenen Gartenhauses.

»Weißgestrichen«, sagte die Bibliothekarin.

»Was treibt ihr bloß da oben«, fragte sie jedesmal, wenn wir mit feuerroten Wangen nach unten kamen, nachdem wir uns wieder mal an seinem Anblick geweidet hatten. Wir schwiegen. Dann versprachen wir, ihr Schlafkämmerchen wunderschön, mit Blumensatinpapier, zu tapezieren, wenn ... »Na gut. Von mir aus ...«, und wir lasen in ihren Augen zwar das Eingehen auf ein vorteilhaftes Angebot, nicht aber die feste Absicht, eines Nachmittags, wenn wir nicht zu Hause wären, einmal ins Dachgeschoß zu gehen, wo auf einem Tisch inmitten von Lippenstiften und Schulmädchen-BHs auch der dicke französische Roman lag, den wir gerade zu Ende gelesen hatten.

Sie zischte zwischen den Zähnen.

»Ich hab's!«

Aufgeschreckt sahen wir die Frau an. Ihr Lächeln strahlte große Autorität aus.

»*Adrienne Mesurat!*«

Adrienne Mesurat. Sie hatte das Buch tatsächlich gefunden. Wie eine Stichflamme schoß der dreihundertvierundsechzig Seiten umfassende Roman von Julien Green in unserer Erinnerung hoch und beschien, deutlicher als in einem Film, ein Dorf, zwei alte Villen, ein Gartenhaus mit Weinranken bis hinauf zum Dach und zwei Internatsschülerinnen, die es auf einen Theologiestudenten abgesehen haben mit dem Körper eines Athleten und den Augen eines ...

»Sie bringen da was durcheinander. Von Weinranken ist nirgends die Rede. Und da wohnte auch kein Theologiestudent, sondern ein Arzt.«

... und den Augen eines Erzengels.

»Doktor Maurecourt war schmächtig, blaß, in seinen Augen lag ein tragischer Blick.«

In der Woche, in der wir mit ihm nach zwei aufeinanderfolgenden Siestas den Strand entlang bis nach Katwijk gegangen waren, hatten wir ihn beide, ohne es voneinander zu wissen, gezwungen, an der Bude bei der Schleuse ein ordentliches Stück fette Makrele zu essen, erstens, weil dieser Fisch bei uns im Dorf Bischofsfisch heißt, und zweitens, weil er, direkt auf leeren Magen gegessen, sieben Tage Glück bringt.

»Das Thema ist Einsamkeit, Einsamkeit in extremer ...«

In Gedanken noch bei einer Sandfläche, bernsteinfarben getönt von der tiefstehenden Sonne, sagten wir: »Geben Sie uns das Buch mal mit. Wir lesen's dann schon.«

Als wir in den Fahrstuhl stiegen, hielten wir ein dickes, völlig zerlesenes Buch in der Hand, das doppelt so schwer war und doppelt so viele Seiten hatte wie das Buch, das wir kannten.

Nebel war aufgezogen. Vom Meer her trieb er in Schwaden tief über den Strand zum Boulevard, der bis auf ein paar Geisterautos ohne Räder und ein paar Geistermenschen ohne Beine verlassen war.

»Ach je«, seufzten wir. »Ist das trist!«

Kreischende Möwen triezten sich gegenseitig über unseren Köpfen.

Wegen des schweren Buches noch mühsamer zu Fuß als sonst, bogen wir nach etwa hundert Metern nach links und gingen dann zum Anfang der Keizerstraat hinunter. Unser fiebriger Hunger nach *Adrienne Mesurat* wurde noch weiter entfacht durch eine irrsinnige Lust auf Knurrhahn mit glühendheißen Sternäpfeln.

»Hoffentlich ist noch Platz am letzten Tisch.«

Wir hatten Glück. Im Lokal waren fünf der sechs Tische besetzt, aber am hintersten, dem angenehmsten, unter einem Bild mit einem Rosenstrauß, war genug Platz. Wir legten das Buch aufgeschlagen zwischen uns, bestellten und begannen in dem Tempo zu lesen, das wir uns in unserer frühesten Jugend angeeignet hatten. Anderthalb Stunden später, nach zwei Tellern Mittagessen und acht Gläsern jungem Genever, schlugen wir die letzte Seite um. Gott und der ganzen Welt entrückt, suchten wir den Blick der anderen. Daß das Gartenhaus weiß war und die Weinranken fehlten und die Mädchenleidenschaft einem Arzt galt, störte uns absolut nicht.

»Och, das wußten wir natürlich selbst.«

»Natürlich. Sollen wir noch einen bestellen?«

Wieder erschienen die kleinen glasklaren Kelche. Wir neigten uns weit darüber. Was uns allerdings gewaltig störte, war, daß die Liebe – in dieser revidierten Version – eine traurige Liebe war, in der wir unmöglich auch nur eine Spur unserer damaligen Feststimmung entdecken konnten. Die Augusthitze war ein Trauerflor, und die Blumen rochen zu schwer, und die Augen, mit denen Adrienne Mesurat in dem großen, verschlafenen Haus aus dem Dachfenster blickte, hatten einen erschreckten Ausdruck. Des feurigen Sommers unserer Jugend beraubt, war Doktor Maurecourt ein kleiner, grauer Mann, dem nichts Besseres einfiel als: »Wissen Sie eigentlich, wie alt ich bin?«

»So ein Mist«, maulten wir. »Laß uns lieber gehen.«

Der Nebel war dichter geworden. Umherirrend wie Schlafwandler gingen wir die Keizerstraat hinunter. Als wir bei der Treppe zum Boulevard angelangt waren, mußten wir mit den Füßen suchen, um die Stufen zu finden, die sich im weißen Licht aufgelöst hatten. Oben wehte kaum Wind. Wir hörten das Meer und das Gedröhn einiger Autos. Ein Mopedfahrer, der mit laufendem Radio vorbeifuhr, ließ uns ein paar Takte lang eine metallene Singstimme hören. Wir lauschten und dachten heftig an Antoine Boeyaarts.

»Schlimmer ging's wirklich nicht!«

»Was meinst du?«

»Staatsanwalt!«

Es stimmte. Etwas Schlimmeres als so ein richterlicher Schwarzkittel, streng, aber zweifellos fair, bereit, den Finger zu erheben und mit großer Phantasie anzuklagen, war nicht denkbar. Wenn man's recht betrachtet, ändern sich die Menschen nicht. Etwas von der Schärfe Antoine Boeyaarts, Mann, Vater und Opa, zu Lebzeiten leitender Staatsanwalt am Landgericht Leiden, muß schon viel früher in seinen Augen gelegen haben.

Wir tappten schweigend den Weg zum Antoniusstift hinauf. Die Schiebetüren öffneten sich.

»Lieber Himmel«, riefen wir und blieben an der Schwelle stehen. »Gut möglich, daß er die ganze Zeit gewußt hat, daß wir zu zweit waren!«

In der Eingangshalle saß der Schornsteinfeger. Seine Augen schweiften untröstlich über das Aquarium und die Pinnwand mit den bunten Zetteln. Mit einemmal wurde uns bewußt, daß wir müde waren und daß das Buch in unseren Armen nicht nur mordsschwer war, sondern vor lauter Schäbigkeit auch fast auseinanderfiel.

Der Streuner sah uns ruhig an.

»Hier, mein Junge«, sagten wir. Er wog das Buch in den Händen. »Binde das ordentlich ein. Mach wieder was Schönes daraus.«

FLORIAN STEINBISS

Der Dritte Frühling

Frau Nora Push trat die Tür des Frauenbuchladens ein. Einfach vorwärts gehend, mit dem Fuß durch die Glastür, was einen erheblichen Knall verursachte. Dann überschritt sie die Schwelle in einem Zustand, der keine Angst kennt, ohne auf die Scherben zu achten. Im Frauenbuchladen war die Nachtbeleuchtung eingeschaltet, im Dämmerlicht konnte man von außen die Konturen im Laden gerade noch erkennen. Aber vor der Ladentüre war ohnehin nicht viel los, auch tagsüber nicht. Der Frauenbuchladen lag in einer Seitenstraße. In lila Schrift stand zu lesen: »Libertas Frauenbuchladen«. Das Schild sah noch genauso aus wie vor zwanzig Jahren. Nora Push stand wie betäubt im schwach erleuchteten Innenraum der Buchhandlung.

Wie paralysiert hatte sie den halben Sonntag im Bett verbracht, in ihrer kleinen Dreizimmerwohnung, fast eintausend Kilometer von dem Ort entfernt, an dem sie jetzt stand. Aufgeschreckt wurde sie durch den überraschenden Anruf eines Mannes, den sie sehr mochte, mit dem sie aber ganz und gar nicht gerechnet hatte. Ihre Augen funkelten immer vor Freude, wenn sie ihn einmal sah. Aber das war immer zusammen mit vielen anderen. Er schien außer Reichweite, stand deshalb gar nicht zur Debatte, an etwas Weitergehendes wurde deshalb kein Gedanke verwendet. Sie wußte gar nicht mehr, wie das war, es war schon Jahre her, daß sich ein Mann für sie interessiert hatte. Deshalb war sie fassungslos, als er anrief. Er daraufhin verunsichert. Meinte nur eingeschüchtert zum Schluß, sie könne sich ja mal melden.

Mitten in der Nacht kam sie irgendwie in dem verschlafenen Bahnhof an. Den Weg zum Frauenbuchladen fand sie wie in Trance automatisch, er war ihr mehr als vertraut. Wenn sie in ihrem Leben einen Weg kannte, dann den Weg vom Bahnhof zum Frauenbuchladen. Hatte sie doch in unmittelbarer Nähe des Bahnhofs gewohnt. So nahe, daß der

Gleichklang der Gleise und die quietschenden Bremsen der Züge zur akustischen Einrichtung ihres Wohngemeinschaftszimmers gehörten. Mittwochabends ging sie immer in den Frauenbuchladen, dort fand regelmäßig eine Diskussionsveranstaltung statt. Nur für Frauen, Männer waren nicht zugelassen. Das besagte damals unübersehbar ein Schild neben der Eingangstür mit einem großen Mann, schwarzweiß, in groben Zügen skizziert, wie auf einer Reklame für Zigaretten ohne Filter. Darunter stand in großen, roten Lettern: »Wir müssen draußen bleiben.«

Das Schild hing schon längst nicht mehr vor dem Frauenbuchladen, als Nora Push ihn jetzt betrat.

Etwas Licht schien von der Straße hinein. Nora Push sah zögernd hinaus. Das Fenster spiegelte ihr Gesicht mit den Falten von zu vielen Zigaretten, die Augen unterlaufen. All die Jahre hatte sie sich wenig um ihr Äußeres gekümmert, das war kein Thema, außerdem blieb ihr nicht viel Zeit. Ricarda und Felicitas, ihre beiden Töchter, brauchten alle ihre freien Minuten. Diese waren knapp bemessen, ihre halbe Stelle als Bibliothekarin beanspruchte weit mehr Zeit, als dafür bezahlt wurde. Ihr Mann, ihr früherer Mann, konnte nur für die Kosten der Wohnung aufkommen, die nicht einmal besonders teuer war, Kohleofen und Außenbad. Er hatte lange und nicht zu Ende studiert, sie hatte immer gearbeitet, weil irgendwo das Geld ja herkommen mußte. Zu guter Letzt hatte sie ihm sogar einen Teil ihrer Rentenansprüche abgeben müssen. Aber das war ihr dann auch egal. Sich nicht auf diese unbedingte Weise auf einen Mann einzulassen, sich nicht zu fixieren, das war es, was sie ihren Töchtern vermitteln wollte. Ihnen sollte das nicht passieren. Beide liebten ihren Vater sehr, in den ersten Jahren. Es waren die Zeiten, als sie noch zu viert mit dem *Deux Chevaux* am Wochenende mit ungeteilter Freude die Baggerseen der Umgebung unsicher machten. Das setzte sich in gewisser Weise auch nach der Scheidung fort, für die beiden Mädchen hatte sich am Verhältnis zu ihrem Vater nicht viel verändert. Aber als er in psychiatrische Behandlung kam und dann in die Klinik, verringerte sich der Kontakt mehr und mehr. Dafür hingen sie um so mehr an ihrem Rockzipfel, wie mal ein männlicher Freund bemerkte. Viele männliche Freunde hatte sie während all der Jahre nicht gehabt. Die Töchter jedenfalls freuten sich immer, wenn ein Mann im Haus war. Obwohl Ricarda ein tödliches Gespür dafür hatte, wann ihre Mutter einmal einen Mann besonders nett fand oder sich ein Mann für sie interessierte. Das kam nicht unbedingt jede Woche vor, doch im Lauf der Jahre schon ab und zu. Ricarda jedenfalls spielte sich dann immer auf, sie war ohnehin die Temperamentvollere. Sie beanspruchte dann sämtliche Aufmerksamkeit für sich und sorgte mit der Penetranz einer Göre dafür, daß kein anderes Gespräch mehr möglich war. Notfalls weinte sie, schlug mit den Armen um sich und trommelte so lange auf den nächstbesten Gegenständen herum, bis sie ihren Willen bekam. So auch an jenem Abend, als Claudius Trauber, der bekannte Atomwissenschaftler, zu Besuch war. Er hatte als Beamter mit seinen kritischen Gutachten zur Entsorgungsfrage Aufsehen erregt und war so etwas wie ein Prominenter, in gewissen Kreisen ein Politheiliger. Trauber hatte nachmittags einen vielbeachteten Vortrag gehalten, wohnte im Hotel, hatte von sich aus dreimal vor seinem Besuch bei ihr angerufen und kam zum Abendessen, da er auch unbedingt die beiden reizenden kleinen Mädchen kennenlernen wollte. Danach sollten die Kinder so schnell wie möglich ins Bett, man wollte noch einen Wein trinken gehen. Ausgerechnet an diesem Abend probte Ricarda den Aufstand. Sie markierte, sie sei krank, sie spielte sich auf. Unter Tränen im Nachthemd in der Türe stehend, zerrte sie an ihrer Mutter und brüllte, sie solle nicht weggehen. Als auch das nicht fruchtete, schrie sie den inzwischen schon ganz blaß gewordenen Atomwissenschaftler an: »Du willst mir meine Mami wegnehmen.« Der wurde daraufhin noch bleicher und stotterte nur: »Nein, nein, das will ich nicht«, und ließ Mutter und Tochter alleine im Hausflur zurück.

Geschichten aus der Kindheit. Felicitas war schon eine ganze Weile volljährig, Ricarda fast. Das Leben mit den Kindern hatte sie sehr eingeschränkt. Nicht nur deshalb, weil das Budget, das ihr für die dreiköpfige Familie zur Verfügung stand, etwas über dem Sozialhilfesatz lag. Sie hatte damals noch stundenweise andere Arbeiten übernommen, auch als Putzfrau gearbeitet, um für Ricarda die Geigen- und für Felicitas die Cembalostunden bezahlen zu können. Aber trotz aller Anstrengungen und Schwierigkeiten war es das harmonische Familienleben dreier Frauen. Mit zunehmendem Alter fragten die Kinder anders, waren nicht mehr so anstrengend, eher unterstützend, und bestärkten sie darin, daß sie die Dinge, so wie sie sie machte, richtig machte. Sie liebten ihre Mutter über alles und bestanden jedes Jahr aufs neue darauf, die Sommerferien gemeinsam zu verbringen. Bis Ricarda ihren dreizehnten Geburtstag feierte. Felicitas war fast fünfzehn. In ihrer Klasse interessierten sich schon einige Jungs für sie. Felicitas war äußerlich betrachtet schon längst kein Kind mehr, aber sie war in ihren frühen Jahren schon ein zurückhaltendes, zierliches, fast schüchternes Wesen mit leicht blassem Teint, tat sich mit ihren Gefühlen wesentlich schwerer als ihre jüngere blonde und tatkräftigere Schwester, die manchmal einfach alles herausbrüllte. Ricarda hatte schon als Dreizehnjährige ihren Spaß mit Männern und fing wesentlich früher an zu poussieren als ihre ältere Schwester, die als in ihrer Geistigkeit verfangene Schönheit durch die Welt ging. Männer waren es noch nicht, die Ricarda nachstellten, Jungs aus den oberen Klassen, die allerdings schon alles hatten, was dazugehörte. Ricarda schminkte sich ordentlich, geizte nicht mit engen Oberteilen, die ihre Formen herausstellten, freiem Rücken und ihren gebräunten Schultern, trieb ihr Spiel mit den Jungs, mit Schwester und Mutter, die sie mit einer Mischung aus Kalkül, Naivität und ihrem ungezügelten Temperament behandelte. Das Telefon klingelte dauernd, und wenn sie mal auf einen gerade keine Lust hatte, ließ sich von ihrer Mutter verleugnen. Die hatte Ricarda schon vorher manchmal in den Wahnsinn getrieben. Nicht erst als Elfjährige, als sie begann, die anthroposophischen Kinderbücher gegen *Mädchen* und *Bravo Girl* einzutauschen. Zu dieser Zeit fing Ricarda an, langsam, aber sicher aus dem familiären Ruder zu laufen. Die kindlich naive Exzentrik im erotischen Gewand, die begeistert mit einer Weiblichkeit spielte, die ihre Mutter von Grund auf verabscheute. Mit sechzehn ging Ricarda, kurz vor Erreichen der Mittleren Reife, von der Schule ab, um eine Lehre als Kosmetikerin anzufangen. Ihre Tochter als Kosmetikerin! Lang währte das ganze jedoch nicht. Ricarda lebte dann fünfzig Kilometer weit weg, kellnerte wohl in einem In-Café, war der Schwarm aller Männer, vor allem auch der älteren, und spielte später mit drei Girls, die ähnlich drauf waren, in einer Band, die es später in eine Metropole zog.

Felicitas war schon als Kind die ruhigere von den beiden, und später, trotz ihrer spiritistischen Weltabwesenheit immer die vernünftigere. Sie nahm immer alles sehr schwer, schluckte vieles, malträtierte die Welt nicht mit ihren Gefühlsausbrüchen, brauchte aber schon als Kind lange Zeit, um über manche Dinge hinwegzukommen. Nach dem Abitur war sie ans andere Ende der Republik gezogen, um ihren Studienplatz Biologie wahrzunehmen. Gleich im ersten Semester lernte sie ihren ersten Freund kennen. Nora hielt es für einen besseren Witz, als Felicitas ihr erzählte, sie wolle sich verloben. Ein halbes Jahr später bekam sie es schwarz auf weiß: »… freuen sich, die Hochzeit ihrer Kinder bekanntzugeben.« Kund taten die Neuigkeiten der Eheschließung nicht nur die neuen Schwiegereltern ihrer Tochter, sondern auch sie, besser gesagt, Bernd Krätz und Frau Gemahlin. Krätz hieß sie nie, immer Push-Krätz. Nach ihrer Scheidung wieder so, wie sie geheißen hatte, so lange sie denken konnte: Nora Push. Getauft waren ihre beiden Kinder, sie erzählte ihnen auch ab und an mal eine Geschichte aus der Bibel, stellte es aber den Kindern frei, in den Religionsunterricht zu gehen. Mit acht gingen sie nicht mehr hin.

Felicitas hatte immer schon etwas Religiöses, das war im Lauf der Jahre manch einem aufgefallen. Sie trat kurz nach ihrer Verlobung zum Katholizismus über und besuchte mit ihrem Mann regelmäßig die Messe. Auch wohnten die beiden jetzt gemeinsam bei seinen Eltern. Weil sie sich so gut verstehen.

Nora Push hatte sich das Erwachen ihrer heranreifenden Töchter anders vorgestellt. Langsam dämmerte es. Draußen wurde es wieder hell. Die letzten Sterne am Himmel versprachen einen dieser raren Frühlingstage am Ende eines eisigen Winters: kalt, aber sonnig, erfrischend klar, den Geist aufklärend. Die grünen Blätter würden sich schlagartig vermehren, und neue Knospen die Welt erfreuen. Auch Nora Push kam langsam wieder zu sich und sah sich im Buchladen um. Der Arbeitsplan für die Woche hing an der Wand. Claudia und Doris kannte sie nicht mehr, ist ja schon lange her, daß sie in diesem Laden gearbeitet hat, aber was haben Namen wie Daniel und Tobias auf dem Arbeitsplan eines Frauenbuchladens zu suchen? Auch in den Bücherregalen erlebte sie so manche Überraschung. Gut, da staubten noch einige Standardtitel aus der alten Zeit vor sich hin, *Der kleine Unterschied* und Simone de Beauvoir. Am Eingang waren aber stapelweise die Verkaufsrenner ausgestellt: *Die neue Gemeinsamkeit, Das hilfsbedürftige Geschlecht: Probleme der Männer mit sich selbst.* In etwas weniger Exemplaren war da auch noch zu finden: *Pornographie und Enthaltsamkeit. Ehe aus katholisch-feministischer Sicht.* Nora Push sah ins Fenster. Es spiegelte nicht mehr. Das Leben ergriff die Stadt wieder.

Draußen auf der Straße kamen ihr zwei Polizisten entgegen: »Da soll jemand die Tür des Frauenbuchladens eingeschlagen haben.«

Entgeistert schaute sie die beiden Ordnungshüter an. »Nein, ah, wenn ich genau überlege, da sind mir zwei dunkle Typen in Leder entgegengekommen. Da …«, sie zeigte in die entgegengesetzte Richtung. Die Polizisten nahmen ihre Beine in die Hand. Sie blieb noch eine Weile stehen und sah ihnen nach. Nora Push hatte das Lächeln wieder, das sie so liebenswert machte. Vergnügt ging sie auf die Telefonzelle zu und freute sich darauf, ihn anzurufen. Sie fixierte noch eine Weile die Münze, die sie in der Hand hielt. Dann warf sie sie ein und wählte. Die Zeit lief, aber ihr nicht davon.

Tennessee Williams

Oriflamme

Gleich beim Erwachen an jenem Morgen fühlte sie die Schwere des Fleisches, die sie nun schon seit Wochen recht eigentlich an das Bett festgenagelt hatte, auf rätselhafte Weise im Verlauf der Nacht von ihr fortgehoben. Irgendeine schwere Umhüllung aus Luft hatte sie endlich freigegeben und war durch eine kaum merkbare, elektrisierende Atmosphäre ersetzt worden. Es mochte das Wetter sein, das von Trübem zu Strahlendem umgeschlagen war. Alle gläsernen Gegenstände im Raum vibrierten in diesem Licht, und ihren Körper erfüllte neue Lebenskraft.

Gedankenlos streckte sie ihre Hand zum Telefon auf dem Nachtkästchen aus, sie wollte mit jemandem sprechen: aber dann klangen die Stimmen der wenigen Menschen, die sie kannte, dissonant in ihrem Ohr: unter dem Wirrwarr von Stimmen gab es auch nicht eine einzige, die sie aus den anderen gerne herausgelöst hätte. Nein, das Licht dieses Morgens konnte ihnen nicht anvertraut werden. Von wem hätte sie auch erwarten können, daß er zu ihr gesagt hätte: Ja, ich weiß, was du meinst, ich verstehe, was du mir sagst. Die Luft ist heute morgen wirklich anders.

Denn eine Verschwörung des Stumpfsinns herrschte in dieser Welt, ein weltweiter Plan, das Wiederaufleben des Geistes, der sich gegen das Uhrwerk richten konnte, zu verhindern. Es ist besser, wenn du deine Erhebung heimlich vollziehst, bis du höher stehst, als daß dich die Hand eines Fremden jemals noch auf das Niveau der anderen hinabzuziehen vermöchte.

Sie stellte das Telefon auf seinen Platz zurück und setzte sich auf die Bettkante. Die kleine Unsicherheit, die sie beim Aufstehen fühlte, hatte nichts mit Schwäche zu tun, sondern mit diesem erstaunlichen Mangel an Schwerkraft. Das war nun wirklich eine seltsame Sache! Bis zu diesem Augenblick hatte sie den Sinn ihrer Krankheit nicht verstanden. Es war ja alles dasselbe, Krankheit und Müdigkeit und die Zermürbungen des Geistes und des Körpers, es kam alles von der natürlichen Anarchie eines Herzens, das gezwungen war, eine Uniform zu tragen.

Sie ging zu ihrem Schrank. Er hing voll von Kleidungsstücken diskreter Farbe und diskreten Schnitts, die allesamt vom gleichen Stil und Geschmack schienen und geschaffen zur Tarnung und als schützendes Versteck für jene Anarchie des Herzens. Bis jetzt hatte sie eine unterirdische Existenz geführt, und dies nicht nur, weil sie in der Billigwaren-Abteilung bei Famous-Barr im Untergeschoß unter den streng prüfenden Blicken Mr. Masons und zahlloser Fremder gearbeitet hatte, die sie an ihren Verkaufstisch ketteten, wie in jüngster Zeit die Krankheit sie an das Bett gekettet hatte, sondern auch, weil sie ihrer inneren Flüsterstimme nicht getraut hatte, die ihr zuraunte: Die Wahrheit wurde noch nicht gesprochen!

Konnte sie die Wahrheit aussprechen?

Es gibt eine Sprache, und es gibt Wortsymbole. Das Telefon hatte sie vor der Sprache gewarnt, aber wie sie in den Schrank und auf die Winterkleider blickte, die so passend vom Rücken der Schafe ihren Ausgang genommen hatten, kam ihr der Gedanke, daß die Revolution damit beginnt, helle Farben anzulegen.

Sie wandte sich vom Schrank ab und ging zu der Kleiderkiste, wo sie die helleren Kleider für die freundlicheren Jahreszeiten aufbewahrt hielt. Vor Erregung heftig atmend, riß sie den Deckel auf. Enttäuschung auch hier. Die Kleider rochen nach Mottenkugeln, und keines unter ihnen sah wirklich aufmunternd aus.

Sie zog das erste Kleid, daß ihr in den Griff kam, aus dem Schrank und warf die Tür zu.

Offenbar war es nicht notwendig, etwas Neues anzuziehen …

Sie riß sich das Nachthemd vom Leib und stand fröstelnd vor dem eiskalten Schrankspiegel. Wie dünn sie war! Kein Wunder, daß sie in einem Kleid nie gut ausgesehen hatte. Ein Kleid konnte die geheimnisvolle Zartheit ihres Körpers nicht zum Ausdruck bringen. Er war weiß und doch nicht weiß. Er war weiß, von einem zarten Blau übergossen. Und er hatte auch silbernen, rosafarbenen Schimmer. Niemand wußte davon. Nur ein einziger Mensch schien jemals es geahnt zu haben: ihr Tanzpartner beim Mittelschulball in Grenada, Mississippi. Jener rotgesichtige Junge, der die Pauke so laut und so unrhythmisch geschlagen hatte und mit zweifelhafter Virtuosität auf dem Schlagzeug Miss Fitzgerald so in Wut gebracht hatte, daß sie ihn von der Bühne herunterzerrte und ohrfeigte, und er hatte gegrinst und angefangen, allein zu tanzen. Sie selber hatte sich aus der Ecke verzogen, in der sie gesessen hatte, und den Paaren beim Tanzen zugeschaut. Sie war schüchtern, und in der jüngsten Zeit war es ihr nicht gut gegangen. Er aber war zu ihr herübergewirbelt und hatte sie wortlos ergriffen, um mit ihr in die gelbe Turnhalle hinauszutanzen, und obwohl sie zu husten begann und heißes, metallisches Blut in ihrem Mund fühlte, ließ er sie nicht frei, bevor sie nicht gemeinsam zum Donauwalzer den Saal umrundet und tanzend den girlandengeschmückten Eingang erreicht hatten. Dann hatte er ihren Arm genommen und sie hinausgeführt. Sie versuchte, den roten Blutfleck an ihrer Hand zu verbergen, in die sie gehustet hatte, als er sie endlich losließ. Aber es war dunkel in der Halle, nahezu dunkel war es, und die zwei oder drei Leute, die hier draußen standen, schauten grinsend zum hell erleuchteten Eingang der Turnhalle hin.

Noch immer schweigend, riß er sie durch eine andere Tür. Dort drinnen war es völlig finster, und es roch nach durchschwitzter Kleidung. Sie stießen gegen etwas, was sich wie eine häßliche, tonlose Glocke anhörte: die Stahltür eines Kleiderschranks. Er lehnte sie gegen diesen Schrank und hielt sie fest, während seine Hände ihren Körper erforschten. Es war erregend und beschämend. Erregend damals und beschämend nachher. Der rote Junge hieß Guy. Eine oder zwei Wochen nach diesem Ereignis mußte er von der Schule abgehen, und bald darauf verschwand er aus Grenada. Man hörte nichts mehr von ihm, bis im nächsten Jahr bekannt wurde, daß er irgendwo im Westen das Opfer eines Zugunglücks geworden war. Er hatte dabei beide Beine verloren. Und später erfuhr man, daß er tot war und seine verwitwete Mutter gesagt hatte, sie sei froh darüber, weil seine Wanderexistenz ihr das Herz gebrochen habe …

Immer wenn sie an diesen Jungen dachte, kamen ihr die schönen Papierlaternen in den Sinn, die besiegt im gelben Turnsaal hingen …

Aber das war schon so lange her!

Draußen!

Es war wirklich eine neue Jahreszeit, wenn nicht gar eine neue Welt. Die Luft hatte die Injektionen bekommen, die der Doktor empfahl. Das Blau war nicht nur lebendig, sondern kraftvoll. Und auch viel Weißes gab es da draußen, diese besondere Weiße, aus der ihr verborgener Körper bestand. Eine üppige weiße Wolkenmasse stand über dem Moolah-Tempel. Sie entschloß sich plötzlich zur Bewegung. Jetzt schwamm sie zum Lagerhaus Langan & Taylor hinüber, eine nackte junge Badende. Ein unschuldiger weißer Himmels-Faulpelz hatte seine Kleider abgestreift und war zu einem schwimmenden Körper geworden. Auch ich werde schwimmen. Oder schwimme ich gar schon. Schwimme. Die Kraft der Anarchie bewegt mich. Ich habe beide Beine. Kein Unfall hat mich der Vorwärtsbewegung beraubt. Wenn der Zufall auch blind ist, so hat er sich doch nicht gegen mich gewendet. Und so bewege ich mich. Am Langan & Taylor-Lagerhaus und am Hartwigschen Schönheits-Salon vorbei. An den Ratschlägen des Doktors vorbei. Geh langsam, und du kommst weit. Ich suche nach etwas. Aber das heißt Zögern, und ich kann nicht warten. Er suchte nichts und verlor seine Beine. Ich habe die meinen noch, und sie tragen mich vorwärts. Ich will und werde die Fahne haben, die er fallen ließ. Die erste, die ich erblicke. Begierde. Kleidung tragen. Schau und trag's: so schnell geht alles. Der weiße Himmels-Faulpelz, die launenhafte Läuferin am Himmel, hat irgendwo ein rotes Kleid fallengelassen. Ich soll es anlegen und ihre ewige Schwester werden. Wo nur, wo? Nicht weit von hier, Anna! Schon blendet das Fenster damit. Quer über die breite Straße! Nach Pariser Design! Das Fenster blendet damit. Alles stimmt wie ein grünes Verkehrslicht. Halt es doch!

Eine Minute lang konnte sie nicht sprechen, ihre Kehle war zu voll von Atemlosigkeit – oder von Atem –.

Ich will dieses Kleid, keuchte sie, dieses rote Kleid da im Fenster. Sie sollen es haben, Miss.

Ich hab nicht viel Zeit, bitte beeilen Sie sich!

Ich tue mein Bestes. Es ist nicht so einfach, Sachen aus dem Schaufenster zu holen.

Dann lassen Sie mich es herausnehmen!

Das dürfte nicht nötig sein, erwiderte die Frau kalt.

Sie hielt nun die Fahne und faltete sie vorsichtig zusammen.

Ihre Hände waren grau. Sie waren dem Gewebe der Fahne so fremd, wie Mäuse Rosen fremd sind. Die Berührung dieser Hände dörrte die Fahne, befeuchtete sie, erstickte ihre flammende Farbe. Anna riß ihr die Seide aus der Hand.

Verpacken Sie es nicht, werte Dame! Ich möchte es hier und jetzt anlegen!

Die Verkäuferin prallte zurück, als hätte man sie mit kaltem Wasser begossen.

Aber das ist rote Seide, ein Abendkleid, Miss!

Ich weiß das, aber ich möchte es trotzdem jetzt anziehen. Wo ist hier der Umkleideraum?

Hier, aber –

Anna fegte an der Verkäuferin vorbei und stürzte in die dunkle Umkleidekammer. Das ganze Kleid war weinfarben, und Rosen schlangen sich um ihren Körper.

Greife überraschend an, und die Welt gibt ihren Widerstand auf.

Sie zahlte.

Die windgepeitschte Straße nahm an ihrer Feier teil. Sie bewegte sich, sie bewegte sich, eingehüllt in ein herrliches Banner, das rote Feld einer Fahne!

Es blitzte, es blitzte. Es wogte gegen ihre Finger. Ihr Körper brandete vorwärts. Ein Großkampfschiff mit Kanonen. Bumm! Am fernen Horizont. Bumm! Weißer Rauch ist heilig. Keiner versteht es. Es geht weiter, weiter, ohne das Verständnis der Welt. Blau ist heilig. Blau geht weiter ohne das Verständnis der Welt. Fahnen sind heilig, aber niemand versteht sie. Fahnen gehen weiter ohne das Verstehen der Welt. Bumm. Geht weiter ohne das Verständnis der Welt. Das Herz kann nicht warten. Es revoltiert ohne Verständnis. Bumm. Es geht weiter. Ohne das Verständnis der Welt …

Die rote Seide hob und senkte sich unter ihr mit Macht, der anstrengungslosen Macht der Flügel, die sie vorwärtstrugen. In den glänzenden neuen Morgen hinein. Kein Plan. Kein Warten. Sie bewegte sich ohne Richtung. Richtung war bedeutungslos. Die Welt war verloren. Sie fühlte sie hinter ihr fortgleiten, eine lange Wegstrecke zurück.

Nur Mr. Mason war noch zu sehen. Aber auch er begann jetzt zurückzufallen. Er konnte seine dickbäuchige Satyrjagd nicht mehr durchhalten. In seiner Jugend konnte er laufen. In dem Jahr, als er erstmals bei Famous-Barr aufgetaucht war, hatte er gerade das College beendet. Er bewegte sich wie von einer Feder getrieben, er war fesch und zu Scherzen aufgelegt. Die Würze seines Atems war erregend. Seine manikürten Finger hatte er soeben vom Kaminsims genommen. In der Schwärze eines Umkleidezimmers hätten diese Finger wie jene Guys sein können: forschend, fordernd. Leben ins Blut jagend. Aber in der kellergeschossigen Billigwaren-Abteilung wurden die Lampen nie ausgeschaltet, und jenes einzige Mal, als sie in Loew's Nationaltheater gegangen waren, hatten seine Finger das Abenteuer kaum höher als bis zu ihren Knien gewagt. Die Heimfahrt mit dem Bus danach hatte ewig gedauert. Der Gesprächsstoff war ihnen ausgegangen, Befangenheit und Kälte waren aufgekommen. Bevor sie noch die Haltestelle erreicht hatten, wo sie aussteigen mußte, waren sie einander Fremde geworden. Ihre Kehle war so gespannt, daß sie ihrer Stimme nicht traute. Beim Haustor hatte er dann gesagt: Nun, das war ein netter Abend, Fräulein Kimball. Und sie, die nicht fähig war, ihren Mund oder ihr Herz zu öffnen, hatte sich schluchzend nicht auf ihr Bett, sondern auf den Boden geworfen, sobald sie seine Schritte auf der Treppe gehört hatte … Am Tage darauf war er dann vergnügter als je zuvor gewesen … Aber doch eben anders. Warum sich etwas vorspielen? Mit Menschen klappt eben nichts. Das ist auch der Grund, warum manche Leute so wild werden und das Leben zerreißen, um es in Fetzen und Trümmern zurückzulassen. Weil in der Zärtlichkeit so häufig das Versagen steckt. Wenn du nicht flüstern kannst, ist es am besten zu schreien. Besser, das Leben zu vergewaltigen und zu zerbrechen, aber es immerhin zu besitzen, als völlig darauf zu verzichten. Am Ende verstehen sie alle vielleicht mehr als wir meinen, und einige erinnern sich, und es gibt eine fleischlose Vereinigung …

Die fünf folgenden Jahre hatten ihm nicht gut getan. Wenn sich Dinge nicht ändern, dann bewirkt ihre Gleichheit eben ein gewisses Wachstum. Nur deshalb nimmt jedwede Gesellschaft an Fleisch zu. Unterliegt den Zellen und fängt an, sie zu füllen. Der Billigwaren-Keller im Warenhaus setzte Fett an Mr. Masons Leib. Die Registrierkassen schluckten seine Jugend und gaben ihm Kleingeld heraus. Ein anderes Mädchen saß jetzt an der Kasse Nr. 7. Warum nicht, soll sie es haben, dieses und jenes, und Mr. Mason dazu. Und gib ihr die Schere, gib ihr die Bandspule auch. Sie würde Gewißheit haben. Sie würde ein fähiges Fräulein sein. Sie würde durch Stoff mit dem langen und sicheren Hieb eines Rudermannes hindurchschneiden. So wie ich jetzt den neuen Morgenglanz durchtrenne! Oh, ich bin das rote Seidenfeld der Fahne! Niemand soll mich aufhalten nun, bis ich's habe, bis – –

Sie war nun ein wenig verwirrt. Vor ihr erhob sich eine riesenhafte Reiterstatue. Ihr Kinn erreichte gerade die Höhe des granitenen Sockels. Die Pferdehufe befanden sich auf der Höhe ihrer Augen. Es sah aus, als würde das Pferd in jedem Augenblick auf sie treten. Ihr Blick wanderte aufwärts, um die eindrucksvolle Gestalt zu studieren. Sie war ganz grün, und das Grün war alt und moosig. Der Reiter hielt ein Schild und erhob ein Schwert. Sein Blick war stolz und zwingend. Wer war dieser Fremde, dieser drohende Riese auf dem Pferderücken? Ihre Blicke wanderten wieder nach unten, um die Inschrift zu lesen. SAINT LOUIS stand da geschrieben. Ja natürlich, der Name der Stadt. Kein Wunder also, daß sie sich so atemlos gefühlt hatte. Sie hatte den höchsten Punkt des Parks erstiegen, und wenn sie sich nun umwendete, um in die anderen Richtungen zu schauen, würde sich überall diese Stadt, die nach diesem kühnen Reiter benannt war, vor ihren Augen ausdehnen, ostwärts bis an den Fluß. Sie würde sich aber nicht umwenden. Nie hatte sie diese Stadt gemocht. Der entsetzliche Reiter über den Häuptern der Menschen war Sinnbild genug für das, was sie stets in der Stadt gefühlt hatte. Ihre Hoffnungen waren in einem Keller dieser Stadt gestorben. Ihr Glaube war in einer dieser selbstgefälligen Kirchen da unten gestorben. Ihre Liebe hatte eine Fahrt durch diese Stadt nicht überlebt. Sie würde sich nicht nach dieser hingelümmelten Stadt da umwenden. Sie würde im Gegenteil zu jenem öffentlichen Brunnen dort hinübergehen. Nicht länger hurtig. Was ziehe ich denn hinter mir her? Achtundzwanzig Jahre und alle diese überkommenen Sitten …

Hier ist jetzt der Brunnen. Aber nein, das ist kein Brunnen. Es ist eine hohle Zementschale für die Spatzen. Aber sogar die Spatzen haben sie als falsche Einladung erkannt. Die Schale ist trocken. Sie enthält ein paar verfaulende Eichenblätter. Und all dies Grün! Ich war auf Grün nicht vorbereitet. Man muß dieses Grün behutsam in sich aufnehmen. Man darf es nicht hinunterschlucken, sondern man muß daran nippen, so wie die Vögel am Wasser nippen, wenn die Schalen nicht trocken sind. Auf einmal steht man viel zu schnell in einem grünen Meer! Alle Menschen, Abenteurer und Pilger, haben erfahren müssen, daß es immer das Grün ist, das unsereinen hinabspült und verschüttet. Dem Grün kann keiner trauen, es will dich nur überwältigen. Ein Papierschiffchen, das ein Kind im Dunklen auf dem Wasser aussetzt, ist sicherer als ich inmitten der grünen Brandung. Geh jetzt langsam. Noch ist die Welt waagerecht. Aber gräßlich windig ist sie. Es gibt zu viel Himmel, den man fahren lassen kann, und zu viel Himmel festzuhalten. Aber freundlicher ist er doch als diese grüne Lawine. Wo ist sie jetzt nur hingegangen, die liebenswerte junge Himmelspilgerin, diese unschuldige Nackte ohne jedes Gewicht? Ja doch, ich sehe sie. Weit von hier, auf der linken Seite. Sie ist gut vorwärts gekommen! Und ich? Ich kam bis zur …

Nein. Setz dich auf diese Bank dort drüben und warte, bis mein Atem wiederkehrt. Dieser Schmerz erinnert mich an Schulimpfungen …

Jener Schale nah, wo sich die Vögel enttäuscht fanden, wurde Anna ganz plötzlich selbst zum Brunnen. Der Schaum eines scharlachfarbenen Ozeans überquerte ihre Lippen. Oh, oh! Dieser Ozean, auf dem das Papierschiffchen seine Reise macht …

Das Grün der Blätter, der scharlachfarbene Blutozean, sie tun sich zusammen und waschen und branden auf dem todlosen Blau. Das ergibt eine Fahne – aber keiner versteht sie …

Karin Reschke

Seelenmesse

Frau Amalie Bluhm war mit sechsundsiebzig Jahren im Paulinenhaus an der Kirschenallee in Charlottenburg gestorben. Mora, ihre Tochter, harrte am Totenbett aus, den Kopf halb gesenkt, die Arme in der Luft. Sie winkte. Mora winkte ihrer davongegangenen Mutter nach. Jetzt ist sie weg und kommt nicht wieder. Die Tote lag mit friedlichem Gesicht, eine Schwester kam zur Tür des Krankenzimmers herein, sah aufs Bett, erblickte die erhobenen Arme, die winkende Hand, trat näher, trat an die Seite der Winkenden, zupfte sie an der Jacke und sagte: Die Herren vom Bestattungsinstitut sind da, Ihre Mutter wird abgeholt. Mora mußte mit dem Winken Schluß machen, die Arme aus der Luft nehmen, sie hob den Kopf, wandte ihn von der Toten. Die Schwester zog sie an der Jacke, Mora wollte nicht an der Jacke gezogen werden, stieß die Hand der Schwester fort, warf einen vorletzten Blick auf die Frau im Bett und noch einen von der Tür aus.

Die Schwester war in den Krankenhausflur hinausgetreten und winkte den beiden Männern, die in Bereitschaft standen mit einem Sarg, dem sogenannten Abholsarg. Die Männer drangen ins Krankenzimmer, den Sarg zwischen sich, sie neigten kurz die Köpfe vor Mora, die Schwester zerrte sie am Arm auf den Flur, drückte Mora an die Wand. Mora ertrug die Zerrerei und Drückerei der Schwester nicht, die Tür wurde hinter den Männern mit dem Sarg geschlossen. Mora preßte ihre Fäuste gegeneinander vor Wut auf die Schwester, schluckte, sagte aber nichts.

Sie können hier den Betrieb nicht aufhalten.

Blabla, knurrte Mora und fiel auf eine Bank, die gleich neben der Tür zum Krankenzimmer der Mutter aufgestellt war. Die Schwester pflanzte sich vor sie hin: Tut mir leid, Frau Bluhm, eine Totenwache ist in unserem Haus nicht möglich, wir brauchen das Zimmer, bitte räumen sie die Schränke und den Nachtkasten, sobald die Männer mit dem Sarg herauskommen.

Mora blinzelte an der Schwester vorbei auf die gegenüberliegende Wand, an der gemalte Sonnenblumen in billigen Aluminiumrahmen hingen, daneben Stiefmuttern und Veilchen. Es wird Frühling, die Toten haben ihre Ruhe und weiße Blumen auf ihren Gräbern. Weiße Blumen hingen nicht an der gegenüberliegenden Wand. Mora betrachtete die Blumenbilder, Bilder, von Kranken gemalt, häßliche Bilder, schreiende Bilder. Ihre Mutter hatte kein Blumenbild für die Wand im Krankenhausflur gemalt, vielleicht malten sogar die Schwestern während der Nachtwachen, häßliche Schwestern malen häßliche Blumenbilder. Mora wanderte mit den Blicken von Bild zu Bild, von einer Häßlichkeit zur anderen. Wären die Sonnenblumen, Stiefmuttern, Veilchen, Osterglocken wie ihre Abbilder an der Wand, würde man den Toten keine Blumen auf die Gräber legen. Mutter wollte im Frühling sterben und weiße Tulpen aufs Grab, weiße Tulpen mit quietschenden Stielen. Die Schwester lief ins Schwesternzimmer, drei Türen vom Sterbezimmer der Mutter entfernt, Mora hörte sie mit den anderen flüstern. Weiße Tulpen, einen Arm voll, zwei Arme voll, Mutters Grab unter weißen Tulpen, ein Tulpenmeer, Schnee aus Blütenkelchen.

Kranke in Morgenröcken schlichen den Flur entlang, niedergeschlagen, schlecht zu Fuß, bleich wie die Anstaltswäsche, sie würdigten die schreienden Blumenbilder keines Blickes, sie würdigten auch Mora keines Blickes, ihre Blicke richteten sich auf das Ende des Flurs, den Martergang hin und den Martergang zurück. Der Doktor, der plötzlich unter den Siechen auftauchte und über den blitzblanken Boden schwebte, blieb vor Mora stehen, nahm ihre Hand, drückte sie. Mora entzog dem Doktor ihre Hand, legte sie neben sich, der Doktor murmelte etwas, Mora nickte, ich weiß, ich weiß, schon gut. Der Doktor erweckte den Anschein, als müsse er Mora den Tod der Mutter erklären, doch das erübrigte sich, Mora brauchte keine Erklärungen, ihre Mutter war gestorben, weil der Frühling gekommen war und sie das Sterben im Frühling herbeigewünscht hatte. Die Krankheit spielte keine Rolle mehr, der Wunsch der Mutter, im Frühling zu sterben, eine Erlösung, das Gerede des Doktors störte sie, so viele Worte, umständliche Worte für einen einfachen Vorgang, Wollen und Wünschen einer alten Frau hatten sich erfüllt, wozu das scheinheilige Erklären?

Sie sah den Doktor wütend an, er erkannte ihren Unwillen nicht, erklärte weiter, verstieg sich in ausführlichen Erläuterungen seines medizinischen Wortschatzes. Die Bilder an der gegenüberliegenden Wind grinsten. Die Sonnenblumen schielten, die Veilchen zeigten Klaftermäuler, die Osterglocken kicherten. Wieder griff der Doktor nach Moras Hand auf der Bank, Mora war schneller und ließ die Hand in ihrem Schoß verschwinden. Ihre Frau Mutter starb leicht und schnell, sagte er. Mora mochte die Blumenbilder nicht länger grinsen sehen und dem Doktor nicht länger ihr Ohr leihen. Sie schüttelte den Kopf, senkte ihn, ihr Blick streifte Rocksaum und Knie, der Doktor entfernte sich, ein paar Schritte später nahm er eine Patientin aufs Korn, die den Martergang bis zum Ende geschlichen war und auf dem Rückweg müde an der Wand lehnte. Der Doktor hakte die Müde unter, rief nach einer Schwester und übergab der Herbeieilenden die Geschwächte.

Endlich kamen die Männer mit dem Sarg aus dem Zimmer, der Krankenhausflur schien mit einem Mal wie leergefegt, Mora erhob sich von der Bank, die Männer neigten erneut die Köpfe und strebten mit der Toten dem Lastenaufzug zu. Mora hätte gern gewußt, ob ihre Mutter im Tod leichter geworden war, und lief den Männern mit dem Sarg nach. Die Männer erschraken, als sie die schnellen Schritte hinter sich hörten, sie setzten den Sarg auf den Boden, ein unangenehmer Laut, Mora blieb stehen. Sie hielt die Luft an. In dem Totenbehälter könnte es ja wieder lebendig werden, der Deckel aufspringen.

Sie dürfen nicht mit im Aufzug fahren, sagte einer der Männer. Schon gut, schon gut, Mora machte kehrt, begab sich in das Krankenzimmer, riß die Schränke auf, stopfte die Sachen der Mutter in die Reisetasche, nahm den Schmuck aus dem Nachtkasten, die Geldbörse, Brille, Kosmetika.

Dann trat sie an das leere Bett, befühlte den Abdruck der Toten auf dem Kopfkissen. Erst stirbt der Kopf, dann der Leib oder wie, die Form auf dem Kopfkissen war stumm und nicht gegenständlich. Je länger Mora ihre Hand suchen ließ nach einem Zeichen, desto unscheinbarer lag das Kissen da, nicht einmal der Schatten des Kopfes der Mutter war zu erkennen. Sie drehte das Kissen um, darunter fand sich ein Briefumschlag ohne Anschrift, ohne Absender. Mora nahm den Umschlag, öffnete ihn, könnte ja ein Brief drinstecken. Nein, kein Brief, ein Fünfhundertmarkschein, hübsch glatt, kam zum Vorschein. Für die Schwestern bestimmt, das war denn doch des Guten zuviel. Fünfhundert Mark für diese Besen da draußen im Schwesternzimmer? Mora steckte den Schein in Mutters Reisetasche. Das gibt einen Leichenschmaus mit Zilly, samt Taxifahrt. Mora schlug die Bettdecke zurück, die Tote hinterließ weder Spuren, noch weitere Geldscheine. Mora machte drei Kreuze und ging rückwärts aus dem Zimmer, die Reisetasche geschultert, schloß sie die Tür, lief am Schwesternzimmer vorbei, hörte nicht hin, der Martergang lag verlassen bis zum Treppenhaus. Sie stürmte die Treppen hinab.

Im Erdgeschoß schlüpfte sie in eine Telefonkabine, rief Zilly an, die beste Freundin. Zilly, sagte Mora am Telefon, Mutter ist gestorben. Zilly atmete hörbar, das ging aber schnell.

Sie wollte es so, jetzt stehe ich da, nach über vierzig Jahren mit Mutter, was wird jetzt aus mir, Zilly? Zilly sagte eine Menge in den Hörer, Mora schüttelte unentwegt den Kopf und antwortete nicht. Später vielleicht, murmelte sie, später, Zilly. Sie legte auf, stolperte in die Anmeldung neben dem Eingangsportal, die Schaltzentrale des Paulinenhauses mit einer manuell tätigen männlichen Figur auf erhöhtem Sitz. Mora meldete die Mutter ab. Verstorben, sagte sie. Beileid, sagte der Mann, tippte den Namen der Verstorbenen in seine Maschine, nickte: Neunter März eingeliefert. Vor drei Tagen. Er hob die Augenbrauen, Mora war schon durch das Portal hinausgetreten auf die Kirschenallee. Frühling heulte in den nackten Wipfeln der Bäume, zwölfter März.

Mora wollte langsam nach Haus gehen, so langsam wie

möglich, Frühling peitschte mit langer Rute. Vor der Wohnung graute ihr. Heldin müßte man sein, groß und erhaben allen Leuten, die es anging, sagen: Frau Bluhm ist heute morgen sanft verschieden, dann zur Tagesordnung übergehen. Nicht an schreiende Blumenbilder denken, an das Krankenzimmer, Mutter hatte darauf bestanden, zu den verkommenen Schwestern ins Paulinenhaus gebracht zu werden.

Mora schlich über die Straßen, als wäre auch sie auf dem Weg in die Krankheit, sie wurde angehupt von ungeduldigen Autofahrern und rempelte Passanten an, brummte vor sich hin. Was nun? Drei Häuser verwalten, vier Läden betreuen, Mutters Grundstücke, das geschätzte Vermögen, das tatsächliche, Mutters Anwalt und Notar benachrichtigen, diesen Schleimer. Mora taumelte die Reichsstraße herunter, huschte ins Wiener Caféhaus am Steubenplatz zu den alten Tanten, fand einen Tisch am Fenster, Frühling brauste mit wilder Schar durch die Straßenschluchten. Sie bestellte ein Frühstück, Wasser, danach Kuchen und ein Glas Champagner, sie wühlte in Mutters Geldbörse, zückte einen Hundertmarkschein, sichtete im Kläppchen einen vergammelten Küchenzettel, zigmal gefaltet, brüchig, ausgefranst, glättete ihn, legte ihn auf den Tisch, die Sonne schien drauf, Krakelschrift starrte sie an: Kirchenmäuse baden im Fett, wenn der Pfarrer sein Schmalzbrot in der Sakristei vergißt. Darunter Mutters Kommentar: Mora mit sieben. Die ältere Mora betrachtete den Wisch, es wurde ihr kalt, der Champagner kühlte das Mark in ihren Knochen. Eine Notiz aus dem Diesseits, und was wird mir die alte Amalie aus dem Jenseits schicken?

Mora schlürfte bedenkenlos ein zweites Glas Champagner, sie machte sich nichts aus ihrer Kindheit, die Jugend hatte sie längst vergessen, die ehemals junge Mutter, die Fett anhäufte für die Kirchenmaus, es war Mora gleichgültig am heutigen Tag und an den kommenden Tagen. An Mora fraß ein wütendes Tier, das sie nicht beim Namen nennen konnte. Es nistete im Jochbein und im Brustbein und im Steißbein und fraß abwechselnd Seele und Fleisch, Fleisch und Seele, auch im Schlaf, im Traum, immer und immer so viel, daß Mora es spürte, und immer so wenig, daß Mora nicht umkam.

Zilly hatte einen Namen für das Tier gefunden, rief es Wurm, du hast den Wurm im Leib, Mora, deine Mutter wurmt dich, weil sie dich nicht hochkommen läßt, dir jeden Tag vorschreibt, was du tun sollst und was nicht, dich wurmt deine Mutlosigkeit, deine mangelnde Tatkraft, du setzt dich nicht durch gegen deine Mutter, bist abhängig von ihr, legst dich niemals quer. Wenn es doch so einfach gewesen wäre, knirschte Mora. Sie zerbiß das Champagnerglas, bestellte ein neues, trank gierig, bekam Schluckauf, die Tränen rannen ihr über das Gesicht. Die Bedienung wurde aufmerksam, beugte sich zu der Schluckenden und Weinenden. Mora winkte ab. Dann bezahlte sie, stand auf, die Tische tanzten, sie torkelte, Champagner trinken am Vormittag war nicht ihre Stärke. Die Tür des Caféhauses flog auf vor ihr, Frühling packte sie am Kragen, zog sie heimwärts zum Fürstenplatz. Wo sollte sie auch hin? Zilly saß in ihrem Büro und hing an ihrem Chef, Mora hatte ihre Mutter verloren und hing in der Luft.

Vor der Haustür fühlte sie den Champagner nicht mehr, ihr Blick flog senkrecht nach oben in den vierten Stock. Die Vorhänge wehten in den offenen Fenstern zur Straße, Gerda war gekommen zum Putzen. Mora rauschte mit dem Fahrstuhl hinauf, schloß die Wohnungstür auf, warf die Reisetasche zu Boden, stürzte in die Küche, dort werkelte Gerda, das Radio spielte, Mora schaltete das Radio aus und sagte: Mutter ist tot. Gerda wurde weiß, wischte die Hände an der Schürze trocken, ergriff Mora bei den Schultern, wollte sie drücken. Mora lächelte, schon gut, Gerda. Seien Sie so freundlich und lassen Sie für heute die Arbeit ruhen, falls es Ihnen paßt, kommen Sie morgen wieder, wir haben einiges zu besprechen. Gerda nickte, band die Schürze ab, räumte ihr Putzzeug in den Besenschrank und verschwand lautlos.

Mora atmete auf. Zur Ernüchterung trank sie Gerdas Kaffee, der jeden Vormittag für Mutter bereitstand, zählte bis zehn, tappte in den Flur, vom Flur durch das Berliner Zimmer, hielt inne, lauschte, nichts rührte sich. Mora überwand ihre Scheu, trat ohne Anklopfen in Mutters Heiligtum, lief ans Fenster, riß die Vorhänge auf. Auch Gerda durfte nicht bis hierher vordringen. Mutter hatte zu ihren Lebzeiten niemandem den Zutritt erlaubt. Die Post mußte im Berliner Zimmer erledigt werden, gegessen wurde vorn in der Diele, im Salon empfing Mutter ihren Schleimer, den Anwalt Hofmann, Moras Zimmer lag am Ende des Korridors neben dem hinteren Aufgang.

Vor drei Tagen war Mutter während des Abendessens in der Diele zusammengebrochen, Mora hatte einen Krankenwagen gerufen, Mutter hatte verlangt, auf der Bahre liegend, ins Paulinenhaus gebracht zu werden. Verwundert stand Mora in Mutters Zimmer, warum erst jetzt, warum nicht gestern, vor drei Tagen, warum nicht früher? Ihr Blick schweifte langsam über das Mobiliar: Schränke, eine Kommode, Sessel, Damensekretär, das Klavier. Moras Kinderklavier. Das Klavierspielen hatte sie doch schon vor fünfundzwanzig Jahren aufgesteckt, nie mehr an ihr Klavier gedacht. Sie liebte die Musik nicht besonders, der Klavierlehrer damals nervte sie mit seinen Fingerübungen, jeden Tag mußte sie eine Stunde Läufe parieren, parierte sie nicht, versäumte sie die Pflicht, durfte sie nicht auf die Straße zu ihren Freundinnen, durfte nicht ins Kino, bekam kein Taschengeld und so weiter. Vier Wochen streikte sie, machte sich selbst die Hölle heiß, da war sie vierzehn oder fünfzehn, vier Wochen rang sie mit der Mutter, saß zu Haus rum nach der Schule, rührte das Klavier nicht an. Sie beschwor den Klavierlehrer, den Unterricht abzubrechen, der brauchte Geld und weigerte sich. Mora stellte sich taub, verschränkte die Hände auf dem Rücken, solange der Klavierlehrer neben ihr saß, ihr den Czerny vorhämmerte. Eines Tages war dann Schluß, der Mann gab auf, Mutter gab auf, das Klavier wurde von einem Tag zum anderen aus dem Berliner Zimmer geschafft.

Mora starrte ihr Klavier an, der schwarze Kasten stand wie ein alter Bekannter, den man nie mehr wiederzusehen hofft. Mora versuchte einen neuerlichen Schluckauf abzuwürgen, hustete, trat näher ans Klavier, hob den Deckel, stieß einen Schrei aus. Der Deckel sauste nieder, sie rannte zur Tür, schnaufte, drehte sich um. Der Deckel hatte den zuckenden Leib einer Schlange eingeklemmt. Das Vieh klapperte. Der Kopf des Reptils kreiste, das Maul aufgesperrt, züngelnd, das Giftorgan sichtbar im oberen Kiefer, eine Zahnreihe unten. Der Nacken des Biestes, angeschwollen zur Kinderfaust, mußte den Schlag des Klavierdeckels abgefangen haben, es kam Bewegung in den Leib, das Klappern nahm zu.

Mora zog die Tür hinter sich ins Schloß, stemmte die Arme in den Rahmen, zählte, ging schnellen Schritts durch das Berliner Zimmer, trat auf den Gang und lief hinüber in die Küche. Messer in vielen Größen hingen an der Wand wie Orgelpfeifen, sie nahm das Tranchiermesser, wog es in der Hand, prüfte die Klinge, griff nach dem Wetzstahl, wetzte das Messer. Amalies Gruß aus dem Jenseits. Mora schloß das Fenster in den Zimmern zur Straße, verriegelte die Wohnungstür. Im Berliner Zimmer wurden ihr die Knie weich. Nachgeben wollte sie nicht, auch nicht Zilly anrufen oder den Hausmeister.

Mutter duldete in ihrer nächsten Umgebung ein Reptil, wann war das Vieh ins Haus gekommen? Nie hatte Mora etwas bemerkt. Sie preßte die Breitseite der Messerklinge gegen die Stirn. Vielleicht ein Geschenk ihres Anwalts. Mora erinnerte sich des Laubfrosches, den sie als Schulkind der Mutter zum Geburtstag schenkte, sie fröstelte. Monate vegetierte der Frosch in einer gläsernen Kugelvase am Nordfenster, Mutter fing Fliegen, Spinnen und anderes Getier, sah ihm zu, wie er die Insekten vertilgte. Mora verabscheute Frösche, eine Schlange im Zimmer, in der Wohnung nahm ihr die Luft. Mutter muß sie gefüttert haben. Mora umspannte den Griff des Tranchiermessers, näherte sich dem Schlangenzimmer, öffnete die Tür einen Spalt, spähte zum Klavier. Die Schlange hing kopfüber herab, sie rotierte. Blitzartig schoß es Mora durchs Hirn, ich darf sie nicht töten. Sie lief auf das Klavier zu, sprang zur Seite, hob den Deckel, die Schlange rasselte und wischte zu Boden. Mora schlug mit der stumpfen Klinge auf den gereckten Kopf des Tieres. Das Rasseln hörte auf, das Reptil lag reglos vor den Pedalen. Sie versetzte der Schlange einen zweiten Schlag in den geschwollenen Nacken, ließ das Messer sinken, hockte am Boden und betrachtete den langgestreckten Leib. Das Tier maß fast zwei Meter, hatte den Umfang eines gut gefüllten Unterarms, der

Kopf war oben und vorn mit Schilden bedeckt, gekielte Schuppen bekleideten den Rücken bis zum hornartig und spitz ausgebildeten Schwanz, seine düsteren Farben vermochte Mora nicht zu bestimmen, aber es liefen schwarze Querbinder über seinen Rücken, am Bauch war es gelblichweiß und dunkel gepunktet.

Einen dritten Schlag mußte das Biest hinnehmen. Mora erhob sich. Ihr Blick fiel auf das Kinderklavier, die Tastatur fehlte. Sie hob den Deckel des Kastens, der Klangrahmen, Saiten und Hämmerchen waren entfernt worden, im Resonanzboden lag Reisig, Laub, es roch nach Schlangengrube. Mora spießte das Tranchiermesser durch die Schwanzspitze des Reptils in den Boden, es knackte, das Tier zuckte und lag wieder ruhig. Eine Kiste mußte her, eine Tasche, irgendwas, Handschuhe. Sie lief in die Kammer, die an Mutters Zimmer angrenzte, und versteinerte auf der Schwelle.

Aus einer Hutschachtel zu ihren Füßen quollen weiße Mäuse, sie turnten, flitzten in der Kammer umher, schaukelten in Mänteln und Kleidern, hockten in den Ecken übereinander, kopulierten, quiekten. Mora biß die Zähne zusammen, das Herz donnerte gegen ihre Brust. Eine Maus hatte sich auf ihren Schuh gesetzt, sie schüttelte sie ab und trampelte, andere huschten herbei, Mora trat einen Schritt zurück, die Menge der Mäuse stürzte sich auf die eine, die unter Moras Trampeln verendet war. In Nu wurde der Kadaver zerrissen. Mora schnappte nach Luft, trat erneut zu, richtete ein Blutbad an in Mutters Kammer. Fieberhaft suchte sie nach Handschuhen, einem Koffer. Die Mäuse fraßen sich gegenseitig, der Blutgeruch verwandelte sie in Raubtiere.

Mora stieß bei der Suche auf Mutters bauchigen Aktenkoffer, sie stapelte die Papiere zwischen Pullovern, entdeckte ein Paar Lederhandschuhe, die sie überstreifte, ergriff zwei lebende Mäuse, ließ sie in dem Koffer verschwinden, rannte zurück zum Klavier. Die Schlange regte sich, aber sie schien noch benommen, Mora zählte, dann packte sie zu, packte mit der Rechten den Kopf des Reptils, riß mit der Linken das Messer aus dem Schwanz, öffnete den Aktenkoffer, die beiden Mäuse rührten sich nicht, stellten sich tot. Mora verstaute die Schlange wie einen kostbaren Gegenstand im Koffer, die Schlösser schnappten, aufatmend sank sie in einen Stuhl, den Koffer an der Seite.

Später telefonierte sie mit dem Bestattungsinstitut, wollte Anweisung geben für die Ausstattung des Sarges und mußte sich sagen lassen, daß die Mutter schon zu Lebzeiten Vorsorge getroffen hatte, man dabei sei, sie aufzubahren. Mora schluckte und bat den Mann am anderen Ende, die Mutter noch einmal sehen zu dürfen am offenen Sarg. Selbstverständlich, entgegnete die Stimme, ab siebzehn Uhr heute nachmittag steht der Sarg in Heilig Geist, da können Sie Abschied nehmen, auch das hat Ihre Frau Mutter vor einiger Zeit veranlaßt und mit dem Herrn Pfarrer abgesprochen, die Seelenmesse am Tage ihres Hinscheidens. Die Beisetzung findet übermorgen statt, in Ruhleben, sagte der Bestatter, Ihre Frau Mutter hat verfügt, so schnell wie möglich und so still wie möglich beigesetzt zu werden, setzte er leise hinzu.

Mora unterdrückte einen Schrei in ihrer Kehle und legte auf. Zweieinhalb Stunden blieben ihr, das Werk der Mutter zu vollenden. Sie beseitigte zähneknirschend den Mäusedreck in der Kammer, verschloß das Klavier, säuberte das Tranchiermesser. Das Frühstück und den Champagner erbrach sie, als sie sich daranmachte, die Schlangenspuren in Mutters Zimmer mit einem Wischlappen zu entfernen. Mora keuchte, hechelte, rannte hin und her in der Wohnung. Der Aktenkoffer stand unbeweglich im Korridor, sie beruhigte sich wieder.

Frühling zitterte durch die Lüfte auf dem Weg zur Kirche. Mora überquerte die Preußenallee, bog in die Bayernallee ein, Leben kam in den Koffer, den sie trug. Wonneschauer tobten in ihrem Busen, sie vernahm das Zirpen der Mäuse und das schlagende Ruckeln des Reptils, so heftig, daß sie stehenbleiben mußte, ihre Erregung bezähmen. Dann war der Koffer wieder ein Koffer an der Hand seiner Trägerin. Seelengepäck, Mora lächelte.

Der Sarg stand offen in der Sakristei von Heilig Geist. Der Pfarrer erwartete Mora mit einem feierlichen Gesicht, er drückte ihr die Hand, sie ließ es geschehen. Der Deckel des Sarges würde schwer sein, dachte sie, Eiche, Mutter will in Eiche zur Hölle fahren. Mora stellte den Koffer neben sich, wandte den Kopf zum Pfarrer und flüsterte: Ich möchte mit ihr allein sein. Der Pfarrer legte kopfnickend die violette Stola um seinen Hals und verließ die Sakristei. Mora trat nahe zum Sarg, die Mutter lag rosig zart, der Mund weich wie nie im Leben, ihre gefalteten Hände wurden von ihrem Rosenkranz umschlungen. Sie trug ein üppig weißes Totenhemd bis zum Kinn. Mora schlug die schneeweiße Decke zurück, das Hemd verhüllte die Gebeine, und die Füße steckten in weißen Strümpfen.

Mora nahm den Koffer auf, ließ den Deckel lautlos springen, die Schlange plumpste auf das seidige Totenhemd, träge, mit geschwollenem Leib, instinktiv rollte sie sich ein. Mora deckte die Tote wieder zu, hob den Sargdeckel, er war weniger schwer als erwartet und leicht zu schließen, hernach preßte sie den Koffer an sich, stand am Fußende der Toten vor dem geschlossenen Sarg und zählte, langsam, die Zahlen glitten wie Gebete über ihre Lippen. Als sie die Hundert erreicht hatte, trat sie gesenkten Hauptes aus der Sakristei in den Vorraum. Der Pfarrer sprach mit seinen zwei Meßdienern, es waren kräftige Burschen. Zu dritt verschraubten sie den Sarg, trugen ihn aus der Sakristei hinüber in die Kirche, plazierten ihn auf ein Podest unterhalb des Altars. Kerzen brannten. Aus dem Kirchenschiff erschien plötzlich ein Kind und überreichte Mora einen Strauß weißer Tulpen. Mora legte die Blumen auf den Sarg. Sogar an ihren Totenschmuck hat die Mutter gedacht. Mora nahm Platz in der Bank, lehnte sich zurück. Ruhig und gefaßt folgte sie der stillen Messe, um sie herum knieten Frauen, Rosenkränze perlten. Mora griff sich an die Brust, das wütende Tier in ihr schreckte sie nicht in diesem Augenblick.

Eudora Welty

Die Sirene

Es wurde Nacht. Die Dunkelheit war so dünn wie ein fadenscheiniges Kleid, das viele Winter lang getragen wurde und durch das die Kälte bis in die Knochen zieht. Dann ging der Mond auf. Eine Farm lag, gut sichtbar, wie ein weißer Stein im Wasser, zwischen den tiefen Wäldern mit ihrem farblosen toten Laub. Einem näheren und neugierigeren Blick als dem des Mondes wäre nichts entgangen, was den Mortons gehörte – selbst die winzigen Tomatenpflanzen nicht, die in säuberlichen Reihen nah am Haus wuchsen, grau und wie gefiedert, und in ihrer großen Zartheit ganz entsetzlich ausgeliefert. Das Mondlicht lag überall, auch auf dem dunkelsten Umriß, dem Farmhaus, in dem die Lampe gerade gelöscht worden war.

Drinnen lagen Jason und Sara Morton unter den Decken auf der Lagerstatt, die sie nah am offenen Kamin aufgeschlagen hatten. Hinter dem Gitter züngelte noch ein kleines Feuer und gab hin und wieder ein verschlafenes Geräusch von sich. Mattes Licht flatterte wie ein Vogel, der aus dem Zimmer entkommen will, die Wände hinauf und hinunter, über die Dachsparren und das dunkle Strohlager, wo die alten Leute lagen.

Außer dem Flackern des Feuers waren nur die gedehnten, erschöpften Atemzüge von Jason zu hören. Seine Gestalt zeichnete sich länglich wie eine Bohne unter der Decke ab, er lag auf der Seite, das Gesicht der Tür zugewandt. Im Dunkeln öffneten sich seine Lippen, und er atmete ein und aus, ein und aus, langsam steigend und fallend, immer wieder, wie ein Gespräch oder ein Märchen – eine Frage und ein Seufzer.

Sara lag mit weit geöffnetem Mund auf dem Rücken, still, doch ohne zu schlafen. Sie starrte zu den dunklen Stellen zwischen den Balken hoch, wo man nichts mehr erkennen konnte. Ihre Augen wirkten zu weit geöffnet, die Lider angestrengt und schlaff, gleich überdehnten Öffnungen, die ihre Form verloren haben und zu nichts mehr taugen. Einmal stand eine zischende gelbe Flamme steil auf dem alten Holzklotz und beleuchtete, blaue Schatten werfend, einen Augenblick ihr kleines Gesicht und ihr farbloses Haar und eine Hand, die den Rand der Decke festhielt. Dann zog sie sich die Decke ganz über den Kopf.

Jede Nacht lagen sie vor Kälte zitternd nebeneinander, doch in ihrem Elend so wenig verbunden wie die Flügel eines sturmgepeitschten Fensterladens. Manchmal vergingen Tage und sogar Wochen ohne jedes Wort. Sie waren nicht wirklich alt – sie waren erst fünfzig; und doch war ihr Leben angefüllt mit Müdigkeit, geprägt von dem kaum mehr vorhandenen Bedürfnis, miteinander zu sprechen, und von einer Armut, die sie wie ein Verhängnis hätte wortlos aneinander binden können, die sie aber statt dessen trennte und keinen Wunsch nach des anderen Anteilnahme zurückließ. Vielleicht hatte das lange, nun zur Gewohnheit gewordene Schweigen vor Jahren im Zorn oder in einer heftigen Gemütsbewegung begonnen. Wer konnte das jetzt noch sagen?

Während das Feuer immer niedriger wurde, wurden Jasons Atemzüge schwer und feierlich, und er schlief so tief, daß er nicht einmal mehr träumte. Saras ganz bedeckter Körper war so leicht wie ein Stück Schilfrohr und zeichnete sich kaum unter der Decke ab, unter der sie lag. Manchmal kam es Sara so vor, als ob ihre Leichtigkeit daran schuld sei, daß ihr nie richtig warm wurde.

Die Kälte machte sie so müde! Sonst konnte sie nichts mehr anrichten – nur sie müde machen. Jahr für Jahr hatte sie aufs neue das Gefühl, sie würde sterben, bevor die Kälte endlich vorbei wäre. Jetzt war es Frühling, dem Kalender nach ... Aber Jahr für Jahr war es immer wieder dasselbe. Die Pflanzen wurden wie immer zu früh in die Beete draußen umgesetzt, und dann kam ein Frost ... Wann waren sie zum letzten Mal groß und üppig geworden, wann war die Kälte ausgeblieben, wann hatte es eine Ernte gegeben?

Wie in einem Traum, der nie in Erfüllung geht, begann Sara, an den Frühling und an den Sommer zu denken. Zuerst dachte sie ganz einfach an Dinge, an die Farben Grün und Rot, an den warmen Geruch der Sonne auf dem Boden, wie die Blätter sich anfühlten, und an die warmen, reifenden Tomaten. Dann, eingehüllt in ihre Decke, stellte sie sich die Stadt Dexter während der Erntezeit vor. In ihrer Erinnerung wuchs das staubige kleine Dexter zu einem Schauplatz für geradezu märchenhafte Festlichkeiten heran, zu einem richtigen Vergnügungsort. Auf jeder Straße, die in den Ort hineinführte, brachten lachende Farmer Wagen voll der herrlichsten Tomaten heran. Die Versandschuppen am Bahnhof von Dexter waren alle schön geschmückt – nein, es schien nur einfach die Maisonne darauf. Die große, gestikulierende Gestalt von Mr. Perkins stand mitten im Trubel – er kaufte, ordnete an, schwenkte gelbe Blätter, die Telegramme sein mußten, und schrie mit großartiger Ungeduld herum. Und er war es schließlich, dem ihre Farm gehörte. Ein Güterzug nach dem anderen stand wartend da und wurde dann beladen. War es möglich, daß trotz der bedrohlichen Kälte so viele Tomaten gereift waren? Jawohl, denn hier marschierte eine wunderbare Parade von Obstpackern aus Florida auf, sogar aus Florida waren sie gekommen, sonnengebräunt und ohne Strümpfe, manche von ihnen tätowiert. Im Café gegenüber spielte die Musikbox, und der verkrüppelte Mann, der wie eine Ente watschelte, war wieder da und photographierte die jungen Leute Wange an Wange für zehn Cent. Unter Triumphgeschrei betranken sich die Männer, und hier und da ging ein Revolver los. Im Schatten vergnügten sich die Kinder mit Tomatenschlachten. Ein starker süßer Geruch hing über allem und stieg einem zu Kopf. Was für eine Aufregung! Laßt die Packer sich ausruhen, wenn auch nur für einen Augenblick, dachte Sara. Laßt sie sich, verschwitzt wie sie sind, unter dem schattigen Baum ausstrecken, und einer mag Gitarre spielen. Die jungen Packerinnen hören bei der Arbeit zu. Was für kleine braune Hände, rot vom Saft! Ihre Gesichter sind immer schläfrig und gerötet; sie lachen, wenn die Männer etwas zu ihnen sagen ... Und auch Jason und Sara stehen dort, stehen in der heißen Sonne nahe am ersten Schuppen, geben ihre eigene Ladung ab, schauen zu, wie ihre eigenen

Tomaten verarbeitet werden – sortiert, eingewickelt verladen und in einem Güterwagen auf die Reise geschickt werden – und alles so schnell ... Mr. Perkins streckt seine harte, flinke Hand aus. Man muß sie schnell schütteln! Wie schnell ist alles vorbei!

Sara, federleicht unter der Decke, sah das Erntefest in Dexter mit all seinen reifen Tomaten wie eine Vision nur Augenblicke lang vor sich, wie das kurze Aufflackern des kleinen Feuers. Sonst dachte sie nur an die Kälte, die Kälte davor und die Kälte danach. Sie konnte der eisigen Kälte hier einfach nicht entkommen, zwar dachte sie nicht daran, zitterte aber in der Dunkelheit.

Sie hustete geduldig und drehte den Kopf auf die eine Seite. Sie spähte kurz über den Rand der Decke und sah, daß das Feuer nun doch ausgegangen war. Nur noch ein unförmiger Klotz glühte, stumm, rot und gekrümmt wie einer von Jasons Socken, den er irgendwo zum Flicken hingeworfen hatte. Mit diesem Gedanken als einzigen Trost schloß Sara die Augen und schlief ein.

Nun lag das Ehepaar ganz reglos in dem dunklen Zimmer, und Jasons heiseres, langsames Atmen, das so klang, als versuche ein plumper, alter Bär auf einen Baum hinaufzuklettern, wurde von niemandem gehört.

Mit jeder Stunde wurde es noch kälter. Während der langen Nacht stieg der Mond leuchtend und weiß wie Schnee, der hier nicht fällt, höher in den Himmel und weiter von der Erde weg. Die Farm sah so winzig und reglos wie eine Muschel aus, das Haus war ein kleiner Höcker, bogenförmig umringt von den Furchen der Tomatenbeete. Die Kälte drückte wie eine weiße Hand herab und legte sich über die Muschel.

In Dexter gibt es eine große Sirene, die ertönt, wenn ein Kälteeinbruch droht. Sie wird überall Mr. Perkins' Sirene genannt. Jetzt heulte sie durch die klare Nacht, immer wieder. Überall im Umkreis ging in den Fenstern der Farmhäuser das Licht an. Männer und Frauen rannten hinaus auf die Felder und bedeckten ihre Pflanzen mit allem, was sie hatten, während Mr. Perkins' Sirene immer weiter aufheulte.

Jason wachte von der großen Sirene nicht auf. Er schlief weiter, und sein Atem brauste aus seinem Hals heraus wie aus einem hohlen Baum. Mitten im tiefsten Traum hatte er seine rechte Hand von sich geschleudert, sie lag auf dem kalten Fußboden ausgestreckte mitten in einem Flecken Mondlicht, der durch das Zimmer gewandert war.

Sara fühlte, daß sie aufwachte. Sie wußte, daß Mr. Perkins' Sirene heulte und was das bedeutete – und daß ihr nun nichts anderes übrig blieb, als Jason zu wecken und auf das Feld hinauszugehen. Eine sanfte Trägheit, eine Vorstellung von Wärme zog eigensinnig durch ihren Körper, und für ein paar wenige Augenblicke blieb sie noch ruhig liegen.

Dann setzte sie sich auf, packte ihren Mann an den Schultern und rüttelte ihn, ohne ein Wort zu sagen. Sie brauchte ihre ganze Kraft, um ihn zu wecken. Er hustete, sein Geschnaufe hörte auf, und er setzte sich auf. Auch er sagte nichts, und beide saßen mit gebeugten Köpfen da und horchten auf die Sirene. Nach einer kurzen Stille heulte sie wieder los, mit einem langen, anschwellenden Ton.

Jetzt standen Sara und Jason auf. Wegen der Kälte waren beide völlig bekleidet und mußten nur noch die Schuhe anziehen. Jason zündete die Laterne an, und Sara raffte das Bettzeug zusammen und folgte ihm nach draußen.

Alles war weiß, und alles kam ihnen beim Gehen über das gefrorene Feld riesengroß und unermeßlich weit vor. Weiß ragte aus einer schattendunklen Mulde die alte Hirsemühle, die nur im Sommer benutzt wurde, mit ihrer lang vorstehenden Deichsel und der kerbigen Achse wie eine Maschine aus einem Traum.

Jason und Sara beugten sich zu den kleinen Pflanzen hinunter und berührten sie und den Erdboden prüfend. Ihre Hände bestätigten ihnen aus Erfahrung, daß alles stimmte – die Kälte, die Richtigkeit der Warnung, die Notwendigkeit zu handeln. Über die Stöcke, die zwischen den Pflanzen steckten, breiteten sie eine Decke nach der anderen langsam und fachmännisch aus. Jason zog seinen Mantel aus und legte ihn über die kleinen zarten Pflanzen nahe am Haus. Dann schaute er zu Sara hinüber, und sie langte hinunter und zog sich das Kleid über den Kopf. Dabei löste sich ihr hochgestecktes Haar, fiel hinunter, und sie fing heftig zu zittern an. Zum Glück war ihr Kleid lang und weit und bedeckte den Rest der Pflanzen.

Dann standen Sara und Jason einen Augenblick lang nur so da und starrten fast versonnen das Feld und den Himmel an.

Es war windstill. Nur der Mond schickte sein weißes Licht herab. Warum fuhr diese stille Kälte in sie hinein wie die Zähne einer Falle? Sie gingen schweigend und gebeugt zurück ins Haus.

Im Zimmer war es nicht viel wärmer. Sie hatten vergessen, die Tür hinter sich zu schließen, als die Sirene so laut heulte. Sie setzten sich hin, um auf den Morgen zu warten.

Dann machte Jason etwas Ungewöhnliches, sehr Seltsames. Obwohl noch lange nicht Morgen war, goß er Kerosin über ein paar Späne Feuerholz und zündete es an. Sie hockten sich nah davor, rückten langsam enger zusammen, und so saßen sie, ohne sich zu rühren, bis alles heruntergebrannt war. Auch dann bewegte sich Sara nicht. Jason ging im Unterhemd und seiner langen blauen Hose hinaus und brachte noch einen Armvoll herein, und außerdem den großen Klotz Kirschholz, den sie für das Ende des Winters hatten aufbewahren wollen.

Die verschwenderische Wärme des Zimmers versetzte Sara in eine unbestimmte Erregung, ganz ähnlich wie es die Erinnerungen an Dexter während der Erntezeit getan hatten. Sie hockte zusammengekauert in einem langen braunen Baumwollunterrock da und hielt die Schnur fest, die um die Taille herum gebunden war. Ihr mausfarbenes Haar, das an den Schläfen noch fahler war, hing offen auf ihre Schultern hinab, ganz wie die festliche Frisur eines Kindes. Sie drückte ihre Knie gegen ihre herunterhängenden kalten Brüste und starrte mit weit geöffneten Augen ins Feuer.

Von seinem Platz am Kamin aus schaute auch Jason in das brennende Feuer. Er atmete leicht, schnell und geräuschlos, als ob er für eine kurze Zeit lang seine Erschöpfung verbergen oder abwehren wolle. Er hob die Arme und hielt seine abgearbeiteten Hände ans Feuer.

Schließlich war das letzte Stück Holz verbrannt. Jetzt verbrannte der Kirschholzklotz zu Asche.

Und plötzlich war Jason wieder auf den Beinen. Und er trug doch tatsächlich den Stuhl mit dem Riß in der Sitzfläche zum Kamin. Er schlug ihn zu Kleinholz ... Der Stuhl brannte gut und lichterloh. Sara sagte kein einziges Wort. Sie rührte sich nicht ...

Dann kam der Küchentisch an die Reihe. Allein der Gedanke, daß ein so solider, fester vierbeiniger Tisch wie dieser, der seit dreißig Jahren immer hier gestanden hatte, in so kurzer Zeit völlig verbrennen konnte! Sara starrte fast gierig in die züngelnden Flammen.

Als auch das vorbei war, saßen Jason und Sara im Dunkeln, dort, wo ihr Bett gewesen war. Und es war kälter als jemals zuvor. Das Feuer, das der Küchentisch abgegeben hatte, kam ihnen ganz wunderbar vor – als ob das, was sie niemals ausgesprochen hatten und was nicht sein durfte, letzten Endes doch ein eigenes Leben besäße.

Aber Sara zitterte und drückte ihre harten Knie wieder gegen die Brust. Mit der Rückkehr des Winters und der nächtlichen Kälte gewann etwas Seltsames Gewalt über sie, etwas wie Angst oder Abhängigkeit, ein Gefühl vollständiger Hilflosigkeit. Ohne den Kopf zu wenden, fing sie plötzlich zu sprechen an.

»Jason ...«

Stille. Aber nur einen Augenblick lang.

»Horch«, sagte die unsichere Stimme ihres Mannes.

Sie saßen wie zuvor ganz still, mit gebeugten Köpfen, da.

Draußen heulte wieder die Sirene, als wollte sie noch etwas von ihrem Leben fordern.

Sherwood Anderson

Betrunken

Tom Foster kam aus Cincinnati nach Winesburg, als er noch jung und empfänglich für viele neue Eindrücke war. Seine Großmutter war auf einer Farm nahe bei der Stadt aufgewachsen; als junges Mädchen war sie in Winesburg zur Schule gegangen. Damals war Winesburg noch ein Flecken von zwölf oder fünfzehn Häusern gewesen, die sich um die Gemischtwarenhandlung auf Trunion Pike drängten.

Was für ein Leben hatte die alte Frau führen müssen, seitdem sie diese Grenzniederlassung verlassen hatte! Und was für eine zähe, tüchtige, kleine, alte Person war sie! Sie war in Kansas gewesen, in Kanada und in New York, immer unterwegs mit ihrem Mann, der Monteur gewesen war. Als er starb, zog sie zu ihrer Tochter, die auch mit einem Monteur verheiratet war, und lebte in Covington, Kentucky, auf der anderen Seite des Flusses von Cincinnati.

Und dann kamen die schweren Jahre für Tom Fosters Großmutter. Zuerst wurde ihr Schwiegersohn bei einem Streik von einem Polizisten getötet, und dann wurde Toms Mutter krank und starb ebenfalls. Die Großmutter hatte ein paar Ersparnisse, doch alles ging durch die Krankheit ihrer Tochter und die Kosten für zwei Begräbnisse drauf. Auf die Weise wurde eine halbverbrauchte, alte Arbeiterin aus ihr. Sie hauste mit ihrem Enkel über einem Trödelladen in einer der Seitengassen von Cincinnati. Fünf Jahre lang scheuerte sie Fußböden in einem Geschäftshaus, dann bekam sie eine Stellung als Tellerwäscherin in einem Restaurant. Ihre Hände waren völlig verkrümmt. Wenn sie einen Schrubber oder Besenstiel hielt, sahen ihre Hände aus wie verdorrte Ranken alten Kletterweins, der sich um einen Baum windet.

Sobald sich ihr die Gelegenheit bot, kehrte die alte Frau nach Winesburg zurück. Eines Abends, als sie von der Arbeit nach Hause ging, fand sie auf der Straße eine Brieftasche mit siebenunddreißig Dollar. Die Reise wurde für den Jungen zu einem großen Erlebnis. Es war bereits nach sieben Uhr abends gewesen, als die Großmutter mit der Brieftasche nach Haus kam; sie hielt sie mit ihren alten Händen fest an sich gedrückt. Sie konnte kaum sprechen, so aufgeregt war sie. Sie bestand darauf, noch in derselben Nacht Cincinnati zu verlassen, denn ihrer Behauptung nach würde sich der Eigentümer des Geldes ganz bestimmt melden und Schwierigkeiten machen, wenn sie bis zum nächsten Morgen warteten. Tom, der damals sechzehn war, mußte sich bis zum Bahnhof mit der ganzen irdischen Habe der alten Frau schleppen; er hatte die Sachen in eine zerschlissene Wolldecke gebündelt und sich über den Rücken geworfen. Die Großmutter ging neben ihm und drängte zur Eile.

Ihr alter, zahnloser Mund zuckte nervös, und als Tom müde wurde und das Bündel bei einer Straßenkreuzung absetzen wollte, packte sie es und würde es sich selbst über den Rücken geworfen haben, wenn er ihr nicht zuvorgekommen wäre. Als sie endlich im Zug saßen und dieser die Stadt verlassen hatte, war sie so vergnügt wie ein junges Mädchen und redete mit dem Jungen, wie er sie noch nie hatte reden hören.

Während der Zug seinen Weg durch die Nacht dahinratterte, erzählte die Großmutter Tom Geschichten von Winesburg und welch ein herrliches Leben er dort haben würde, von der Arbeit auf den Feldern und von der Jagd auf wilde Tiere im Wald. Sie konnte es gar nicht glauben, daß das winzige Dorf von vor fünfzig Jahren sich zu einer aufblühenden Stadt entwickelt hatte, und als der Zug gegen Morgen in Winesburg eintraf, weigerte sie sich auszusteigen. »Das ist nicht das, was ich dachte«, sagte sie. Als der Zug seinen Weg fortsetzte, standen die beiden ratlos vor Albert Longworth, dem Gepäckmeister, und wußten nicht, wohin sie sich wenden sollten.

Tom Foster kam jedoch gut voran. Er gehörte zu denen, die überall gut vorankommen. Mrs. White, die Frau des Bankiers, gab seiner Großmutter Arbeit in der Küche, und er bekam eine Stellung als Stalljunge im Stall des Bankiers.

Es war nicht leicht, in Winesburg Dienstboten zu bekommen. Wollte eine Frau Hilfe im Haushalt haben, stellte sie eine Haustochter ein, die aber mit am Familientisch zu sitzen verlangte. Mrs. White hatte Haustöchter satt; sie ergriff die Gelegenheit beim Schopfe, die alte Städterin an sich zu binden. So wurde für Tom ein Zimmer über den neugebauten Ställen eingerichtet. »Er kann den Rasen mähen und Besorgungen für mich machen, wenn er bei den Pferden nicht nötig ist«, sagte sie zu ihrem Mann.

Tom Foster war ziemlich klein, hatte aber einen großen Kopf mit dickem, aufrechtstehendem, schwarzem Haar. Das Haar ließ den Kopf noch größer erscheinen. Seine Stimme war von einer überraschenden Weichheit, und er selbst war so höflich und still, daß er sich in das Leben der Stadt einfügte, ohne auch nur im geringsten aufzufallen.

Es war wirklich ein Wunder, woher Tom Foster diese Höflichkeit hatte. In Cincinnati hatte er in einem Bezirk gewohnt, wo Banden von Halbstarken auf den Straßen ihr Unwesen trieben; seine ersten Erfahrungen im Leben hatte er aus dem Umgang mit Raufbolden bezogen. Eine Zeitlang war er Bote für eine Telegrafengesellschaft gewesen und mußte in einer Gegend Telegramme abliefern, in der es von öffentlichen Häusern wimmelte. Die Weiber in diesen Häusern kannten und liebten ihn, auch die ruppigen Burschen von den Banden hatten ihn gern.

Tom Foster drängte sich niemals vor; das war einer der Gründe mit, weshalb es ihm zu entkommen gelang. Er stand gewissermaßen in der Kulisse des Lebens, dort im Schatten zu stehen, war ihm bestimmt. Er sah die Männer und Weiber in den Bordellen, witterte ihre üblen Gelegenheitsaffären, beobachtete, wie die Halbstarken miteinander kämpften, und hörte sich ihre Geschichten von Diebstählen und Saufereien an, immer ganz unberührt davon und seltsam unbeteiligt.

Einmal stahl er. Das war noch in der Zeit gewesen, als er in der Stadt lebte. Seine Großmutter war damals krank, und er selber hatte keine Arbeit. Im Haus war nichts zu essen, so ging er in ein Sattlergeschäft in einer Nachbarstraße und stahl einen Dollar und siebenundfünfzig Cents aus der Kasse.

Der Laden gehörte einem alten Mann mit langem, weißem

Schnurrbart. Er sah den Jungen herumlungern, dachte sich aber nichts dabei und ging auf die Straße, um sich mit einem Kutscher zu unterhalten. Tom öffnete die Kassenlade, nahm das Geld heraus und machte sich davon. Nachher wurde er doch erwischt, und seine Großmutter brachte die Sache in Ordnung, indem sie sich erbot, einen Monat lang zweimal die Woche zu kommen und den Fußboden zu scheuern. Der Junge schämte sich, aber irgendwie war er trotzdem froh. »Es tut gut, sich zu schämen, es lehrt mich allerhand Neues«, sagte er zu seiner Großmutter, die nicht begriff, wovon der Junge redete, ihn aber so sehr liebte, daß es nicht weiter darauf ankam, ob sie ihn begriff oder nicht.

Tom Foster wohnte ein Jahr in dem Stall des Bankiers, dann verlor er die Stellung. Um die Pferde kümmerte er sich nicht besonders gut, und für die Frau des Bankiers war er eine ständige Quelle des Ärgers. Sie sagte ihm, er solle den Rasen mähen, und er vergaß es. Oder sie schickte ihn in ein Geschäft oder zur Post, und er kam nicht wieder, sondern schloß sich einer Gruppe von Männern und Jungen an und verbrachte den ganzen Nachmittag mit ihnen, dabeistehend, zuhörend und ab und zu ein paar Worte äußernd, wenn man sich an ihn wandte. Genauso, wie er sich in der Großstadt bei den öffentlichen Häusern und mit den Rowdys nachts auf den Straßen herumgetrieben hatte, verfügte er auch jetzt unter den Winesburgern über die Gabe, stets dabei zu sein, doch immer mit einem deutlich fühlbaren Abstand zu dem Leben um ihn herum.

Nachdem Tom seine Stellung beim Bankier White verloren hatte, wohnte er nicht mehr bei seiner Großmutter, die ihn jedoch abends oft besuchen kam. Er mietete ein Zimmer hinten in dem kleinen Holzhaus, das dem alten Rufus Whiting gehörte. Das Haus lag in der Duane Street, unmittelbar bei der Main Street, und hatte dem alten Mann jahrelang als Anwaltsbüro gedient; er war jetzt zu schwach und vergeßlich geworden, um seinen Beruf noch ausüben zu können, wenn er sich seine Unfähigkeit auch nicht eingestand. Er schätzte Tom und ließ ihm das Zimmer für einen Dollar im Monat. Spät nachmittags, wenn der Anwalt nach Haus gegangen war, hatte der Junge den ganzen Platz für sich allein und verbrachte Stunden damit, beim Ofen auf dem Fußboden zu liegen und über alles nachzudenken. Gegen Abend kam die Großmutter und setzte sich in den Stuhl des Anwalts, um eine Pfeife zu rauchen, während Tom sich schweigsam verhielt, wie immer in Gegenwart anderer.

Oft redete die alte Frau mit großer Lebhaftigkeit. Zuweilen war sie verärgert über irgend etwas, das sich im Haus des Bankiers zugetragen hatte, dann konnte sie stundenlang schimpfen. Von ihrem eigenen Verdienst kaufte sie einen Besen und schrubbte das Anwaltsbüro regelmäßig. Erst dann, wenn alles blitzte und nach Sauberkeit roch, zündete sie sich ihre Tonpfeife an, und sie und Tom rauchten sie gemeinsam. »Wenn es so weit ist, daß du sterben mußt, werde auch ich sterben«, sagte sie zu dem Jungen, der neben dem Stuhl auf dem Boden lag.

Tom Foster genoß das Leben in Winesburg. Er übernahm Gelegenheitsarbeiten, wie Holzkleinmachen für Küchenherde oder Mähen von Rasenflächen vor den Häusern. Ende Mai und Anfang Juni pflückte er Erdbeeren auf den Feldern. Es blieb ihm Zeit genug, herumzubummeln, und er liebte das Herumbummeln. Bankier White hatte ihm eine abgelegte Jacke geschenkt, die viel zu groß für ihn war, aber seine Großmutter verkürzte sie für ihn. Und aus der gleichen Quelle stammte sein Mantel, der mit Pelz gefüttert war. Der Pelz war stellenweise abgeschabt, doch der Mantel hielt warm, und im Winter schlief Tom darin. Diese Art und Weise, sich durchzuschlagen, reichte ihm völlig aus; er war glücklich und zufrieden mit dem Leben, wie es sich für ihn in Winesburg ergeben hatte.

Die allergeringfügigsten Dinge vermochten Tom Foster zu beglücken. Vermutlich war das der Grund, weshalb die Leute ihn so gut leiden konnten. Zum Beispiel wurde Freitag nachmittags in Herns Kolonialwarengeschäft Kaffee geröstet, um für die Nachfrage am Sonnabend gerüstet zu sein; der untere Teil der Main Street war dann von dem herrlichen Duft überschwemmt. Tom Foster erschien und setzte sich auf eine Kiste an der Rückseite des Ladens. Eine Stunde bewegte er sich nicht von seinem Platz, sondern saß völlig ruhig da und sog den würzig Geruch in sich ein, der ihn fast trunken vor Glück machte. »Ich liebe das sehr«, sagte er höflich, »ich muß dann an fremde Dinge denken, an ferne Länder und dergleichen.«

Eines Nachts betrank er sich. Dazu kam es auf ganz seltsame Weise. Tom war vorher noch nie betrunken gewesen; er hatte tatsächlich nicht ein einziges Mal in seinem Leben etwas Berauschendes getrunken, aber diesmal meinte er das Gefühl zu haben, daß es für ihn an der Zeit sei, sich zu betrinken, und so machte er sich daran und betrank sich.

Als Tom noch in Cincinnati lebte, hatte er viele Dinge kennen gelernt, Schändlichkeiten, Verbrechen und Ausschweifung, und tatsächlich wußte er mehr darüber als sonst jemand in Winesburg. Was insbesondere das Geschlechtliche betraf, so hatte es sich ihm auf eine reichlich abschreckende Weise dargeboten und einen tiefen Eindruck in ihm hinterlassen. Nach allem, was er von den Weibern gesehen hatte, wie sie in kalten Nächten vor den ekligen Häusern standen, und wie der Ausdruck in den Augen der Männer sich veränderte, wenn sie stehen blieben und mit ihnen redeten, hielt er es für angebracht, das Geschlechtliche aus seinem eigenen Leben überhaupt ganz auszumerzen. Eine der Frauen in der Nachbarschaft hatte ihn verführen wollen; er ging auch mit ihr in ihr Zimmer, konnte aber niemals den Geruch des Zimmers und den begehrlichen Blick in den Augen der Frau vergessen. Sein Ekel war so heftig, daß eine äußerst bedenkliche Narbe in seiner Seele zurückblieb. Bislang hatte er Frauen für ziemlich unschuldige Wesen gehalten, mehr wie seine Großmutter, doch nach diesem einen Erlebnis in jenem Zimmer schloß er Frauen aus seinem Denken aus. So freundlich war sein Charakter beschaffen, daß es ihm gar nicht möglich war, zu hassen, und da er dies alles nun einmal nicht zu verstehen vermochte, entschloß er sich zu vergessen.

Und Tom vergaß auch, bis er nach Winesburg kam. Als er dort jedoch zwei Jahre gelebt hatte, begann es sich in ihm zu regen. Überall um ihn herum machte die Jugend sich den Hof, und er selber war auch jung. Ehe er wußte, wie ihm geschah, hatte er sich verliebt. Und zwar verliebte er sich in Helen White, die Tochter des Mannes, bei dem er angestellt gewesen war. Nachts mußte er an sie denken.

Das war ein neues Problem für Tom, und er löste es auf seine eigene Weise. Er gestattete sich, an Helen White zu denken, so oft ihre Gestalt ihm in den Sinn kam, doch nur um sich mit dem Verhalten seiner Gedanken zu befassen. Es kam zu einem Kampf, zu einem stillen, entschlossen geführten, kleinen Kampf mit sich selbst, durch den er sein Verlangen in die Kanäle zurückzudrängen suchte, in die es seiner Meinung nach gehörte, und im großen Ganzen blieb er Sieger.

Und dann kam die Frühlingsnacht, in der er sich betrank. Tom war in dieser Nacht außer Rand und Band. Er glich einem jungen, unschuldigen Rehbock, der von irgendeinem tollmachenden Kraut gefressen hatte. All dies begann, verlief und endete in einer einzigen Nacht, und man darf sich darauf verlassen, daß auch nicht eine einzige Seele in Winesburg durch Toms Ausbruch Schaden erlitt.

Vor allem war die Nacht an sich schon so, daß eine gefühlvolle Natur davon trunken werden mußte. Die Bäume in den Straßen des Wohnviertels hatten sich mit zartem, jungem Grün bekleidet; in den Gärten hinter den Häusern waren die Menschen mit ihren Gemüsebeeten beschäftigt, und in der Luft war eine Art lautlos wartende Heimlichkeit, die das Blut aufs Äußerste erregte.

Mit dem Augenblick, als die junge Nacht spürbar zu werden begann, verließ Tom sein Zimmer in der Duane Street. Zuerst ging er nur durch die Straßen; er schlenderte leise und ruhig dahin und versuchte, seine Empfindungen in Worte zu bringen. Helen White sei eine Flamme, die in der Luft tanzte, erzählte er sich, und er selbst sei ein kleiner Baum ohne Blätter, der sich deutlich gegen den Himmel abhob. Und dann wurde aus ihr ein Wind, ein starker, furchtbarer Wind, der aus dem Dunkel über die aufgewühlte See dahinbrauste, und er war ein Boot, das ein Fischer am Strand zurückgelassen hatte.

Diese Idee gefiel dem Jungen; er spielte damit, während er weiterschlenderte. Als er in die Main Street kam, setzte er sich auf den Kantstein vor Wrackers Tabakladen. Er hockte dort eine Stunde und hörte zu, was die Männer sich zu sagen hatten, doch es interessierte ihn nicht sehr, deshalb schlich er sich fort. Und da geschah es, daß er beschloß, sich zu betrinken. Er suchte Willys Kneipe auf und kaufte eine Flasche Whisky, die er in seine Tasche steckte. Und so ging er aus der Stadt hinaus. Er wünschte allein zu sein; er wollte noch mehr solche Gedanken denken und Whisky trinken.

Auf einer Böschung neben der Straße im jungen Gras sitzend, etwa eine Meile nördlich von Winesburg, betrank er sich. Vor ihm lag die helle Straße, und in seinem Rücken war ein Apfelgarten in voller Blüte. Tom nahm einen Schluck aus der Flasche und legte sich dann zurück ins Gras. Er mußte an die Morgen in Winesburg denken und wie der Kies auf der Zufahrt zum Haus des Bankiers White feucht vom Tau im frühen Tageslicht geglitzert hatte. Er dachte an die Nächte im Stall, wenn es regnete und er wach lag und auf das Trommeln der Regentropfen lauschte, um ihn herum der warme Geruch von Pferden und Heu. Dann dachte er an den Sturm, der ein paar Tage zuvor durch Winesburg getobt hatte, und noch weiter zurückgehend erlebte er in Gedanken die Nacht wieder, die er mit seiner Großmutter im Zug verbracht hatte, als sie von Cincinnati hierherkamen. Ganz deutlich entsann er sich des eigenartigen Gefühls, ruhig im Waggon zu sitzen und zu spüren, wie die Kraft der Maschine den Zug durch die Nacht dahinzerrte.

Tom wurde in sehr kurzer Zeit betrunken. Kamen ihm Gedanken, nahm er weitere Schlucke aus der Flasche, und als es sich in seinem Kopf zu drehen begann, stand er auf und ging die Straße, die von Winesburg fortführte, weiter. An dieser Straße, die nach Norden bis zum Erie-See lief, war eine Brücke, und bis zu dieser Brücke gelangte der betrunkene Knabe und setzte sich dort hin. Er wollte noch mehr trinken, doch als er den Korken aus der Flasche zog, wurde ihm schlecht, und er tat ihn schleunigst wieder zurück. Sein Kopf schaukelte vor und zurück, und so saß er da auf einem Stein am Zugang zur Brücke und seufzte. Sein Kopf schien ihm wie ein Federrad umherzufliegen und sich ganz von selbst in den Weltenraum davonmachen zu wollen, während er mit Armen und Beinen hilflos nach Halt suchte.

Gegen elf gelangte Tom wieder in die Stadt zurück. Dort fand George Willard den Umherwandernden und nahm ihn mit in die Druckerei des »Winesburg Eagle«. Er befürchtete dann aber, daß der Betrunkene eine Schweinerei auf den Fußboden machen könnte, und half ihm hinaus auf die Hintergasse.

Tom Foster gab dem Reporter ein Rätsel auf. Der betrunkene Junge sprach nämlich von Helen White und daß er mit ihr am Strand eines Meeres gewesen sei und ihr dort seine Liebe erklärt habe. Nun hatte George am Abend Helen White mit ihrem Vater auf der Straße getroffen, Tom mußte also von Sinnen sein. Das Gefühl, das in Georges Herzen für das Mädchen glomm, flammte auf. »Hör gefälligst auf damit!« rief er zornig.»Ich dulde nicht, daß der Name von Helen White mit in diese Sache gezerrt wird. Ich werde das auf keinen Fall zulassen.« Er schüttelte Tom bei der Schulter, um ihm das begreiflich zu machen. »Hör auf damit!« wiederholte er.

Drei Stunden blieben die beiden jungen Leute, die sich auf so komische Weise nahegekommen waren, in der Druckerei zusammen. Als Tom sich etwas erholt hatte, nahm George ihn mit auf einen Spaziergang. Sie gingen hinaus aufs Land und setzten sich auf einen Baumstamm am Waldrand. Es lag etwas in der nächtlichen Stille, das sie zueinander hinzog, und als der betrunkene Junge wieder klar im Kopf wurde, sprachen sie miteinander.

»Es ist gut, daß ich betrunken war«, meinte Tom Foster, »es hat mich etwas gelehrt. Ich werde es nie wieder zu tun brauchen. Jetzt hinterher werden meine Gedanken viel klarer sein. Verstehst du, wie ich das meine?«

George Willard verstand es zwar nicht, doch sein Ärger wegen Helen White hatte sich gelegt; er empfand eine Zuneigung zu dem blassen, zitternden Jungen, wie noch nie zuvor zu jemandem. Mit mütterlicher Besorgtheit drang er darauf, daß Tom aufstand und auf und ab ging. Später kehrten sie wieder in die Druckerei zurück und saßen dort schweigend im Dunkeln.

Was eigentlich der Sinn dieses ganzen Unternehmens für Tom Foster gewesen war, vermochte der Reporter nicht herauszufinden. Er wurde von neuem zornig, als Tom wieder von Helen White zu reden anfing, und begann zu schimpfen. »Hör auf damit!« sagte er scharf. »Du bist gar nicht mit ihr zusammengewesen. Warum sagst du so etwas? Wie kommst du dazu, so etwas einfach zu behaupten? Mach jetzt endlich Schluß damit, hörst du.«

Tom war tief beleidigt. Er wollte sich nicht mit George Willard streiten, denn es fehlte ihm überhaupt jede Begabung zum Streiten; deshalb stand er auf und wollte weggehen. Doch als George Willard auf Antwort bestand, streckte er seine Hand aus und legte sie dem Älteren auf den Arm. Es wurde ihm schwer, das alles zu erklären.

»Ja«, sagte er mit seiner weichen Stimme, »ich weiß selber nicht, wie es war. Ich war eben glücklich. Kannst du das nicht verstehen? Helen White machte mich glücklich und die Nacht dazu. Ich hatte das Bedürfnis zu leiden, ich wollte, daß es mir weh tat. Ich hielt das für das einzig Richtige für mich. Ich wollte leiden, verstehst du, weil alle Welt leidet und weil alle es verkehrt anfangen. Ich hatte mir eine Menge Dinge ausgedacht, die ich tun wollte, aber sie taugten alle nicht für meinen Zweck. Sie hätten alle irgend jemand anderem weh getan.«

Tom Fosters Stimme hob sich ein wenig; zum ersten Mal in seinem Leben geriet er beinahe in Erregung. »Ja, es war genauso wie Liebe, das meine ich damit«, erklärte er. »Daß du das nicht verstehst! Was ich getan habe, hat mir sehr weh getan, und alles ist dadurch für mich seltsam anders geworden. Darum habe ich es getan. Und ich bin sogar sehr froh darüber. Es hat mich etwas gelehrt, ja, und das war ja die Absicht. Verstehst du nun? Ich wollte das alles kennenlernen, siehst du, und darum tat ich es.«

Achim Szymanski

Ckrankhaft schleschtgelaunt in Erwartung des Frühlings

»Bestell dem Frühling einen Gruß,
den Eichen, Beeren, Nüssen.
In meinen Schuhen steckt ein Fuß,
ich werd wohl wandern müssen.«

»Bestellt dem Herbst: Die Zeit ist reif.
Das Jahr geht bald zur Neige …«

»So schnell nun wieder auch nicht«, befand Rössner. »Und überhaupt. So kann man doch keine Schuhe verkaufen. Seien Sie fröhlicher, lassen Sie Ihre Seele springen, und rufen Sie auf den Gesichtern derer, die das hören, ein Lächeln hervor.«

»Ein Lächeln?« meinte Steinmetz ungläubig. »Herr Rössner, wir reden hier von einer Ladendurchsage. Dreißig Sekunden, um bei Tengelmann so richtig Herbststimmung aufkommen zu lassen.«

»Nicht Herbststimmung, Frühlingsgefühle!« rief Rössner dazwischen. »Sie haben das Briefing nicht gelesen!«, und holte weit aus: »Starten Sie die große Mai-Aktion bei Tengelmann! Unser Motto heißt: Alles muß raus! Frühlingsgefühle im Lebensmitteleinzelhandel! Bereits geplant sind: Jede Kundin erhält einen Frühlingsgruß (Blumen). Parallel dazu plant Tengelmann ein Gewinnspiel. Erster Preis: Eine Weltreise. Steinmetz, schießen Sie los!« Er wirkte verzweifelt. »Ich muß bald mit meinen Vorschlägen da hin!«

Also ging Steinmetz los, um sich inspirieren zu lassen und den Mai in Werbetexten tüchtig in die Pfanne zu hauen. Was in einem Land zu einer Jahreszeit, in der die meisten Tage grau sind, nicht gerade leicht war.

Bitterkalter Regen peitschte ihm ins Gesicht.

In der Konditorei Zwiebel saß er an der Wand, schaute den anderen beim Leben zu. Das mit der Weltreise war kein

Problem. Da war die Preisfrage einfach: Wie heißt das Motto von Tengelmann? Ergänze den fehlenden Buchstaben: Frhling.

Klapperkälte schlug ihm wieder entgegen.

Eine Fahrt mit der U-Bahn war für Steinmetz immer etwas Besonderes. Für ein paar Cent kaufte man sich damit den Eintritt in eine Welt jenseits unserer Vorstellungskraft, in der ewig ein gleichförmiges Licht brannte und gewaltige Fahrzeuge durch schwarze Tunnels rollten, selten mit Menschen vollgepfercht, öfter nur spärlich besetzt. Viele der Leute, die es nach hier unten verschlagen hatte, sahen ausländisch aus; Steinmetz schämte sich, daß er das dachte, begann aber im gleichen Atemzug, sich darüber lustig zu machen und die Fremden, meistens Herren mit bereits kräftig vorhandenem Bartwuchs, heimlich zu beobachten.

Sie wirkten wir Zigeuner, standen in glänzenden Jacken zu dritt in den Gängen und redeten miteinander mit eckigen Bewegungen in einer eckigen Sprache, aus der eigentlich nur Slang herausklang. Keiner von ihnen war Professor oder so was; völlig ungebildet, schlecht erzogen und dazu noch muselmanisch, forderten und erhielten sie ein Stück der Welt. Er glaubte nicht, daß man sie für irgend etwas anheuern konnte, außer als Komparsen in einem jungen Türken-Rapper-Film für die Massenszenen.

Schwankend und wackelnd wurde er mit ihnen durch die falsche Nacht getragen, denn in Wirklichkeit und an der Oberfläche war es ja erst zwölf Uhr mittags.

Regentag, Regentag.

Steinmetz stellte sich vor, wie der Frühling war. Wenn die Sonne plötzlich aufging und es wieder warm wurde, wenn in den Parks die Röcke in die Höhe schnellten und die ersten Cabrios schon wieder aufgeklappt wurden, wenn die ersten Knospen wieder auf den Zweigen jenes Baumes hingen, der vor seinem Fenster stand.

»Habt Ihr heut den Mai gesehen?
Denk mal, der konnt kaum noch stehen.«

Steinmetz fuhr zum Flughafen hinaus, trieb sich dort auf den polierten Bodenplatten herum und ließ sich angesichts der Zielflughäfen von Assoziationen durchwühlen. New York mehrfach, Teneriffa, London; und an den Last-Minute-Schaltern gab es Angebote Marke Nilkreuzfahrt und Singapur, aber auch Hongkong und Bombay, Katmandu und Kapstadt. Es gab ein paar alte Flugzeuge zu betrachten und dabei den Eindruck zu gewinnen, daß in der Vergangenheit alles wie aus einem Metallbaukasten gemacht aussah.

Steinmetz gönnte sich an einem der ziemlich uninteressant wirkenden Stände in der Abflughalle ein Bier; hinter ihm zogen sich Männer bis auf den Anzug aus und legten ihre Handys aufs Förderband.

Da überkam Steinmetz eine neue Idee für den Tengelmann-Text.

»Muget Ihr den Maien sehen?
Swarz ist er unt weiß.
Uf dem Eise kann man stehen
och bei Nacht, wie jeder weiß.«

»Wohl Dir, schöner Monat Maien,
bring den Lenz geschwind herbei.
Tanzet, lachet, sullt Euch freuen,
Mai ist da, der schône Mai!«

»Wenn daz Eis taut, wird der Frauen
kurzes Wams sogar noch kürzer.
Schöne Beyne man dann schauen
kann. Und die Nächte werden kürzer!«

Ach, wenn es nur ein Werbe-Museum gäbe! Gerappelt voll mit Narretei: des Hufschmieds Enblem auf rundem Eisen, des Steinmetzens Zeichen an des Königs Ebenbild, und hatte sich nicht auch der Dürer oft dazugemalt, im schönsten Vollbartmantel aus dem Rahmen winkend? Weiter noch: Wahlsprüche auf Münzen, nebst Abbildungen von Kerlen und Symbolen, auch Einigkeit und Recht und Freiheit – nichts anderes als

Werbung für den Staat und seine exportierbare Regierungsform!

»Dort, im Dorf, wo meine Tante
beinahe jeden Zaunpfahl kannte,
fand am Rande einer Eiche
man ein Grabmal ohne Leiche.«

»Theodor, der Große, ruhte
hier angeblich mitsamt Stute.
Doch von ihm und seinem Land
niemand eine Spur mehr fand.«

Aus Berlin kam flugs ein kleiner
Wissenschaftler an, Herr Weiner.
Weiner sah mit Interesse
auf die Handvoll Überreste

und studierte mit Behagen
alte Schrift und Totenklagen.
Schließlich runzelte er weise
seine Stirn und sagte leise:

»Dieses Pferd, das wir hier sehen,
konnte sicher sehr schnell gehen.«
»Klar«, bemerkten auch die Bauern,
die ihm hier beim Job zuschauten,

»sehen wir selber, Herr Professor!
Sehen Sie's auch?« – »Sogar noch besser.
Was da hängt an seinen Hufen,
das sind Profi-Hufen-Kufen!«

Hätte so die Werbung ausgesehen, wenn es in der Vergangenheit bereits eine gegeben hätte? Für Hufeisen und vielleicht eine maigezeugte Schnapssorte namens SwarzWeiß™? Man trank damals gern kräftig.

Nun noch schnell etwas gegessen, dann war es Zeit, wieder den Heimweg anzutreten, zurück ins Nest der Werbeagentur und Hartwig Rössner die Eierchen zeigen, die er gelegt hatte, damit er am Monatsersten wieder was auf sein Konto bekam, auch ohne den Schnabel aufsperren und schreien zu müssen, denn Hartwig, der Adler, der hörte ihn auch so und nährte seine Jungen:

»Mittlere Pommes frites und einen Hamburger Royal TS, bitte schön.«

Bei McDonald's fiel ihm auf, daß Heiße Hexe im Grunde überhaupt keine Chance hatte. Wer wollte denn schon aus einem Automaten essen, wenn es doch richtige Restaurants und Leute gab, mit denen man reden konnte?

»Mittlere Pommes, TS!«

»Danke«, sagte Hans-Jürgen.

»Bitte. Der Nächste?«

»Zwanzig Cheeseburger und zehn Cola, bitte.«

»Zum Hieressen oder Mitnehmen?«

»Hieressen.«

»Cola klein, mittel oder groß?«

»Mittel.«

»Cola mit Eis?«

»Ja.«

»Ketchup, Majonäse zum Cheeseburger?«

»Ketchup« – ja, man sprach miteinander, während man mit einer Maschine eigentlich nichts weiter machen konnte, als dagegen zu treten.

Wie immer räumte er den Haufen Verpackungsmüll, den sein Mahl bei McDonald's gemacht hatte, nicht ab; die sollten das selber tun, die hatten ja Leute, die dafür bezahlt wurden, wenn sie dafür auch eine chronische schlechte Laune in Kauf nahmen und an den Tag legten.

So war es ein schönes Leben in Rössners Reich. Steinmetz schrieb einen Werbetext nach dem anderen, den Rössner dann zum Kunden brachte und in einer einschmeichelnden, aber zweifellos charismatischen Weise an ihn verkaufte. Wundersame Filme entstanden über Nacht, und einer davon wurde sogar gedreht, nämlich der mit der Bierflasche, die eines Tages vom Himmel fiel und einen köstlichen Trunk beherbergte.

Im Laufe seiner Arbeit bei Rössner Werbung schrieb Hans-Jürgen etwa dreihundert Funkspots, fünfhundert Anzeigen, zwanzig große Kampagnen und zwanzig kleine, neunhundert Slogans, elfhundert Ladendurchsagen, dreißig Gewinnspiele und vierundzwanzigmal die herzlichsten Glückwünsche als Ghostwriter von Hartwig Rössner, wenn einer von dessen Kunden Geburtstag, Jubiläum, tolle Umsatzzahlen oder eine Auszeichnung erhalten hatte.

Auch sein heutiges Meisterwerk nahm Rössner wieder dankend in Empfang, bevor er es, quasi in einem Körbchen, quakend zum Kunden trug, irgendeinem unbekannten Regionalgebietsleiter von Tengelmann Süd, fürchtete Steinmetz.

Nun war Rössner schon seit einer Stunde mit dem Auto unterwegs, und das bei Sauwetter: Krabumm! erschütterte ein Donnerschlag das Haus und ließ die Scheiben zittern. Ein Platzregen ergoß sich auf die Fenster, während Steinmetz das Licht anknipste.

Um die Zeit des Wartens klein zu halten, stellte er sich eine Welt vor, in der nahe jedem Dorf festangestellte Märchenonkel wohnen, zu denen die Kinder durch einen finsteren Tann pilgern müßten, statt jeden Abend vor dem Fernseher zu hocken.

Diese Märchenonkel, und so einer wäre er gern gewesen, hatten ein feines Leben, bauten im Garten Allerlei an und wurden vom Staate bezahlt, aber dann hatten sie schon einen langen Ausbildungsweg hinter sich:

12 Semester, also 6 Jahre, an der UfM (Universität für Märchenonkel) Sagen und Geschichten lernen, sich ständig auf dem neuesten Stand halten, fotogen lächeln, falls einmal Touristen kommen, und auf alles immer eine tolle Antwort haben. Einmal im Jahr trafen sie sich beim Kongreß der Märchenonkel am Timmendorfer Strand, natürlich in der Nachsaison, um dort einen grauen Tag lang ihre Lizenzen zu verlängern, Bücher auszutauschen und schließlich, in jener stillen, nassen Zeit des Herbststurms, sich mit ihren Süßen auf die Balearen zu verteilen und einfach mal Mensch zu sein.

Ignatius, das wäre ein schöner Name gewesen, Ignatius Steinmetz, der mit langem Bart im Wald wohnt und meistens im Garten anzutreffen ist, zufrieden vor der Hütte an dem Pfeifchen schmauchend oder, wenn keiner hinguckt, hastig Zigaretten rauchend. Er hatte schon lang einen Deal mit Oleg und Bolle, zwei leicht zum Kriminellen neigenden Kindern aus dem Dorfe; eine von ihm erzählte Geschichte kostetet sie eine Packung Marlboro light, ein Ratschlag von Freund zu Freund eine Flasche Bier; so ließ es sich leben. Und Irmchen, seine Frau, saß währenddessen in der Hütte und schrieb an ihrer Doktorarbeit.

Trat aus dem Tann dann ein finsterer Mann: »Tach, Ignatius!«

»Hallo, Horst«, erwiderte Steinmetz schwach, »geht's gut?«

»Nee, haste mal Zeit?«

»Jetzt? Sofort? Oder kann ich noch eben zu Ende rauchen?«

Der Mann winkte ihm beruhigend ab: »Klar, Alter, versteh ich doch.«

Es war der Vater von Oleg und Bolle, und hatte die neueste Ausgabe der *Zeit* dabei, die von Ignatius Steinmetz gnädig angenommen, ein wenig beschnüffelt und dann eingesackt wurde. Lange dachte er noch an diesen grauenvollen Abend zurück, als er Horst Luppke aus seinem Leben erzählen und ihn ratlos fragen hörte, ob er sich denn nun von seiner Frau scheiden lassen sollte.

Spontan antwortete Ignatius: »Ja, auf jeden Fall!«

»Aber was mach ich dann mit den Kindern!« schrie der Mann nach einer Minute ersten entzückten Grinsens, und Steinmetz hörte nun nicht weiter zu, damit keine dumme Geschichte entstand.

Der Regen hatte aufgehört. Die Wolken hinter der Stadt hatten eine ungemütliche Winterfarbe angenommen. Die lauteste Jahreszeit stand vor der Tür. Knirschender Untergrund, gedämpft die anderen Laute der Autos, ein jeder knirscht in dieser Jahreszeit, zumindest innerlich. Der Körper zieht sich zusammen, als würde er frisch geduscht.

Als Hartwig Rössner müde und schlapp in seine Agentur zurückkam, sprang Steinmetz freudig auf ihn zu:

»Und? Was sagen die von Tengelmann?«

»Ach«, sagte Herr Rössner, »ick ghôrta sagen von der Kunde, daz macht min Herz so ganze weh.«

So hatte Hans-Jürgen seinen Chef noch nie erlebt.

»Ick hab geweint so mannig Stunde«, fuhr der fort, »als wie ein Vogelin über der See.«

Steinmetz stellte es sich vor, und wie die Tränen fein im Wind verwehten.

»Doch meiner Stimme süze klang«, sagte Hartwig Rössner und blickte ihn mit kleinen, verschmitzten Augen an, »bey dizen Herrn vergebens. Min liebster Kund was lang schon fôrt. Es was vergebens.«

»Ehrlich?«

»Ehrlich«, erwiderte Herr Rössner. »Es war ein Fiasko, aber nicht Ihre Schuld.«

Pause.

»Unser Ansprechpartner bei Tengelmann ist heute morgen rausgeflogen. Es wird eine Weile dauern, bis sein Posten wieder besetzt ist, sicher noch vier Wochen. So lange können aber wir mit der Frühlingskampagne nicht warten; die altert uns doch schon jetzt unter den Fingern weg.«

»Hm«, machte Steinmetz.

»Ja«, sagte Herr Rössner und nickte. »Also, ich glaube, aus dem Kunden wird nichts.«

Conrad Aiken

Hallo, Miezekatze

Sehr wenig, so gut wie nichts war bei dem Streit herausgekommen, und dennoch hatte er den ganzen Abend überschattet. Ohne ein Wort zu wechseln, waren sie zu Bett gegangen, und – was noch beunruhigender war – sie war nicht aufgestanden, um ihm das Frühstück zu machen; und das, obgleich sie doch wußte, daß er in die Stadt fahren würde, noch dazu mit dem Frühzug. Ganz allein hatte er in der dunklen Küche herumstöbern müssen, nur Squidge, die Katze, hatte sich dabei zu ihm gesellt. Unter unzähligen unbeschrifteten Dosen hatte er nach dem Kaffee gesucht, den Zucker verschüttet und sich bei alledem den Luxus geleistet, sich gründlich zu ärgern. Alles in allem eine dumme Geschichte – verdammt dumm. Und seinen Tag in der Stadt durfte er sich dadurch auch nicht verderben lassen.

Und was für ein Tag das war, was für ein Tag das würde! Ein herrlicher Frühlingsmorgen – ja, ein vollkommener Frühlingsmorgen, wie er im Buche stand. Blau wie Babyaugen. Die Apfelblüten standen eben im Begriff aufzubrechen, die Sperlinge tschilpten in den Fliederbüschen, die Rotkehlchen – überall schien es ihrer Hunderte zu geben – sangen immer wieder ihr lautes und allzu zufriedenes »Tirilar, tirilar, tirilier!« – oder war es »jubilier« Nun ja, vielleicht war es »jubilier« Und warum denn auch nicht? Die ganze Welt schien ja vor Wohlwollen zu bersten.»Der kleine Vorortzug, der ihn bis nach Appledore bringen würde, kam ratternd und zischend unter der wackeligen Fußgängerbrücke um die Kurve gefahren. Beim Einsteigen beschloß er, die Lektüre der Morgenzeitung auf die längere Fahrt von Appledore in die Stadt zu verschieben. An einem Morgen wie diesem war das Moor ja auch zu schön, als daß man es sich entgehen lassen durfte. In Sonnenlicht getaucht und mit den letzten Nebelschleiern der Nacht, die sich soeben über den Bächen und in den Schatten verflüchtigten, sah es wunderbar friedvoll aus.

In einem Graben zankten sich Krähen um irgendeinen unförmigen, weißen Gegenstand; an einem Teich stand ein Blaureiher unbewegt und pfeilgerade, so regungslos, als wäre er aus Erz gegossen. Was für ein Morgen, was für ein Morgen! Und der kleine Zug ratterte und klapperte hindurch, als ginge es einzig und allein darum, das Ganze nicht zu kostbar, zu einsam werden zu lassen.

Ja, es war schade, daß sie nicht aufgestanden und heruntergekommen war, um ihn zu verabschieden, denn sie hätte es genossen. Und das geschah ihr ganz recht. Und alles nur, weil er gesagt hatte – was hatte er doch gleich gesagt? Daß er einfühlsamer sei – ja, das war es, einfühlsam. Du lieber Himmel, das Wort »einfühlsam« hatte wie ein rotes Tuch auf sie gewirkt! War das denn so ungeheuerlich gewesen? Zu behaupten, Frauen seien keineswegs so einfühlsam, wie man annehme, und er sei verdammt viel einfühlsamer als die meisten? Man wußte eben nie, wann man eine Frau in ihrer Eitelkeit verletzte, und genau das hatte er natürlich getan. Es war taktlos gewesen. Als er sah, daß sie sich darüber aufregte, hätte er ausweichen, das Thema wechseln sollen. Doch sie war sich ja auch so verdammt sicher gewesen, so verdammt selbstsicher, so eingebildet gerade auf ihr Einfühlungsvermögen und so skeptisch dem seinen gegenüber, daß er plötzlich wütend wurde, und schon war der Teufel los. Erstaunlich, wie schnell doch ein Streit aus dem Nichts, dem absoluten Nichts entbrennen konnte! In der einen Minute ist jeder noch vollkommen friedlich und glücklich, in der besten und friedlichsten aller möglichen Welten, und dann – wumms, läßt ein falsches Wort oder ein Blick alles in tausend Scherben gehen. Und da steht man dann und starrt sich wütend an wie zwei ausgehungerte Hyänen. Und obendrein voll schwelenden Grolls, der, so scheint es, kaum je wieder erlöschen wird.

Trotzdem, er hatte vollkommen recht gehabt – es war die reine Wahrheit. Alles Unsinn, diese Vorstellung, Frauen hätten eine Art sechsten Sinn oder so etwas wie ein übermenschliches Zweites Gesicht. So ein Quatsch! Freilich stimmte es, daß eine Frau wohl ein Kind verstehen mochte – aber immer? Selbst das war fraglich. Und was ihr Verständnis für andere Frauen betraf – oder für Männer –; nein, die meiste Zeit dachte sie nur an sich, an ihre eigenen Gefühle und vor allen Dingen an den Eindruck, den sie hinterließ. Sie war nur einfühlsam, wenn es ihr irgendwie zugute kam, damit hatte sich's – und nur sehr selten war sie einfühlsam, weil sie eben gar nicht anders konnte. Nein.

Er freute sich über seine kleine Analyse und lächelte zum Zugfenster hinaus, als sie die mennigrote Eisenbahnbrücke überquerten. Das Wasser stand niedrig; schlammige Ufer zeigten sich, zerfurcht und nackt; ein Ruderboot hing ganz schräg den schlammigen Abhang hinunter, als fiele es noch im Augenblick; und ein Stück weiter unten, an der Biegung des Flusses, war der alte Bagger in Betrieb. Wie friedvoll, wie ewig das alles schien! Genauso würde es immer weitergehen, daran war nicht zu zweifeln. Schlamm, Sonne und Gezeiten, Tag für Tag, die Brücke, die verrottete, das Moor, das verrottete, der alte Bagger, der verrottete, und die Sonne, die auf alles ruhig niederbrannte – in alle Ewigkeit. Und das war auch gut so … Der Zug hielt an. Automatisch stand er auf und folgte den anderen zum Bahnsteig der Bahnstation Appledore.

Er ging, die zusammengerollte Zeitung gegen das Knie schlagend, auf dem Bahnsteig auf und ab und betrachtete die Leute am frühen Morgen. Leute am frühen Morgen – genau! Was ließ sie nur so eindeutig nach frühem Morgen aussehen? Nicht allein das ein wenig orangefarbene Licht der Morgensonne auf Gesicht und Händen – obgleich das zweifellos eine Rolle dabei spielte. Nein, es war etwas in ihrer halbverschlafenen, halbwachen Gleichgültigkeit, als wären sie – wenngleich ausgeruht – noch nicht ganz bei Bewußtsein. Die jungen Eheleute, die auf ihren hochgestellten Koffern an der Bahnhofsmauer saßen, beugten sich ein wenig vor, lächelten leise in sich hinein, sprachen aber kein Wort. Es war beinah unanständig, sie dabei zu überraschen – eigentlich waren sie in eben dieser Minute im Begriff aufzuwachen und völlig außerstande, an irgend etwas anderes als an ihr eigenes herrliches Wohlbefinden zu denken. Der große Mann hinter ihnen, der mit hochgehaltener Zeitung dastand, tat nur so, als läse er. Von Zeit zu Zeit sah er über den Rand der Zeitung hoch, blickte auf das lebendige Moor hinaus, als wäre dieser Strom der Wirklichkeit dort draußen viel zu mächtig für ihn, viel zu mächtig für so etwas Farbloses wie das gedruckte Wort. Doch die drei Schulmädchen mit ihren zusammengeschnürten Büchern und Pausenbrottaschen – die hatten gewiß nichts Verschlafenes an sich! Sie neckten einander, kicherten, wurden plötzlich ernst, begannen Fangen zu spielen und hörten damit so unvermittelt auf, wie sie angefangen hatten. Dann liefen sie die Auffahrt zur Ladebühne am Ende des Bahnsteigs hinauf, wo die Güterwagen beladen wurden, und rannten, vor Freude jauchzend, den glatten Zementboden hinunter. Lebenskraft – du lieber Himmel, war es nicht einfach herrlich, so voller Lebenskraft zu stecken! Er mußte rasch zur Seite treten, um nicht mit einem der Mädchen, dem kleinsten, zusammenzustoßen – die herumgewirbelte Pausenbrottasche klatschte gegen seine Hand, die blauen Augen blickten verschämt, aber lachend zu ihm auf. Und dann waren alle drei mit einemmal weg, verschwunden, um die Ecke des Bahnhofs herum, doch freilich nur, um im Nu wieder dazusein.

Genau in dieser kurzen Pause, als er lächelnd kehrtmachte, tauchte die kleine Katze auf. Mit aufgestelltem Schwanz und eine weiße Pfote vor die andere setzend, bewegte sie sich mit vergnügter Gelassenheit den Bahnsteig entlang. Und kam sie auch nur zögernd näher, so war der Grund dafür sogleich ersichtlich: Das kleine Geschöpf war über alles und jeden um sich herum offenkundig derart entzückt, einfach derart entzückt, daß es wirklich nicht wußte, wo es beginnen sollte. So viele wunderbare Menschen und Dinge, die es zu erforschen galt! Man konnte geradezu sehen, daß sie das empfand, als sie sich bald hierhin, bald dorthin wandte. Sie mußte unbedingt die Wange an den herrlichen Schuhen, Koffern und Knöcheln des jungen Ehepaars reiben und rollte dabei eigens für sie den Schwanz zu einer schönen Schleife, obgleich die beiden, um ehrlich zu sein, sie kaum bemerkten, so versunken waren sie in ihrer eigenen Welt. Und dann mußte sie zu einer auf dem Bahnsteig liegenden Holzkiste zurückspazieren und sie mit vornehmer Zurückhaltung beschnuppern, um schließlich ihr Lächeln an einer der spitzen Kanten zu reiben. Weniger eine Katze als vielmehr noch ein Kätzchen – nicht einmal halb ausgewachsen – eine gewöhnliche, ganz gewöhnliche graugetigerte Katze mit gelben Augen –, doch bei Gott, nie zuvor hatte es ein Geschöpf gegeben, das so vor Liebe und Wohlwollen überströmte, ja wirklich überströmte!

Er sah ihr zu, wie sie auf ihn zukam, langsam und mit Unterbrechungen, da sie sich an allen Ecken und Enden von Zerstreuungen anlocken ließ. Sie strich dem großen Mann um die Beine, sie besuchte noch einmal das Ehepaar, sie lief zur Bahnhofstür und schaute hinein, während sie die Pfoten wonnevoll gegen den Bahnsteigboden knetete; sie drehte sich nach hinten, sie drehte sich nach vorn – aus lauter Liebe würde das kleine Wesen offensichtlich überallhin gehen, alles tun. Er bückte sich und schnippte mit den Fingern, einmal, zweimal – und tatsächlich kam sie bereitwillig angetrabt, kam angelaufen, als wäre sie geradezu entzückt über eine ausdrückliche Einladung, doch zugleich auch nicht im mindesten überrascht davon. Schließlich war das ja das, was das Leben ausmachte, nicht wahr? ... Liebe, nichts als Liebe! Sie wand sich um seinen ausgestreckten Zeigefinger, stellte sich wie eine junge Ziege auf die Hinterbeine, um mit dem Kopf gegen seine Knöchel zu stoßen, während ihr unentwegtes Schnurren einen Höllenlärm verursachte – und dann erblickte sie natürlich die drei kleinen Mädchen, um die man sich unbedingt kümmern mußte. Abermals im Trab lief sie von ihm weg, und abermals war sie ein großer Erfolg. Und das war ja auch nur natürlich.

»Hallo, Miezekatze!«

»Hallo, Miezekatze!«

»Hallo, Miezekatze!«

Alle drei riefen ihren Gruß, alle drei fingen an, sie zu streicheln und zu tätscheln. Einen Augenblick lang ließen Katze und Kinder sich nicht mehr auseinanderhalten; und dann setzte das kleinste der Mädchen – jenes, das mit ihm oder vielmehr beinahe mit ihm zusammengestoßen war – es sich in den Kopf, über die kleine Katze zu hüpfen. Während die anderen Mädchen dazu lachten, hüpfte es hin und her, vor und zurück, und obendrein auch noch so knapp an der Katze vorbei, daß er schon daran dachte, einzugreifen. Doch nein, nie traf es die Katze wirklich, und die Katze, die sich zwar ein wenig über soviel Gewalt wunderte, blieb ganz gelassen und ruhig sitzen und sah den seltsamen Kapriolen mit vollstem Vertrauen zu.

Vollstes Vertrauen – ja! Bei Gott, ja! Und mit einemmal betrachtete er die kleine Katze voller Faszination. Denn dies war, wie er jetzt erkannte, eines jener seltenen Geschöpfe, die im Grunde ihres Wesens so unschuldig und gut und liebevoll sind, daß sie keinerlei Schutz genießen. Dieses kleine Geschöpf mit seiner ungeheuren Liebe war durch seine eigene wunderbare Einfachheit bereits verloren – jene völlige Vertrauensseligkeit war nichts anderes als eine förmliche Einladung an den Tod. In einer Welt, in der überall Gewalt und Niedertracht herrschten, konnte sie unmöglich leben – oder wenigstens nicht sehr lange –, und ließ nicht gerade diese offensichtliche Unmöglichkeit ihre ergreifende Offenheit und Unschuld so bezaubernd erscheinen?

Und das war ja auch noch gar nicht alles. Denn als er sich umdrehte und über die Gleise hinweg auf das Moor blickte – sich in Wirklichkeit abwandte, um es, sollte die Katze getroffen oder verletzt werden, nicht mitansehen zu müssen –, wurde ihm bewußt, daß ihn und die Katze nun eine einzigartige, ungewöhnliche Beziehung miteinander verband. Die Katze war Unschuld oder Liebe oder beides: das von Grund auf Unschuldige. Und er selbst, der die Natur und Not der Katze so vortrefflich erkannt hatte, war Wissen, göttliches Wissen mit all seiner verborgenen Macht zum Guten oder Bösen. Denn war nicht er der einzige hier auf diesem frühmorgendlichen Bahnsteig, der diese kleine Katze wirklich gesehen und geliebt und ihr tragisches Schicksal vorhergesehen hatte? Die anderen waren vielleicht einen Augenblick lang belustigt oder gerührt gewesen, doch von alledem hatten sie nichts gesehen; für sie war die Katze eben nur irgendeine Katze. Einfühlungsvermögen! Lieber Gott, ja – das hier war ein typischer Fall, es war wirklich *der* Fall. Es war das grundlegende Beispiel für die Macht des Einfühlungsvermögens, die alles umfaßt, alles kultiviert, alles erhält. So gesehen, lag das Leben der kleinen Katze in seinen Händen …

So etwas Außergewöhnliches! Und so außergewöhnlich beglückend!

Als sich der Zug geschwind, doch geräuschlos der Bahnstation näherte, freute er sich immer noch über diesen Gedankenflug und über sich selbst. Und als er sich daraufhin umwandte, um einen letzten Blick auf die Katze zu werfen, sah er, daß sie die drei kleinen Mädchen verlassen hatte und die schräge Betonrampe am Ende des Bahnsteigs hinaufgelaufen war. Dort saß sie unmittelbar an der Kante des erhöhten Bahnsteigs und blickte – keine fünf Meter von ihm entfernt – auf die Gleise hinunter. Und dann begann sie, die weißen Pfoten an der Mauer hinunterstreckend, zum Sprung anzusetzen, und genau in dem Augenblick, als der warme Schatten der Lokomotive an ihm vorüberfuhr, sprang sie. Geradewegs in die Gleismitte, und die Lokomotive war über sie hinweggefahren, ohne sie zu berühren. Doch dann sah er den kleinen Körper auf der Suche nach einem Fluchtweg qualvoll von einer Seite zur anderen schnellen, den angstgeschüttelten Rücken und Kopf hin- und herschießen und ein ausgestrecktes, zuckendes Hinterbein durch ein die Sicht versperrendes Rad oder Drehgestell hindurch weiß und verkehrtherum aufblitzen – und dann nichts. Der Zug hatte angehalten; die drei kleinen Mädchen kletterten die steilen Stufen an einem Zugende hinauf, das Ehepaar am anderen; der große Mann war verschwunden. Niemand hatte es gesehen außer ihm – niemand. Es war, als wäre nichts geschehen.

Doch als er sich auf die Stufen zubewegte, sah er sie wieder. Mit geschlossenen Augen und nach oben gewandtem, sanftem Gesicht, das sanfter wirkte denn je, lag sie ganz still da. Und als er sich zitternd und elend im Zug hinsetzte und ihm dabei dieses ganze entsetzliche Geschehen noch so schrecklich lebhaft vor Augen stand, als geschähe es *noch immer,* kam er sich wie ein Mörder vor. Er allein wußte, daß sie tot war. Er allein hätte sie retten können.

Für ihn hatte sie gelebt, und für ihn war sie gestorben.

Hubert Lampo

Clarissa und die Katzen

Am frühen Nachmittag war ich bei dem eindrucksvollen, den üblichen guten Geschmack weit hinter sich lassenden Landhaus von Alexis Haeltermann gekommen. Sein Brief hatte es mir nicht völlig deutlich gemacht, ob die Einladung des Juristen dem einstigen Studienfreund oder dem Arzt galt. Jedenfalls wurde ich vom Ehepaar ungezwungen und herzlich empfangen. Das war wenigstens mein erster Eindruck.

Nur vom Hörensagen wußte ich, daß er in reiferem Alter eine junge Frau geheiratet hatte. Wir waren einander in der Tat seit vielen Jahren nicht mehr begegnet. Ich hatte nicht gedacht, daß der Unterschied so auffallend wäre. Ich schätzte sie zwischen dreißig und fünfunddreißig. Das ist natürlich auch kein Backfischalter mehr. Aber er war fast doppelt so alt. Obwohl er noch prächtig aussah mit seiner straffen asketischen Gestalt und seinem schmalen, intelligenten Gesicht, fand ich es – ich weiß, daß ich in solchen Dingen tolerant sein sollte –, eine, wenn auch nicht verwerfliche, so doch etwas unbehagliche Situation. Ist das ein kleinlicher Zug an mir …?

Obwohl die Wissenschaft eine Menge Theorien dafür bereithält, daß hübsche junge oder verhältnismäßig junge Frauen häufig ohne Bedenken viel ältere Männer heiraten, ist das für mich dennoch ein Zustand, mit dem ich mich in der Praxis nicht so leicht abfinde.

Über diese Dinge zu schweigen, fiel mir nicht schwer. Selbstverständlich hatte mich Alexis nicht eingeladen, um über Eheprobleme zu reden. Auf diesem Gebiet wird er schon selber zurecht kommen, dachte ich, sollst hätte er sich nicht darauf eingelassen. Es hatte nicht den geringsten Sinn, darüber viel Worte zu verlieren. Dagegen fand ich es naheliegend, damit zu rechnen, daß er als gewissenhafter Rechtsgelehrter mit mir über diesen oder jenen besonders problematischen Fall Gedanken austauschen wollte. War ich nicht häufig genug als Sachverständiger vom Gericht gehört worden? Wenn auch scheinbar alles von dem bei uns üblichen Geschworenengremium abhängt, wird man in keinem Fall die Verantwortung eines Senatspräsidenten unterschätzen dürfen. Ich würde schon noch merken, warum er mich nach so vielen Jahren plötzlich zu treffen wünschte.

Es war völlig normal, daß wir am gleichen Abend (bei dem noch etwas luftfeuchten Übergang von einem besonders langen Winter zu einem zögernden Frühjahr) zu dritt gemütlich am offenen Kamin saßen. Clarissa Haeltermann (ihren Mädchennamen kannte ich nicht) trug ein offensichtlich teures kurzes Abendkleid. Nicht ohne unangebrachte Koketterie betrachtete ich es als eine diskrete, für mich, den Jugendfreund ihres Mannes bestimmte Aufmerksamkeit. Meist laufe ich wirklich wie ein schlampiger alter Professor herum. Dieses Mal hatte ich es – glücklicherweise – nicht verhindern können, daß meine mäklige Haushälterin im letzten Augenblick meinen aufgebügelten Smoking auf den Rücksitz meines Wagens gelegt hatte.

Die am Kamin temperierenden Flaschen Burgunder trugen eine respekteinflößende Jahreszahl auf ihrem Etikett. Als Weinkenner freute es mich, daß das Getränk genau unter dem Alter blieb, von dem sich Parvenus blenden lassen, die nicht berücksichtigen, ab wann etwa nach dem unentbehrlichen, mysteriösen Reifungsprozeß die ersten chemischen Zersetzungserscheinungen unvermeidlich eintreten. Wir hatten kein tiefsinniges Gespräch geführt. Die zahlreichen Anspielungen auf unsere Studentenzeit und die Erinnerungen an das Universitätsleben erfüllten mich mit träumerischer Wehmut. Im übrigen hatten wir uns vor allem dem subtilen Genuß des stillen menschlichen Daseins hingegeben. Nichts war natürlicher als die sinnträchtigen Pausen in einem solchen Gespräch, wobei eine animiertere Stimmung für uns beide einen störenden Ton hineingebracht hätte. Alexis kannte das Geheimnis, mit offenbar sorgfältig ausgewählten Holzsorten ein sanftes, dennoch intensives Feuer, mit kleinen, manchmal plötzlich die Farbe wechselnden Flammen zu unterhalten. Faul und wollüstig kuschelten sich zwei Siamkatzen davor, während seine Frau mit schönen gekreuzten

Nylonbeinen dabei saß. Sie trug einen der neumodischen kurzen Röcke, unter denen man jeden Augenblick ihr Höschen zu sehen vermutet, was indessen nie geschieht.

»Prachttiere«, sage ich, »noch nie habe ich solche Prachtexemplare gesehen«, und ich meinte es aufrichtig, was etwas den für mein Alter unziemlichen Gedanken von vorhin gutzumachen schien.

»Vater und Sohn«, antwortete Clarissa. »Zwei herrliche verwöhnte Luder. Mögen Sie Katzen, Professor?«

Ich hatte, offengestanden, noch nie darüber nachgedacht. Eigentlich glaube ich, daß ich alle Tiere liebe. Auch darum konnte ich wahrheitsgemäß gestehen, daß ich es jedenfalls besonders gemütlich fände, wenn abends mein gestreifter, stammbaumloser Kater Hippokrates sich auf meinen Schreibtisch setze und schnurre. Es ist möglich, daß sie gar nicht mit einer Antwort gerechnet hatte.

»Sie können sich nicht vorstellen, Professor, was das für herrliche Schätzchen sind!«

Bisher weist nichts darauf hin, daß mein Besuch bei meinem Freund und seiner entzückenden Frau wichtig genug wäre, um einige Seiten in meinen Erinnerungen zu beanspruchen. Diese Aufzeichnungen beziehen sich hauptsächlich auf meine Erfahrungen als Arzt, auf die Schlüsse, die ich bis zum heutigen Tag aus ihnen ziehe, und die ich deshalb zum Nutzen meiner jüngeren Kollegen notiere und regelmäßig in medizinischen Zeitschriften erscheinen lasse. Ob diese es zu schätzen wissen, weiß ich nicht. Jedenfalls ist es so, daß auch nur die geringste Vermutung, mein Gedächtnis könnte mich hinters Licht führen, genügen würde, mich zum Schweigen zu bringen.

Indessen ist es keine Selbstüberschätzung, wenn ich behaupte, über ein sehr gutes Gedächtnis zu verfügen, wie auch über die Gabe, nachträglich alle Besonderheiten von verschiedenen Fällen säuberlich auseinander zu halten. Schließlich habe ich als Psychiater mein Leben lang nichts anderes getan, als die manchmal kaum vorstellbaren Verquickungen von Wirklichkeit und Schein zu entwirren. Darum vertraue ich auch heute völlig auf meine Erinnerung.

Vermutlich war unbewußt schon geraume Zeit etwas im Gange, als plötzlich mein ganzes Nervensystem ein Schaudern registrierte. Deutlichkeitshalber könnte ich es so ausdrücken, daß mich eine Gänsehaut überlief. Aber das wäre eine zu schwache Beschreibung der Beklemmung, die mir an die Kehle griff. Sie bezog sich nicht allein auf den Geist. Es war auch ein Protest des Körpers. Ich kümmere mich wenig um den klassischen Stil dieser Memoiren, die ich, was die Form betrifft, später wohl noch gehörig abstauben werde. Wenn es der Wahrheit auch näher kommt, fürchte ich doch, daß es unzulässig wäre, hier eine Anspielung auf eine Form geistiger oder psychischer Gänsehaut zu machen. Selbst ein modernistischer Dichter würde zweimal seine Feder in das Tintenfaß tauchen, bevor er ein solches Bild aufs Papier würfe, glaube ich. Aber ich habe nun mal eine Vorliebe für konkrete Beschreibungen, möge die Literatur dabei auf der Strecke bleiben. Im gleichen Augenblick erinnerte ich mich an eine alte Geschichte eines indischen Kollegen. Verirrt auf dem Wege zu einer Niederlassung, wo ein noch zu rettender Leprakranker auf eine Injektion wartete, hatte er seinen Jeep in der Nähe eines Fußpfades zurückgelassen. Er hielt den Pfad durch die Sträucher für eine kürzere Verbindung zum Dorf als die windungsreiche, mit Pfützen übersäte Autospur. Obwohl nichts auf die geringste Gefahr hinzuweisen schien, umfing ihn aber plötzlich Todesangst. Zugleich fiel seine Selbstkontrolle völlig aus, und wie ein Besessener war er zum zurückgebliebenen Wagen gerannt. Da er sich wieder auf der ihm von jeher bekannten Autospur befand und behutsam die weichen Morastellen mied, hatte er schließlich seinen Bestimmungsort ohne weitere Mühe erreicht. Alle Einheimischen im Dorf waren sich darüber einig, daß nichts so selbstverständlich sei wie die schreckliche Panik, auf die er unwillkürlich anspielte. Es war ein Wunder gewesen, daß er mit heiler Haut davongekommen war! Was er für einen Jägerpfad durch das dichte tropische Gestrüpp gehalten hatte, erwies sich als eine Art Tunnel, der durch Reiben der glatten Leiber riesiger Pythons entstanden war, die sich um diese Jahreszeit genau dort zu ihrem Platz fürs Paaren und Brüten begaben. Während mein Kollege es erzählte, sah ich in seinen Augen die unbeschreibliche Angst wieder aufleben.

Wer mich kennt, weiß, daß ich mich nicht leicht aus der Fassung bringen lasse. Natürlich braucht man mich nicht davon zu überzeugen, wie dieser oder jener selbst unbedeutender Kurzschluß, der durch unseren körperlichen Zustand verursacht wird, sich im Gehirn, den Muskeln und dem Nervengewebe offenbart. Genau dies war es, das den Zustand so völlig sonderbar machte. Diesmal war ich davon überzeugt, daß die Erscheinung außerhalb meiner lag. Die hübsche Gastgeberin hatte eine unbedeutende Bemerkung über ihre Katzen gemach. (Hübsche Gastgeberin, begehrliche, sinnliche, lasterhafte Gastgeberin, dachte ich unwillkürlich und ich war gar nicht stolz darauf, daß mir solch ein Unsinn durch den alten Kopf spukte.) Alexis öffnete eine neue Flasche. Nachdem er an dem Korken gerochen hatte, prüfte er mit einem sparsamen bedächtigen Schlückchen den Inhalt und füllte dann mit ritueller Hingabe die Gläser. Clarissa bot mir die Schale mit mathematisch gleichen Blöcken Goudakäse an. Das Feuer knisterte noch immer heimelig wie vorher.

Es war wahrhaftig nichts geschehen.

Es sei denn, nur für mich. Und das bildete ich mir nicht nur so ein. Aus Erfahrung weiß ich, daß meine Kollegen, wenn sie einmal dem Unbekannten konfrontiert werden, sich allzuleicht aus der Affäre ziehen, indem sie wieder einmal die Halluzination aus ihrem Instrumentenkasten hervorholen. Für mich sind Halluzinationen seltener »echte« Geistererscheinungen, um es so auszudrücken, auch wenn es sich um Durchschnittspatienten, um ganz normale, ausgeglichene Menschen handelt. Vielleicht nur für mich – was ebensowenig den halluzinatorischen Charakter dessen, was ich erlebte, unbedingt zu beweisen schien – hatte sich etwas in der bisher behaglichen Atmosphäre der Umgebung von Grund auf verändert. Nur ich gab mir Rechenschaft darüber, daß eine grauenvolle *Anwesenheit* sich des mit prächtigen alten Möbeln vielleicht etwas überladenen Raumes bemächtigt hatte.

Erstaunt hörte ich mich selbst weiter am lahmen Gespräch teilnehmen, einem langsam versandenden Gespräch, mit dem sich in solchen Situationen meist der Aufbruch zum Schlafengehen ankündigt. Doch überall um mich her ahnte ich nichtsdestoweniger die unsichtbare, gleichsam klebrige *Anwesenheit.* Es konnte auch ein Schatten sein, womit ich nicht meine, daß die Erscheinung etwas mit Licht oder Dunkelheit zu tun gehabt hätte. Es gelang mir, mich zu beherrschen. Als hätte ich nichts anderes zu tun, führte ich wie ein Feinschmecker mit geschlossenen Augen das Kelchglas zum Munde. Es erforderte eine unendliche Anstrengung, dennoch gelang es mir, blitzschnell nachzudenken. Nüchternere, mit dem Unbekannten weniger vertraute Naturen als ich, hätten ebensowenig das Gefühl des Grauens vor einer noch unsichtbaren Spukerscheinung unterdrückt. Die *Lüge* überlegte ich, verwirrt und luzide zugleich. Ich würde es aufschreiben – in großen Lettern. Die hier eingedrungene *Anwesenheit* hieß LÜGE.

Warum …?

Keinen Augenblick lang gab ich meine Selbstkontrolle auf. Wohl ist es so, daß im Zeitablauf offenbar etwas nicht ganz stimmte. Das Füllen der Gläser, das Anbieten der Schale konnten kaum einige Sekunden in Anspruch genommen haben. Dennoch hatte ich den Eindruck, als hätte es Stunden erfordert. Andererseits spürte ich wohl, daß alles völlig normal war, und ohne daß eine Gesprächspause eingetreten wäre, die Gastgeberin meine Worte bestätigte.

»Sie haben recht, Professor! Es sind wirklich Schätzchen: Gog und Magog.«

Das laute Aussprechen ihrer sonderbaren Namen weckte beide Kater aus ihrem trügerischen Schlummer. Sie spitzten die Ohren, reckten sich mit herausgestreckten Klauen, zeigten die Krallen, sperrten gähnend die Raubtierrachen auf und sprangen ohne Hast doch gleichzeitig ihrer Herrin auf den Schoß. Was für einen blanken Unsinn bildete ich mir doch ein? Ich hatte in der letzten Zeit viel zu hart gearbeitet. Außerdem schien es mir keineswegs unmöglich, daß mich das Starren in die spielerischen Flammen des offenen Feuers aus der Fassung gebracht haben könnte. Ich habe mich gründlich genug mit den okkulten Randgebieten meines

Fachs beschäftigt, um zu wissen, daß durch Fixieren eines glänzenden Gegenstandes, einer grellen Lichtquelle oder eben eines offenen Herdfeuers ein Zustand von Selbsthypnose erzeugt werden kann. Ein nahezu klassisches Beispiel dafür ist der Fall von Benvenuto Cellini. In dessen Memoiren kann man lesen, wie er eines guten Tages mit seiner kleinen Schwester in glühendes Holzkohlenfeuer starrte, das in dem Alchemistenlaboratorium seines Vaters brannte; und beide sahen plötzlich darin einen Salamander zappeln, der sogar von dem alten Mann, als seine Kinder ihn heranriefen, wahrgenommen wurde.

Ich brauche mir selbst nichts vorzumachen. Ich wußte gleich, daß es ein Trugschluß war. Noch immer erfüllte die unsichtbare *Anwesenheit* monströs, schleimig und schmutzig drohend den Raum, so schien es mir, ohne daß damit eine vom Kaminfeuer verursachte visuelle Vorstellung verbunden gewesen wäre.

»Nicht wahr, Professor …? Es sind übrigens sehr besondere Burschen! Nichts finden sie herrlicher als ein ernsthaftes Gespräch mit ihrem Frauchen!«

Irrte ich mich, oder wollte Alexis etwas sagen? Ich schloß dies aus seiner plötzlichen genierten Gebärde, die vergebens Worte vorweg zu nehmen schien, Worte, auf die er im letzten Augenblick, offensichtlich unter großer Anstrengung, verzichtete.

Ich bin nun einmal Arzt. Deshalb blieb mir nichts verborgen – ich registrierte die verkrampfte Bewegung seiner Gesichtsmuskeln an der Stelle des Kiefergelenks, sah wie er die Zähne verzweifelt zusammenbiß. War ich denn der einzige unter uns dreien, der sich der verlogenen, klebrigen, keinen Finger breit weichenden *Anwesenheit* bewußt wurde?

Als Mediziner habe ich gelernt, nie voreilig dies oder jenes Zusammentreffen klinischer Umstände als Krisensituation zu betrachten. Später habe ich übrigens vernommen, daß Siamesen sich in mancher Hinsicht von unseren gewöhnlichen Straßen-, Dach und Hauskatzen unterscheiden. Letztere sind im Grunde, selbst wenn es sich um heruntergekommene Gartenmauerclochards handelt, stolze und eigenbrötlerische Individualisten. Der Unterschied zu ihren exotischen Stammverwandten, den isabellfarbenen mit blauen Augen, schwarzem Gesicht und Schwanz, liegt nicht im subtilen Kolorit, nicht im bemerkenswerten hohen Handelswert oder ihrem Aussehen, als seien sie ein Einfall eines chinesischen Malers alten Stils. Ein befreundeter Tierarzt erzählte mir, es handele sich vor allem um eine ganz andere psychische Beschaffenheit, einen anderen Charakter. Das brauche, wie er meinte, nicht notwendigerweise mit größerer Intelligenz verbunden zu sein. Doch erinnern manche ihrer Reaktionen an das Verhalten eines Hundes, der mit den Gewohnheiten des Menschen vertraut ist.

Ach, so gesehen, war vielleicht alles ganz normal. Aber da war noch stets die unheimliche Beklemmung, die sich wie eine Glocke aus Gelatine über mich stülpte – die mehr und mehr sich zu einer materiellen, schleimigen Substanz verdichtende *Lüge.* Ohne diese *Anwesenheit* wäre mir der Gedanke nicht gekommen. Doch jetzt war ich sicher, daß Alexis unmöglich sich nur einfach durch Erinnerungen an unsere fernen Studentenjahre (warum die Sache nicht realistisch betrachten?) hatte rühren lassen. Er hatte mich aus Verzweiflung, ja als letzte Rettung in der Not eingeladen. Jetzt erinnere ich mich auch an seinen aufgeregten Ton am Telefon, den ich nicht beachtet hatte. Es war mit ihm etwas Abscheuliches im Gange, für das ich vorläufig keinen Namen erdenken konnte.

Inzwischen stießen (ja, stoßen war es) die Kater auf Clarissas Schoß leise, schnarrende Töne aus, kaum mit dem vertrauten Miauen unserer gewöhnlichen felis cattus zu vergleichen. Doch ich fand zunächst daran nichts Erstaunliches. Andere Katzen, andere Sitten, dachte ich.

Da geschah es.

Ohne die düstere *Anwesenheit,* ohne die *Lüge,* die vom ganzen Haus Besitz ergriffen zu haben schien, hätte ich es vermutlich als einen Scherz aufgefaßt, als es plötzlich geschah.

Es begann damit, daß die Frau des Hauses nichts weiteres zu tun schien, als spielerisch und mit Sinn für Humor (Sinn für Humor ist mir beim schwachen Geschlecht besonders lieb) die Tönchen ihrer geschmeidigen, langsam mit den Schwänzen wedelnden Schützlinge nachzuahmen. Diesmal versuchte ich mich selbst davon zu überzeugen, daß die *Anwesenheit,* jetzt allgegenwärtig und kalt wie der Tod, doch wohl etwas wie eine Halluzination sein mußte. Indes war es keine Halluzination, daß ich Alexis in dem phosphorartigen Licht des ohne ersichtlichen Grund plötzlich höher aufflammenden Herdfeuers graubleich werden und wie von Sterbensangst besessen in sich hineinkriechen sah. Mit scheinbar stoischer Unbeweglichkeit trank ich mein Glas aus, als täte sich weiter gar nichts. Aber was tat sich? Beiläufig wies Alexis auf die Flasche, ich möge mich selbst bedienen. Während ich es tat, spürte ich jedesmal meine Finger zittern. Vermutlich war ihm nicht einmal klar, daß auch ich mir der *Anwesenheit* bewußt war, die mich jetzt an eine von einer riesigen Schnecke zurückgelassenen Spur denken ließ, einem dehnbaren und klebrigen Vlies, das alle Dinge bedeckte. Doch versuchte ich meine Luzidität zu bewahren. Vielleicht waren für ihn die spukartigen Tiere seiner Frau nicht einmal wichtig. Der *Anwesenheit* war er sich bewußt, nicht ihrer. Aber betrachtete er sie denn nicht als eine undeutliche, wiewohl tastbare Verschwörung aller Kräfte der Dunkelheit, lebensgefährlich, doch ohne Ursache oder Ziel? Er hatte mich eingeladen, und das war mit einem Nachdruck geschehen, der mir jetzt definitiv panikartig vorkam. Er hatte mich gerufen, weil er an seinem Verstand zweifelte, seinen Geisteskräften mißtraute.

Es paßte in der Tat nicht zu ihm, die Existenz einer unsichtbaren Welt anzuerkennen, die anderswo als in der eigenen, aus ihren Angeln gerissenen Psyche ihr Entstehen fände.

Ich verstand ihn vollkommen.

Vor Jahren habe ich einmal die Studien eines deutschen Kollegen über die schier blinde Vorliebe hysterischer Frauen für Katzen gelesen. Das allein war es nicht. Alles wurde beherrscht von der jede Perspektive verzerrenden *Anwesenheit* – für mich jetzt ein grauenhaftes, vorerst dennoch unsichtbares Monstrum, das irgendwo außerhalb der Zeit den Moment abwartete, sich zu einer sichtbaren Erscheinung zu kondensieren. War ich Zeuge von mehr, als daß eine reizvolle aber kinderlos gebliebene Frau ohne weitere Beschäftigung eine ungenügend befriedigte Sensibilität auf ein paar freundliche, angenehm sanft sich anführende Haustiere abreagierte? Bei Gott, ja, ich war Zeuge von mehr! Denn plötzlich wußte ich, warum ich dem nicht aufhörenden Grauen in dem Zimmer sofort den Namen *Lüge* gegeben hatte! Die Natur selbst wurde hier belogen. Das war nicht einfach ein etwas geziertes Schäkern mit ein paar samtartigen Hätscheltieren, kein Spiel mit kehligen nachgeahmten Wörtern und mit den Lippen gebildeten Schnalztönen, die kein Lexikon verzeichnet.

Das war …

Nein, ich will nicht länger zögern. Ich will unbefangen meinen Eindruck aufschreiben, meinen Eindruck, der für mich mehr und mehr zur absoluten Gewißheit geworden ist. Um so schlimmer für die dreimal Heilige Wissenschaft! Ich meine, daß es eine vollwertige Konversation war, ein Gespräch mit Rede und Antwort. Nein, nicht bildlich gesprochen, um einen unglaublichen Zustand zu verdeutlichen. Ich meine *buchstäblich* ein zusammenhängendes Gespräch in einer Geheimsprache, die nur der entzückenden Clarissa und ihren Katzen bekannt war. Ich hörte nicht den geringsten Unterschied der Intonation zwischen den heiseren, manchmal klagenden, dann wieder aggressiven und manchmal fast anklagenden Tönen der beiden kleinen Raubtiere und die völlig identischen Laute, welche die Frau (in Trance? – dessen bin ich mir nicht sicher) irgendwoher zwischen Nase und Kehle, aber später auch glucksend, wie aus ihrem Schlund erzeugt. Alexis saß schweißgebadet dabei mit dem Ausdruck eines in Wachs erstarrten Lächelns von Mannequins im Schaufenster eines altmodischen Konfektionsgeschäfts. Schämte er sich schlicht wegen des kindlichen Getues seiner Frau, oder war meine Vermutung von vorhin, der Zweifel an seinen geistigen Kräften richtig gewesen?

Es klingt sonderbar, und es *ist* auch sonderbar. In dem Maße aber, wie das wahnsinnige Gespräch (darf ich es Gespräch nennen?) sich zu entwickeln schien, konnte ich immer schwerer den Gedanken unterdrücken, daß es auf irgendeine Weise mit mir etwas zu tun hatte. Unsinn natürlich! Dennoch gab es irgendwo einen Zusammenhang, etwas wie eine irrsinnige Logik in dieser scheinbar charmanten, doch im tiefsten Wesen widernatürlichen, abscheulichen Konversation zwischen zwei durch eine unüberbrückbare Kluft getrennte Welten. Ich sah sie aufmerksam an. Obwohl ihre Haltung nichts darüber verriet, war ich so gut wie sicher, daß sie es spürte, daß sie es indessen genau auch so gewollt hatte.

»Hören Sie, Professor? Ich habe es in der Kenntnis der Katzensprache schon ganz weit gebracht!« scherzte sie scheinbar arglos. »Finden Sie nicht auch?«

Ihre Worte zerbrachen die schwarze Verzauberung. Die Kater sprangen von ihrem Schoß und streckten sich wieder schnurrend auf dem backsteinernen Rand um das Feuer.

»Nun«, sagte ich, »das könnte schon so sein. Sie müssen sehr sprachbegabt sein.« Mit einem Gefühl der Erleichterung spürte ich, wie die *Anwesenheit* ihren Griff auf die Dinge lockerte. Mit großer Sicherheit wußte ich, daß ich noch etwas weiterreden sollte, auch wenn ich den schädlichsten Unsinn ausgraben würde. »Ich habe mich oft gefragt, was es für eigenartige Laute gewesen sein mögen, mit denen unsere fernsten Vorfahren auf der Grenze vom Tier zum Menschen ihre ersten primitiven Gedanken austauschten …«

»Das scheint mir ein fesselndes Problem zu sein«, sagte Clarissa lächelnd.

»Vielleicht steckt das berühmte fehlende Glied der Kette in den Stimmbändern«, improvisierte ich schlankweg weiter.»Warum soll es notwendigerweise irgendein unscheinbares Schädelknöchlein sein, das bei der Menschwerdung wahrscheinlich nicht die geringste Rolle spielte …«

Ich hatte mich nicht geirrt. Die *Anwesenheit* hatte sich tatsächlich zurückgezogen. Wieder waren wir zu dritt – normale, besonnene, mag sein etwas snobistische Menschen bei einem jetzt schwelenden, doch geselligen Kaminfeuer. Ein ländlicher Herd, vor dessen letzter Glut wie lebende Statussymbole sich zwei sündhaft teure Siamkatzen räkelten, keiner Schuld sich bewußt.

Trotz der Daunendecken auf dem Bett im prächtigen Gästezimmer mit eigenem Bad nebenan, geheizt, air-conditioned, was man nur träumen mag, konnte ich nicht einschlafen. Dank des Burgunders von vorhin habe ich etwa eine Stunde in dem unsicheren Grenzbereich zwischen Wachen und Schlummern schwebend dagelegen, in einem Niemandsland ohne Raum für irgendwelche Erinnerung. Wäre ich tatsächlich eingeschlafen, hätte es anderen Tags nur einer geringen Anstrengung bedurft, die Spukerscheinungen des vorhergehenden Abends, den Unsinn von dem schleimigen Druck auf das Haus nicht ausgenommen, der Kombination von schwerem Wein, schwer verdaulichem Gouda und meiner wochenlang schon andauernden Erschöpfung zuzuschreiben.

Aber es sind nun mal die unerheblichen Details, die uns häufig wieder mit einem Tritt in die Wirklichkeit hineinstoßen. Ich bin kein routinierter Weinprüfer. Darum vermutlich spielte mir der Nachdurst einen Streich. Mit schwerem benebeltem Kopf stolperte ich zum Badezimmer und trank dort zwei Glas eiskaltes Wasser. Sie spülten den Nachgeschmack von schlimmligem Leder gründlich in meinem korkentrockenen Mund fort. Sogleich fühlte ich mich ganz wach.

Eine halbe Stunde lag ich im Dunkeln und starrte vor mich hin, jetzt wieder tief betroffen durch die Erinnerung an Alexis' bejammernswert graubleiches Gesicht mit dem von der Stirn tropfenden Angstschweiß. Vorhin hatte ich kaum darauf geachtet. Aber jetzt erinnerte ich mich deutlich, wie er aus seinem Haar zu triefen schien. Es führte kein Weg vorbei: er litt an einem Gefühl unbeschreiblicher Angst, die viel früher als erst heute abend in ihm ausgebrochen war. Nicht zufällig hatte er mich, den Psychiater unter seinen alten vertrauten Freunden, eingeladen.

Hatte ich mich nicht selbst physisch davon vergewissert, wie das ganze Haus plötzlich von einer Springflut okkulter Mächte überwältigt wurde, als sei es in einem giftigen schleimigen Bad untergetaucht? Und dann seine Ehe? Wie stand es damit? Mußte ich nicht besonders auf der Hut sein vor der Disharmonie zwischen ihm und einer Frau, die seine Tochter hätte sein können – ihrem höflichen, scheinbar liebevollen Umgangston zum Trotz?

Als die Schlaflosigkeit meinen Geist außerdem zu zwingen begann, auch die psychologischen und physischen Ursachen der schleimigen *Anwesenheit* zu erwägen, beschloß ich resolut dem ein Ende zu bereiten. Ich hatte das Röhrchen Schlaftabletten jedoch im Handschuhfach meines Wagens liegen lassen. Niemand kann einen so gründlichen Widerwillen dagegen haben, nachts durch ein fremdes Haus zu irren wie ich. Meine Abneigung gegen eine derartige Expedition, die ich selbst in Hotels kaum überwinden kann, entspringt dem Gedanken, daß ich den Schlaf als etwas Heiliges betrachte, etwas Wesentliches, das man zu respektieren gehalten ist. Das ganze Haus schien aber in eine kompakte, nicht so leicht zu störende Ruhe eingetaucht. Überall dämpften die mit Teppichböden üppig ausgestatteten Räume meine Schritte. Sogar die Haustüre öffnete und schloß sich geräuschlos. Keine andere Vorsorge hatte ich zu beachten, als sanft die Tür meines Autos zuzudrücken, statt sie meiner schlechten Gewohnheit gemäß zuzuwerfen. Ich freute mich sehr, daß alles so glatt ablief und ich bald wie ein soeben gesättigter Säugling schlafen würde.

Ich kann es auch nicht ändern. Ich habe mir nachträglich bittere Vorwürfe gemacht, aber was hat man von solchem kindsköpfigen Verhalten? Vielleicht war es dumm von mir, dem Beachtung zu schenken. Aber mich darüber zu ärgern, das macht den Kohl nicht fett … War es denn nicht völlig normal, so normal wie nur etwas normal sein kann, daß im nahen Wohnraum noch kurz das Kaminfeuer aufflackerte? War an den jetzt rauschenden Tannen nicht deutlich zu hören, daß eine Brise aufkam, und lag es nicht auf der Hand, daß das nachglühende Holz noch ein letztes Mal vor dem Verlöschen aufflammte? Da ich gerade unten war, konnte ich mich gleich am besten vergewissern, ob Brandgefahr bestand. Während ich mein vorhaben ausführte, wußte ich auf einmal ganz sicher, daß die *Anwesenheit* zurückgekehrt war. Ich hatte keine Angst. Jedenfalls nicht geistig, mag sein, daß mein Körper irgendwie reagierte und unter dem Gewebe meines Pyjamas die Haare auf meinen Unterarmen sich aufrichteten. Ein Reflex, mit dem ich gleichsam nichts zu tun hatte. Die Flügel der verglasten Doppeltür, die den Zugang zum Wohnraum boten, standen einen Spaltbreit offen. Ausschließlich um sicher zu sein, ich zweifelte keinen Augenblick daran, daß alles in der Tat in Ordnung war, drückte ich sie etwas weiter auf, so daß ich ins Innere blicken konnte. »Stell dir vor«, murmelte ich, »da sind wahrhaftig diese Scheißkater wieder …«

In Erzählungen finde ich solche Beschreibungen immer possierlich, aber hier war es nun einmal so: ich konnte den eigenen Augen kaum glauben. Da waren nicht nur die beiden Kater Gog und Magog: es war ein drittes Tier gleicher Rasse hinzugekommen. Daß dies ein Weibchen war, merkte ich zuerst an der feineren Struktur, später an der Hofmacherei der beiden anderen Siamesen. Ich erkannte verdammt gut die vertrauten menschlichen Intonationen, mit denen sie die Liebeserklärungen ihrer Partner beantwortete. Eine solche Konversation hatte ich wohl schon häufiger gehört. Die Innenflächen meiner Hände wurden plötzlich naß vor Schweiß. Und wie von einer unbewußten Scham getrieben, habe ich mich leise wieder nach oben geschlichen. Keinesfalls wollte ich Zeuge sein, wie die unbekannte Weibchenkatze nacheinander den Begierden der beiden anderen Schufte, der beiden anderen spukartigen Schufte sich ausliefern würde. Wie eine Hure, dachte ich, eine schmutzige Hure. Aber bei welchem der drei Tiere war das Spukartige am gewissesten? dachte ich schaudernd.

Ich kann mir nicht Beruhigenderes vorstellen als das Frühstück am folgenden Morgen. Der Duft des Kaffees und des noch warmen Brotes ändert manchmal den Anblick der gesamten Schöpfung. Ruhig habe ich mich von Alexis und Clarissa verabschiedet. Mein Freund stellte mir keine einzige Frage. Hatte er mich etwa doch aus Gründen der Geselligkeit und aus Heimweh nach seiner Jugend eingeladen …?

Das Aufschreiben meiner Erinnerungen an das Ehepaar Haeltermann entspricht nicht nur meiner Absicht, meine vorliegenden Memoiren möglichst vollständig abzufassen.

Ich weiß, daß eine Lücke geblieben ist, die mich als Mensch und Psychiater noch lange quälen wird, bis ich dafür eine Erklärung gefunden habe – und wenn ich mich dafür in Bücher vertiefen müßte, bei denen einem ernsten Mann der Wissenschaft die Schamröte in die Wangen steigt. Indem ich alles aufschreibe, verpflichte ich mich, über diese Lücke nachzudenken, gewollt oder ungewollt. Je älter man wird, um so schneller galoppieren die Tage vorbei. Jahrelang habe ich in dem Wahn gelebt, Alexis sei etwa acht Monate nach meinem Besuch als Opfer eines vorerst noch unheilbaren Leidens gestorben.

Heute früh traf ich meinen Kollegen Baertsoen, den Gerichtsmediziner. Wir saßen etwa eine Viertelstunde auf einer Terrasse beisammen und betrachteten den Betrieb der sich in der Frühlingssonne badenden Stadt.

»Ach ja, der arme Alexis ...«, murmelte er. »Die Ursache seines Todes war so traurig, und so abscheulich simpel außerdem, daß alle Nahestehenden den Wunsch seiner Frau respektiert haben. Natürlich durfte ich kein falsches Zeugnis ablegen. Möglicherweise konnte ich dafür sorgen, daß es nicht in die Zeitungen kam. Ich meine – daß er sich in einem Anfall von Neurasthenie auf dem Speicher seines Hauses an einem Balken erhängt hat ... Ja, so ist es geschehen. Es ist ziemlich viel darüber geklatscht worden. Aber, wenn du mich fragst, ich finde es richtig, daß eine junge hübsche Frau wie Clarissa sich gleich wieder verheiratet hat ... Er selbst hat nicht gelitten. Physisch, meine ich. Der Tod trat sofort ein, nachdem er die Gartenleiter unter sich fortgetreten hatte. Eines ist mir dennoch sonderbar vorgekommen ...«

»Was meinst du ...?« fragte ich gespannt.

»Nichts Besonderes eigentlich, und völlig ohne Zusammenhang mit seinem Tod ... als ich seine Kleider berührte, spürte ich, daß sie klebrig waren, nicht feucht, sondern auf eine sonderbare Weise klebrig ...«

»Wie die Spur einer riesigen Schnecke ...«, murmelte ich.

Die ganze Zeit hatte er mich ziemlich bedrückt angesehen, aber jetzt lächelte er wieder.

»Du hast recht, mein Lieber«, sagte er. »Du hast mehr als

recht. Auch wenn der Tod einbezogen ist, darf man in unseren Fächern nicht den Sinn für Humor und für das Phantastische verlieren. Natürlich begreifen Außenstehende meist nicht, daß wir mit einem makabren Scherz uns über das elende Gefühl unserer eigenen Ohnmacht hinwegtrösten … Wie sagtest du gleich? Wie die Spur einer riesigen Schnecke?«

Baertsoen wird schon recht haben. Ein makabrer Scherz, wenn kein Kraut sich gegen das Schicksal gewachsen zeigt …

MICHEL TOURNIER

Angus

Spät und gefährdet, wie er ist, hat der Frühling im schottischen Hochland für die Menschen dort einen ungemein sanften, betörenden Reiz. Gespannt und mit kindlicher Ungeduld warten sie auf die Wiederkehr der Kiebitze am sturmzerwühlten Himmel, auf den Liebesschrei der Schneehühner im Moor und die ersten malvenen Farbflecke der Krokusse auf dem schütteren Gras der Hügel. Jedes Anzeichen für das neue Leben nach der langen winterlichen Nacht wird aufgenommen wie eine frohe Nachricht, die zwar erwartet wurde, aber in der Kraft ihres frischen Grüns dann doch überraschend ist. Und die Knospen, die jäh ihre Hülle sprengen, das besternte Rosa der Hagedornbüsche, die Brise vom Meer her, durch Wolken von Blütenstaub zu einem leisen, sanften Wehen geworden – all das rührt die Herzen von Alt und Jung schier bis zu Tränen.

Nirgends ist der Gegensatz zwischen dem endlosen Heulen der Mittwinterstürme und dem Klageruf der Waldkäuzchen in den ersten Mainächten erregender als in den Landen des Grafen von Strathaël. Die granitene Burg, wo der alte König Angus wacht, liegt mit ihrer schwarzen Masse hoch über grünenden Schluchten voller Quellengemurmel und über dem Espenwald, so fein, so hell in seinem jungen Laub, als wäre er von Gärtnerhand eigens gepflanzt, um junge Brautleute bei ihren Spaziergängen mit einem lichten Schleier zu umgeben.

In diesem sanftwelligen Wiesental ritten an jenem Morgen Colombella, des Herrn Angus Tochter, und ihr Verlobter Ottmar, Graf der Orkneys, ihres Weges. Seite an Seite schritten die beiden Zelter dahin, teilten mit ihrer weißen Brust das hohe, von Mohn, Margeriten und Butterblumen bunt getupfte Gras, und die beiden jungen Leute schwatzten und plauderten zärtlich miteinander. Ottmar hatte im Lande der Langue d'oc studiert, wo der Graf von Toulouse ihn freundlich aufgenommen und als Kammerpagen an seinen Hof gezogen hatte. Er hatte die Blumenspende zu Toulouse miterlebt und konnte die vom Consistorium der sieben Bewahrer der Fröhlichen Wissenschaften verfaßten *Leys d'amors* auswendig. Colombella, die ihr Hochland noch nie verlassen hatte, hörte mit etwas ängstlichem Entzücken, wie der das Loblied auf eine neue, in jenen sonnengesegneten Gauen entstandene Lebenskunst sang: auf die edle Minne oder Kunst der höfischen Liebe und des ritterlichen Dienstes bei der Dame des Herzens.

Das Allerwichtigste sei es, so erklärte er ihr, Liebesbeziehungen von allem Schmutzig-Materiellen zu befreien. Fast immer würden ja die Ehen, unter Mithilfe von Schreibkundigen, durch die Eltern gestiftet, und zwar abhängig von den beiden Vermögen, die da zusammenkämen und vereinigt werden sollten. Einen solchen Kuhhandel überstehe kein wahres Gefühl. Das Ideal wäre wohl, daß beide Verlobte gleichermaßen arm wären, völlig arm – doch wie könne man diesem Ideal nahekommen, außer durch das mönchische Leben, das Männer und Frauen streng voneinander trenne?

Zwei Sperlinge flatterten wirbelnd und schilpend den Pferden vor die Füße und stoben sogleich davon, um sich nicht weit davon wieder zu vereinen.

»Seht die Vögel in Feld und Flur«, sagte das junge Mädchen. »Kann man armseliger leben? Und doch bilden sie Paare, die das ganze Jahr und oft noch weit darüber hinaus beisammenbleiben.«

»Gewiß«, erwiderter Ottmar, »aber sie vereinigen sich nur, um der Fortpflanzung Genüge zu tun. Nestbau, Eierlegen, Brüten, das Füttern der jungen Brut – all diese Dinge gebieten, daß beide da sind, Männchen und Weibchen. Die edle Minne jedoch steht himmelhoch über den Erfordernissen der Fortpflanzung. Liebe ist nur dann rein, wenn sie entleiblicht, vergeistigt und nutzlos ist wie der blaue Himmel oder der makellos-unberührte Schnee, der im Winter den Gipfel des Ben Nevis deckt.«

»Wollt Ihr damit sagen, der Leib habe nicht teil an Eurer edlen Minne?« fragte Colombella bekümmert. »Muß man ein reiner Geist sein, um überm gewöhnlichen Menschendasein zu schweben, wie Ihr es empfehlt?«

»Das nicht, aber der Leib ist liebenswert nur wegen der Seele, die ihn durchstrahlt, wie die Flamme eine Laterne durchstrahlt. Laßt die Flamme erlöschen – und schon ist die Laterne nur noch ein grauer, trübseliger kleiner Käfig.«

»Aber wie dringt denn dieser Lichtschein der Seele durch den Körper und die Kleider, die ihn verhüllen?«

»Durch die Hände, das Gesicht, besonders durch die Augen, die zum Liebenden offenen Fenster der Seele, die ihm Licht und Wärme spenden. Habt Ihr einmal die kalte Verfinsterung gespürt, die das Antlitz von Blinden entstellt?«

Colombella lächelte bei Ottmars Worten strahlend aus ihren quellfrischen, klaren Augen.

»Doch vor allem«, fuhr der junge Mann fort, »vor allem sind es die Worte, die dazu taugen. Die Liebe hat eine Sprache, die nur ihr eigen ist: die Poesie. Der Dichter ist derjenige, der die Sprache der Liebe spricht.«

Sie hatten jetzt die frischgrünen Wiesen verlassen und waren ins Halbdunkel eines dichten Waldes vorgedrungen. Hundertjährige Eichen standen zwischen riesenhaften Buchen und bildeten ein kühles, regungsloses Gewölbe. Die beiden jungen Reiter hatten innegehalten, und unter dem Eindruck der großen Stille des Waldes schwiegen auch sie. Die Pferde schwenkten heftig die Hälse auf und nieder. Mit gellendem Warnruf flog ein Häher auf und suchte das Weite. Es tat sich irgend etwas. Und wirklich war gleich danach das hastige Klappern leichter Hufe auf den Steinen des Weges zu hören. Dann brach eine Hirschkuh aus dem Dickicht, verhielt jäh vor den beiden Reitern, schlug einen Haken nach links und verschwand im Unterholz. Wieder kehrte Stille ein, doch die beiden Verlobten, mit Jagd und Wald wohlvertraut, wußten, daß ein Häher mit seinem Warnruf und eine Hinde, die blindlings dahinstürmt, die Nähe des Jägers anzeigen.

Plötzlich das Knacken brechender Zweige, ein gewaltiges Lachen, dann taucht die hohe Silhouette eines schwarzen Reiters auf. Es ist Tiphan, der mächtige Herr der benachbarten Lande. Sein Zwerg Lukan, auf einem Esel hockend, folgt ihm. Tiphan jagt also auf dem Grund und Boden des Grafen Strathaël. Die Höflichkeit hätte verlangt, daß er sich dafür entschuldigte. Doch um Höflichkeit schert Tiphan sich nicht. Er besitzt drei Burgen, und seine Ländereien dehnen sich bis ans Kap Wrath. Er lebt allein mit seinem Zwerg im finstersten seiner Türme, nachdem seine letzte Frau über einem seiner endlosen Kriegszüge an Vereinsamung gestorben ist. Seine Untertanen nehmen Reißaus, wenn er kommt. Seine Nachbarn meiden ihn. Zu sehr riecht sein Riesenvermögen nach Gewalttat und Blut.

»Mir entkam eine Hirschkuh«, sagt er, »und ich find' eine Frau. Artig, frisch und jung, auf mein Wort! Wahrlich, kein übler Tausch!«

Und wieder lacht er. Ein Lachen, das angst macht.

Ottmar greift ein.

»Edler Herr Tiphan, Ihr habt das Fräulein Colombella vor Euch, Eures Nachbarn, des Herrn Angus, leibliche Tochter«, sagt er, um jedes Mißverständnis zu beseitigen.

Doch da ist gar kein Mißverständnis. Tiphan schert sich offenbar keinen Deut um Herrn Angus. Er läßt Ottmar einfach stehen und spricht Colombella mit beleidigenden Worten an.

»Holde Hinde, bringt die Milde des Frühlings Euch nicht auf galante Gedanken? Findet ein alter Hirsch, der an der Waldecke auftaucht, vor Euren Samtaugen Gnade? Er hat zwar nicht mehr die Frische der Jugend, doch auf seine Kraft und seine Erfahrung könnt Ihr Euch verlassen!«

Und prustend vor Lachen nähert er sich dem jungen Paar.

»Herr Tiphan, Ihr vergeßt Euch. Ich bitte Euch zum letztenmal, habt geziemende Achtung vor diesem Mädchen!«

Tiphan sieht nicht aus, als hörte er, was Ottmar sagt. Er steigt vom Pferd. Läßt die Jagdhandschuhe, das Wehrgehänge samt Hirschfänger auf dem Sattel liegen. Zieht sogar sein grobsamtenes Wams aus. Und schon geht er, mit weitem, besticktem Hemd, auf Colombella zu und streckt ihr galant eine knorrige, mit Ringen und Armbändern überladene Hand entgegen. Das ist zuviel für Ottmar. »Herr Tiphan«, ruft er, »ich warne Euch: Wenn Ihr meiner Braut noch einen Schritt näherkommt, hau' ich Euch die Ohren ab!«

Er zieht sein Schwert, liegt aber sogleich am Boden. Lukan, der ins Geäst des nächsten Baumes geklettert war, hatte sich auf ihn herabfallen lassen. Die beiden wälzen sich auf der Erde. Doch plötzlich springt der Zwerg auf. Eine Schnur, an seinem linken Fuß befestigt, schlingt sich um Ottmars Hals, und der Zwerg zieht mit beiden Händen am anderen Ende. Tiphan sieht dem Geschehen lächelnd zu. Colombella, totenbleich, wird ohnmächtig vor Grauen. Eine lange Stille folgt – solange der Todeskampf des jungen Mannes währt. Dann packt Tiphan Colombella am Handgelenk. Er lacht nicht mehr. Er reißt sie vom Sattel.

»Auf, hübsche Hinde«, sagt er. »Tu deine Pflicht als Weibchen. Jetzt ist Brunstzeit.«

Je höher die Sonne am Himmel steigt, desto mehr senkt sich dem alten Lord Angus die Angst ins Herz. Vier Stunden ist es nun schon her, daß seine Tochter und sein künftiger Schwiegersohn allein auf ihren Zeltern ausgeritten sind. Sie hätten längst zurück sein müssen. Zu Ottmar hat Angus unbedingtes Vertrauen. Räubern, Marodeuren oder versprengten Soldaten ist man im Lande und in den Wäldern ringsum noch nie begegnet. Warum also bangen? Aber es hilft nichts. Für ihn verbirgt der glanzvoll erstrahlende Himmel unterm azurblauen, goldenen Zelt die furchtbarste Finsternis.

Plötzlich zuckt Angus zusammen. Hufschlag erklingt auf dem Pflaster im Schloßhof. Sie sind wieder da! Aber weshalb ist bloß *ein* Pferd zu hören? Angus tritt ans Fenster. Er sieht den Stallknecht einem Pferd entgegenlaufen, das ohne Reiter daherkommt. Er erkennt Colombellas fromme Stute. Mit ihr hält das Unglück Einzug in Strathaël.

Geschrei, Rufe, Befehle. Angus schart einige Gefolgsleute um sich und macht sich eilends auf die Suche nach den Vermißten. Sie ziehen davon, weit hinüber nach Osten in die Wälder, wo die Strathaëlschen Lande im Gemenge liegen mit der riesigen Herrschaft Lord Tiphans. Niemand spricht den gefürchteten Namen aus, doch der Gedanke an ihn ist da – sowohl bei Angus als auch bei seinen Begleitern. Es bedarf keinen langen Suchens in Dickicht und Hochwald, um den

Ort des zweifachen Verbrechens zu finden. Am Rand eines glockenblumenumblühten Waldwegs unter einer Eiche liegt Ottmar, eine rote Strangfurche rings um den Hals. Nicht weit davon liegt, nackt, blutüberströmt, verstört, das junge Mädchen. Wortlos läßt sie sich wegführen. Ist sie stumm oder gar wahnsinnig geworden? Angus begreift, daß es zwecklos ist, sie ausfragen zu wollen. Ihr Antlitz trägt eine starre, welke Maske, die Schweigen gebietet. Bertram, der Hofjägermeister von Strathaël, untersucht die Pferdespuren, die auf dem weichen Boden kreuz und quer durcheinandergehen. Eine davon kommt unzweifelhaft von Osten her, wo Tiphans Schloß liegt. Deutlicher noch sind die in derselben Richtung verlaufenden kleine Hufe eines Esels. Und jedermann weiß ja, daß Tiphan sich häufig von einem Zwerg begleiten läßt, der rittlings auf einem Esel sitzt.

All das weiß Angus, aber niemand wagt ihn zu fragen, was er vorhat. Er ist allein, alt und krank. Er kann nicht daran denken, Tiphan zum Kampf zu fordern, wie er es dreißig Jahre früher getan hätte. Und um Tiphan für seine grausige Untat vor das Gericht seiner Standesgenossen zu bringen, wäre Colombellas Zeugenschaft vonnöten. Sie aber ist nicht in der Lage, als Zeugin auszusagen. Wird sie je dazu fähig sein? Und falls sie die Kraft dazu wiedererlangte – nähme sie dann die entsetzliche Demütigung auf sich, Auge in Auge dem Manne gegenüberzustehen, der ihr Gewalt angetan hat? Dem Vergewaltiger hilft fast immer die Scham seines Opfers, glimpflich davonzukommen.

Am nächsten Morgen kam ein Mann zum Schloß, der ein Pferd am Zügel führte. Es war ein Diener Tiphans. Dieses Pferd sei in der Nähe seines Besitzes herumgestrichen. Ob es von Strathaël komme? Angus' Bediente erkannten Ottmars Pferd. Angus empfand diese Rückgabe als zusätzliche Beleidigung. Aber gleichviel! Er war so tief verletzt, daß seine Rache erst reifen mußte. Er wußte noch nicht, wie sie aussehen würde, diese Rache, doch Tiphan konnte sich darauf gefaßt machen: Je mehr Zeit bis dahin vergehen würde, desto furchtbarer würde er büßen müssen!

Colombella fand die Sprache wieder, eine leise gemurmelte, karge Sprache. Aber niemand – nicht einmal ihr Vater – wagte in ihrer Gegenwart auch nur eine Andeutung auf das zweifache Verbrechen. Ob sie selbst sich wohl noch daran erinnerte? Alles in ihrem Verhalten schien darauf hinzudeuten, das Bild jenes schönen Frühlingsmorgens, da sie mit ihrem Verlobten so sorglos von der edlen Minne gesprochen, sei ihrem Gedächtnis entschwunden.

Aus dem Gedächtnis vielleicht, nicht aber aus Fleisch und Blut, denn Ende des Sommers zeigte sich, daß sie ein Kind erwartete. Das war ein zweites Unheil, schlimmer noch als das erste, denn nun war auch ihre Zukunft darein verstrickt. Die Frucht, die in ihr wuchs, sie war wie eine unheilbare, bösartige Geschwulst, wie eine an ihr Stunde für Stunde aufs neue verübte Gewalt. Sie verließ ihre Gemächer nicht mehr. Sie nahm kaum mehr Nahrung zu sich. Und je abgezehrter sie war, desto ungeheuerlicher wirkte ihre Schwangerschaft. Man verbreitete von Amts wegen das Märchen – durch das sich niemand im Schloß täuschen ließ –, Ottmar sei insgeheim schon mit ihr verheiratet gewesen, bevor er von marodierenden Soldaten ermordet worden sei. Kurz vor Weihnachten kam sie mit einem Knaben nieder.

»Er ist unschuldig«, murmelte sie ihrem Vater zu, der sich zu ihr neigte. »Vergebt ihm, daß er da ist!«

Tags darauf starb sie.

Angus wünschte, daß das Kind am Tage der Beisetzung seiner Mutter getauft werde, um damit deutlich zu machen, welch ein Fluch auf dem Knaben laste. Er befahl, ihn Jakob zu nennen, gab ihn bei Bauern in Pflege und nahm sich vor, ihn niemals wiederzusehen.

Doch im Laufe der Jahre konnte er an seiner Absicht nicht festhalten. Dieses Kind war ja sein Enkel, sein einziger Erbe. Immer häufiger führten ihn seine Ausritte, allein oder mit Bertram, zu dem Gehöft, wo Jakob aufwuchs. Er ließ ihn sich inmitten der Kinderschar zeigen, die sich schmutzstarrend und kraftstrotzend auf dem Hof tummelte. Er beobachtete ihn mit Grauen. Das war Tiphans Sohn, der lebendige Beweis für die zweifache Untat an jenem verfluchten Frühlingstag!

Und doch: Er war unschuldig. »Vergebt ihm, daß er da ist!« hatte Colombella auf dem Totenbett gefleht.

Eines Tages – der Knabe mochte sechs Jahre alt sein – ließ Angus ihn zu sich kommen, um ihn besser sehen zu können. Obwohl er sich ganz wie ein Bauernkind benahm, war etwas an ihm, das ihn von dem Bastardvolk auf dem Hof unterschied. Angus blickte ihm ins Gesicht. Durch die blonden Strähnen hindurch, die ihm über die Augen fielen, hielt der Knabe seinem Blick gelassen stand. Angus konnte ein Schluchzen nicht unterdrücken: Was ihn da ansah, waren, klar wie Quellwasser, Colombellas Augen! An diesem Tag nahm er den Knaben mit ins Schloß.

Die Erziehung des künftigen Ritters vertraute er Bertram an. Ein Shetlandpony wurde geholt, damit er reiten lernte. Über dem faßrunden Leib des Pferdchens mußte er seine kurzen Beinchen weit spreizen, doch er jauchzte vor Freude, wenn er ihm die Sporen gab und es dann im Galopp mit ihm davonsprengte. Er lernte sein Reittier auch striegeln, füttern und aufzuzäumen.

Als Angus einmal beobachtete, wie ungestüm der Knabe sich mit dem Knüppel gegen einen viel älteren Jungen wehrte und wie tapfer er dabei Hiebe einsteckte, da kam ihm zum ersten Mal in den Sinn, wie die Rache an Tiphan aussehen könnte, an die zu denken er nicht aufgehört hatte. Jakob selbst würde es sein, der den Täter, seinen Vater, für die Vergewaltigung bestrafen und so seine Mutter rächen würde. Bei der Schlichtheit und Strenge dieser Lösung empfand der alte Lord eine nicht nachlassende Genugtuung. Gegen diesen Unhold ein Kind in den Kampf zu schicken, das er abgöttisch liebte und zugleich verabscheute, das hieß, sich ganz auf Gott, auf das Urteil Gottes zu verlassen, um den Knoten zu zerschneiden, in dem er schier erstickte. Zwar würde es ein furchtbar ungleicher Kampf sein, selbst wenn man wartete, bis Jakob das Alter erreicht hätte, um zum Ritter geschlagen zu werden. Gerade diese Ungleichheit aber mußte ja die göttliche Gerechtigkeit zwingen, sich kundzutun, und wär's mit einem Wunder! Und Angus' hochfahrender Sinn war hingerissen von der Vorstellung, in welchen Zwiespalt er Gott bringen werde: entweder Tiphan eine dritte Freveltat begehen zu lassen, und zwar nunmehr gegen den eigenen Sohn, oder aber die natürliche Ordnung umzustoßen und das Kind über den Riesen triumphieren zu lassen.

Sein Alter und sein Gesundheitszustand ließen ihm keine Hoffnung, bei dem Entscheidungskampf zugegen zu sein. Er meinte, wenigstens noch so lange zu leben, bis Jakob alt genug wäre, das furchtbare Geheimnis seiner Herkunft zu erfahren und zu hören, welch heldische Tat die Ehre von ihm verlangte. Doch damit war es nichts. Jakob war noch nicht älter als sieben Jahre, da fühlte Angus, daß die Kräfte ihn verließen und der Tod nahte. Nachdem er all seine Angelegenheiten geordnet, gebot er, ihn mit seinem einzigen Erben allein zu lassen. Und da, ohne ihn mit weiteren Erklärungen zu belasten, ließ er ihn auf das Kruzifix schwören, sobald er dereinst zum Ritter geschlagen sei, den Herrn Tiphan, ihren Nachbarn, zu fordern und ihn im Zweikampf zu töten. Dieser Gedanke dürfe nie aus seinem Herzen weichen, doch sein Mund dürfe davon niemals vor der Zeit auch nur ein einziges Wort verraten. Der Knabe, in einer Atmosphäre von Geheimnis und Heldentum aufgewachsen, leistete den Schwur, ohne Überraschung zu zeigen.

Lord Angus starb, und seinem Willen gemäß führte Bertram die Vormundschaft über Jakob und die Verwaltung der Grafschaft. Und so war Bertram dem Knaben fortan Vater und Freund. Dennoch ließ Jakob sich auch im Vertrauen nie das geringste Wort entschlüpfen; er trug sein schweres Geheimnis ganz allein. Mitten im Spiel oder im Tanz, an dem er mit den Jungen und Mädchen seines Standes teilnahm, wurde er mitunter plötzlich ernst, schwieg und wirkte abwesend. Wenn man ihn fragte: »Was habt Ihr, Herr? Welch trüber Gedanke umfängt Euch mit einemmal?«, so schüttelte er den Kopf, lachte und stürzte sich wieder ins bunte Treiben. Doch die, welche ihn kannten, machten sich Sorgen, denn sie wußten, von Natur aus sei er sorglos und unbeschwert, und nur eine düstere Ahnung könne sein heitres Wesen manchmal derart in Trauer hüllen.

Er setzte seinen ganzen Eifer darein, sich im Waffenhandwerk zu stählen; offenbar war es vor allem sein Wunsch, sich zum Zweikampf Mann gegen Mann zu rüsten. Bei derlei Waffengängen kämpfte er so erbittert, daß seine Kameraden – die darin zunächst nur ein Spiel gesehen hatten – sich dem bald entzogen, aus Furcht, einmal einen bösen Hieb einstecken oder austeilen zu müssen. Bertrams Vorhaltungen fruchteten nichts. Wenn Jakob sein Helmvisier lüftete, schien er seinem fassungslos erstaunten Gesicht nach entschlossen, sein Ungestüm zu mäßigen, doch kaum war das Visier wieder zu, da war es, als wäre er ein anderer Mensch, mordgierig und gewalttätig. Und Bertram konnte sich eines düsteren Vorgefühls nicht erwehren.

Es kam der Tag, den jeder Junker sehnlichst erwartet: der Tag, da er zum Ritter geschlagen wird. Dem Brauch entsprechend sollte Jakob nicht als einzelner das Ritterschwert empfangen. Zwei andere Junker sollten zusammen mit ihm die Waffe erhalten, und zwar Prinz David von Stirling und Herzog Argyll von Inverary. Die feierliche Handlung und das ihr folgende Fest mußte ja um so schöner werden, wenn sich dabei drei benachbarte und befreundete Häuser zusammenfanden.

Am Vorabend des festlichen Tages, nach Sonnenuntergang, hatten die drei jungen Leute gebeichtet, die Nacht hatten sie dann bei Gebet und stiller Betrachtung in der Burgkapelle zugebracht. Die drei Schwerter und die sechs Sporen lagen schon auf dem Altar. Am Morgen hatten sie die Kommunion in beiderlei Gestalt empfangen, dann hatten sie sich ein wenig ausgeruht. Mittags empfingen sie mit großen Gepränge den Grafen von Aberdeen und den Bischof von der Sankt-Machars-Kathedrale, die eigens gekommen waren, um die Feier des Ritterschlags zu leiten. Heller Sonnenschein ließ alles gleißen und glänzen: die Waffen, die Kriegstrachten und die Festgarderoben der im Ehrenhof des Schlosses versammelten Schar von Verwandten und Freunden. Der Bischof segnete die Schwerter und die Sporen. Dann traten die drei Junker der Reihe nach vor Aberdeen, der sie, von zwei Waffenknechten unterstützt, mit dem Wehrgehänge gürtete, ihnen die Sporen anlegte und ihnen alsdann den Schwertstreich auf den Nacken gab. Danach sprach er ein kurzes Gebet und flehte zu Gott, der die Anwendung des Schwertes gutgeheißen habe, um der Arglist der Bösen zu steuern, er möge den neugekürten Rittern helfen, niemals ungerechterweise davon Gebrauch zu machen. Schließlich wandte er sich an David und ermahnte ihn, nie aus Rachsucht zu kämpfen. Dem zweiten, Argyll, gebot er, stets großmütig und ohne Berechnung zu handeln. Und den dritten, Jakob, erinnerte er daran, daß ein Ritter sich unbedingt an einen Eid gebunden fühlen und das gegebene Wort allzeit in Ehren halten müsse.

Da der Zufall eine Erfindung des Unglaubens ist, ließ sich diese Ermahnung nur der göttlichen Vorsehung zuschreiben, denn es war nicht anzunehmen, daß Aberdeen von Jakobs Abkunft und von seinem Geheimnis wußte. In den acht Tagen, die nun folgten, sollte dieses Geheimnis offenbar werden, und der erste, der es erfahren sollte, war Bertram. Jakob rief ihn zu sich und las ihm mit lauter Stimme – einer festen, gebieterischen Stimme – ein kurzes Schriftstück vor, das er gerade erst verfaßt hatte:

»Edler Herr Tiphan, nachdem ich nun zum Ritter geschlagen, darf ich endlich einen Eid einlösen, den ich als Kind meinem Großvater, Lord Angus, geschworen, da er im Sterben lag. Ich schwor, Euch zu erschlagen. Ich fordere Euch daher zum Zweikampf heraus, an einem Ort und unter den Bedingungen, die Ihr im Einvernehmen mit dem Überbringer dieser Botschaft festlegen möget. Je eher, desto besser! Unterzeichnet: Jakob von Angus, Graf von Strathaël.«

Bertram war wie vom Donner gerührt. Das also war es! Das war Jakobs schreckliches Geheimnis, das über seiner ganzen Kindheit geschwebt hatte, wie ein Geier, und das sich nun auf ihn stürzte! Denn er hatte keinerlei Aussicht, ganz und gar keine, Tiphan im Zweikampf zu besiegen. Tiphan war ein Hüne. Seine Kraft, seine Gewandtheit und Wildheit ließen das Abendland erzittern. Jakob mit seinen sechzehn Jahren, seinen blonden Locken, seinen Mädchenarmen und seiner kaum erst gebrochenen Stimme ging dem sicheren Tod entgegen. Seine jugendliche Tollkühnheit wollte es mit einem Gebirge, einem Sturm, einem Vulkan aufnehmen! Bertram konnte die Tränen nicht zurückhalten.

»Weshalb weinst du?« fragte ihn Jakob.

»Da müßte schon ein Wunder geschehen«, erwiderte Bertram.

»Es *wird* ein Wunder geschehen!« versicherte Jakob.

Denn solcherart ist der Glaube eines christlichen Ritters, daß er auf vertrautem Fuße lebt mit Gott, der Heiligen Jungfrau, mit Jesus und allen Heiligen.

Tiphan läuft in seinem granitenen Turm im Kreis umher wie ein Raubtier in seinem Käfig. Mit den Jahren erscheint ihm alles, was seinem Leben früher eine herbe, brennende Würze gab, schal und grau. Den in die Enge getriebenen Hirsch erlegen, einem in der Feldflur betroffenen Mädchen Gewalt antun, einen beim Wildern ertappten Bauernflegel hängen, einen reichen Durchreisenden ausrauben, einem unleidlichen Nachbarn die Wohnstatt verwüsten, einen hexereiverdächtigen Kleriker verbrennen – nichts mehr macht ihm wirklich Spaß. Sogar die fernen Kriegszüge scheinen ihm langweilig. Weder die entfesselte See noch der glühende Sand der Wüsten noch das Eis des hohen Nordens können den Überdruß eindämmen, der über ihm zusammenschlägt. Er, der schon vor so langer Zeit seine erste Frau begraben hatte und dessen Tage und Nächte vom Lachen und Schwatzen einer Kumpanei von Galgenvögeln erfüllt gewesen waren – er entdeckt nun plötzlich das Alleinsein. Niemand, kein Mensch ist mehr bei ihm. Nur Lukan hat er noch, seinen buckligen Zwerg, seine verdammte Seele, den Komplizen all seiner Verbrechen und Zeugen all seiner Triumphe.

Im Augenblick steht Lukan vor ihm, ein schwer versiegeltes Schriftstück in der Hand.

»Was gibt's denn noch?« grollt Tiphan.

»Euer Nachbar schreibt Euch, edler Herr Tiphan.«

»Was will er von mir?«

»Euch umbringen. Im Zweikampf.«

»Endlich!« brüllt Tiphan. »Einer, der mir etwas Gutes tun will! Ich bin ja schier eingegangen vor Tatenlosigkeit! Ich hatte mich schon gefragt, ob ich, um mich zu raufen, nach China oder nach Arabien gehen muß. Und nun wird mir just vor meiner Tür eine solche erlesene Zerstreuung geboten! Zuvorkommender geht es nicht! Wie heißt er denn, dieser Nachbar, der sich so beeilt, mich zu unterhalten?«

»Angus, Graf von Strathaël.«

»Jakob!«

»Jakob«, bestätigt Lukan und betrachtet prüfend das von Runzeln und Schmissen zerfurchte Gesicht seines Herrn, das er so gut kennt.

»Jakob«, wiederholt Tiphan stumpf. »Das ist die Rache des alten Angus, diese Teufels. Seit Jahren schon hab' ich mich gefragt, was er sich wohl ausdenken mag. Ich kann sein Hohnlachen drunten im Grab bis hierher hören!«

Lukan wartet mit angehaltenem Atem. Denn auf Befehl Tiphans läßt er seit zehn Jahren Jakobs Tun und Treiben ausspionieren. Jakob ist ja sein Sohn, sein einziges Kind, sein alleiniger Erbe.

»Und der will mich umbringen!« grollt Tiphan. »Doch letztlich ist es in Ordnung so. Gutes Blut kann nicht lügen. Auch ich hätte gern meinen Vater umgebracht. Nur bringt man einen Tiphan nicht bloß einfach so um. Wir sind alles andere als blökende Lämmchen. Und ich habe nicht die mindeste Lust zu sterben.«

»Er ist sechzehn. Er sieht aus wie vierzehn«, versichert Lukan. »Den freßt Ihr mit einem Bissen!«

»Fressen? Wer sagt dir denn, daß ich sein Verderben will?« brüllt Tiphan. »Nein, nein und nochmals nein. Er fordert einen Zweikampf. Er soll ihn haben. Aber er soll lernen, daß man sich mit einem Tiphan nicht ungestraft anlegt. Ich werde ihm eine Lektion erteilen, die ihn sattsam schmerzen wird. Vor der ganzen Grafschaft werde ich ihm die Pickelhaube herunterreißen und ihm die Ohren langziehen. Eine Tracht Prügel hinten drauf, eine kräftige Tracht Prügel soll er haben, der freche Bankert! Um ihn so recht zum Gespött zu machen, werd' ich überdies barhäuptig in den Kampf ziehen!«

»Barhäuptig?«

»Ja, barhäuptig. Dann wird er meine Löwenmähne und meinen Prophetenbart sehen. Und wird sich, der Grünschnabel, unter meinen buschigen Brauen hervor von meinem Adlerblick festgenagelt fühlen. Hahaha!«

Und die Leute vom Schloß, die das ungeheuerliche Lachen ihres Herrn hörten, fragten sich zitternd, welch neuen teuflischen Streich er mit seinem Zwerg nun wohl wieder aushecke.

Zwölf Hornisten in roten Dalmatiken hatten in Weilern, Dörfern und Marktflecken kundgetan, die beiden Lords beabsichtigten, sich am Sonntag zur elften Stunde auf einem umfriedeten, im küstennahen Heideland hergerichteten Gelände zum Zweikampf zu treffen. Und so war der Zustrom ungemein stark, und da der Tag schön zu werden versprach, hatten die Familien vor, zu frühstücken und danach unter freiem Himmel zu tanzen.

Jakobs Leichtsinn schockierte Bertram. Es war, als hätte die Nähe der Entscheidung über sein Lebensschicksal – wie immer es ausfallen mochte – ihn aller Sorgen enthoben. Er hatte eine ganze Schar gleichaltriger Jungen und Mädchen eingeladen, und die Tage vor dem Zweikampf waren eine einzige Folge von Spielen und Lustbarkeiten gewesen. Ob er sich so auf die furchtbare Probe vorbereiten wolle, die ihm bevorstehe? Bertram, der ihn nur mit großer Mühe hatte allein sprechen können, hatte ihm die Frage zornig gestellt. Auf einmal ernst werdend, hatte Jakob ihm erwidert: »Ich habe mein Schicksal in Gottes Hand gelegt. Kann Gott einen Ritter im Stich lassen, der nur getreulich sein Wort hält?« Durch seinen schrankenlosen Glauben war er so, ohne es zu wissen, zur selben Anschauung wie sein Großvater gelangt. Bertram hatte schweigend das Haupt gesenkt. Gleichwohl hatte er einen Unwillen nicht bezähmen können, als Jakob am Sonntag, nachdem er die Messe gehört und die Kommunion empfangen, die Schildknappen zurückwies, die ihm helfen wollten, die Rüstung anzulegen und den Helm aufzusetzen.

»Nein«, sprach Jakob, »ich habe gehört, Herr Tiphan wolle barhäuptig mit mir kämpfen, um mich zu demütigen. Ich kann's noch besser: Ich gehe nicht nur bloßen Hauptes, sondern auch mit nackten Beinen in den Kampf: Ich trage nur den Kilt in den Farben meiner Sippe.«

Niemand konnte ihn von seinem Entschluß abbringen. Auch Bertram mußte sich schließlich damit abfinden. Ihm war, als sähe er ohnmächtig dem Walten eines Geheimnisses zu, dessen majestätische Fügung hoch über aller Weltklugheit und Vernunft stand. Und Jakob, von Licht umflossen, gehorchte nicht mehr, hörte nichts mehr, wie mitgerissen von der unwiderstehlichen Gewalt seines Schicksals.

So erblickte ihn auch die Volksmenge, als er, begrüßt vom goldenen Schmettern der Trompeten, in die Schranken des Kampfplatzes einritt. Auf seinem kleinen Apfelschimmel, der in einem Sonnenstrahl tänzelte, hatte der Jüngling, blond, blau und rosenrot, in Seide und Tartan gekleidet, den unwirklichen Glanz einer himmlischen Erscheinung. Lag es daran, daß er dem Tod geweiht war, oder daran, daß Engel ihn umgaben? Vielleicht am einen wie dem anderen.

Das dumpfe Gedröhn einer Gruppe von Trommeln verkündete, daß Tiphan nun am gegenüberliegenden Ende in die Kampfbahn einzog. Er war wirklich ungeheuer groß, in Eisen gekleidet, und ritt ein Streitroß, schwarz wie die Nacht. Aber er hatte Wort gehalten, und über der Halsberge seiner Rüstung war sein Haupt zu sehen, ein grauer Busch aus Haar und Bart, in dem tief innen zwei gelbbraune Augen funkelten. Der Kontrast zwischen den beiden Gegnern war dermaßen auffallend, daß ein empörtes Murren durch die Menge ging. Hatte man je einen so ungerecht-ungleichen Kampf gesehen? Es waren sogar Stimmen zu hören, die riefen: »Genug! Haltet ein! Das ist ein Verbrechen!« Dann trat Stille ein, denn der Herzog von Elgin, der bei dem Turnier den Vorsitz führte, hatte seinen Stab in die Kampfbahn geworfen, um dem Zweikampf nun seinen Lauf zu lassen.

Tiphan ritt auch weiter im Schritt einher, die Lanze hochauf. Jakob hielt die seine gesenkt und stürmte in gestrecktem Galopp auf ihn los. Da, ein erster Stoß, gemildert freilich, weil die Spitze der Lanze auf dem rechten Schulterblech Tiphans abgeglitten war. Schon nach diesem ersten Zusammenstoß war es klar, daß Jakob nicht nach dem ungeschützten

Haupt seines Gegners zielte, ein Akt tollkühner Ritterlichkeit, der ihn seiner einzigen Siegesaussicht beraubte. Die beiden Reiter machten kehrt, doch diesmal spornte Tiphan sein Schlachtroß zu kurzem Galopp an und legte die Lanze ein. Er hielt sie sogar so tief, daß es plötzlich schien, als hätte er es auf Jakobs Pferd abgesehen. Die Zuschauer murrten. Nach den Regeln ritterlichen Kampfes ist es ein schändlicher Frevel, absichtlich das Roß des Gegners zu verletzen. Immer schneller ward der Galopp des Rappen. Jakob kam mit verhängtem Zügel angeritten. Ein dumpfer Aufprall. Der Apfelschimmel wankte, und schon flog der Sattel durch die Luft, und Jakob wälzte sich im Staub. Tiphan hatte, wie jeder erkannte, mit solcher Gewalt den Sattelknopf getroffen, daß der Gurt gerissen war. Der Brauch hätte nun verlangt, daß Tiphan abgesessen und der Kampf mit dem Schwert weitergegangen wäre. Nichts dergleichen geschah. Regungslos wartete Tiphan, bis die Knappen Jakobs Pferd wieder gebändigt und ihm einen neuen Sattel aufgelegt hatten. Jakob hingegen, dem durfte niemand zu Hilfe kommen, solange das Turnier nicht vom Schiedsrichter geschlossen worden war. Rasch war er wieder aufgestanden und eilte zu seinem Reittier. Jeder konnte freilich sehen, daß an seinem linken Arm Blut auf die Hand hinunterrann – eine Verletzung, die wohl eher lästig als schwer war. Tiphan wappnete sich für einen neuen Angriff Jakobs, und in der Tat stürmte der, die Lanze voran, auf ihn los. Doch seine Lanze glitt an Tiphan ab, und Jakob, im vollen Schwung, sah sich alsbald durch die Abschrankung des Turnierplatzes zum Stehen gebracht. Sogleich machte er kehrt. Wie lange mochte dieser ungleiche Kampf dauern? Ein weiteres Mal ritt Jakob an, um den Hünen zu attackieren, doch sein Pferdchen, nun nervös zuckend und stoßend, rannte schon nicht mehr so stürmisch drauflos. Hatte Tiphan es auf die Erschöpfung von Roß und Reiter angelegt? Die Lanze traf Tiphans Brustharnisch dennoch mit so ungestümer Wucht, daß sie in mehrere Stücke zersplitterte. Tiphan hatte sich nicht gerührt. Jakob sah sich nach seinen Waffenknechten um, die mit einer anderen Lanze angerannt kamen. Doch als er wieder zu der Abschrankung kam, sah er, daß Tiphan nach vorn auf den Hals seines Pferdes sank. Ein Raunen höchster Verwunderung ging durch die Zuschauer. Wirklich, der Hüne sank vornüber. Gleich mußte seine Stirn die Mähne des Pferdes berühren – da glitt er seitlich ab und stürzte laut eisenklirrend zu Boden. Seine Bedienten eilten ihm zu Hilfe, indes Jakob vom Pferd stieg. Er beugte sich über den wie eine Grabskulptur daliegenden, mächtigen Leib – um dabei festzustellen, daß ein Splitter seiner Lanze – vielleicht die Spitze – tief in Tiphans rechte Augenhöhle gedrungen war. Ungeheurer Jubel begrüßte Jakob, als er nun wieder sein Roß bestieg. Die Begeisterung war so groß, wie zuvor die Angst um ihn gewesen war. Hüte flogen, Kinder mit Blumengebinden liefen ihm auf die Kampfbahn entgegen. Fast wurde er im Triumph vom Platz getragen, während sechs Männer Mühe hatten, Tiphan auf eine Tragbahre zu legen. Jakob kam es vor, als wäre auf einmal ein grauer Schleier zerrissen, der über allem gelegen hatte. Jetzt gewahrte er die teppichbehangenen Wände der Häuser, die wappengeschmückten Fenster, die hoch auf den Masten wehenden Banner, und vor allem diese Menge von Menschen, von festlich gekleideten, laut jubelnden Männern und Frauen. Seine Freunde bildeten einen jugendlich begeisterten Hofstaat um ihn. Glück und Sieg – wie gut paßte beides zur Jugend! Wie schön war er auf seinem kleinen Apfelschimmel, mit seinen aufgeschürften Knien und mit dem blutenden Arm! Er leuchtete wahrhaftig wie eine Figur in einem farbigen Glasfenster. Vom nahen Kirchturm scholl mächtiges Glockengeläut. Jakob hielt inne; lächelnd reckte er die Hand empor und sprach:

»Es ist Sonntag, es ist Mittag, und ich habe Tiphan besiegt!«

Und jeder begriff, daß sich in diesem Augenblick das sonntägliche Fest, die mittägliche Stunde und sein Triumph zu einem unübersteiglichen Höhepunkt vereinigt hatten. Fortan konnte es mit ihm nur wieder abwärtsgehen.

Den ganzen Abend und noch spät in der Nacht erglänzte Schloß Strathaël von all den Lichtern eines Festes ohnegleichen. Die Tische barsten von Wildbret, Obst und Naschwerk.

Die Mundschenken sparten nicht mit Wein aus Frankreich und Italien. Man hatte fahrende Spielleute, Gaukler und Seiltänzer kommen lassen. Sogar ein Tierbändiger war da und erzielte unverkennbaren Erfolg dadurch, daß er einen Bären und einen Affen zusammen vorführte. Jakob stand wie in einem Traum an der Spitze dieser Festlichkeiten. Er fühlte seine Müdigkeit nicht, oder aber sie verband sich, um ihn vollends zu berauschen, mit der Musik, den Getränken, den lodernden Kaminen und den lächelnden Gesichtern, die unter seinem Blick erblühten.

Mitternacht war nicht mehr weit, als ein Bediensteter ihm etwas zuflüsterte. Ein Fremder sei da und verlange, auf der Stelle angehört zu werden. Woher er komme? Von Herrn Tiphans Schloß. Offenbar habe er eine Botschaft zu überbringen. Eine Botschaft von Tiphan – das war eine aufsehenerregende Überraschung! Jakob stand auf. Im Saal ward es still. Die Tanzenden wurden gebeten, an ihre Plätze zurückzukehren.

»Er trete ein!« befahl Jakob.

Ein angstvoller Augenblick folgte. Insgeheim erwarteten alle den hünenhaften Ritter in Person eintreten zu sehen, in seiner Rüstung, das Antlitz mit dem geborstenen Auge blutüberströmt. Es erschien jedoch der Zwerg Lukan, und der war so häßlich, daß das eher noch schlimmer war. Er hatte für die Gäste am Tisch keinen Blick übrig und ging stracks auf Jakob zu.

»Graf Strathaël, Herr von Angus«, sprach er, »ich habe Euch eine bedeutsame und traurige Nachricht zu vermelden: Herr Tiphan ist seiner Verletzung erlegen. Gleichwohl sendet er mich zu Euch, denn trotz der grausamen Qual seiner letzten Stunden hat er mir einen Brief an Euch diktiert, den ich Euch vorlesen soll.«

Er entrollte ein Manuskript, das er mitgebracht hatte, und hob mit seiner mißtönenden Stimme an, ein Schriftstück vorzulesen, das eine Beichte, ein Testament und zugleich ein Akt trotzigen Stolzes war.

»Jakob von Strathaël, ich fühle, wie mir durch die Wunde, die Du mir beigebracht hast, das Leben entweicht. Es ist gut so.

Ich hatte schon Angst, in Altersschwäche zu verfallen und zu verfaulen. Das wäre die schlimmste Strafe für ein Leben gewesen, das stets voll von Hauen und Stechen war. Eine verdiente Strafe freilich, wenn ich dem Schloßkaplan glauben darf, dem ich vorhin gebeichtet habe. Der brave Mann war ganz durcheinander von dem, was ich ihm da an Taten, Heldentaten und Untaten erzählte. Und dabei, potzdonner, hab' ich ihm noch nicht einmal den Bruchteil eines Zehntels erzählt, sonst wären wir jetzt noch dabei, und obendrein hat man ja auch seine Scham, nicht? Aber um mit den Frömmeleien gleich zu Ende zu kommen, noch soviel: Als er schon daran war, mich von all den Schandtaten, gebeichtet oder nicht, loszusprechen, hat er mich gebeten, ausdrücklich meine Schuld zu bereuen. Das war wohl das mindeste. Nur ist von jeglichem Tun eben Bereuen gerade das, wozu ich am allerwenigsten fähig bin. Ich und bereuen? Zum Kuckuck, ich hatte das Leben, das ich nun mal hatte. Punktum, Schluß! Gott nimmt mich so, wie ich bin, oder er verstößt mich in die äußerste Finsternis. Er hat sich wohl sehr gewundert, mein Kapuziner, als ich ihm gestand, daß von all dem Blut, das ich ein halbes Jahrhundert lang in Strömen vergossen habe, mir nichts leid getan hat bis auf das Blut, da ich an Deinem Arm sah, als Du vorhin nach Deinem Sturz wieder aufstandest. Ich mußte Dich doch aus dem Sattel werfen, nicht? Aber wie sollte ich es anstellen, Dir keinesfalls weh zu tun, nachdem Du in Deiner hirnverbrannten Großtuerei weder Küraß noch Panzerhemd noch Beinschienen trugst, nichts als Wolle und Seide? Ich hab' mein Bestes getan, und doch groll' ich mir ob dieses Blutes. Denn weißt Du, ich habe zwar nichts dagegen, daß ein Sohn seinen Vater umbringt – das ist in Ordnung, und ich schwör' Dir: Hätte sich mir die Gelegenheit geboten, den meinen umzubringen, dann hätt' ich sie nicht versäumt –, aber das kleine Quentchen Moral, das ich habe, duldet es nicht, daß ein Vater den Sohn umbringt. Denn Du bist mein Sohn, Jakob, ich darf nicht mehr säumen, es Dir kundzutun. Es ist eine sehr einfache, sehr traurige Geschichte, die niemandem Ehre macht. Dein Großvater mochte mich nicht. Der fromme Mann hatte zuviel über mich gehört. Trotzdem hab ich ihn glimpflich behandelt. Jahrelang konnte er mir in unseren nachbarlichen Beziehungen nicht den kleinsten Verstoß nachsagen. Ich dachte mir etwas dabei. Als seine Tochter Colombella fünfzehn war, bat ich ihn um ihre Hand. Empört wies er mich ab. Der Altersunterschied, sagte er, meine vorherigen Frauen, deren Hinscheiden schlimme Gerüchte nährte, meine – wie ich zugebe – oftmals nicht sehr kirchenfrommen Eskapaden. Wir schieden voneinander, um uns nie wiederzusehen. Er hatte für Colombella andere Aussichten: einen jungen Prinzen der Orkneys, der, den Kopf vollgestopft mit Flausen, vom Hof zu Toulouse zurückkam. Ich war wütend, doch Gott ist mein Zeuge, daß ich gegen meine Nachbarn nichts Bestimmtes im Schilde führte. Bis ich eines Frühlingsmorgens bei der Jagd durch einen Zufall plötzlich auf Nasenlänge vor den beiden Verlobten stand. Da tat ich, wie meine Galle und mein Blut mir's befahlen. War es schlimm, was ich tat? Das war es wohl. Aber was geschehen ist, ist geschehen, und das Ergebnis war ein Bastard, warst Du, Jakob, und das ist doch, weiß Gott, nicht so übel. Ich habe Bastard gesagt. Vor einem Augenblick stimmte das noch. Jetzt stimmt es nicht mehr, denn mit dem vorliegenden Schriftstück erkenne ich Dich als meinen Sohn an und mache Dich zum Alleinerben all meiner Titel, Güter und Besitztümer. Ich sterbe zufrieden, da ich mein Erbe in Deinen jungen Händen weiß. Wir haben uns all die Zeit nicht gesehen, nur solange wir ein paar Lanzenstiche tauschten, deren letzter mir den Tod gebracht hat. Ich wünsche Dir ein bißchen mehr Glück mit Deiner Nachkommenschaft. Ich sterbe nicht nur zufrieden, sondern auch meiner Sünden ledig, denn ich habe Dir die Geschichte meiner letzten und einzigen Beichte noch nicht zu Ende erzählt. Mein braver Kapuziner war tief betrübt, mir mangels jeglicher Reue die Absolution nicht erteilen zu können. Und ich ebenfalls, denn er tat mir leid, und ich wollte doch zu einem Ende kommen. Da hat er mir erklärt, es gebe auch eine Art Absolution ohne Bekundung der Reue, die Absolution *in articulo mortis.* Das ist die Absolution für die Sterbenden, deren Bewußtsein schon halb getrübt ist. Es galt für mich also nur, ordentlich im Sterben zu liegen, was ich denn auch unverzüglich tat, solange er ein Paternoster murmelte. Danach bin ich wieder zu Sinnen gekommen, denn ich hatte Dir viel zu sagen, nunmehr aber fühl' ich mich am Ende meiner Kräfte angelangt, und ich glaube, ich bin nicht mehr weit davon, nun wirklich im Sterben zu liegen. Der Nagel, den Du mir ins Auge gerammt hast – weißt Du, daß er noch immer drin ist? Kein Chirurgus hat sich getraut, den Splitter herauszuziehen, denn er geht bis hinein ins Gehirn. Es sei Gottes Finger, hat mein Beichtvater, ebenderselbe, gesagt. Man muß zugeben, die Vorsehung hat mitunter recht spaßige Allüren. Aber sag' mir, mein Junge, die Lanzenspitze, die Du in die Luft geschleudert hast, damit sie im Fallen genau meine Augenhöhle traf, die hast Du wohl – gib's nur zu! – vorher im Feuer glühend gemacht? Weißt Du, die versengt mir nämlich den ganzen Kopf. Sie sprüht Funkengarben in meinen ganzen Schädel. Sie ist kein Nagel, kein Splitter, auch kein spitzer Pfahl, sie ist eine Rakete, ist ein griechisches Feuer, ist die Hölle. Jakob Tiphan, ich will Dich … ich will …«

Lukan verstummte und sah Jakob an, während er das Manuskript sorgsam zusammenrollte. Tiphans Sohn war bleich wie eine Wachskerze. Der goldene Nebel seiner Trunkenheit war verflogen und hatte einer bitter-trostlosen Klarheit Platz gemacht. Im Mund spürte er den herben Geschmack des Wirklichen. Er blickte hinab auf die verwüstete, mit den Resten des Festmahls bedeckte Tafel, und ihm war, als sei dieses Durcheinander von welken Blumen, zerdrücktem Gebäck, umgestürzten Bechern und beschmutzten Servietten auf schäbige Weise ein Gleichnis seiner in Trümmern liegenden Jugend. Die Worte, die der Zwerg überbrachte, hatten ihm seine schönen Trugbilder geraubt. So hatte sein Vater also seine Mutter vergewaltigt. Er selber war nur der Bastard, der diesem Vergehen entstammte. Sein Kampf mit Tiphan war ein Scheinkampf gewesen, und sein schöner Sieg war nur ein Scheinsieg. Und er hatte ruhmlos seinen eigenen Vater umgebracht. Doch zugleich hatte er auch erfahren, daß er als Sohn anerkannt und nun als alleiniger Erbe der mächtigste Herr auf dem schottischen Hochland war. Tausende von Bauern, Handwerkern, Bürgern und Kriegsknechten harrten seiner Hilfe, seines Schutzes, seiner Befehle. Seine helle Jugend voller Lieder und Träumereien war plötzlich zu Ende. In wenigen Minuten, durch ein paar Worte, war er ein Mann geworden.

Quellenverzeichnis

Conrad Aiken (1895–1956); ital. Schriftsteller. »Unschuld« (Übers. Egon Pöllinger) aus *Die Nacht vor der Prohibition und andere Erzählungen.* Copyright © 1987 by Limes in der F. A. Herbig Verlagsbuchhandlung, München. Abdruck mit freundlicher Genehmigung.

Corrado Alvaro (1895–1956); ital. Schriftsteller. »Unschuld« (Übers. Herbert Schlüter) in: Klaus Stiller (Hrsg.), *Italienische Erzählungen des 20. Jahrhunderts.* Copyright © 1982 der deutschen Übersetzung by R. Piper & Co. Verlag, München.

Sherwood Anderson (1876–1941); am. Schriftsteller. »Betrunken« aus *Winesburg, Ohio. Roman um eine kleine Stadt.* Übers. Hans Erich Nossack. Copyright © 1973 by Suhrkamp Verlag, Frankfurt am Main. Abdruck mit freundlicher Genehmigung.

Elizabeth Bowen (1899–1973) ; ir.-engl. Schriftstellerin. »Ostereiersuchen« aus *Efeu kroch übers Gestein. Ausgewählte Erzählungen.* Übers. Hartmut Zahn. Copyright © 1981 by Curtis Brown, Ltd., London, Litrary Executors of the Estate of the late Elizabeth Bowen. Klett-Cotta, Stuttgart 1987. Abdruck mit freundlicher Genehmigung.

Ray Bradbury (geb. 1920); am. Schriftsteller. »Eine Nacht im Leben« aus *Die Laurel & Hardy-Liebesgeschichte und andere Erzählungen.* Übers. Otto Bayer. Copyright © 1990 by Diogenes Verlag AG, Zürich. Abdruck mit freundlicher Genehmigung.

Harold Brodkey (1930–1996); am. Schriftsteller. »Ein glücklicher Tag« aus *Erste Liebe und andere Sorgen. Erzählungen.* Übers. Elizabeth Gilbert. Copyright © 1968 by Diogenes Verlag AG, Zürich. Abdruck mit freundlicher Genehmigung.

ITALO CALVINO (1923–1985); ital. Schriftsteller. »Die gute Luft« (Übers. Caesar Rymarowicz) aus *Marcovaldo oder Die Jahreszeiten in der Stadt.* Copyright © 1988 by Carl Hanser Verlag, München. Abdruck mit freundlicher Genehmigung.

RAYMOND CARVER (1939); am. Schriftsteller. »Die Frau des Studenten« aus *Würdest du bitte endlich still sein, bitte.* Übers. Helmut Frielinghaus. Copyright © 1976 Raymond Carver. Für die deutsche Ausgabe © 2000 Berlin Verlag, Berlin. Abdruck mit freundlicher Genehmigung.

JOHAN DAISNE (d. i. Herman Thiery; 1912–1978) ; belg. Schriftsteller. »Pavane« (Übers. Carl Peter Baudisch) in: Carl Peter Baudisch und Jean Gyory (Hrsg.), *Moderne Erzähler der Welt: Belgien.* Buchreihe Geistige Begegnung des Instituts für Auslandsbeziehungen Stuttgart, Band 56. Copyright © 1978 by Horst Erdmann Verlag, Tübingen und Basel. Abdruck mit freundlicher Genehmigung.

GUISEPPE DESSÌ (1909–1977); ital. Schriftsteller. »Meine Ururgroßmutter Letizia« (Übers. Max Friedmann) in: Klaus Stiller (Hrsg.), *Italienische Erzählungen des 20. Jahrhunderts.* Copyright © 1982 der deutschen Übersetzung by R. Piper & Co. Verlag, München.

WILLIAM GOYEN (1904–1991); am. Schriftsteller »… und sind wie Gras« aus *Erzählungen.* Übers. Elisabeth Schnack. Copyright © 1974 by Manesse Verlag, Zürich. Abdruck mit freundlicher Genehmigung.

GRAHAM GREENE (1904–1991); engl. Schriftsteller. »Eine Fahrt aufs Land« (Übers. o. A.) aus *Erzählungen.* Copyright © 1977 by Paul Zsolnay Verlag, Wien/Hamburg. Abdruck mit freundlicher Genehmigung.

O. HENRY (d. i. William Sydney Porter; 1862–1910); am. Erzähler. »Der Vorbote« (Übers. Wilhelm Höck) aus *Ruf der Posaune und andere stories.* Copyright © 1973 der deutschen Übersetzung by Walter Verlag, Düsseldorf und Zürich. Abdruck mit freundlicher Genehmigung.

PETER JACOBI (geb. 1951); dt. Schriftsteller und Hörspielautor. »Ewiges ROM« ist eine Erstveröffentlichung mit freundlicher Genehmigung des Autors. Copyright © 2001 by Peter Jacobi.

NORBERT JOHANNIMLOH (geb. 1930); dt. Akademischer Rat und Schriftsteller. »Maiennacht« aus *Appelbaumchaussee. Geschichten vom Großundstarkwerden.* Copyright © 1983 by Haffmans Verlag AG, Zürich. Abdruck mit freundlicher Genehmigung.

HUBERT LAMPO (geb. 1920); belg. Schriftsteller. »Clarissa und die Katzen« (Übers. Carl Peter Baudisch) in: Carl Peter Baudisch und Jean Gyory (Hrsg.), *Moderne Erzähler der Welt: Belgien.* Buchreihe Geistige Begegnung des Instituts für Auslandsbeziehungen Stuttgart, Band 56. Copyright © 1978 by Horst Erdmann Verlag, Tübingen und Basel. Abdruck mit freundlicher Genehmigung.

MOY MCCRORY; ir.-engl. Schriftstellerin. »Die Segelschiffe seiner Kindheit« aus *Nancy und der allerletzte Affe. Erzählungen.* Übers. Kathrin Razum. Copyright © 1998 by Haffmans Verlag AG, Zürich. Abdruck mit freundlicher Genehmigung.

MARGRIET DE MOOR (geb. 1941); niederl. Schriftstellerin. »Das zweite Mal« aus *Ich träume also. Erzählungen.* Übers. Helga van Beuningen. Copyright © 1996 by Carl Hanser Verlag, München-Wien. Abdruck mit freundlicher Genehmigung.

JOYCE CAROL OATES (geb. 1938); am. Schriftstellerin. »Die Puppe« aus *Das Spukhaus. Erzählungen.* Übers. Renate Orth-Guttmann. Copyright der deutschen Ausgabe © 1996 by Deutsche Verlags-Anstalt GmbH, Stuttgart. Abdruck mit freundlicher Genehmigung.

KARIN RESCHKE (geb. 1940); dt. Schriftstellerin. »Seelenmesse« aus *Kuschelfisch. Erzählungen.* Copyright © 1996 by Hoffmann und Campe Verlag, Hamburg. Abdruck mit freundlicher Genehmigung.

FLORIAN STEINBISS (geb. 1957); dt. Autor, Regisseur und Filmproduzent. »Der Dritte Frühling« ist eine Erstveröffentlichung mit freundlicher Genehmigung des Autors. Copyright © 2001 by Florian Steinbiß.

ACHIM SZYMANSKI (geb. 1959); dt. Autor und Journalist. »Ckrankhaft schleschtgelaunt in Erwartung des Frühlings« ist eine Erstveröffentlichung mit freundlicher Genehmigung des Autors. Copyright © 2001 by Achim Szymanski.

MICHEL TOURNIER (geb. 1924); frz. Schriftsteller. »Angus« aus *Das Liebesmahl. Novellen einer Nacht.* Übers. Hellmut Waller. Copyright der deutschen Ausgabe © 1990 by Hoffmann und Campe Verlag, Hamburg. Abdruck mit freundlicher Genehmigung.

FEDERIGO TOZZI (1883–1920); ital. Schriftsteller. »Das Wunder« (Übers. Moshe Kahn) aus *Eine Geliebte. Erzählungen.* Copyright © 1990 der deutschen Übersetzung by R. Piper GmbH & Co. KG, München.

ANTON TSCHECHOW (1860–1904); russ. Dichter. »Der Student« aus *Meisternovellen* (Hrsg. Iwan Schmeljow). Übers. R. Candreia. Copyright © 1946 by Manesse Verlag, Zürich. Abdruck mit freundlicher Genehmigung.

JOHN UPDIKE (geb. 1932); am. Schriftsteller. »Der Einsiedler« (Übers. Hermann Stiehl) aus *Gesammelte Erzählungen.* Copyright © 1971 by Rowohlt Verlag, Reinbek. Abdruck mit freundlicher Genehmigung.

EUDORA WELTY (geb. 1909); am. Schriftstellerin. »Die Sirene« aus *Der purpurrote Hut und andere Erzählungen.* Übers. Katrine von Hutten. Copyright © Abdruck der deutschen Übersetzung mit freundlicher Genehmigung des Verlags Klett-Cotta, Stuttgart.

TENNESSEE WILLIAMS (1911–1983); am. Dramatiker und Erzähler. »Oriflamme« aus *Acht Damen, besessen und sterblich.*

Geschichten. Übers. Erich Wolfgang Skwara. Copyright © 1977 by S. Fischer Verlag, Frankfurt. Abdruck mit freundlicher Genehmigung.

William Carlos Williams (1883–1963); am. Lyriker. »Die Venus« (Übers. Helmut Findeisen) aus *Die Messer der Zeit. Erzählungen.* Copyright © 1989 Carl Hanser Verlag München – Wien. Abdruck mit freundlicher Genehmigung.

Thomas Wolfe (1900–1938); am. Schriftsteller. »Im Park« (Übers. Hans Schiebelhuth) aus *Sämtliche Erzählungen.* Copyright © 1967 by Rowohlt Verlag, Reinbek bei Hamburg. Abdruck mit freundlicher Genehmigung.

In den Fällen, in denen es nicht möglich war, den Rechtsinhaber resp. Rechtsnachfolger zu eruieren, konnte ausnahmsweise keine Nachdruckerlaubnis eingeholt werden. Honoraransprüche der Rechtsinhaber bleiben gewahrt.